高职高专"互联网+"创新系列教材

ISO 9000族质量管理标准理论与实务

第2版

主　编　孙跃兰

参　编　刘秀芬　唐　静　陈洪元

机械工业出版社

本书全面、系统地介绍了 ISO 9001:2015 标准的基本概念、基本理论，突出了对标准的理解和运用，以及企业质量管理体系内部审核的运作流程和具体操作。本书分为 ISO 9001:2015 标准理论（第一～五章）和质量管理体系内部审核操作实务（第六～十一章）两大部分，共十一章。主要内容包括 ISO 9000 族标准概述、七项质量管理原则的理解和应用、ISO 9000:2015 标准的术语和运用、ISO 9001:2015 标准的理解与运用、质量管理体系审核概述、质量管理体系内部审核实务、质量管理体系内部审核员、质量管理体系内部审核要点及方法、审核中常见的不符合项、企业内部审核实例等。

本书按照质量管理体系的实际审核操作流程进行编写，章节中穿插有大量的案例，并采用了流程图和表格，资料丰富，内容通俗易懂且具有很强的操作性。章末安排了技能项目，以帮助学习者巩固知识、强化技能。学习者还可通过扫描学习引导、即问即答、同步训练等二维码，进行学习、训练和自测。

本书不仅可作为高职院校工商管理专业的专业课教材、内审员考试的辅导教材，也可作为企业从事内部审核的管理人员、工作人员的参考用书。

图书在版编目（CIP）数据

ISO 9000 族质量管理标准理论与实务/孙跃兰主编．—2 版．—北京：机械工业出版社，2019.10（2022.11 重印）

高职高专"互联网+"创新系列教材

ISBN 978-7-111-63686-1

Ⅰ．①I… Ⅱ．①孙… Ⅲ．①质量管理体系—国际标准—高等职业教育—教材 Ⅳ．①F273.2-65

中国版本图书馆 CIP 数据核字（2019）第 210870 号

机械工业出版社（北京市百万庄大街 22 号　邮政编码 100037）
策划编辑：孔文梅　　责任编辑：孔文梅　刘　静
责任校对：梁　倩　　封面设计：鞠　杨
责任印制：刘　媛

涿州市般润文化传播有限公司印刷

2022 年 11 月第 2 版第 4 次印刷

184mm×260mm・20.5 印张・502 千字

标准书号：ISBN 978-7-111-63686-1

定价：49.50 元

电话服务　　　　　　　　　网络服务
客服电话：010-88361066　　机 工 官 网：www.cmpbook.com
　　　　　010-88379833　　机 工 官 博：weibo.com/cmp1952
　　　　　010-68326294　　金 书 网：www.golden-book.com
封底无防伪标均为盗版　　机工教育服务网：www.cmpedu.com

前 言

习近平总书记指出，质量是人类生产生活的重要保障。人类社会发展历程中，每一次质量领域变革创新都促进了生产技术进步、增进了人民生活品质。中国致力于质量提升行动，提高质量标准，加强全面质量管理，推动质量变革、效率变革、动力变革，推动高质量发展。近年来，越来越多的企事业组织应用 ISO 9000 族标准进行质量管理，以通过质量管理体系认证、获取第三方注册认证证书作为促进质量管理、取信于顾客的重要手段。这些组织为了体系的有效运行和不断完善，需要持续地进行内部质量管理体系审核，需要一批懂体系、会操作的质量管理体系人员。因此，为企业不断提供所需的质量管理体系人才，针对性地为企业输送能够持证上岗的人才，是高职教育的责任所在。

本书根据高职院校的培养目标和生源特点，结合我国实施 ISO 9000 族标准体系认证的大背景，从用人单位的实际需要出发，结合编者多年的教学经验，以学生为主体确定本书内容的广度和深度，体现"实用、够用"的原则。

本书是依据 2015 版 ISO 9000 族标准要求，在第 1 版的基础上修订而成的。与 2008 版 ISO 9000 族标准相比较，2015 版标准在结构和内容上均发生了显著变化，是一次重大修改，旨在为未来十年左右时间的质量管理体系标准确定稳定的核心要求，为质量管理的发展带来深远的影响。因此，本次修订对第三章、第四章、第五章、第九章进行了重新编写，其他章节内容均根据 2015 版标准要求进行了调整。与第 1 版相比，本书新增了素质目标，更突出了对 ISO 9001:2015 标准要求的理解与运用，更多地结合了质量管理体系审核的实践流程和具体操作。与同类教材相比，本书具有鲜明特色，具体表现在以下几个方面：

（1）表达形式直观具体。本书主要针对高职学生技能培养要求，在编写形式和文字上做到图文并茂，穿插了许多来自实践的案例、表格，使内容通俗易懂。

（2）内容编排突出实践操作。本书在内容的安排上淡化了学科性，克服理论偏多、偏深的弊端，注重在具体实际操作中的应用；在编写上结合实际范例分析，使学生在实际范例中掌握审核的要领、操作程序、技能要点。章末的技能项目给了学生充分的发挥空间，以培养学生的实际操作与创新能力。

（3）突出实际岗位职业能力培养。本书将工作岗位对专业人才的知识要求、技能要求结合起来，将范例教学提升到重要位置，构建理论—范例（实操）—技能项目训练（仿真训练）三位一体的组织结构，以符合高职教育特点，满足高职教育中教和学的需要。

（4）校企合作共同编写。本书的编者除了来自学校的一线教师，还有来自企业一线的资深质量工程师以及第三方认证咨询公司的高级审核员。

（5）丰富学习形式，调动学习兴趣，植入二维码。本次修订，我们在每章中都制作了二维码，学习者可通过扫描书中学习引导、即问即答、同步训练等二维码，进行学习、训练和自测，既方便快捷，又符合信息时代的发展潮流，满足多形式的学习需求，具有鲜明的时代感。

　　本次修订由浙江机电职业技术学院副教授孙跃兰担任主编，参与编写的还有烟台福明蜂产品有限公司质量工程师刘秀芬、浙江机电职业技术学院的唐静和杭州汉德（TUV NORD）质量认证服务有限公司高级审核员陈洪元。具体分工如下：第一章和第二章由唐静编写；第三～第五章和第九章由孙跃兰编写；第六～第八章由孙跃兰和刘秀芬共同编写；第十章由陈洪元编写；第十一章由孙跃兰、刘秀芬和陈洪元共同编写。

　　为方便教学，本书配备电子课件等教学资源。凡选用本书作为教材的教师均可登录机械工业出版社教育服务网 www.cmpedu.com 下载。咨询可致电：010-88379375。服务 QQ：945379158。

　　本书在编写过程中，参考了一些资料，编者在此对这些资料的作者表示衷心的感谢。由于编者水平有限，书中难免存在错漏之处，恳请读者批评指正。

编　者

目　　录

前言

理 论 部 分

第一章　ISO 9000 族标准概述 2

　第一节　ISO 9000 族标准基本知识 3

　第二节　ISO 9000 族标准的产生与发展 5

　第三节　ISO 9001:2015 与 ISO 9001:2008
　　　　　的主要区别 8

　第四节　ISO 9000 族标准的构成和核心标准 . 12

　第五节　我国采用 ISO 9000 族标准简介 14

　本章技能项目 16

第二章　七项质量管理原则的理解和
　　　　应用 19

　第一节　以顾客为关注焦点 20

　第二节　领导作用 23

　第三节　全员积极参与 26

　第四节　过程方法 29

　第五节　改进 33

　第六节　循证决策 35

　第七节　关系管理 38

　本章技能项目 39

第三章　ISO 9000:2015 标准的术语和
　　　　运用 41

　第一节　ISO 9000:2015 标准的术语和定义 42

　第二节　基础术语的定义与理解 43

　本章技能项目 61

第四章　ISO 9001:2015 标准（GB/T 19001
　　　　—2016，IDT）的理解与
　　　　运用（一） 63

　第一节　引言 64

　第二节　范围、规范性引用文件、术语和
　　　　　定义 69

　第三节　组织环境 71

　第四节　领导作用 75

　第五节　策划 80

　本章技能项目 85

第五章　ISO 9001:2015 标准（GB/T 19001
　　　　—2016，IDT）的理解与
　　　　运用（二） 88

　第一节　支持 89

　第二节　运行 101

　第三节　绩效评价 121

　第四节　改进 129

　本章技能项目 133

实 务 部 分

第六章　质量管理体系审核概述 138

　第一节　质量管理体系审核的相关术语 138

　第二节　质量管理体系审核的基础 144

　第三节　审核方案的管理 148

　第四节　审核阶段活动 156

　第五节　内部审核的基本要求、基本特点和
　　　　　提升效果的途径 160

　本章技能项目 163

第七章　质量管理体系内部审核实务 166

　第一节　内部审核策划 167

　第二节　内部审核的实施 178

　第三节　审核报告 200

　第四节　跟踪审核 207

　本章技能项目 209

第八章　质量管理体系内部审核员 214

　第一节　内部审核员概述 215

第二节 内部审核组组长的工作和职责 217
第三节 审核员的评价和工作技巧 218
第四节 内审员的从业素质 219
第五节 审核员管理 221
本章技能项目 223

第九章 质量管理体系内部审核要点
及方法 225
第一节 范围 226
第二节 组织环境 226
第三节 领导作用 230
第四节 策划 234
第五节 支持 237
第六节 运行 245
第七节 绩效评价 258
第八节 改进 263
本章技能项目 265

第十章 审核中常见的不符合项 268
第一节 质量管理体系审核中常见的

不符合项 269
第二节 领导作用审核中常见的不符合项 ... 271
第三节 支持审核中常见的不符合项 274
第四节 运行审核中常见的不符合项 275
第五节 绩效评价和改进审核中常见的

不符合项 281
本章技能项目 283

第十一章 企业内部审核实例 286
第一节 公司介绍 286
第二节 内部审核程序 288
第三节 内部审核流程 289

附录 313
附录 A ISO 9001:2015 标准的附录 A 313
附录 B ISO 9001:2015 标准部分问题

解释 316
附录 C ISO 9000:2015 附录 A 中的相关

概念图 318

参考文献 321

理论部分

Theoretical part

ISO 9000 族质量管理标准
理论与实务

第一章 ISO 9000 族标准概述

【知识目标】

- ❑ 了解 ISO 9000 族标准的含义及其在我国的实施及认证情况
- ❑ 理解 ISO 9000 族标准规范质量管理的四个方面
- ❑ 了解 ISO 9000 族标准的演变历程
- ❑ 了解 ISO 9000 族标准结构

【技能目标】

- ❑ 能够熟练把握 ISO 9000 族标准的基本思想
- ❑ 能够熟悉 ISO 9001:2015 区别于 ISO 9001:2008 的具体内容
- ❑ 能够熟悉 ISO 标准及中国国家标准编号方法

第一章学习引导

【素质目标】

- ❑ 培养良好的质量意识
- ❑ 树立质量强国的理念，从学习质量做起
- ❑ 培养良好的团队合作意识

【本章关键词】

ISO 9000 族标准；ISO 9001:2015 标准；等效采用；等同采用

开篇导读

习近平总书记在给第 39 届国际标准化组织（ISO）大会的贺信中强调了标准的作用，他指出，标准是人类文明进步的成果。标准已成为世界"通用语言"。世界需要标准协同发展，标准促进世界互联互通。标准助推创新发展，标准引领时代进步。中国将积极实施标准化战略，以标准助力创新发展、协调发展、绿色发展、开放发展、共享发展。

全面实施标准化战略，构建服务发展的"大标准"，广泛开展"标准化+"行动。全面深化标准化工作改革，建立由政府主导制定的标准与市场自主制定的标准共同构成的新型标准体系，打好改革攻坚"大会战"。全面提升标准国际化水平，推动我国企业更加广泛、深入地参与国际标准化活动，构建开放共赢的国际合作新格局。

通过标准化深入实施质量提升行动，围绕重要产业、重点产品和服务，实施质量提升计划，推广一批质量提升成果经验。强化高水平标准引领，增加中高端产品和服务有效供给。引导广大企业积极开展质量监测分析，广泛开展质量改进、质量攻关、质量诊断、质量提升小组等活动，推动质量管理数字化、信息化，全

面提升质量水平和质量竞争力。加强缺陷产品召回管理，发现产品缺陷，提出产品安全规范建议，促进行业整体质量提升。

质量既是产出来的，也是管出来的，同时也是市场竞争出来的。质量整体水平的提升，既需要各类市场主体作为供给方，绵绵用力、见优思齐，也需要全社会、各行各业和广大消费者作为需求方共同监督、择优弃劣。

❑ 质量强国从我做起，如何在你的学习行动中也推行"标准化+"？

第一节 ISO 9000 族标准基本知识

一、ISO 9000 族标准的含义

ISO 9000 族标准是国际标准化组织在 1994 年提出的概念，是指"由 ISO/TC 176（国际标准化组织质量管理和质量保证技术委员会）制定的所有国际标准"。该族标准可帮助组织实施并有效运行质量管理体系，是质量管理体系通用的要求或指南。它不受具体的行业或经济部门的限制，可广泛适用于各类型和规模的组织，在国内和国际贸易中促进相互理解和信任。

ISO 9000 族标准是 ISO/TC 176 在原有标准的基础上，经不断修改完善而成的系列标准。现已有 90 多个国家和地区将此族标准等同为国家族标准。我国等同采用 ISO 9000 族标准的国家标准是 GB/T 19000 族标准，该族标准是国际标准化组织承认的中文标准。

一般来讲，企业活动由三方面组成：经营、管理和开发。在管理上又主要表现为行政管理、财务管理、质量管理等。ISO 9000 族标准主要针对质量管理，同时涵盖了部分行政管理和财务管理的范畴。

ISO 9000 族标准并不是产品的技术标准，而是针对企业的组织管理结构、人员和技术能力、各项规章制度和技术文件、内部监督机制等一系列体现企业保证产品及服务质量的管理措施的标准。

即问即答 1-1

关于 ISO 9000 族标准，以下说法正确的是（　　　）。

A. 是产品的技术标准　　　　　　B. 仅适用于大中型国有企业
C. 仅针对组织的质量管理　　　　D. 是 ISO/TC176 制定的所有国际标准

即问即答 1-1

二、ISO 9000 族标准的基本思想

一个组织所建立和实施的质量体系应能满足该组织规定的质量目标，确保影响产品质量的技术、管理和人的因素处于受控状态，无论是硬件、软件、流程性材料还是服务，所有的控制应针对减少和消除不合格，尤其是预防不合格。

ISO 9000 族标准的基本指导思想，具体体现在以下方面：

（1）控制所有过程的质量。

（2）过程控制的出发点是预防不合格。

（3）质量管理的中心任务是建立并实施文件化的质量体系。

（4）持续的质量改进。

（5）一个有效的质量体系应满足顾客和组织内部双方的需要和利益。

（6）定期评价质量体系。

（7）搞好质量管理的关键在领导。

三、ISO 9000 族标准规范质量管理的四个方面

（1）质量管理组织机构。企业为保证产品质量必须建立质量管理机构并明确相应职责权限，做到定岗、定职、定责，实现全员岗位责任制。

（2）质量行为程序。对企业的生产、管理行为必须制定相应的规章制度、技术标准、质量手册、质量体系运作审核程序，并使之程序化、文件化，确保各项质量行为"有法可依、有法必依"。

（3）控制过程。质量控制是对生产的全部过程加以控制，是面的控制，不是点的控制。从根据市场调研确定产品、设计产品、采购原料，到生产检验、包装、储运，其全过程按程序要求控制质量，要求过程具有标志性、监督性、可追溯性。

（4）总结。不断地总结、评价质量体系，不断地改进质量体系，使质量管理呈螺旋式上升。

通俗地讲，ISO 9000 族标准就是把企业的管理标准化，使其生产的产品及其服务质量可以信赖。

四、组织推行 ISO 9000 族标准并进行认证的实际意义

贯彻 ISO 9000 族标准并获得第三方质量认证，对促进企业的发展完善和增强市场竞争力起着积极的推动作用。

1. 消除国际贸易中的技术壁垒

为了消除国与国之间的贸易技术壁垒，许多国家纷纷建立本国的认证制度，与国际惯例接轨，寻求双边或多边的认证合作。开展质量认证已成为世界各国对产品和企业进行质量评价和监督的通行做法，是企业获得国际贸易通行证的有效手段。我国于 1998 年 1 月 22 日正式签署了国际认可论坛多边承认协议（IAF/MLA），这标志着我国认证机构所颁发的质量认证证书在国际上等效。

2. 提高企业的质量信誉

目前，质量认证制度已在各行各业广泛推行。质量认证是通过一个公正、独立的社会第三方认证机构对企业产品质量或质量体系做出正确、可靠的评价，为人们提供可以完全信赖的质量信息。获得认证注册和认证标志充分体现了企业对消费者、社会提供的质量保证，有助于提高企业质量信誉，从而在市场竞争中取得优势。随着市场经济运作的不断规范，已认证需方选择合格供方时往往将获取质量认证作为供方必备条件之一。

3. 有利于组织的持续改进和持续满足顾客的需求和期望

顾客要求产品具有满足其需求和期望的特性，并且这种需求和期望是不断变化的，这就

促使企业必须持续地改进产品和过程，ISO 9000 族标准为企业改进其产品和过程提供了一条有效途径。ISO 9000 族标准将质量管理体系要求和产品要求区分开来，把质量管理体系要求作为对产品要求的补充，以有利于企业的持续改进和持续满足顾客的需求和期望。

4．有利于提高产品质量，保护消费者利益

现代科学技术的飞速发展，使产品向高科技、多功能、精细化和复杂化发展。但是，消费者在采购或使用这些产品时，一般都很难在技术上对产品加以鉴别。即使产品按照技术规范生产，但当技术规范本身不完善或企业质量管理体系不健全时，也无法保证持续提供满足要求的产品。按 ISO 9000 族标准建立质量管理体系，通过体系的有效应用，促进企业持续地改进产品和过程，实现产品质量的稳定和提高，是对消费者利益的一种最有效的保护，同时增加了消费者（采购商）选购合格供应商产品的可信程度。

五、通过 ISO 9000 族标准对企业和员工存在的利益

1．对企业存在的利益

（1）提高生产力，减少返工或废料。

（2）规划各部门职责范围，提高效率。

（3）证明企业能持续生产或供应高质量的产品或服务。

（4）满足买家的认证要求，提高利润。

（5）有助于维持现有的及开发的新市场。

（6）成为持续改进的重要推动力。

2．对员工存在的利益

（1）清楚工作目标，明确作业方法，减少困惑。

（2）推行中要求员工积极投入，赋予员工更多参与感。

（3）企业浪费减少，赢利提高，对员工有更多回馈。

（4）提升员工质量水平和综合能力，提高员工市场价值，使员工工作生活更加充实。

第二节　ISO 9000 族标准的产生与发展

一、ISO 9000 族标准的产生背景

1．科学技术和生产力的发展是形成和产生 ISO 9000 族标准的社会基础

随着生产力的发展，产品结构日趋复杂，产品一般都通过流通领域销售给用户。由此，用户很难凭借自己的能力和经验来判断产品的优劣程度。生产者为了使用户放心，采用了对产品提供担保的对策，如常见的"三包"，这是质量保证的萌芽。

2．ISO 9000 族标准是世界质量管理发展最新阶段的必然产物

在世界范围内，质量管理的发展先后经历了质量检验、统计质量控制和全面质量管理三个阶段。20 世纪 60 年代初美国的质量管理专家菲根堡姆博士提出了全面质量管理的概念，

逐步被世界各国接受，并不断完善、提高，为各国质量管理和质量保证标准的相继产生提供了坚实的理论依据和实践基础。

3．世界各国质量保证的成功经验推动了 ISO 9000 族标准的制定和发展

1959 年，美国国防部发布 MIL-Q-9858A《质量大纲要求》，这是世界最早的质量保证标准。美国军工产品质量优良，发展很快，这些标准的制定和实施起了很大作用。在军工生产中的成功经验被迅速应用到民用工业中，首先是在锅炉、压力容器、核电站等涉及安全要求较高的行业，之后迅速推行到各行各业中。

4．国际经济贸易事业的发展加速了 ISO 9000 族标准的产生和推广

20 世纪 60 年代后，国际经济交流日益广泛，贸易交往日趋增加。有关国际产品质量保证和产品责任的问题引起了世界各国的普遍关注，而世界各国间贸易竞争的日益加剧也使不少国家把提高进口商品质量作为执行奖出限入保护主义的重要手段，迫使出口国不得不用提高商品质量的办法来对付贸易保护主义。这就加速了 ISO 9000 族标准的产生和推广。

5．组织生存和提高效益的需要是产生 ISO 9000 族标准的重要原因

组织为了生存和发展，获得更大的经济效益，除重视质量管理和内部质量保证外，还应重视外部质量保证。为避免因产品缺陷而引起质量事故和赔偿巨额钱款，企业宁可先投入一定资金，走预防为主的路线。这就促进了 ISO 9000 族标准的产生、形成和贯彻，也是 ISO 9000 族标准的真谛所在。

综上所述，世界各国、组织和消费者都要求有一套国际上通用的、具有灵活性的国际质量保证模式，这是 ISO 9000 族标准产生的历史背景。

二、ISO 9000 族标准的产生

为适应世界经济和国际贸易发展的需要，国际标准化组织于 1979 年成立了质量管理和质量保证技术委员会（ISO/TC 176），负责制定质量管理和质量保证领域的国际标准及相关文件。ISO/TC 176 下设 3 个分支委员会：SC1 概念和术语、SC2 质量体系和 SC3 支持技术。ISO/TC 176 在总结各国质量管理经验的基础上，于 1986 年正式发布了 ISO 8402:1986《质量管理和质量保证　术语》。1987 年 3 月，国际标准化组织发布了 ISO 9000:1987《质量管理和质量保证标准　选择和使用指南》以及 ISO 9001、ISO 9002、ISO 9003 质量保证模式标准和 ISO 9004《质量管理和质量体系要素　指南》。这六项标准，通称为 1987 版 ISO 9000 族标准，它们的推出标志着 ISO 9000 族标准的产生。

三、ISO 标准及我国国家标准编号方法

1．ISO 标准编号方法

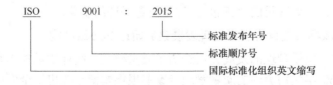

2. 我国国家标准编号方法

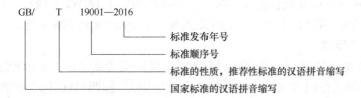

- 标准发布年号
- 标准顺序号
- 标准的性质，推荐性标准的汉语拼音缩写
- 国家标准的汉语拼音缩写

推荐性国家标准

四、ISO 9000 族标准的演变历程

1. 1987 版 ISO 9000 族标准

1986 年，ISO 正式发布了 ISO 8402:1986《质量管理和质量保证 术语》。1987 年，ISO 发布了 ISO 9000《质量管理和质量保证标准 选择和使用指南》、ISO 9001《质量体系设计、开发、生产、安装和服务的质量保证模式》、ISO 9002《质量体系 生产和安装的质量保证模式》、ISO 9003《质量体系 最终检验和试验的质量保证模式》、ISO 9004《质量管理和质量体系要素 指南》，形成了最早的 1987 版 ISO 9000 族标准。

2. 1994 版 ISO 9000 族标准

1990 年，ISO/TC176 对 1987 版的 ISO 9000 族标准进行了修订，并采纳 1987 年最初提出的 ISO 9000 族标准的修订战略。修订分两个阶段进行。第一阶段称为"有限修改"，即在标准结构上不做大的变动，仅对标准的内容进行小范围的修改，发布了 1994 版的 ISO 8402、ISO 9000-1、ISO 9001、ISO 9002、ISO 9003 和 ISO 9004-1 六项标准，加上其他十项指南性国际标准，通称为 1994 版 ISO 9000 族标准，取代了原来的 1987 版 ISO 9000 族标准。

3. 2000 版 ISO 9000 族标准

ISO/TC 176 于 1999 年 9 月提出 2000 版 ISO 9000 族标准的文件架构，对 ISO 9000 族标准进行全面修订，谓之"彻底修改"，即制定有效反映顾客要求的标准，在模式和结构上都做重大的改变。在第二阶段的修改期间，委员会正式提出了质量管理八项原则的设计思想，在此基础上发布了 ISO 9000:2000《质量管理体系 基础和术语》、ISO 9001:2000《质量管理体系 要求》、ISO 9004:2000《质量管理体系 业绩改进指南》、ISO 19011:2002《质量和（或）环境管理体系审核指南》四个核心标准，加上技术报告和小册子，通称为 2000 版 ISO 9000 族标准，取代了原来的 1994 版 ISO 9000 族标准。

2000 版 ISO 9000 族标准的特点如下：

（1）可适用于所有产品类别、不同规章和各种类型的组织并可根据实际需要删减某些质量管理体系的要求。

（2）采用了以过程为基础的质量管理体系模式。

（3）强调了质量管理体系是其他管理体系的一部分，便于与其他管理体系兼容。

（4）更注重了质量管理体系的有效性和持续改进，弱化了对形成文件的程序要求。

（5）将《质量管理体系——要求》和《质量管理体系——业绩改进指南》作为协调一致的标准使用。

4. 2008 版 ISO 9000 族标准

2000 版 ISO 9000 族标准实施后，2004 年 ISO/TC 176 组织各成员对 ISO 9001:2000 进行了系统评审。评审结果表明，需要继续修正 ISO 9001:2000 标准。所谓"修正"，是指"对规范性文件内容的特定部分的修改、增加或删除"。当年，ISO/TC 176 认可了有关修正 ISO 9001:2000 的论证报告，并决定成立项目组（ISO/TC 176/SC 2/WG 18/TG 1.19），对 ISO 9001:2000 进行有限修正。2008 年 11 月 15 日，ISO 正式发布了 ISO 9001:2008 标准。

5. 2015 版 ISO 9000 族标准

2012 年年初，ISO/TC 176/SC 2 成立了 WG24（第 24 工作组），负责修订 ISO 9001:2008《质量管理体系　要求》标准。该工作组要求每个成员推 2 名注册专家，按照《ISO/IEC 导则　第 1 部分　ISO 补充规定》附录 SL 的相关规定修订 ISO 9001 标准，原则上使用统一结构、通用的文本和术语，以便其易于使用和相互兼容。整个修订过程历经 7 次会议，依次从修订 ISO 9001 的新工作项目建议（NWIP）、工作组草案（WG）、委员会草案（CD）等各阶段，一直到形成最终国际标准草案（ISO/FDIS 9001），前后经过了三年多的时间。2015 年 7 月 9 日至 9 月 9 日，各成员对 ISO/FDIS 9001 标准进行投票表决，2015 年 9 月 15 日，ISO 9001:2015 标准正式发布。

本次标准的变化幅度相当大，特别是在结构、视野、兼容性、适用及易用性方面，同时也融进了一些新的管理理念/要求（如风险管理、知识管理等）。标准的编写者（ISO/TC 176）希望此次改版能为未来 10 年左右的时间内提供一系列稳定的核心要求。

 同步训练 1-1

　　目标：了解 ISO 9000 族标准的演变历程。

　　ISO 9000 族标准历经了几次修改，哪几版改动较大？

同步训练 1-1

第三节　ISO 9001:2015 与 ISO 9001:2008 的主要区别

一、ISO 9001:2015 修订的核心思想

（1）充分考虑自上次重大修订 ISO 9001:2000 以来的质量管理体系实践和技术的变化，并为未来 10 年乃至更长时间，提供一套稳定的核心要求。

（2）增强标准的通用性，适用于所有行业的各种规模和类型的组织。

（3）依然关注过程的有效管理，以实现预期的输出。

（4）确保标准的要求反映了组织运作所面临的日益加剧的复杂性、需求和动态的环境的变化。

（5）通过应用《ISO/IEC 导则　第 1 部分　ISO 补充规定》附件 SL，增强与其他 ISO 质量管理体系标准的兼容性和协调性。

（6）协助组织有效地实施以及有效进行第一方、第二方和第三方的合格评定活动。

（7）利用简单化的语言和描述形式，以有助于理解并统一对各项要求的阐述。

二、ISO 9001:2015 标准内容的主要变化

1. 用"产品和服务"替代了 2008 版中的"产品"

替代的原因是有很多服务业的组织还没能真正理解：标准里每当提到产品的时候，

实际上也隐含了服务。特别是谈到监视、测量的时候，人们立刻就会想到有形产品，而没有想到还有无形的服务。由此，2015 版标准决定用"产品和服务"替代原版标准里面的"产品"。

2. 对最高管理者提出了更多的要求

2015 版强化了对最高管理者的要求，如：2008 版中在"管理承诺"中规定了 5 条，而 2015 版规定了 11 条；此外，在"职责和权限"中还规定了 5 条；取消了对设置"管理者代表"的要求，其职责落在了最高管理者层面。

3. 用"外部提供的过程、产品和服务"替代 2008 版中的"采购"，包括外包过程

在 2008 版标准中，条款 4.1 体现了"外包过程"，条款 7.4 是关于"采购"，2015 版标准统一为"外部提供的过程、产品和服务"，其目的就是确保对这些外部提供的过程、产品和服务加以控制，达到所需要的结果。

4. 用"形成文件的信息"替代了"文件化的程序和记录"

从传统角度来看，"形成文件的信息"很大程度上可能还是过去传统意义上的文件化的程序和文件化的记录，但是在当今信息化的时代，我国审核员应注意面对企业管理系统 IT 化和今后的工厂智能化，这一替代对审核员的能力和工作方式来说，可能都意味着重大的提升要求。

5. 出现新的条款 4.1"理解组织及其环境"

当每个组织在设计质量管理体系的时候，要考虑外部和内部的因素，以及这些因素是否对组织要实现的目标和结果有帮助。这些外部因素可以包括社会因素、经济因素、政治因素、气候因素，以及关于新技术的可获取性等。内部因素如所有权的结构、管理的结构、决策结构等。简言之，组织所处的环境是其建立质量管理体系的出发点，或者说，组织可结合识别和评价这些因素，评价自己的质量管理体系是否适合于组织。

6. 顾客不是唯一的相关方

条款 4.2"理解相关方的需求和期望"的内涵指明：顾客还是首要相关方，但不是唯一的相关方。为满足顾客要求，要理解不同相关方的要求和影响。

7. 强调"基于风险的思维"这一核心概念

2015 版标准中，识别风险并采取相应措施来消除风险、降低风险或者减缓风险的思想，贯穿于整个标准。风险管理体现了因果关系、关键少数等概念，要求我们从受不确定性影响的事物中，让显著影响的风险可见、可控，也使可能的机遇可见、可用。

基于风险的思维到什么程度，取决于这个组织所处的环境。如果是一个很小的组织，生产和服务非常简单，则可能不需要有一个非常正式的风险分析。但是，如果是一个高度复杂的尖端型企业，如航空企业或者核工业，如果产品出现了问题，那么潜在的影响将非常巨大。针对这样的组织所处的环境，可能就会采用一些正规的风险分析方法来识别风险。

8. 新增知识管理

2015 版标准在条款 7.1.6 中要求组织确定并管理其拥有的知识，以确保其过程的运行，并能够提供合格的产品和服务。为了保持组织以往的知识，满足组织现有和未来的知识需求，应有组织知识的控制过程。这个过程应考虑组织环境，包括其规模和复杂性，需处理的风险和机会，以及可用性需求。这是一个特别重要的要求，对转型升级时期的中国企业，本条款的要求确有意义。

9

9．2008 版中的一些要求被删除

（1）2015 版标准去掉了"预防措施"这个术语。但是这个概念不仅依然存在，而且通过应对"风险"得到了加强。

（2）2015 版标准去掉了针对"质量手册"和"管理者代表"的具体（规定性的）要求，给予了组织更多的灵活性。现实中有很多种方法可以做到质量手册过去所做的事情，管理者代表也是一样，因为新版标准里面还是有要求，要求对管理体系的实施和绩效进行报告，确定管理体系的职责和权限，至于是否非得专人或是大家一起来做这件事，要取决于组织自己的决定。

即问即答 1-2

以下内容中，（　　　）是 2015 版 ISO 9001 标准中新增的要求。

A．纠正措施　　　　　　　B．知识管理

C．供方　　　　　　　　　D．过程方法

即问即答 1-2

三、ISO 9001:2015 与 ISO 9001:2008 的条款对应关系（表 1-1）

表 1-1　ISO 9001:2015 与 ISO 9001:2008 的条款对应关系

ISO 9001:2008 条款	ISO 9001:2015 条款
1　范围	1　范围
1.1　总则	1　范围
1.2　应用	4.3　确定质量管理体系的范围
4　质量管理体系	4　组织环境 4.1　理解组织及其环境 4.2　理解相关方的需求和期望 4.4　质量管理体系及其过程
4.1　总要求	4.4　质量管理体系及其过程 8.4　外部提供的过程、产品和服务的控制
4.2　文件要求	7.5　成文信息
4.2.1　总则	7.5.1　总则
4.2.2　质量手册	4.3　确定质量管理体系的范围 7.5.1　总则 4.4　质量管理体系及其过程
4.2.3　文件控制	7.5.2　创建和更新 7.5.3　成文信息的控制
4.2.4　记录控制	7.5.2　创建和更新 7.5.3　成文信息的控制
5　管理职责	5　领导作用
5.1　管理承诺	5.1　领导作用和承诺 5.1.1　总则
5.2　以顾客为关注焦点	5.1.2　以顾客为关注焦点
5.3　质量方针	5.2　方针 5.2.1　制定质量方针 5.2.2　沟通质量方针
5.4　策划	6　策划
5.4.1　质量目标	6.2　质量目标及其实现的策划
5.4.2　质量管理体系策划	5.3　组织的岗位、职责和权限 6　策划 6.1　应对风险和机遇的措施 6.3　变更的策划

（续）

ISO 9001:2008 条款	ISO 9001:2015 条款
5.5　职责、权限与沟通	5　领导作用
5.5.1　职责和权限	5.3　组织的岗位、职责和权限
5.5.2　管理者代表	5.3　组织的岗位、职责和权限
5.5.3　内部沟通	7.4　沟通
5.6　管理评审	4　组织环境 4.1　理解组织及其环境 4.2　理解相关方的需求和期望 9.3　管理评审
5.6.1　总则	9.3.1　总则
5.6.2　评审输入	9.3.2　管理评审输入
5.6.3　评审输出	9.3.3　管理评审输出
6　资源管理	7.1　资源 7.1.1　总则
6.1　资源提供	7.1.1　总则 7.1.2　人员
6.2　人力资源	7.2　能力
6.2.1　总则	7.2　能力
6.2.2　能力、培训和意识	7.2　能力 7.3　意识
6.3　基础设施	7.1.3　基础设施
6.4　工作环境	7.1.4　过程运行环境
7　产品实现	8　运行
7.1　产品实现的策划	8.1　运行策划和控制
7.2　与顾客有关的过程	8.2　产品和服务的要求
7.2.1　与产品有关的要求的确定	8.2.2　产品和服务要求的确定
7.2.2　与产品有关的要求的评审	8.2.3　产品和服务要求的评审 8.2.4　产品和服务要求的更改
7.2.3　顾客沟通	8.2.1　顾客沟通
7.3　设计和开发	8.3　产品和服务的设计和开发
7.3.1　设计和开发策划	8.3.1　总则 8.3.2　设计和开发策划
7.3.2　设计和开发输入	8.3.3　设计和开发输入
7.3.3　设计和开发输出	8.3.5　设计和开发输出
7.3.4　设计和开发评审	8.3.4　设计和开发控制
7.3.5　设计和开发验证	8.3.4　设计和开发控制
7.3.6　设计和开发确认	8.3.4　设计和开发控制
7.3.7　设计和开发更改的控制	8.3.5　设计和开发输出 8.3.6　设计和开发更改
7.4　采购	8.4　外部提供的过程、产品和服务的控制
7.4.1　采购过程	8.4　外部提供的过程、产品和服务的控制 8.4.1　总则 8.4.2　控制类型和程度
7.4.2　采购信息	8.4.3　提供给外部供方的信息
7.4.3　采购产品的验证	8.4.2　控制类型和程度 8.4.3　提供给外部供方的信息 8.6　产品和服务的放行
7.5　生产和服务提供	8.5　生产和服务提供
7.5.1　生产和服务提供的控制	8.5.1　生产和服务提供的控制 8.5.5　交付后活动

11

（续）

ISO 9001:2008 条款	ISO 9001:2015 条款
7.5.2　生产和服务提供过程的确认	8.5.1　生产和服务提供的控制
7.5.3　标识和可追溯性	8.5.2　标识和可追溯性
7.5.4　顾客财产	8.5.3　顾客或外部供方的财产
7.5.5　产品防护	8.5.4　防护
7.6　监视和测量设备的控制	7.1.5　监视和测量资源 7.1.5.1　总则 7.1.5.2　测量溯源
8　测量、分析和改进	9　绩效评价 9.1　监视、测量、分析和评价
8.1　总则	9.1.1　总则
8.2　监视和测量	9.1　监视、测量、分析和评价
8.2.1　顾客满意	9.1.2　顾客满意
8.2.2　内部审核	9.2　内部审核
8.2.3　过程的监视和测量	9.1.1　总则
8.2.4　产品的监视和测量	8.6　产品和服务的放行
8.3　不合格品控制	8.7　不合格输出的控制 10.2　不合格和纠正措施
8.4　数据分析	9.1.3　分析与评价
8.5　改进	10　改进
8.5.1　持续改进	10.1　总则 10.2　不合格和纠正措施
8.5.2　纠正措施	10.2　不合格和纠正措施
8.5.3　预防措施	6.1　应对风险和机遇的措施 10.3　持续改进

第四节　ISO 9000 族标准的构成和核心标准

一、ISO 9000 族标准的构成

ISO 9000 族标准由四部分构成。

1. 核心标准

核心标准包括：

（1）ISO 9000:2015《质量管理体系　基础和术语》。

（2）ISO 9001:2015《质量管理体系　要求》。

（3）ISO 9004:2018《追求组织的持续成功　质量管理方法》。

（4）ISO 19011:2011《管理体系审核指南》。

ISO 9000 族标准

2. 其他标准

已发布的有 ISO 10012:2003《测量管理体系　测量过程和测量设备的要求》。

3. 技术报告

原有支持性、工具性标准，经部分修改后改为技术报告。如：

（1）ISO/TR 10005《质量计划编写指南》。

（2）ISO/TR 10013《质量管理体系文件指南》。

（3）ISO/TR 10017《ISO 9001:2000 中的统计技术指南》等。

4. 小册子

小册子有《质量管理原则》《选择和使用指南》《小型组织实施指南》等。

二、ISO 9000 族的核心标准

1. ISO 9000:2015《质量管理体系 基础和术语》

ISO 9000:2015 标准为质量管理体系提供了基本概念、原则和术语，为质量管理体系的其他标准奠定了基础，旨在帮助使用者理解质量管理的基本概念、原则和术语，以便能够有效地实施质量管理体系，实现质量管理体系的价值。

ISO 9000:2015 标准不但包含 7 项质量管理原则，还给出了 138 个术语（分成了 13 个部分），用较通俗的语言阐明了概念。所有的概念、原则及其相互关系应被看成一个整体，而不是彼此孤立的，没有哪一个概念或原则比另一个更重要，在应用时，进行适当的权衡是至关重要的。

2. ISO 9001:2015《质量管理体系 要求》

与 ISO 9001:2008 相比，ISO 9001:2015 的章节结构（即章节顺序）发生了变化，采用了《ISO/IEC 导则 第 1 部分 ISO 补充规定》的附件 SL 中给出的高阶结构，章节数量由原来的 8 章扩展为 10 章。ISO 9001:2015 在内容上除了编辑性修改外，还存在技术方面的一些变化，如采用了基于风险的思维、更少的规定性要求，对成文信息的要求更加灵活，也提高了服务行业的适用性，更加强调组织环境，增强了对领导作用的要求，也更加注重实现预期的过程结果以增强顾客满意。

新版标准的转换期限为 3 年，转换时间截至 2018 年 9 月 15 日，即 2018 年 9 月 15 日起，所有 ISO 9001:2008 认证证书均失效，不论其证书中标识的有效期是否到期。国家认监委 2015 年第 30 号《关于管理体系认证标准换版工作安排的公告》要求，新版标准的转换期按照相关国际组织的统一安排施行。公告中明确在国家标准等同采用国际标准的领域内，具备该领域批准资格的认证机构，可在新版国际标准发布实施之后至新版国家标准发布实施之前的时间段内，向客户颁发以新版国际标准作为认证依据的认证证书。在新版国家标准发布实施后，认证机构应依据国家标准对认证过程进行复核，确保在整个认证过程中对新版标准要求理解实施准确到位。对符合新版国家标准要求的，在第一次监督后换发认证证书；对不符合新版国家标准要求的，应及时做出暂停或撤销处理。质量管理体系认证转换如图 1-1 所示。

13

图 1-1 质量管理体系认证转换

3. ISO 9004:2018《追求组织的持续成功 质量管理方法》

ISO 于 2018 年 4 月正式发布 ISO 9004:2018。作为与 ISO 9001 标准密切相关的标准，ISO 9004 因其通常伴随着 ISO 9001 标准一同修订，并为组织提供了超越 ISO 9001 标准符合性以促进业务卓越的指南，而总是受到人们的极大关注。

ISO 9004 标准和 ISO 9001 标准曾经是一对相互关联的标准，ISO 9004 标准曾经为 ISO 9001 标准的符合性要求提供了条款对条款的指南。然而，ISO 9004:2018 标准向前迈出了一大步，与 ISO 9001:2015 标准彻底分离，成为一个独立的标准。实际上，ISO 9004:2018 标准所有内容都是针对组织的业务发展，而其初心就是关注组织的持续成功。ISO 9004:2018 标准的关注点不再是一般的质量和改进，而是组织的总体成功。各种类型和规模的组织，尤其是那些符合 ISO 9001:2015 标准的组织，现在都可以从 ISO 9004:2018 标准中获得有意义的指导，以提高其在市场上的地位，并如标准的标题所阐明的那样，取得持续成功。

4. ISO 19011:2011《管理体系审核指南》

ISO 19011:2011 标准提供了质量管理体系审核的指南，包括审核原则、审核方案的管理和管理体系审核的实施，也对参与管理体系审核过程的人员的个人能力提供了评价指南，这些人员包括审核管理人员、审核员和审核组。ISO 19011:2011 标准适用于需要实施管理体系内部审核、外部审核或需要管理审核方案的所有组织，也适用于两个或更多的不同领域的管理体系共同审核（称之为"结合审核"）的场合。当这些管理体系整合为一个管理体系时，审核原则和过程与结合审核相同。

以上四个 ISO 9000 族的核心标准是一个完整的整体，前三个为核心标准中的核心，它们的关系是：以 ISO 9000 标准的理论为基础，按照 ISO 9001 标准的要求建立质量管理体系，按照 ISO 9004 标准的方法持续改进体系的业绩，运用 ISO 19011 标准审核，促进体系的保持和改进。

第五节 我国采用 ISO 9000 族标准简介

国际标准化组织和我国标准化管理部门规定，采用国际标准分为等效采用、等同采用和参照采用三种方式。

等效采用是指技术内容上只有小的差异，编写上不完全相同。所谓技术内容小的差异，是指结合各国实际情况所做的小的改动，这种差异在国际标准中也可被接受。等效采用用符号"EQV"表示。

等同采用是指技术内容完全相同，不做或稍做编辑性修改。所谓编辑性修改，是指不改变标准内容的修改。等同采用俗称"换封面"。等同采用用符号"IDT"表示。

参照采用也称非等效采用国际标准，是指技术内容根据我国实际做了某些变动，但性能和质量水平与被采用的国际标准相当，在通用互换、安全、卫生等方面与国际标准协调一致。参照采用用符号"NEQ"表示。

一、我国等效采用 ISO 9000 族标准

1987 年 3 月，ISO 9000 系列标准正式发布以后，我国在国家标准局部署下组成了"全国

质量保证标准化特别工作组",1988 年 12 月正式发布了等效采用 ISO 9000 的 GB/T 10300《质量管理和质量保证》系列国家标准,1989 年 8 月 1 日起在全国实施。

二、我国等同采用 ISO 9000 族标准

1. 等同采用 1994 版 ISO 9000 族标准

1992 年 5 月,我国决定等同采用 ISO 9000 系列标准,制定并发布了 GB/T 19000—1992 IDT ISO 9000:1987 系列标准,1994 年又发布了 1994 版的 GB/T 19000 IDT ISO 9000 族标准。

2. 等同采用 2000 版 ISO 9000 族标准

原国家质量技术监督局等同采用 2000 版 ISO 9000 族标准为中国的国家标准,其标准编写及与 ISO 标准的对应关系分别为:

GB/T 19000—2000（ISO 9000:2000,IDT）《质量管理体系　基础和术语》。

GB/T 19001—2000（ISO 9001:2000,IDT）《质量管理体系　要求》。

GB/T 19004—2000（ISO 9004:2000,IDT）《质量管理体系　业绩改进指南》。

GB/T 19011—2003（ISO 19011:2002,IDT）《质量和（或）环境,管理体系审核指南》。

其中 GB/T 19000、GB/T 19001、GB/T 19004 三项标准于 2000 年 12 月 28 日正式发布,2001 年 6 月 1 日实施。GB/T 19011 于 2003 年 5 月 23 日发布,2003 年 10 月 1 日实施。

3. 等同采用 2008 版 ISO 9001 标准

2008 年 6 月,通过中国标准化研究院、中国认证认可协会网站（CCAA）向社会征集起草专家,2008 年 8 月 29 日,成立了该国家标准的起草组。2008 年 9 月 12 日,召开了第一次工作组会议,介绍了 2008 版 ISO 9001 修订概况、ISO 9001 修正设计规范、ISO 和国际认可论坛（IAF）有关 2008 版 ISO 9001 认证的联合公告以及 2008 版 GB/T 19001 标准起草工作。起草组成员讨论了 GB/T 19001《质量管理体系　要求》的修订原则,初步确定了工作计划安排,决定及时转化国际标准,与 ISO 9001:2008 国际标准同步发布 GB/T 19001—2008 国家标准。GB/T 19001—2008 在 2008 年 10 月 14 日正式发布,于 2009 年 3 月 1 日起实施。

4. 等同采用 2015 版 ISO 9001 标准

为及时将 2015 版 ISO 9001 标准等同转换成国家标准,起草组专家（由 SAC/TC 151 征集组成）分别于 2015 年 8 月、9 月、10 月先后召开了 3 次会议,形成了正式的征求意见稿。2015 年 12 月初召开了第四次会议,对提交意见进行了评议、修改,形成了送审稿。2015 年 12 月 15 日,该标准草稿顺利通过审查,报国家质量监督检验检疫总局、国家标准化管理委员会,作为推荐性标准发布。GB/T 19001—2016（ISO 9001:2015,IDT）在 2016 年 12 月 30 日正式发布,并于 2017 年 7 月 1 日实施。

三、我国应用推广 ISO 9000 族标准的意义

ISO 9000 族标准的应用推广,明确了各项管理的职责和工作的程序,促使企业管理由"人治"转向"法治",增强了企业全体员工的质量意识与管理意识。通过定期和不定期组织的质量检查能够及时发现和找出生产经营管理活动、服务质量方面存在的问题和薄弱环节,并进行纠正,提高了企业整体经营管理水平和质量监控能力,为企业实施全面的科学管理奠定了

基础。围绕"让用户满意"及时认真地处理用户咨询、投诉或意见，不断满足用户需求与期望，赢得用户信任，提升企业的社会形象和市场竞争力。

即问即答 1-3

现阶段我国采用 ISO 9000 族标准的方式是（ ）。

A. 参照采用 　　　　 B. 等同采用 　　　　 C. 等效采用

即问即答 1-3

四、ISO 9000 族标准在我国的认证

ISO 9000 族标准认证也可以理解为质量体系注册，即由国家批准的、公正的第三方机构——认证机构依据 ISO 9000 族标准，对企业的质量体系实施评定，向公众证明该企业的质量体系符合 ISO 9000 族标准，可提供合格产品，公众可以相信该企业的服务承诺和企业产品质量的一致性。

1. 认证程序

GB/T 19001—2016 认证的一般程序：

（1）认证申请。

（2）合同评审和受理。

（3）项目策划。

（4）文件审核和封闭。

（5）现场审核。

（6）审核报告和不符合报告的封闭。

（7）审定和认证决定。

（8）颁发证书。

（9）认证后的监督和联系。

2. 认证申请条件

组织建立质量体系认证必须具备以下条件：

（1）我国企业持有工商行政管理部门颁发的"企业法人营业执照"，外国企业持有有关机构的登记注册证明。

（2）企业已按 GB/T 19000、ISO 9000 族标准中的质量保证标准建立和实施可文件化的质量体系。

本章技能项目

项目一　抢答游戏

【流程设计】

● 在限定时间内阅读完资料（建议限定在 3 分钟内）

● 计时抢答

● 根据抢答结果，激励学生（可采用累计"点赞"，也可适当加分）

【资料内容】

ISO 是国际标准化组织（International Organization for Standardization）的英文缩写。该组织成立于 1947 年 2 月 23 日，是由全球 50 多个国家标准机构组成的国际联盟。ISO 的宗旨是"在世界范围内促进标准化及其相关活动的发展，以便于商品和服务的国际交换，在智力、科学、技术和经济领域开展合作。"ISO 通过它的 2856 个技术机构开展技术活动。其中技术委员会（简称 TC）185 个，分技术委员会（简称 SC）611 个，工作组（简称 WG）2022 个，特别工作组 38 个。ISO 的 2856 个技术机构进行活动的成果是"国际标准"。ISO 制定出来的国际标准编号的格式是：ISO+标准号+[杠+分标准号]+冒号+发布年号（方括号中的内容可以省略）。

ISO 9000 是一族标准的统称，由 ISO/TC 176 制定的所有国际标准组成。TC 176 即 ISO 中第 176 个技术委员会，成立于 1979 年，全称是"质量保证技术委员会"，1987 年又更名为"质量管理和质量保证技术委员会"，TC 176 专门负责制定品质管理和品质保证技术的标准。ISO/TC176 的目标是"要让全世界都接受和使用 ISO 9000 族标准，为提高组织的运作能力提供有效的方法；增进国际贸易，促进全球的繁荣和发展；使任何机构和个人，可以有信心从世界各地得到任何期望的产品，以及将自己的产品顺利销往世界各地。"

【抢答题目参考】（题目也可由学员自行设计完成，以增强学员的参与积极性）

1. 关于 ISO，以下说法错误的是（   ）。
   A. 国际标准化组织的英文缩写
   B. 是一个政府组织
   C. 是 International Organization for Standardization 的缩写
   D. 是一个全球性组织

2. 关于 TC，下面说法错误的是（   ）。
   A. 是 ISO 下面的一个机构
   B. 是技术委员会的简称
   C. 它的活动成果是国际标准
   D. 它的全称是质量保证技术委员会

3. 关于 ISO 9000 族标准，以下说法错误的是（   ）。
   A. 是指 ISO 中的一个标准
   B. 是一族标准的统称
   C. 是 ISO/TC176 制定的所有国际标准
   D. ISO 9000:2015 是这个族的核心标准之一

4. 关于 ISO/TC176 的目标，以下说法错误的是（   ）。
   A. 要让全世界都接受和使用 ISO 9000 族标准
   B. 增进国际贸易，促进全球的繁荣和发展
   C. 保证组织的管理水平达到一流
   D. 使任何机构和个人，可以有信心从世界各地得到任何期望的产品

5. 关于 ISO 制定出来的国际标准编号格式，以下错误的是（   ）。
   A. ISO+标准号+冒号+发布年号
   B. ISO+[杠+分标准号]+发布年号
   C. ISO+标准号+[杠+分标准号]+冒号+发布年号

17

项目二 知识竞赛

【竞赛内容范围】

● 最新版标准的发布和实施时间

● 标准的构成和核心标准

● 新版标准内容上的主要变化

● 我国采用标准情况

【流程设计】

● 预先告知竞赛内容范围，以便学员课前准备

● 设定竞赛时间

● 根据竞赛结果，激励学生（可采用累计"点赞"，也可适当加分）

【竞赛题目参考】

1. ISO 9001:2015 标准发布的时间是（　　　）。

    A．2015 年 9 月 15 日　　　　　　　　B．2016 年 12 月 30 日

    C．2017 年 7 月 1 日　　　　　　　　　D．2018 年 1 月 1 日

2. GB/T 19001—2016 标准实施的时间是（　　　）。

    A．2015 年 9 月 15 日　　　　　　　　B．2016 年 12 月 30 日

    C．2017 年 7 月 1 日　　　　　　　　　D．2018 年 1 月 1 日

3. ISO 9000 族标准就是（　　　）。

    A．9001 标准

    B．由 ISO/TC 176 委员会所制定的所有国际标准

    C．9001、9004、9000、19011 标准

4. ISO 9000 族核心标准不包括（　　　）。

    A．ISO 9001　　　B．ISO 9004　　　C．ISO 9000　　　D．ISO 19011

    E．ISO 10012

5. 与 ISO 9001:2008 相比较，ISO 9001:2015 标准新增了（　　　）。

    A．基于风险的思维　　　　　　　B．文件信息

    C．知识管理　　　　　　　　　　D．产品和服务

6. 当前我国采用 ISO 9000 族标准的方式是（　　　）。

    A．等效采用　　　B．等用采用　　　C．参照采用　　　D．以上全是

第二章　七项质量管理原则的理解和应用

【知识目标】

- ❑ 了解七项质量管理原则的内涵
- ❑ 理解并熟悉七项质量管理原则的标准原文
- ❑ 掌握每一项质量管理原则在实际质量管理中的应用
- ❑ 掌握组织基于质量管理原则的对应措施

第二章学习引导

【技能目标】

- ❑ 能够熟练运用"以顾客为关注焦点"的指导思想审核企业质量方针
- ❑ 能够以"领导作用"和"全员积极参与"评审企业管理职责
- ❑ 能够运用"循证决策"和"过程方法"审核管理要求
- ❑ 能够熟练运用"改进"原则形成质量管理的纠正措施
- ❑ 能够运用"关系管理"原则审核企业与相关方的合作关系

【素质目标】

- ❑ 树立七项质量管理原则的基本指导思想
- ❑ 培养良好的相关方服务意识
- ❑ 培养良好的团队合作意识

【本章关键词】

顾客；领导；全员；过程方法；循证决策；关系管理

> **开篇导读**
>
> 　　随着全球竞争的不断加剧，质量管理越来越成为所有组织管理工作的重点。一个组织应具有怎样的组织文化，以保证向顾客提供高质量的产品呢？ISO/TC 176/SC 2/WG 15 结合 ISO 9000 标准 2015 版制定工作的需要，通过广泛的顾客调查制定质量管理八项原则。质量管理八项原则最初以 ISO/TC 176/SC 2/WG/N 125 号文件《质量管理原则及其应用指南》发布，在 ISO/TC 176 召开的特拉维夫会议上以绝对多数的赞同票得到通过。为了能对质量管理原则的定义取得高度的一致，又编制了仅包含质量管理七项原则的新文件 ISO/TC 176/SC 2/WG 15/N 130《质量管理原则》。在 2015 年 9 月召开的哥本哈根会议上，36 个投票成员以 32 票赞同 4 票反对通过了该文件，并由 ISO/TC 176/SC 2/N 376 号文件予以发布。
>
> 　　在 ISO 9000 族标准 2015 版的制定过程中，引入了质量管理七项原则，并将其作为标准制定的基础。ISO 和 IAF 的联合工作组就 ISO 9000 标准向 2015 版的过渡，对认证注册/机构的审核员以及其他与认证/注册工作相关的人员提出了掌握和理解新知识的要求，其中包括对质量管理七项原则的理解。
>
> 　　❑ 质量管理原则产生的背景是什么？

第一节　以顾客为关注焦点

一、原文

✧　质量管理的首要关注点是满足顾客要求并且努力超越顾客期望。

二、依据

✧　组织只有赢得和保持顾客和其他有关相关方的信任才能获得持续成功。与顾客相互作用的每个方面，都提供了为顾客创造更多价值的机会。理解顾客和其他相关方当前和未来的需求，有助于组织的持续成功。

三、原则一的理解和应用

（一）如何理解"顾客"

（1）"顾客"这一术语的英文表达为"customer"，可以翻译为顾客，也可以翻译成客户、用户、买主等。按 ISO 9000:2015 的定义，顾客是"能够或实际接受为其提供的，或按其要求的产品（3.7.6）或服务（3.7.7）的个人或组织（3.2.1）"。顾客可以是消费者、委托人、最终使用者、零售商、内部过程（3.4.1）的产品或服务的接收人、受益者和采购方。

（2）"顾客"可以是组织内部的或外部的。顾客不仅存在于组织外部，也存在于组织内部。按全面质量管理的观点，"下一道工序"就是"上一道工序"的顾客。对顾客的理解应是广义的，不能仅仅理解为产品的"买主"。

（3）过去对"顾客"有两种错误理解。一种是只认"买主"，对产品的最终使用者不予以关注；另一种是只认组织外部顾客，对组织内部顾客不予关注。例如生产汽车，如果只考虑驾驶员这一直接顾客，而不考虑乘客这一最终使用者，往往就不能满足顾客要求。又如在生产过程中，不考虑"下一道过程"这一内部顾客，就可能给"下一道过程"增加很多麻烦，造成管理纠纷，影响工作效率。

20

💡 **同步训练 2-1**

同步训练 2-1

目标：准确理解"以顾客为关注焦点"原则

1. 在"以顾客为关注焦点"的质量管理原则中，质量管理的主要关注点是满足顾客要求并且努力（　　）。

 A. 满足顾客未来需求和期望   B. 超越顾客的要求

 C. 超越顾客期望   D. 满足顾客和其他相关方的需求和期望

2. 如果从广义角度理解顾客的内涵，以下说法错误的是（　　）

 A. 下一道工序是上一道工序的顾客 B. 生产车间是采购部门的顾客

 C. 汽车厂商的顾客是汽车买主 D. 小区业主是物业公司的顾客

（二）组织与顾客的关系

1. 组织依存于顾客

现代组织生产的目的，不是自己消费，而是交换。组织提供产品给顾客，顾客用货币回报组织，双方形成交换关系。虽然也可能有极少数例外，组织无偿提供产品给顾客，看似顾客未用货币予以回报，却可能用其他方式（如广告效应、感情）回报组织。一个组织不能没有顾客，没有顾客的组织就不可能生存。

2. 组织的地位比顾客"低一等"还是"高一等"

组织和顾客之间进行商品（货币是特殊商品）交换，就必然要遵循等价的原则。从整个社会的角度考察，交换的双方更是完全等价的，再加上交换双方是自由的，顾客可以买也可以不买，组织可以卖也可以不卖，这样就决定了组织和顾客之间的关系是自由的、平等的。但是，由于组织依存于顾客，组织的产品只有顾客认可了、购买了，组织才能生存下去；而组织又不可能强迫顾客认可和购买，这样决定了组织应"以顾客为关注焦点"，用优质的产品吸引顾客。"酒香不怕巷子深"早已成为历史，自觉地"以顾客为关注焦点"，是组织立于不败之地最根本的思想。

（三）顾客的需求

1. 理解"当前的"需求还是"将来的"需求

从组织的角度看，要把握的是自己的产品针对的是顾客当前的需求还是将来的需求。理解和把握顾客当前的需求，是为了当前直接满足这种需求。理解和把握顾客将来的需求，一是为了激发这种潜在的需求，使其变为未来现实的需求；二是为了进行技术储备、产品开发，以便在将来满足这种需求。

2. 认识需求的变化

随着社会的发展和科技的进步，顾客对产品的需求已呈现五大趋势：①从数量型需求向质量型需求转变；②从低层次需求向高层次需求转变；③从满足物质需求向满足精神需求转变；④从统一化需求向个性化需求转变；⑤从只考虑满足自身需求向既考虑满足自身需求又考虑满足社会和子孙后代需求转变。

对这些趋势，组织应当理解和把握。

（四）满足顾客的要求并努力超越顾客期望的组织

1. 辨别顾客的隐含需求

顾客的要求是顾客需求的反映，包括：明示的（明确表达的）；通常隐含的（虽然没有提出，但可以理解，双方有默契的）和应履行的（如法律、法规规定的）。顾客的期望很大程度上是隐含的，但这与"通常隐含的"要求不同。"通常隐含的"要求往往是不言而喻的。例如顾客购买化妆品，绝不会希望化妆品存在有损身体健康的"性能"。这一点，顾客虽然没有提出、没有明示，却是组织和顾客都能理解的。

2. 准确理解顾客期望

"顾客期望"往往高于顾客的要求。达到"顾客要求"，顾客可能认可了。如果满足了"顾客期望"，顾客可能就大大提高了满意程度。如果超越了"顾客期望"，顾客可能"喜出望外"。

21

例如某建筑工程公司，按业主招标要求，施工建筑一座优质工程标准的住宅。该工程公司为超越业主的期望，经过努力，使该建筑获得了鲁班奖，赢得了业主的高度赞扬，使得该工程公司的声誉不断上扬。

（五）组织"以顾客为关注焦点"，最终会得到顾客的回报

1. 组织与顾客形成双赢

组织和顾客的关系归根结底是平等的，组织和顾客在交往中往往是"双赢"。组织"以顾客为关注焦点"，顾客给组织以回报，这些回报表现在以下方面：

（1）认可组织的产品及产品质量。

（2）购买组织的产品。

（3）为组织无偿进行宣传。

（4）与组织建立稳固的合作关系。

（5）支持组织开展的有关活动。组织也就成了"赢家"，说不定比顾客"赢"得更多。

2. "赢"是一个过程

组织要成为赢家，就需有个过程。首先，组织应真正是"以顾客为关注焦点"，并将其落实到产品质量上。组织落实"以顾客为关注焦点"的速度，不能慢于竞争对手，其质量不能低于竞争对手，其深度和广度也应尽量高于竞争对手。

（六）把握顾客的特点

一般来说，顾客的特点可以从以下几方面去分析：

（1）是组织顾客还是个人顾客。组织顾客和个人顾客是不相同的，组织顾客一般处于合同环境，而后者一般处于非合同环境。

（2）是成熟顾客还是不成熟顾客。组织提供的老产品，面对的可能是成熟顾客，对成熟顾客，组织当然要更小心、更慎重一些；对不成熟顾客也不能放任不管，因为不成熟仅仅是暂时现象。

（3）是一次性顾客还是长期固定的顾客。对长期固定的顾客，组织当然应想方设法将他们留住。对一次性顾客仍然不能掉以轻心，因为他们会将组织的质量状况宣传给别人。特别是那些可能只买一次产品的顾客更应注意。例如：耐用家电之类，顾客很多年后才会再买，顾客可能是一次性的，组织更需要这些一次性顾客给组织做无偿宣传。

（4）顾客的文化背景、地域特征、收入状况、消费习惯。组织开辟一个新的市场，就应当对该市场顾客的各种情况进行深入了解，把握其特点。组织只有对顾客特点把握得准确、细致，才能真正"以顾客为关注焦点"。

（七）应用"以顾客为关注焦点"原则，组织应采取的措施

1. 调查、识别并理解顾客的需求和期望

顾客的需求和期望主要表现在对产品的特性方面。例如：产品的符合性、可信性、可用性、交付能力、产品实现后的服务、价格和生命周期内的费用等。有些要求也表现在过程方面，如产品的工艺要求。组织应该辨别谁是组织的顾客，并判断顾客的要求是什么。用组织的语言表达顾客的要求，了解并掌握这些要求。例如，某公司拟在住宅区开设餐饮服务，就

应首先了解顾客群，进行餐饮服务定位，以确定饭店的规模。

2. 确保组织的目标与顾客的需求和期望相结合

ISO 9001:2015 标准要求最高管理者应针对顾客现在和未来的需求和期望，以实现顾客满意为目标，确保顾客的需求和期望得到确定并转化为要求以得到满足（5.1.2）。标准要求最高管理者建立质量目标时应考虑包括产品要求所需的内容（6.2、8.1），而产品要求主要是顾客的要求，这些要求恰好反映了组织如何将其目标与顾客的需求和期望相结合。

3. 确保在整个组织内沟通顾客的需求和期望

组织的全部活动均应以满足顾客的要求为目标，因此要加强内部沟通，确保组织内全体成员能够理解顾客的需求和期望，知道如何为实现这种需求和期望而动作。ISO 9001:2015 标准要求质量方针（5.2）和质量目标（6.2）要包括顾客要求在组织内得到沟通和理解，并进一步要求最高管理者应建立沟通过程，以对质量体系的有效性进行沟通（7.4）。

4. 测量或评价顾客满意度

测量顾客满意度的目的是评价预期的目标是否达到，为进一步的改进提供依据。顾客满意度的测量或评价可以有多种方法。测量和评价的结果将给出需要实施的活动或进一步的改进措施。

ISO 9001:2015 标准明确要求要监视和测量顾客满意（9.1.2）。组织可以借助于数据分析提供所需的顾客满意的信息（9.1.3），进一步通过纠正措施（10.2），达到持续改进（10.3）的目的。

5. 系统地管理好与顾客的关系

组织与顾客的关系是通过组织为顾客提供产品为纽带而产生的。良好的顾客关系有助于保持顾客的忠诚，改进顾客满意的程度。系统地管理好与顾客的关系涉及许多方面。

ISO 9001:2015 标准从多个方面系统地提出了要求。如：顾客沟通（8.2.1）提出了与顾客如何进行联络与沟通；爱护顾客财产（8.5.3），可在顾客中建立良好的信任；提供合格产品（8.5.5）并实施防护（8.5.4），可使顾客满意；顾客满意（9.1.2）的信息与数据的分析（9.1.3），可为持续改进与顾客的关系提供重要的信息。可以说这形成了一个系统的活动。

第二节 领导作用

一、原文

❖ 各级领导建立统一的宗旨和方向，并创造全员积极参与实现组织的质量目标的条件。

二、依据

❖ 统一的宗旨和方向的建立，以及全员的积极参与，能够使组织将战略、方针、过程和资源协调一致，以实现目标。

三、原则二的理解和应用

（一）领导在质量管理体系中的地位

1. 领导的含义

在汉语中，"领导"有两个含义：一是动词，是指领导的行为；二是名词，是指担任领导的人。2015 版 ISO 9001 标准强调的是担任领导的人的作用。

2. 领导在质量管理体系中的职责和作用

在质量管理体系中，领导人员具有最重要的地位。以下是组织领导在质量管理体系中的职责和所起的作用。

（1）领导是质量方针的制定者。如果领导未能解决对质量的认识问题，没有坚定的质量信念，在指挥质量方针时未能真正"以顾客为关注焦点"，那么即使质量方针中有诸如"质量第一"之类的语言，也难以起到作用。

（2）领导是质量职能活动和质量任务的分配者。组织的质量职能活动和质量任务未分配下去，就不可能有人去做、去完成，质量方针也就不可能落实。如果分配质量职能活动和质量任务不恰当，也会造成职责不明确，协调不好，使质量职能和质量任务完不成。

（3）领导是资源的分配者。质量管理体系要建立和运行，都应有必要的资源和相关条件，如人员、设施、工作环境、信息、供方和合作关系、自然资源以及财务等资源。资源投入不足或资源本身质量欠佳，都难以使质量管理体系取得预期的效果。领导在此负有重要职责。

（4）ISO 9000 族标准强调领导的带头作用。对员工来说，领导的一言一行都是榜样。如果领导不遵守规章制度，不按程序办事，不注重自己的工作质量，就会影响一大片员工，结果是规章制度形同虚设，程序混乱，工作质量下降，组织就难免走向衰败。

（5）领导在关键时刻的决策。组织的质量管理体系在运行中，难免不发生种种矛盾和分歧。例如：发生质量与数量、进度的分歧时，往往需要领导决策。如果领导不按既定的质量方针处理，牺牲质量以求数量或进度，很可能造成严重后果。不仅如此，上行下效，员工以此为例，很可能一发而不可收。

（6）领导承担着对质量管理体系进行持续改进的责任。组织要在竞争中获胜，只能靠持续不断的改进。改进是领导的重要职责，包括改进管理和为改进创造适宜的环境两个方面。如果领导没有这种意识和心态，得过且过，组织就可能在下一次竞争中落后。

（二）领导创造良好质量环境的主要步骤

按 2015 版 ISO 9001 的规定，领导的作用主要是创造全员积极参与实现组织目标的环境。这里的"环境"，不是指自然环境，也不仅仅是指一般的工作环境，而是指人文环境，是组织内部的情况和条件，是心理学和社会学的规定。

领导创造一种良好的质量环境的主要步骤如下：

（1）确定组织的质量方针和目标。这种方针和目标与组织的总目标和经营发展是协调一致的，既有针对性，又有先进性。

（2）将质量方针和目标与组织内部环境统一起来。方针和目标既要适合组织的现状，又要对现状有改进或促进作用。要让全体员工都能知道、了解并理解质量方针和目标，将其作为自己的工作准则，这样就能形成良好的质量风气。凡有违背质量方针、目标的行为，凡有不遵守质量规章制度的现象，都能受到员工自觉的抵制。

（3）要使全体员工都参与实现方针目标活动。质量管理体系如果没有全员参与，就不可能有效运行。要使全员参与，领导应做到：①带头参与；②激励员工参与；③扫除员工参与的各种障碍，包括组织障碍和思想障碍；④给员工参与创造条件；⑤对员工参与后做出的成绩给予评价和奖励。这五条就是全员参与的环境条件。

即问即答 2-1

质量管理原则中的领导作用是指（　　　）建立统一的宗旨和方向，并且创造全员积极参与实现组织的质量目标的条件。

A. 领导　　　　B. 高层领导　　　　C. 最高管理者　　　　D. 各级领导　　　即问即答 2-1

（三）领导应掌握的质量知识

领导应当知道领导什么，特别是组织的高层领导，多懂一些质量和质量管理知识很重要。但是，从其承担的职责来说，领导并不需要成为质量管理专家，领导只要注意掌握以下四个方面的质量知识。

1. 有关质量的法律法规

有关质量的法律法规，有《产品质量法》《消费者权益保护法》等。领导应当知道，产品一旦出了质量问题，对顾客的人身、财产造成了伤害，就要对顾客进行赔偿。越是法制健全的国家和地区，这种赔偿金额越大，绝不可掉以轻心。在美国，很可能因为顾客索赔诉讼使一家组织破产。

2. 质量成本的基本知识

质量成本是一门比较深的学问，不能要求领导全部掌握，但领导应当懂得质量与成本的关系，懂得质量成本四大科目（预防成本、鉴定成本、内部故障成本、外部故障成本）之间的关系。当组织存在消耗高、效益低问题时，适当增加预防成本，可以大大降低损失，从而大大降低整个成本。

3. 质量管理的基本原则

质量管理的基本原则即指七项质量管理原则。

4. 质量管理体系及其审核

领导的最主要职责是制定质量方针，确定质量目标，推动质量管理体系的建立和运行。如果对质量管理体系的有关知识不清楚，就难以承担自己的职责。此外，领导对质量管理体系还承担着审核和管理评审的任务，因此还要较为详细地了解质量审核和管理评审的知识，掌握其管理技能。

（四）应用"领导作用"原则，组织应采取的措施

1. 考虑所有相关方的需求和期望

组织的成功取决于能否理解并满足现有及潜在的顾客和最终使用者的当前和未来的需求和期望，能否理解和考虑其他相关方的当前和未来的需求和期望。组织的最高领导者应将其作为首要考虑的事项加以管理（5.1.2）。顾客和其他相关方的需求和期望在组织内得到沟通

25

（5.1、7.4），为满足所有相关方的需求和期望奠定基础。

2．为本组织的未来描绘清晰的远景，确定富有挑战性的目标

组织需要建立未来发展的蓝图，确定远景规划。质量方针给出了这一蓝图。目标具有可测性、挑战性、可实现性是其重要特点。组织的领导者应设定符合这种特点的目标，为组织实现远景规划、实现组织的方针提供基本保证。在组织建立质量管理体系的活动要求中，最高管理者应制定质量方针和质量目标（5.1），并在相关职能和层次上分解质量目标（6.2）。同时应结合产品考虑（8.1），目标应在方针的框架下形成（5.2）。方针和目标应通过管理评审予以评价（4.1）。

3．在组织的所有层次上建立价值共享、公平公正和道德伦理观念

在组织中，人与人之间所建立的关系，很大程度上取决于组织的管理文化。管理文化是将一个组织的全体成员结合在一起的行为方式和标准，它代表了该组织的目标、信念、道德伦理和价值观，也反映了组织处理内部和外部事务的基本态度，因而管理文化直接影响管理活动的成效。组织的领导者可以通过管理文化在组织各层次上建立价值共享、公平公正和道德伦理观念，重视人才，尊重每个人，树立职业道德观念，创造良好的人际关系，将员工活动的方向统一到组织的方针、目标的方向上。在组织的质量管理体系活动要求中，管理者做出承诺是必要的（5.1），管理文化的建立可由培训实现（7.2）。

4．为员工提供所需的资源和培训，并赋予其职责范围内的自主权

领导者应充分调动员工的积极性，发挥员工的主观能动性。应规定组织的职责、权限（5.3），赋予员工职责范围内的自主权。通过培训提高员工的技能（7.2），为其工作提供合适的资源（7.1），创造适宜的工作和环境。正确评估员工的能力和业绩，采取激励机制，鼓励创新。

第三节　全员积极参与

一、原文

❖ 整个组织内各级胜任、经授权并积极参与的人员，是提高组织创造和提供价值能力的必要条件。

二、依据

❖ 为了有效和高效地管理组织，各级人员得到尊重并参与其中是极其重要的。通过表彰、授权和提高能力，促进在实现组织的质量目标过程中的全员积极参与。

三、原则三的理解和应用

（一）全员性

1．全员参与是全面质量管理（TQM）的本质特征之一

TQM 有三个本质特征：①全员参加的质量管理；②全过程的质量管理；③全组织的质量管理。全员参与既是 TQM 的一个特点，更是其一个优点。

全面质量管理

只有充分发挥这个优点，才可能真正取得成效。产品质量是组织各个环节、各个部门全部工作的综合反映。任何一个环节、任何一个人的工作质量都会不同程度地、直接或间接地影响产品质量。

2．全员参与是人本化管理的体现

TQM 强调全员参与，反映了时代的要求和科学技术的要求，是人性化或人本化管理的体现。事实上，不管组织采取多么严厉的惩罚措施，员工如果消极对待产品质量问题，同样会造成质量事故，使组织遭受不应有的损失。日本产品质量之所以能够达到那么高的水平，与其员工全员参与分不开。

（二）组织获益于员工积极参与的主要表现

组织获益于员工的充分参与，使员工的个人目标与组织的目标相一致，获益的首先是组织。这表现在以下方面：

（1）员工积极参与质量管理，关心产品质量，可以大大降低质量损失，从而使组织获益。

（2）员工积极参与质量改进是一种少投入、多产出的活动，组织从质量改进中获得极大的效益，这是其他手法难以达到的。

（3）员工积极参与组织的各项管理活动，可以使他们与组织更加紧密地联系在一起，对组织产生认同感，从而热爱组织，使组织内部更加团结。

（4）员工充分积极参与，使组织内部形成一种良好的人际关系和组织文化，可以大大减少员工之间、管理人员和操作工人之间以及劳资之间的冲突或矛盾，使组织内部融洽亲密。

（5）员工充分参与，可以极大地鼓舞士气，使人人都争先创优做贡献，从而使组织的各项工作得以顺利完成。

（三）组织参与

为了使员工充分参与，组织至少应当做好下面的工作：

1．正确对待所有的员工

从组织领导的思想认识到组织的规章制度，都不能将员工当作"奴隶"，而应当把员工视为组织最宝贵的财富、最重要的资源。领导应在管理思想上来一场革命。没有这样的"革命"，即使有了制度和形式，依然难以使员工满意。

2．确定员工参与什么

全员参与并不是让员工不分主次、不讲程序地参与组织的所有活动。首先，承担不同职责的员工参与的活动有所不同；其次，参与的方式和方法也应有所不同，例如：对组织制定政策方针，员工可以通过规定的渠道反映自己的意见。要提倡员工积极参与与自己本职工作相关的管理，把本职工作做好。

3．敞开员工参与的渠道

组织应当有相应的沟通渠道，使员工能够将自己的意见和建议及时向有关领导或管理人员反映。必要时，组织应公开征求员工的意见和建议。

4．给员工参与提供机会

可以通过如分解组织的方针目标、设置质量改进课题、开展劳动竞赛、评选优秀员工等活动以及诸如员工代表会议、"招贤榜""课题招标"等形式吸引员工参与加强质量改进管理活动。

5．开展形式多样的群众性质量管理活动

例如开展质量自检、互检活动，QC 小组活动等。组织在进行内部质量审核时，也可以吸收员工代表参与，特别需要吸收员工参与加强质量改进管理活动。

6．进行有针对性的培训

培训可以增强员工的质量意识，提高他们的参与能力，促使他们自觉地参与组织的各项管理活动。

7．严肃处理压抑员工参与的人和事

虽然一个组织不可能完全避免"官僚主义"现象，但对这种现象，不管涉及的是"人"（个别管理人员）还是"事"（规章制度不完善），都应严肃处理，从而畅通员工参与的渠道。

（四）应用"全员积极参与"原则，组织应采取的措施

1．让每一个员工了解自身贡献的重要性及其在组织中的角色

每一个人都应清楚其本身的职责、权限和相互关系，了解其工作的目标、内容以及达到目标的要求、方法，理解其活动的结果对下一步以及整个目标的贡献和影响，以利于协调开展各项质量活动。在质量管理体系活动的要求中，管理者承诺（5.1）和管理者代表（5.3）均起着主要作用。职责和权限的规定（5.3）可为这一活动提供条件。

2．以主人翁的责任感去解决各种问题

许多场合下，员工的思想和情绪是波动的，一旦做错了事，往往倾向于发牢骚、逃避责任，也往往试图把责任推卸给别人，因此管理者应当找一种方法，把无论何时都有可能发生的此类借口消灭在萌芽中。更进一步，应在员工中提倡主人翁意识，让每个人在各自岗位上树立责任感，不是逃避，而是发挥个人的潜能。这种方法可以是对员工确定职能、规定职责、权限和相互关系（5.3），进行培训和教育（7.2），也可以是在指示工作时把目标和要求讲清（8.1），还可用数据分析（9.1.3）给出正确的工作方法，使员工能以主人翁的责任感正确处理和解决问题。

3．使每个员工根据各自的目标评估其业绩状况

员工可以从自己的工作业绩中得到成就感，并意识到自己对整个组织的贡献，也可以从工作的不足中找到差距以求改进。因此，正确地评估员工的业绩，可以激励员工的积极性。员工的业绩评价可以用自我评估或其他方法，如内部审核（9.2）和管理评审（9.3）进行。

4．使员工积极地寻找机会，增强他们自身的能力、知识和经验

在以过程为导向的组织活动中，应授予员工更多的自主权去思考、判断及行动，因而员工必须有较强的思维判断能力。员工不仅应加强自身的技能，还应学会在不断变化的环境中判断、处理问题的能力，即还应增强其知识和经验，如 ISO 9001:2015 标准对人力资源的总则要求（7.2）。

第四节 过程方法

一、原文

❖ 将活动作为相互关联、功能连贯的过程组成的体系来理解和管理时，可更加有效和高效地得到一致的、可预知的结果。

二、依据

❖ 质量管理体系是由相互关联的过程所组成。理解体系是如何产生结果的，能够使组织尽可能地完善其体系并优化其绩效。

三、原则四的理解和应用

（一）理解过程

1. 过程

ISO 9001:2015 强调："本标准倡导在建立、实施质量管理体系以及提高其有效性时采用过程方法"。理解过程方法，首先应理解过程。过程是"利用输入实现预期结果的相互关联或相互作用的一组活动。"（ISO 9000:2015 3.4.1）。产品或服务都是"过程的结果"，任何将所接收的输入转化为输出的活动都可视为过程。

2. 过程模型

传统的过程模型只是关注输入、活动和输出，以及对这三个过程环节的监控。ISO 9001:2015 标准的过程模型则进一步向过程的两端延伸，从而强化和确保过程的效率和有效性如图 2-1 所示。

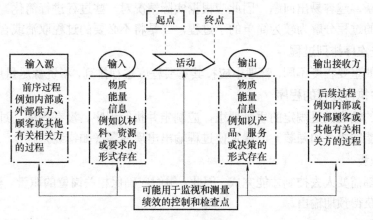

图 2-1 过程模型

（1）在输入方面，需要进一步考虑输入的来源。它可能是一个过程或几个过程，也可能是一个对象或者几个相关方。基于输入的结果和过程的有效性，组织也需要考虑对输入来源的监控。

（2）在输出方面，需要进一步考虑输出的接收方。它可能是一个过程或几个过程，也可能是一个对象或者几个相关方。为了确保输出的结果和过程的有效性，组织也需要考虑对输出的接收方的监控。

即问即答 2-2

在过程模型中，每一过程均有特定的监视和测量检查点，以用于控制，这些检查点可包括（　　）。

A. 输入、活动、输出

B. 输入源、输入、活动、输出、输出接收方

C. 输入、活动起点、活动终点、输出

D. 供方、输入、活动、输出、顾客

即问即答 2-2

（二）运用过程方法进行质量管理

2015 版 ISO 9000 族标准实际上就是运用过程方法进行质量管理的一种标准模式。这种方法包括以下几个过程：

1. 识别过程

识别过程包括两层含义：①将组织的一个大的过程分解为若干个子过程；②对现有的过程进行定义和分辨。过程的分合应视具体情况而定。例如：流水线上的作业过程，可以分解到每个员工所干的工作为止。对现有的过程的定义和分辨也是这样。

2. 强调主要过程

组织的过程网络错综复杂，质量管理对主要过程应重点控制不能放松。例如：对检验过程应加强，对关键过程应建立质量管理点等。

3. 简化过程

过程越复杂，越容易出问题，因此应根据实际情况对一些过程进行简化。所谓简化，一是将过于复杂的过程分解为较为简单的子过程，二是将不必要的过程取消或合并。

4. 按优先次序排列过程

由于过程的重要程度不同，管理中应按其重要程度进行排列，将资源尽量用于重要过程。

5. 制定并执行过程的程序

要使过程的输出满足规定的质量要求，应制定并执行程序。没有程序，过程就会混乱，不是使过程未能完成（如漏装），就是使过程输出出现问题（如错装）。

6. 严格职责

任何过程都需要人去控制才能完成。因此，组织应确保相关岗位的职责、权限得到分配，以确保各过程获得预期输出。

7. 关注接口

过程和过程之间的接口是最重要的。如果上一个过程的输出和下一个过程的输入在接口处不相容或不协调，就会出问题。过程方法特别强调接口处的管理。

8．进行控制

过程一旦进入运转，就应对其进行控制，防止出现异常。控制时要注意过程的信息，当信息反映有异常倾向时应立即采取措施，使其恢复正常。

9．改进过程

通过对过程的测量和分析，发现过程存在的不足或缺陷以及可以改进的机会，对过程进行改进，提高其效益或效率。这是质量改进的基本手段。

10．领导要不断改进工作的过程

领导的工作也是一种或一类过程。领导对工作过程的改进，可能对组织业绩影响更大。

（三）基于 PDCA 循环的结构模型

ISO 9001:2015 标准给出的结构模式图是一个基于 PDCA 循环的结构模型，能够应用于所有过程。图 2-2 表明了 ISO 9001:2015 标准的第 4～10 章是如何构成 PDCA 循环的。

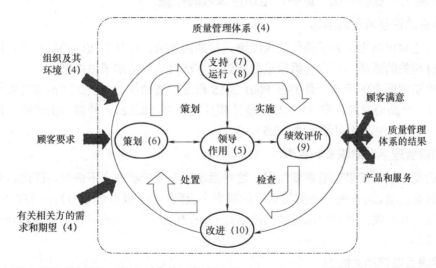

注：括号中的数字表示 ISO 9001:2015 标准的相应章。

图 2-2 基于 PDCA 循环的结构模型

1．PDCA 循环的简单描述

（1）策略（Plan）：根据顾客的要求和组织的方针，建立体系的目标及其过程，确定实现结果所需的资源，并识别和应对风险和机遇。

（2）实施（Do）：执行所做的策划。

（3）检查（Check）：根据方针、目标、要求和所策划的活动，对过程以及形成的产品和服务进行监视和测量（适用时），并报告结果。

（4）处置（Act）：必要时，采取措施提高绩效。

2．ISO 9001:2015 结构模型的理解

（1）ISO 9001:2015 标准现在是在领导力驱动下的 PDCA 循环。这意味着管理者特别是最高管理者需要更积极地参与和支持质量管理体系的活动，标准也明确要求最高管理者对质量管理体系的有效性负责。

（2）质量管理体系的输入依然来自于顾客的要求，但是需要进一步考虑组织环境以及相关方的要求。考虑组织环境及相关方的需求和期望，是组织实现持续成功不可缺少的环节。

（3）质量管理体系的输出则直接关注质量管理体系的结果。这一结果包括产品和服务是否满足要求，是否导致增强顾客满意，并考虑最终是否符合组织的战略方向。

即问即答 2-3

应用过程方法可通过采用 PDCA 循环以及始终（　　　）对过程和体系进行整体管理，旨在有效利用机遇并防止发生不量结果。

A．进行持续改进　　　　　　　　　　B．进行风险识别

C．坚持防范风险　　　　　　　　　　D．基于风险的思维

即问即答 2-3

（四）应用"过程方法"原则，组织应采取的措施

1．系统地识别所有的活动

活动决定输出结果。为了确保结果能满足预期的要求，必须有效地控制活动。因而系统地识别所有相关的活动，可以使组织采取有效的方法对这些活动予以控制。

系统地识别所有的活动，是 ISO 9001:2015 标准强调的核心。例如产品实现策划的活动要求（8.1）、产品要求的评审（8.2.3）、设计和开发策划（8.3.2）、外部提供过程、产品和服务的控制（8.4）、生产和服务提供（8.5）等。

2．明确管理活动的职责和权限

管理活动对输出结果有着重要作用，这些活动应在受控状态之下进行，因此，必须确定如何管理这些活动。首先要确定实施活动的职责和权限，并予以管理（5.3）。在 ISO 9001:2015 标准中，设计和开发活动对组织提供的产品起着关键的作用，因此应规定设计和开发职责与权限（8.3.2）。

3．掌握关键活动的能力

掌握关键活动的能力，将有助于了解相应的过程是否有能力完成所策划的结果。因此 ISO 9001:2015 标准要求组织采用适宜的方法确认、分析和测量关键活动的能力（8.5.1、7.1.5、9.1.1）。

4．识别组织职能之间与职能内部活动的接口

通常，组织会针对实现过程的不同分过程（或阶段），设置多个职能部门承担相应的工作。这些职能可能会在过程内，也可能涵盖一个或多个过程。从某种意义上讲，职能之间或职能内部活动的接口，可能就是过程间的接口。因此，识别这些活动的接口，会有助于过程顺利运行。

在质量管理体系活动中，内部沟通为管理这种识别接口的活动创造了条件（7.4）。对设计和开发这一典型的活动，识别并管理参与设计的不同小组之间的接口，将使设计和开发的输出符合顾客要求（8.3.2）。

5．注重并管理影响组织活动的诸多因素

注重能改进组织活动的各种因素，诸如资源、方法、材料等。当资源、方法、材料等因

素不同时，组织的活动将会有不同的运行方式，因而输出的结果也不相同。为确保有能力生产或提供合格的产品，ISO 9001:2015 标准要求识别、确定组织运作所需的合适的资源(7.1.1)、工作环境（7.1.4）等。为确保采购的材料符合要求，应对采购的全过程实施控制（8.4）。在生产和服务提供的策划活动中，应注重并管理与产品相关的信息、作业指导书（8.5.1）。

第五节　改　　进

一、原文

◇　成功的组织持续关注改进。

二、依据

◇　改进对于组织保持当前的绩效水平，对其内、外部条件的变化做出反应，并创造新的机会，都是非常必要的。

三、原则五的理解和应用

（一）改进的战略意义

1. 持续的质量改进

持续的质量改进是 TQM 的核心内容之一。日本正是通过质量控制图（Quality Control Circles，QCC），不断进行质量改进，才跻身世界经济强国之列。美国经济强劲，也是在技术上、管理上不断创新的结果。早期的 ISO 9000 标准忽视了质量改进，曾受到广泛的批评。为此在 1993 年专门发布了 ISO 9004-4:1993《质量管理和质量体系要素　第四部分：质量改进指南》作为补充。2000 版 ISO 9000 族标准虽然取消了上述标准，但对质量改进更加重视。改进与测量、分析一起，是 2000 版 ISO 9000 族标准质量管理体系"四大板块"之一。而且，ISO 9004:2000 的标题就改为"质量管理体系　业绩改进指南"。

2. 持续的质量改进的必要性

持续的质量改进是组织永恒的目标，任何时候都具有重要意义。特别是在当今世界上，质量改进更是组织生命力所在，不容轻视。

（1）经济的全球化使我们在任何地方、任何时候都能感受到激烈的竞争，迫使我们对产品管理、经营和发展战略等进行改进，这一切都可以称为质量改进。

（2）知识经济时代正大步向我们走来，我们只有不断创新，包括产品创新、技术或工艺创新、管理或体制创新等，才能适应知识经济的要求。创新的过程实际上也就是改进的过程。质量改进为组织的创新活动提供了基本方法。

（3）产品的质量是竞争的重要手段。顾客总是抛弃低质量的产品，而去追求高质量的产品。质量改进正是使低质量的产品变成高质量的产品的过程，因而是增强组织竞争力的必经之路。

（4）任何一个系统在运行中都会产生各种各样的问题。这些问题若不及时加以解决，就会使该系统日趋混乱，最终导致衰亡。任何组织及其下属部门和各级机构等，都是一个系统。为了避免问题增多造成的混乱，为了使组织永远充满生机和活力，都应进行持续改进。也就是说，通过持续改进的方法解决产生的问题。

（5）减少浪费和资源消耗，降低成本，以保证组织以更好的效果和效率运行。提高组织的利润和效益，这是我们追求的目标。持续改进不但可以为顾客提供更高的价值，使他们满意，而且可以改进组织的经营状况，使自己更多地获利。

（6）组织的前途如何，希望往往在其成员身上。员工充分发挥自己的创造性，努力工作，组织才可能得到发展。在发展越来越依赖知识和智力的当代更是如此。通过持续改进，为员工做贡献、求进步、争先进、进行创造发明提供机遇，可以使组织士气高涨，生机勃勃。

（二）改进的原则

（1）改进的根本目的是满足内部和外部顾客的需求。

（2）改进是针对过程进行的。

（3）改进是一种措施（纠正措施、预防措施或创新措施）。

（4）改进是为了提高过程的效率或效果。

（5）改进是一个持续的、不间断的过程。

（6）改进是本组织全体人员包括各管理层都应参与的活动。

（7）根据改进对象，持续改进可以在不同的层次、范围、阶段、时间和人员之中进行。

（8）应不断寻求改进机会，而不是等出现问题再去抓机会。

（9）改进是最高管理者的职责。

（10）改进应建立在数据分析的基础上。

即问即答 2-4

改进对于组织保持当前的（　　　　），对其内、外部条件的变化做出反应，并创造新的机会，都是非常必要的。

A．绩效水平　　　　　　　　　　　B．质量目标

C．运营状况　　　　　　　　　　　D．利润目标

即问即答 2-4

（三）改进的组织管理

（1）由最高管理者授权，由组织内部某一部门（通常是质量管理部门）负责质量改进的管理工作。若组织庞大，也可以成立专门的质量改进管理机构。

（2）由负责改进的部门提出方针、策略、质量改进方案目标、总的指导思想，支持和广泛协调组织的质量改进活动。

（3）确定改进的需要和目标。

（4）进行质量改进策划，制订质量改进计划，采取指定或其他方式，由组织有关的小组或个人实施。

（5）对实施过程进行监督，给予资源和道义的支持和帮助，协调相关事项。

（6）对改进进行测量、评价和奖励。

（四）应用"改进"原则，组织应采取的措施

1. 在整个组织范围内使用一致的方法改进组织业绩

在组织的质量管理体系活动中，通常采用的一致改进的方法是：基于组织的质量方针、质量目标，通过内部审核和管理评审，评价组织的质量管理体系存在的不合格，当然也可以通过数据分析方法，提供质量管理体系、过程、产品的各种有价值的信息，最终导致采取纠正措施、预防措施而达到改进的目的（10.3）。在组织范围内理解并掌握这种一致改进的方法，可以快捷有效地实施改进活动，取得预期的效果。

2. 为员工提供有关改进的方法

改进是一个制定改进目标、寻求改进机会、最终实现改进目标的循环过程。过程活动的实现必须采用合适的方法和手段，如质量管理体系审核（9.2），使用统计技术进行数据分析（9.1.3）等。对于组织的员工来说，这些方法的真正掌握，应通过相应的培训才能实现（7.2）。

3. 将产品、过程和体系的持续改进作为组织内每位员工的目标

改进的最终目的是改进组织质量管理体系的有效性，改进过程的能力，最终提高产品质量。涉及产品、过程、体系的改进是基本的要求，在组织内也是非常广泛的，是每位员工在日常工作中都能涉及的。将这几方面的改进作为每位员工的目标是恰当的，也能达到真正实现改进的目的。所以在 ISO 9001:2015 标准"8 运行"的要求中，每项活动均有对结果评审的要求。对评审发现的问题应采取措施，并予以实施，以消除原因，这是一种改进的要求，它应当是每位员工都必须做的。

4. 建立目标以指导、测量和追踪改进

改进是一种循环的活动，每一轮改进活动都应首先建立相应的目标，以指导和评估改进的结果。管理评审活动（9.3）恰好符合这一活动的基本情形。

第六节　循 证 决 策

一、原文

❖　基于数据和信息的分析和评价的决策，更有可能产生期望的结果。

二、依据

❖　决策是一个复杂的过程，并且总是包含某些不确定性。它经常涉及多种类型和来源的输入及其理解，而这些理解可能是主观的。重要的是理解因果关系和潜在的非预期后果。对事实、证据和数据的分析可导致决策更加客观、可信。

三、原则六的理解和应用

（一）用事实和数据说话

TQM 是从统计质量管理发展而来的，它要求尊重客观事实，尽量用数据说话。真实的数

据既可以定性反映客观事实，又可以定量描述客观事实，给人以清晰明确的数量概念，这样可以更好地分析问题、解决问题，纠正那种凭感觉、靠经验、"拍脑袋"的工作方法。要用事实和数据说话，在管理中就应当做好以下几点：

1. 加强信息管理

信息是组织知识积累方面持续发展的基础资源，它能激励人们进行创新。信息对以事实为依据做出决策是必不可少的。组织要对信息进行有效管理，首先要识别对信息的需求，其次要确定信息（包括内部和外部）来源，然后要获得足够的信息，并充分利用，以满足组织管理和决策的需要。

2. 灵活运用统计技术

统计技术可以帮助测量、表述、分析和说明组织管理的业绩和产品质量发生的偏差，能够使我们更好地理解偏差的性质、程度和原因，从而有助于解决，甚至防止由偏差引起的问题，并促进持续改进。1994 版 GB/T 19000 族标准把统计技术作为一个质量体系要素来对待。2000 版虽然没有将其再作为一个质量管理体系要素，却将其作为质量管理体系的一个基础和原则，让其贯穿于全部的起因中。2008 版和 2015 版同样强调统计技术的运用，均将其作为质量管理原则之一，作为组织建立和实施质量管理体系的指导思想。

3. 加强质量记录的管理

质量记录是质量活动和产品质量的反映，是信息和数据的来源。2000 版 GB/T 19000 族标准强调质量记录，但往往被理解为仅仅为了提供证据。2008 版则扩大了质量记录的形式和范围，从策划、运行到控制，均强调了文件要求，并且允许组织可以采用任何形式或类型的媒介，而不仅仅是记录。2015 版在内涵上没有扩充，但其标准中的措辞改变了，用"成文信息"替代了原来的"文件、质量手册、程序和记录"。其实，质量记录最主要的作用还是为领导决策提供信息和数据。不做记录，信息就可能遗失或偏误，数据就不能收集，因而难以进行统计。加强质量记录的管理，既包含设立质量记录、准确及时记录等要求，也包含充分利用质量记录的要求。

4. 采取科学的测量方法

加强计量工作要使质量记录和有关数据真实反映客观事实，就应有科学的测量方法。对产品进行测量，离不开器具及仪器。如果计量工作跟不上，计量单位和量值不统一，就会发生混乱，数据也就不真实了。不真实的数据毫无意义，甚至可能比没有数据更糟。因此，加强计量工作，建立健全计量管理制度很重要。

（二）基于事实的决策方法是领导的主要工作

所谓决策，实际上就是面对几种方案，决定采取哪一种方案的行为。如果方案本身不是基于事实的，那么即使它看起来很完备、很漂亮，但如果选择了它，也会导致悲剧性后果。决策方法实际上是对方案反映事实真相的把握方法。为了正确决策，领导应当做到以下几点：

1. 不要迷信自己的感受、经验和能力

现实中不进行调查研究、主观主义的领导不乏其例，这是与质量管理的基本原则相违背的。领导要深入调查研究，要用事实说话，掌握必要的信息和数据后，才有发言权。

2．要有适当的信息和数据来源

领导一定要头脑清醒，有固定和不固定的信息和数据来源。固定的如各种质量报表、信息报告等，不固定的如非正式渠道的员工投诉、实地检查等。组织的最高管理者每周至少要有一次深入现场的习惯或制度，尽量掌握第一手资料。

3．对收集来的数据和信息应持正确的态度

数据和信息经多次传递，很可能失真。按信息论的说法，传递过程中受"噪声"干扰越大，信息失真的可能性越大。事实上，不少组织的数据统计，如统计报表、质量指标等，由于种种原因都存在不真实的问题，浮夸、瞒报、虚报、收集数据时不负责任、"神仙数字"（编造的数据）等现象随处可见。领导既要依靠这些报上来的数据和信息，又不能绝对化，应当多一点考虑，多一点自己的调查研究，并将两者综合起来。

4．对数据和信息进行分析

分析的方法可以是逻辑的，可以是直观的，也可以是数理统计的。TQM 常用的一些数理统计方法，如排列图法、直方图法、散布图法、因果图法等，领导最好能够掌握。此外，对一些专用的分析方法，如质量成本分析、市场分析、过程分析、产品质量分析等也应有所了解。

5．要有正确的决策方法

收集并分析数据和信息，只是正确决策的基础，还不是决策的本身。正确的决策固然离不开真实可靠的数据和信息，但更离不开正确的决策方法。领导要提高自己的决策能力，还需要掌握诸如决策树之类的决策方法。特别是在两个及以上方案各有其优缺点时，更应当运用正确的决策方法，选择最佳的方案。

6．对决策进行评价并进行必要的修正

决策付诸实施后，领导还要注意收集实施后的数据和信息，对决策进行评价，以发现决策实施后出现的新问题。

即问即答 2-5

"基于数据和信息的分析和评价的决策，更有可能产生期望的结果。"说的
（　　）原则。

A．基于事实的决策　　　　　　B．以顾客为关注焦点

C．改进　　　　　　　　　　　D．循证决策

即问即答 2-5

（三）应用"循证决策"原则，组织应采取的措施

1．确保数据和信息足够精确和可靠

这是决策正确的保证条件。在 ISO 9001:2015 标准中，对记录的控制（7.5.3）是这一活动的具体要求。有效的沟通活动（7.4、8.2.1）可以做到提供准确可靠的数据和信息。对监视和测量设备的控制（7.1.5）为测量和监控结果的可靠和准确提供最重要的保证基础。

2．让数据或信息需要者能得到数据/信息

这是有效决策能够进行的保证。在 ISO 9001:2015 标准中，记录保存（7.5.3）为这一活动提供了保证条件。设计和开发输入（8.3.3）的信息为设计人员提供了所需的信息。

3. 使用正确的方法分析数据

统计技术可帮助我们正确并准确地分析数据，以得到恰当的信息用于决策。

在 ISO 9001:2015 标准中，许多活动都有这种要求，如过程的监视、测量、分析和评价的总则要求（9.1.1），顾客满意（9.1.2）的测量和监控等。

4. 基于事实分析，权衡经验与直觉，做出决策并采取措施

将依据数据和信息分析所得到的结果与经验和直觉平衡，可能会进一步判断、确认结果的可靠性，依据可靠的结果所做的决策是可行的。在此方案基础上采取措施，将获得满意的结果。

在 ISO 9001:2015 标准中，所有的策划活动（6.3、8.1、8.3、8.5 等）都要求基于事实分析，并在权衡经验与直觉之后完成策划方案。当然，数据分析（9.1.3）也包含了这种要求。基于事实分析，所采取的措施将是理性的，结果将会是有效的。

第七节　关 系 管 理

一、原文

❖　为了持续成功，组织需要管理与有关相关方（如供方）的关系。

二、依据

❖　有关相关方影响组织的绩效。当组织管理与所有相关方的关系，以尽可能有效地发挥其在组织绩效方面的作用时，持续成功更有可能实现。对供方及合作伙伴网络的关系管理是尤为重要的。

三、原则七的理解和应用

关系管理贯穿着这些原则所有的活动：公司与顾客、与供应商、与合作伙伴；领导与员工，领导与领导，员工与员工。通过确定优先管理的相关方关系，建立起一种畅通的沟通渠道和双赢的合作关系。与相关方共享信息、共享知识和资源。

（一）关系管理为组织带来的利益

1. 提高绩效

通过对每一个与相关方有关的机会和限制的响应，提高组织及其有关相关方的绩效。

2. 统一目标和价值观

与相关方对目标和价值观有共同的理解。

3. 增强创造价值的能力

通过共享资源和人员能力，以及管理与质量有关的风险，能增强为相关方创造价值的能力。

4. 有稳定的供应链

具有管理良好、可稳定提供产品和服务的供应链。

即问即答 2-6

当组织管理与（　　　）的关系，以尽可能有效地发挥其在组织绩效方面的作用时，持续成功更有可能实现。

A. 顾客　　　　　　B. 供方　　　　　　C. 所有相关方　　　　　D. 员工　　　即问即答 2-6

（二）应用"关系管理"原则，组织应采取的措施

1. 在对短期收益和长期利益综合平衡的基础上，确立与相关方的关系

任何一个组织都存在着众多的相关方，组织与相关方存在着相互的利益关系。为了双方的利益，组织应考虑与相关方建立伙伴关系或联盟关系（8.4），在这种情形下，组织既要考虑短期的利益，也要考虑长期合作所带来的效益。

2. 与相关方共享专门技术和资源

充分意识到组织与相关方的利益的一致性，是实现这一活动的关键。由于竞争的加剧和顾客要求越来越高，组织之间的竞争不仅仅取决于组织的能力，同时也取决于相关方合作过程的能力，组织应考虑让关键的相关方分享自己的技术和资源。

3. 识别和选择关键相关方

组织应运用过程方法，识别构成产品实现过程的各分过程及其相互作用，应用管理的系统方法管理产品实现过程。相关方可以是组织内部的，如组织内的销售部门，其相关方包括组织内的各部门及其各级员工；也可以是组织外部的，如银行、社会、合作伙伴。组织应根据运营中的绩效与合作情况，识别和选取关键的相关方，有重点地进行管理。

4. 清晰与开放的沟通

组织与相关方的相互沟通，对于产品最终能否满足顾客的要求是必不可少的环节。沟通将使双方减少损失，在最大程度上获得收益。通常采购信息应当予以沟通（8.4.3），这一沟通的方式和渠道应当有利于沟通实施。

5. 对相关方所做出的改进和取得的成果进行评价并予以鼓励

实施这一活动将会进一步促进组织与相关方的密切关系，增进相关方改进产品的积极性，增强双方创造价值的能力，共同取得顾客的满意。组织的数据分析（9.1.3）活动和对相关方提供产品的验证活动（8.6）将为这一活动提供准确的信息。

39

本章技能项目

项目一　知识竞赛

【竞赛内容范围】

七项质量管理原则

【流程设计】

● 预先告知竞赛内容范围，以便学员课前准备

● 设定竞赛时间

● 根据竞赛结果，激励学生（可采用累计"点赞"，也可适当加分）

【竞赛题目参考】

1. 根据 ISO 9001:2015，（　　）将活动作为相互关联、功能连贯的过程组成的体系来理解和管理时，可更加有效和高效地得到一致的、可持续的结果。

　　A. 系统方法　　　　B. 过程方法　　　　C. 循证决策　　　　D. 系统论

2. 七项质量管理原则是 ISO 9001:2015 标准的（　　）。

　　A. 附件条件　　　　B. 中心要求　　　　C. 理论基础　　　　D. 核心内容

3. ISO 9001:2015 标准要求最高管理者应针对顾客（　　）需求和期望，以实现顾客满意为目标，确保顾客的需求和期望得到确定并转化为要求以得到满足。

　　A. 现在的　　　　B. 现在和未来的　　C. 未来的　　　　D. 任何时候的

4. 领导作用：各级领导建立统一的宗旨和方向，并创造全员积极参与实现组织的（　　）的条件。

　　A. 质量目标　　　　B. 质量方针　　　　C. 质量环境　　　　D. 内部环境

5. 改进是一个制定改进目标、寻求改进机会、最终实现改进目标的（　　）。

　　A. 循环过程　　　　B. 反复过程　　　　C. 递进过程　　　　D. 连续过程

6. 基于（　　）的分析和评价的决策，更有可能产生期望的结果。

　　A. 产品和服务　　　B. 客观的　　　　　C. 领导的　　　　　D. 数据和信息

7. 以下属于 ISO 9000:2015 标准中七项质量管理原则内容的是（　　）。

　　A. 改进、关系管理、管理职责、基于事实的决策方法

　　B. 改进、过程方法、全员积极参与、领导作用

　　C. 以顾客为关注焦点、系统方法、资源管理、全员积极参与

　　D. 以顾客为关注焦点、过程方法、统计技术、领导作用

项目二　小组讨论

1. 讨论 PDCA 循环在"过程方法"中的应用。

2. 试运用"循证决策"原则评论某物业公司的质量方针和质量目标。

某物业公司的质量方针：给业主提供便捷的维修活动。

质量目标：一般故障在 30min 内解决；24h 服务；电话铃响 3 声内必须接听。

3. 七项质量管理原则与 ISO 9001 标准之间有哪些关联？

第三章 ISO 9000:2015 标准的术语和运用

【知识目标】

- ❑ 了解 ISO 9000:2015 标准中的术语分类及主要变化
- ❑ 理解并掌握 ISO 9000:2015 标准中的基本术语
- ❑ 理解并掌握术语标识和术语间的概念关系

第三章学习引导

【技能目标】

- ❑ 能够准确理解风险、相关方、顾客等关键术语，评审组织相关条款
- ❑ 能够准确理解组织、特性、符合性、审核等关键术语评审企业相关条款
- ❑ 能够熟练判定术语类别和概念关系

【素质目标】

- ❑ 培养良好的专业术语学习意识
- ❑ 培养良好的团队合作意识

【本章关键词】

术语；标识；概念关系

开篇导读

　　某公司生产的主要产品为电热水壶。公司具有设计和开发能力，能够不断更新产品款式，产销一直很旺。为了进一步拓展市场，公司新招聘了一名市场营销员王晓。王晓上班第二天，接到省某商场的电话，要求订购 1 200W 电热水壶 5 000台。商场方面说明，该批电热水壶是作赠品用的，为了尽量降低产品单价，希望能减小电源软线的线径。王晓想，这是客户自己提出的要求，应该没什么问题。于是，他就拟好合同草稿并请业务部张经理审批。张经理看了合同草稿后，便问王晓为什么要将 1 200W 电热水壶的电源软线线径改为 0.5mm²。王晓称这是客户要求。张经理告诉王晓："电源软线的线径是电器安全性能的一个重要指标，在国家标准 GB 4706.1—2005《家用和类似用途电器的安全　第 1 部分：通用要求》中明确规定器具的额定电流在 3～6A 时，电源软线的标称横截面积应不小于 0.75mm²。如果选用 0.5mm² 的电源线径，既不符合标准要求，又给安全带来隐患。我们不能这样做。"这时，王晓才知道：组织的产品不仅要满足顾客的要求，还必须满足国家标准（技术法规）的要求。王晓便向商场方面说明了电源软线线径不能改小的原因，得到了商场方面的理解，双方同意按 GB 4706.1—2005 标准要求来生产和验收这批电热水壶。

　　❑ 产品质量应满足客户要求还是法律法规要求？

第一节 ISO 9000:2015 标准的术语和定义

ISO 9001:2015 标准引用的 ISO 9000:2015 标准"术语和定义"共 13 类、138 个术语（其中包括了《ISO/IEC 导则 第 1 部分 ISO 补充规定》附件的基本术语和 ISO 9000 其他标准的术语）比起 ISO 9000:2005 的"术语和定义"（共 10 类、84 个术语），新版术语有所扩大和增加。特别是对很多重要的基础术语进行了修订和创新（如输出、产品、服务），为 ISO 9001 标准的应用和审核带来了较大变化和变更，新术语和定义将有助于标准实现其目标和结果。

一、ISO 9000:2015 术语的分类

3.1 有关人员的术语：6 个；

3.2 有关组织的术语：9 个；

3.3 有关活动的术语：13 个；

3.4 有关过程的术语：8 个；

3.5 有关体系的术语：12 个；

3.6 有关要求的术语：15 个；

3.7 有关结果的术语：11 个；

3.8 有关数据、信息和文件的术语：15 个；

3.9 有关顾客的术语：6 个；

3.10 有关特性的术语：7 个；

3.11 有关确定的术语：9 个；

3.12 有关措施的术语：10 个；

3.13 有关审核的术语：17 个。

这些术语适用于 ISO 9000 族的所有标准。本章选取了部分新的（2015 版中新出现的）、定义有变化的、标准中使用比较频繁的以及新版（2015 版）中解释得更清晰的术语，做出解释。

二、术语的标识

42 术语的标识由 3 个数字构成，如术语"最高管理者"前的数字为 3.1.1，其意义如图 3-1 所示。

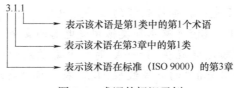

图 3-1 术语的标识示例

即问即答 3-1

术语"风险"前的数字标识为 3.7.9，怎么理解其标识？

三、术语的概念关系

1．属种关系

属种关系是采用扇形或树形图，表示下层概念继承上层概念的所有特性，并包含有将其区别于上层和同层概念的特性。例如，春、夏、秋、冬与季节的关系。这类关系通过一个没有箭头的扇形或树形图表示（如图 3-2 所示）。

图 3-2　属种关系

2．从属关系

从属关系采用靶形图，表示下层概念是上层概念的组成部分。例如，春、夏、秋、冬被定义为年的一部分（如图 3-3 所示）。

图 3-3　从属关系

3．关联关系

关联关系表示两个概念之间的关系不能像属种关系和从属关系那样简单表述，但两个概念之间存在一定的关系。例如：原因和结果、阳光和夏天、活动和场所、工具和功能、材料和产品等联系。这类关系通过一条在两端带箭头的线表示（如图 3-4 所示）。

图 3-4　关联关系

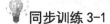同步训练 3-1

目标：准确理解术语的概念关系

1. 纠正和返工之间是（　　　）。
   A. 属种关系　　　　　　　　　B. 从属关系
   C. 关联关系　　　　　　　　　D. 不存在概念关系
2. 成文信息与记录之间是（　　　）。
   A. 从属关系　　　　　　　　　B. 属种关系
   C. 关联关系　　　　　　　　　D. 不存在概念关系

同步训练 3-1

第二节　基础术语的定义与理解

43

一、有关人员的术语

1．ISO 9000:2015　3.1.1　最高管理者

在最高层指挥和控制组织（3.2.1）的一个人或一组人。

注 1：最高管理者在组织内有授权和提供资源的权力。

注 2：如果管理体系（3.5.3）的范围仅覆盖组织的一部分，在这种情况下，最高管理者是指管理和控制组织的这部分的一个人或一组人。

注 3：这是《ISO/IEC 导则　第 1 部分　ISO 补充规定》的附件 SL 中给出的 ISO 管理体系标准中的通用术语及核心定义之一。

理解要点

（1）最高管理者可以是一个人（如总经理、董事长、总裁等），也可以是一组人（如董事会），是组织决策层的人员。

（2）在具有多层组织结构的情况下，或者说存在母子体系的结构中，只要子公司总经理具有指挥和控制职能，则子公司总经理就是子公司管理体系的最高管理者，而不一定仅仅指母公司的总经理。

（3）最高管理者需要对该组织实施指挥和控制，对战略方向和目标负责，对质量管理体系的有效性负责，有权提供各种资源，并有最终决定权。

即问即答 3-2

最高管理者是指在最高层指挥和控制组织（3.2.1）的（　　）。

A．董事长　　　　　B．总经理　　　　　C．总裁　　　　　D．以上都对

即问即答 3-2

2．ISO 9000：2015　3.1.2 质量管理体系咨询师

对组织（3.2.1）的质量管理体系实现（3.4.3）给予帮助、提供建议或信息（3.8.2）的人员。

注 1：质量管理体系咨询师也可以在部分质量管理体系（3.5.4）的实现方面提供帮助。

注 2：GB/T 19029—2009 为识别质量管理体系咨询师是否具备组织所需的能力提供了指南。

理解要点

（1）质量管理体系咨询师应具有至少 4 年全日制（或累计相当于 4 年全日制的兼职）工作经历，该工作经历应在负有判定责任、解决问题和与其他管理者或专业人员、同行及顾客进行沟通的技术、专业或管理岗位上获得。

（2）质量管理体系咨询师各级别注册申请人应具有国家承认的大专以上（含大专）学历。

二、有关组织的术语

1．ISO 9000：2015　3.2.1　组织

为实现目标（3.7.1），由职责、权限和相互关系构成自身功能的一个人或一组人。

注 1：组织的概念包括，但不限于代理商、公司、集团、商行、企事业单位、行政机构、合营公司、协会（3.2.8）、慈善机构或研究机构，或上述组织的部分或组合，无论是否为法人组织，公有的或私有的。

注 2：这是《ISO/IEC 导则　第 1 部分　ISO 补充规定》的附件 SL 中给出的 ISO 管理体系标准中的通用术语及核心定义之一，最初的定义已经通过修改注 1 被改写。

理解要点

（1）组织存在的必要条件是要有一定数量的人员，人员是组织内不可缺少的资源。如果没有人的存在，就不能称其为组织。

（2）其他资源（如建筑、设备、资金等）对组织的存在也很重要，但并非必要条件。

（3）组织不是人员简单的数量聚集，是为了实现组织目标而进行适当的分工与合作，明确领导权属关系、工作衔接关系的存在。

即问即答 3-3

组织是指为实现（　　　），有着自己的职责、权限和相互关系的一个人或一组人。

A. 目标　　　　　　　　　　B. 利润

C. 盈利　　　　　　　　　　D. 核心利益

即问即答 3-3

2. ISO 9000:2015　3.2.2　组织环境

对组织（3.2.1）建立和实现目标（3.7.1）的方法有影响的内部和外部因素的组合。

注1：组织的目标可能涉及其产品（3.7.6）和服务（3.7.7）、投资和对其相关方（3.2.3）的行为。

注2：组织环境的概念，除了适用于营利性组织，还同样能适用于非营利或公共服务组织。

注3：在英语中，这一概念常被其他术语，如：business environment（业务环境）、organizational environment（组织的环境）或 ecosystem of an organization（组织的生态系统）所表述。

注4：了解基础设施（3.5.2）对确定组织环境会有帮助。

理解要点

（1）所有对组织建立和实现目标的方法有影响的因素，都构成组织环境的要素，都应给予关注和考虑。

（2）组织环境既包括组织外部的各种因素，如法律、技术、竞争、市场、文化和金融环境等，也包括组织内部的因素，如组织的价值观、企业文化、专利知识、员工素质、设施水平等。

3. ISO 9000:2015　3.2.3　相关方

可影响决策或活动、受决策或活动所影响，或自认为受决策或活动影响的个人或组织（3.2.1）。

示例

顾客（3.2.4）、所有者、组织内的人员、供方（3.2.5）、银行、监管者、工会、合作伙伴以及可包括竞争对手或相对立的社会群体。

注：这是《ISO/IEC 导则　第 1 部分　ISO 补充规定》的附件 SL 中给出的 ISO 管理体系标准中的通用术语及核心定义之一，最初的定义已经通过增加示例被改写。

理解要点

（1）相关方的概念扩展了仅关注顾客的观点，认为组织考虑所有相关方是至关重要的。

（2）识别相关方是理解组织环境的组成部分。有关相关方是指若其需求和期望未能满足，将对组织的持续发展产生重大风险的那些个人或组织。

（3）为降低这些风险，组织需确定向有关相关方提供何种必要的结果。

（4）组织的成功有赖于吸引、赢得和保持有关相关方的支持。

4. ISO 9000:2015　3.2.4　顾客

能够或实际接受为其提供的，或按其要求提供的产品（3.7.6）或服务（3.7.7）的个人或组织（3.2.1）。

示例

消费者、委托人、最终使用者、零售商、内部过程（3.4.1）的产品或服务的接收人、受益者和采购方。

注：顾客可以是组织内部的或外部的。

理解要点

（1）"顾客"的定义很简单，但是在质量管理体系中它却是一个核心概念，需要每一个组织准确地理解其含义。从定义得到：顾客是接受产品的组织或个人，包括直接接受、间接接受和最终接受产品的组织和个人。我们可以通过以下示例去理解"顾客"：

1）对于生产婴幼儿奶粉的企业而言，直接顾客是采购婴幼儿奶粉的商家，因为它们从企业采购产品用于销售，接受了产品；间接顾客是购买奶粉的组织或个人，虽然他们没有和生产企业直接打交道，但他们接受了产品；最终顾客是食用奶粉的人（婴幼儿），他们是产品质量的最终实现者。

2）医院的顾客是病人及家属。

3）教育机构的顾客是学员、付费方、接受单位。

4）地方政府机构的顾客是公众组织、公众。

5）协会、学会的顾客是会员单位、业内组织、业内人士。

（2）在 ISO 9001 标准中，质量管理体系的输入是顾客要求，输出是向顾客提供的产品，反馈是顾客满意，循环是持续改进。因此，"顾客"是该质量管理体系的核心概念。

（3）归纳以上所述，顾客的类型可以是：

1）内部顾客：组织内部的依次接受产品或服务的部门或人员，如下道工序是上道工序的顾客。

2）外部顾客：组织外部接受产品或服务的组织或个人。

3）过去顾客：已接受过组织的产品的顾客。

4）目标顾客：正在接受组织产品的顾客，这类顾客如果不满意，可能会成为竞争对手的顾客。

5）潜在顾客：尚未接受组织产品的顾客或者是竞争者的顾客，这类顾客可能是组织将来的顾客。

46

即问即答 3-4

"正在接受组织产品的顾客，由于不满意，可能会成为竞争对手的顾客"所说的是（　　）。

A. 内部顾客　　B. 外部顾客　　C. 目标顾客　　D. 潜在顾客

即问即答 3-4

三、有关活动的术语

1. ISO 9000:2015 3.3.4 质量管理

关于质量（3.6.2）的管理（3.3.3）。

注：质量管理可包括制定质量方针（3.5.9）和质量目标（3.7.2），以及通过质量策划（3.3.5）、质量保证（3.3.6）、质量控制（3.3.7）和质量改进（3.3.8）实现这些质量目标的过程（3.4.1）。

理解要点

（1）质量管理是一个组织管理工作的重要组成部分。

（2）质量管理活动包括组织的各个方面，即从设计和开发、生产过程的控制、技术设备改进，到人员能力的提高和资源的获取等，都需要开展质量管理活动。

（3）组织在质量管理活动中，要以基于风险的思维，最大限度地降低不利影响。

2．ISO 9000:2015 3.3.5 质量策划

质量管理（3.3.4）的一部分，致力于制定质量目标（3.7.2）并规定必要的运行过程（3.4.1）和相关资源以实现质量目标。

注：编制质量计划（3.8.9）可以是质量策划的一部分。

理解要点

（1）质量策划的内涵是制定目标并规定必要的运行过程和相关资源以实现质量目标。它是质量活动开展前的一项重要活动。

（2）质量策划的内容主要是确立质量目标，制定实现目标的策略，规定必要的运行过程和相关资源。ISO 9001:2015 标准 6.2 策划条款就是对目标策划和体系策划的要求，质量策划通常包括下列内容：

1）研究活动条件。

2）制定业务决策。

3）编制行动计划。

（3）质量策划是管理者思考层面的活动，策划结果的证实性信息是文件。编制质量计划可以是质量策划的一部分。

即问即答 3-5

质量策划是指质量管理（3.3.4）的一部分，致力于制定（　　　）并规定必要的运行过程（3.4.1）和相关资源以实现质量目标。

A．质量目标　　　B．质量计划　　　C．质量方针　　　D．质量要求

即问即答 3-5

3．ISO 9000:2015 3.3.8 质量改进

质量管理（3.3.4）的一部分，致力于增强满足质量要求（3.6.5）的能力。

注：质量要求可以是有关任何方面的，如有效性（3.7.11）、效率（3.7.10）或可追溯性（3.6.13）。

47

理解要点

（1）质量改进与改进的管理原则是一致的，其意义是增强满足质量要求能力的循环活动。我们可以从以下这些方面理解质量改进：

1）改进是一个持续过程、循环的活动。

2）改进需要在"增强"上下功夫。

3）改进不需要在质量管理体系的所有方面同时发生，也不需要在产品所有的质量特性中进行。

4）改进的范围可从渐进的、日常的持续改进，直至战略突破性改进项目。

5）改进的组织形式是多种多样的。可以自上而下，也可以自下而上；可以是群众性的，

也可以是专业性的、团队式的。

6）改进具有回报率。

（2）质量改进与质量控制不同，但又紧密相关，质量控制是质量改进的前提，质量改进是质量控制的方向。

四、有关过程的术语

1. ISO 9000:2015 3.4.1 过程

利用输入实现预期结果的相互关联或相互作用的一组活动。

注1：过程的"预期结果"称为输出（3.7.5），还是称为产品（3.7.6）或服务（3.7.7），随相关语境而定。

注2：一个过程的输入通常是其他过程的输出，而一个过程的输出又通常是其他过程的输入。

注3：两个或两个以上相互关联和相互作用的连续过程也可作为一个过程。

注4：组织（3.2.1）通常对过程进行策划，并使其在受控条件下运行，以增加价值。

注5：不易或不能经济地确认其输出是否合格（3.6.11）的过程，通常称之为"特殊过程"。

注6：这是《ISO/IEC 导则 第1部分 ISO 补充规定》的附件 SL 中给出的 ISO 管理体系标准中的通用术语及核心定义之一，最初的定义已经被改写，以避免过程和输出之间循环解释，并增加了注1至注5。

理解要点 •————

（1）一个过程的输入通常是其他过程的输出。

（2）组织为了增值通常对过程进行策划并使其在受控条件下运行。

（3）对形成的产品是否合格不易或不能经济地进行验证的过程，通常称之为"特殊过程"。

即问即答 3-6

对形成的输出是否合格（3.6.11）不易或不能经济地进行确认的过程，通常称之为（　　）。

A. 验证过程　　　B. 一般过程　　　C. 特殊过程　　　D. 独特过程

即问即答 3-6

2. ISO 9000:2015 3.4.2 项目

由一组有起止日期的、相互协调的受控活动组成的独特过程（3.4.1），该过程要达到符合包括时间、成本和资源的约束条件在内的规定要求（3.1.2）的目标（3.7.1）。

注1：单个项目可作为一个较大项目结构中的组成部分，且通常规定开始和结束日期。

注2：在一些项目中，随着项目的进展，目标和范围被更新，产品（3.7.6）或服务（3.7.7）特性（3.10.1）被逐步确定。

注3：项目的输出（3.7.5）可以是一个或几个产品或服务单元。

注4：项目组织（3.2.1）通常是临时的，是根据项目的生命期而建立的。

注5：项目活动之间相互作用的复杂性与项目规模没有必然的联系。

[源自：ISO 10006:2003，3.5，改写，注1至注3被修改]

理解要点 •————

（1）单个项目可作为一个较大项目结构中的组成部分。

（2）在一些项目中，随着项目的进展，其目标才逐渐清晰，产品特性逐步确定。

（3）项目的结果可以是单一或若干个产品。

3. ISO 9000:2015　3.4.5　程序

为进行某项活动或过程（3.4.1）所规定的途径。

注：程序可以形成文件，也可以不形成文件。

理解要点

（1）程序是为进行某项活动或过程所规定的途径、方式，是对固化的实施规则的表述。

（2）"程序"在字面上很容易被理解为是一份文件，但事实上并非所有的程序都需要形成文件。

4. ISO 9000:2015　3.4.8　设计和开发

将对客体（3.6.1）的要求（3.6.4）转换为对其更详细的要求的一组过程（3.4.1）。

注 1：形成设计和开发输入的要求，通常是研究的结果，与形成设计和开发输出（3.7.5）的要求相比较，可以用更宽泛和更通用的含意予以表达。通常，这些要求以特性（3.10.1）来规定。在一个项目（3.4.2）中，可以有多个设计和开发阶段。

注 2：在英语中，单词"design"（设计）和"development"（开发）与术语"design and development"（设计和开发）有时是同义的，有时用于规定整个设计和开发的不同阶段。

注 3：可以使用修饰词表述设计和开发的性质[如：产品（3.7.6）设计和开发、服务（3.7.7）设计和开发或过程设计和开发]。

理解要点

（1）设计和开发是一组过程，其对象可以是产品（即产品的设计和开发），也可以是服务（即服务的设计和开发），还可以是某些过程（如对特定生产工艺的开发）。

（2）设计和开发过程往往是以设计和开发相关阶段的形式出现。

（3）此术语虽然与 ISO 9000:2008 标准中设计和开发的术语形式上有较大区别，但其实质含义没有变化，只是表达更为精练和概括。

五、有关体系的术语

1. ISO 9000:2015　3.5.1　体系

系统

相互关联或相互作用的一组要素。

2. ISO 9000:2015　3.5.3　管理体系

组织（3.2.1）建立方针（3.5.8）和目标（3.7.1）以及实现这些目标的过程（3.4.1）的相互关联或相互作用的一组要素。

注 1：一个管理体系可以针对单一的领域或几个领域，如质量管理（3.3.4）、财务管理或环境管理。

注 2：管理体系要素确定了组织的结构、岗位和职责、策划、运行、方针、惯例、规则、理念、目标，以及实现这些目标的过程。

注 3：管理体系的范围可能包括整个组织，组织中可被明确识别的职能或可被明确识别的部门，以及跨组织的单一职能或多个职能。

注 4：这是《ISO/IEC 导则 第 1 部分 ISO 补充规定》的附件 SL 中给出的 ISO 管理体系标准中的通用术语及核心定义之一，最初的定义已经通过修改注 1 至注 3 被改写。

3．ISO 9000:2015 3.5.4 质量管理体系

管理体系（3.5.3）中关于质量（3.6.2）的部分。

理解要点 ●

（1）一个组织的管理体系可包括若干个不同的管理体系，如质量管理体系、财务管理体系或环境管理体系。

（2）体系又称系统，是由组织要素组成的。

（3）体系具有关联性、整体性。

（4）对特定对象的体系（如管理体系）应首先建立该对象的方针和目标，然后通过建立和实施所需要的体系实现方针和目标。

（5）一个组织的管理体系包含许多分体系，质量管理体系是管理体系的一部分。

（6）构成质量管理体系的要素称为过程。

即问即答 3-7

管理体系要素确定了组织的结构、（ ）、策划、运行、方针、惯例、规则、理念、目标以及实现这些目标的过程。

A. 岗位和职责 B. 质量方针 C. 质量目标 D. 分工和合作

即问即答 3-7

六、有关要求的术语

1．ISO 9000:2015 3.6.1 客体

可感知或可想象到的任何事物。

示例

产品（3.7.6）、服务（3.7.7）、过程（3.4.1）、人员、组织（3.2.1）、体系（3.5.1）、资源。

注：客体可能是物质的（如：一台发动机、一张纸、一颗钻石）、非物质的（如：转换率、一个项目计划）或想象的（如：组织未来的状态）。

[源自：ISO 1087-1:2000，3.1.1，改写]

理解要点 ●

（1）客体是所有客观事物的统称。

（2）客体既包括客观存在，也可以是主观感知的事物（如树木、房屋，抽象的如物价、自由），还可以是思维开拓的事物（如神话人物）。

2．ISO 9000:2015 3.6.2 质量

客体（3.6.1）的一组固有特性（3.10.1）满足要求（3.6.4）的程度。

注 1：术语"质量"可使用形容词来修饰，如：差、好或优秀。

注 2："固有"（其对应的是"赋予"）是指存在于客体（3.6.1）中。

理解要点

（1）对比 2008 版标准，2015 版标准中的"质量"定义基本没有变化，仅增加了"客体"二字，用以说明本标准中的"质量"术语，主要适用于客观事物上，而不适用于人或主观意识范畴。

（2）"固有"（其对应的是"赋予"）是指在某事或某物中本来就有的，尤其是那种永久的特性。

（3）特性是可区分的特征。特性可以是固有的，即某种事物本身就有的，尤其是那种永久特性；特性还可以是赋予的，是一种非产品本身形成的，如价格。质量特性只涉及固有特性。

（4）要求可以是明示的，即规定的要求，不论是文件还是口头的，如顾客提出的要求。要求还可以是隐含的，即不言而喻的，或是一种习惯和惯例，如银行为客户存款保密。要求还可以是必须履行的，一般包括法律法规和强制性产品标准要求，如食品必须符合卫生法要求。

（5）"程度"包含比较的概念，固有特性满足要求程度的高低，反映质量好或差。

（6）质量具有广义性、时效性和相对性。

3．ISO 9000:2015 3.6.4 要求

明示的、通常隐含的或必须履行的需求或期望。

注1："通常隐含"是指组织（3.2.1）和相关方（3.2.3）的惯例或一般做法，所考虑的需求或期望是不言而喻的。

注2：规定要求是经明示的要求，如：在成文信息（3.8.6）中阐明。

注3：特定要求可使用限定词表示，如：产品（3.7.6）要求、质量管理（3.3.4）要求、顾客（3.2.4）要求、质量要求（3.6.5）。

注4：要求可由不同的相关方或组织自己提出。

注5：为实现较高的顾客满意（3.9.2），可能有必要满足那些顾客既没有明示，也不是通常隐含或必须履行的期望。

注6：这是《ISO/IEC 导则 第 1 部分 ISO 补充规定》的附件 SL 中给出的 ISO 管理体系标准中的通用术语及核心定义之一，最初的定义已经通过增加注 3 至注 5 被改写。

51

理解要点

（1）对定义中"需求或期望"的理解："需求"包含购买的欲望和购买能力；"期望"包含预期的希望和价值观。

（2）为了准确理解本术语，需要从明示的要求、通常隐含的要求和必须履行的要求三个方面全面地了解。

1）明示的要求：就是通过口头、书面或其他明确的方式表达的要求。

2）通常隐含的要求：是指人们的尝试、管理都能普遍地理解或遵守的要求，对于供需双方而言，这样的要求通常是不言而喻的。这种要求通常在顾客或相关方接受产品或服务前不会明确提出。例如：人们去某饭店用餐，可能不会对"炒菜中不能有苍蝇"提出要求，但如果炒菜中有一只苍蝇，尽管饭店可以解释说"苍蝇已经经过高温翻炒了，是安全的，吃了不会发生问题",但是顾客依然是不会接受的,因为这种要求是不言而喻的。因此,对于通常隐含的要求,组织应当给予识别并确定。

3)必须履行的要求:是指法律、法规和强制性标准所规定的要求。

(3)要求可以由不同的相关方提出,不同的相关方对同一产品的要求可能是不相同的。

同步训练 3-2

目标:理解"有关要求的术语"

1. "组织(3.2.1)和相关方(3.2.3)的惯例或一般做法,所考虑的需求或期望是不言而喻的"指的是(　　)。

同步训练 3-2

A. 明示的要求　　　　　　　　　　B. 隐含的要求

C. 法律法规要求　　　　　　　　　D. 合同阐明的要求

2. 质量的定义是:客体的一组固有特性满足(　　)的程度。

A. 要求　　　　B. 顾客要求　　　　C. 相关方要求　　　D. 法律法规要求

4. ISO 9000:2015　3.6.9　**不合格(不符合)**

未满足要求(3.6.4)。

注:这是《ISO/IEC 导则　第 1 部分　ISO 补充规定》的附件 SL 中给出的 ISO 管理体系标准中的通用术语及核心定义之一。

5. ISO 9000:2015　3.6.11　**合格(符合)**

满足要求(3.6.4)。

注 1:在英语中,"conformance"一词与本词(conformity)是同义的,但不赞成使用。在法语中,"compliance"也是同义的,但不赞成使用。

注 2:这是《ISO/IEC 导则　第 1 部分　ISO 补充规定》的附件 SL 中给出的 ISO 管理体系标准中的通用术语及核心定义之一,最初的定义已经通过增加注 1 被改写。

理解要点 ●————————————————————————————————

(1)根据不同的工作环境和习惯,"合格"(或"不合格")有时也称为"符合"(或不符合),含义相同。

(2)满足要求,就是合格,反之就是不合格。合格或不合格都是相对于"要求"而言的,因为是一个相对概念。

(3)一个相同的事物,相对于不同的要求会有不同的结果,有的情形下是合格,有的情形下是不合格。例如茶叶,可能没有达到一级品要求,从一级品茶叶来说,它是不合格茶叶,但它符合二级品茶叶标准要求,从二级品来说,它却是合格的。

6. ISO 9000:2015　3.6.10　**缺陷**

与预期或规定用途有关的不合格(3.6.9)。

注 1:区分缺陷与不合格的概念是重要的,这是因为其中有法律内涵,特别是与产品(3.7.6)和服务(3.7.7)责任问题有关。

注 2:顾客(3.2.4)希望的预期用途可能受供方(3.2.5)所提供的信息(3.8.2)的性质影响,如操作或维护说明。

即问即答 3-8

"与预期或规定用途有关的不合格（3.6.9）"指的是（　　）。

A. 缺陷　　B. 不符合　　C. 不标准　　D. 次品　　即问即答 3-8

理解要点

（1）2015 年国家质量监督检验检疫总局发布的第 151 号文件《缺陷消费品召回管理办法》中规定：缺陷是指由于设计、制造、警示标识等原因导致的在同一批次、型号或者类别的消费品中普遍存在的不符合国家标准、行业标准中保障人身、财产安全要求的情形或者其他危及人身、财产安全的不合理的危险。

（2）"缺陷"是指产品的用途方面存在不合格，是一种特定的不合格。

示例

某瓶装啤酒，标称 650mL，正负误差小于 5mL。由于包装时用于称重的设备出了问题，致使一批产品中有个别产品的容量只有 640mL，且出厂抽检时未被发现。这属于不合格，但不影响食用，产品不存在缺陷。

示例

某食品生产企业的一批原料中混入了对身体有害的物质，该有害物质在原产品标准中未做规定，用该原料加工的食品流入社会，这就属于缺陷，应立即召回。但产品出厂时按产品检验标准检验是合格品。

七、有关结果的术语

1. ISO 9000:2015　3.7.1　目标

要实现的结果。

注 1：目标可以是战略的、战术的或操作层面的。

注 2：目标可以涉及不同的领域（如：财务的、职业健康与安全的和环境的目标），并可应用于不同的层次（如：战略的、组织（3.2.1）整体的、项目（3.4.2）的、产品（3.7.6）和过程（3.4.1）的）。

注 3：可以采用其他的方式表述目标，例如：采用预期的结果、活动的目的或运行准则作为质量目标（3.7.2），或使用其他有类似含意的词（如：目的、终点或标的）。

注 4：在质量管理体系（3.5.4）环境中，组织（3.2.1）制定的质量目标（3.7.2）与质量方针（3.5.9）保持一致，以实现特定的结果。

注 5：这是《ISO/IEC 导则　第 1 部分　ISO 补充规定》的附件 SL 中给出的 ISO 管理体系标准中的通用术语及核心定义之一。原定义已通过修改注 2 被改写。

2. ISO 9000:2015　3.7.2　质量目标

关于质量（3.6.2）的目标（3.7.1）。

注 1：质量目标通常依据组织（3.2.1）的质量方针（3.2.4）制定。

注 2：通常，在组织（3.2.1）内的相关职能、层级和过程（3.4.1）分别制定质量目标。

53

理解要点

（1）通常对组织（3.2.1）的相关职能和层次分别规定质量目标。

（2）质量目标是组织实现满足顾客要求、法规要求持续改进的具体要求。因此，应在组织内及各职能层次上建立并尽可能量化，可考核。

（3）质量方针为建立和评审质量目标提供了框架，ISO 9001 质量管理体系质量目标在质量方针的框架下建立并为实现方针提供具体途径，两者保持一致，相辅相成。

3．ISO 9000:2015 3.7.6 产品

在组织和顾客（3.2.4）之间未发生任何交易的情况下，组织（3.2.1）能够产生的输出（3.7.5）。

注 1：在供方（3.2.5）和顾客之间未发生任何必要交易的情况下，可以实现产品的生产。但是，当产品交付给顾客时，通常包含服务（3.7.7）因素。

注 2：通常，产品的主要要素是有形的。

注 3：硬件是有形的，其量具有计数的特性（3.10.1）（如：轮胎）。流程性材料是有形的，其量具有连续的特性（如：燃料和软饮料）。硬件和流程性材料经常被称为货物。软件由信息（3.8.2）组成，无论采用何种介质传递（如：计算机程序、移动电话应用程序、操作手册、字典、音乐作品版权、驾驶执照）。

理解要点

（1）"交易"一词在本术语中，其含义主要是组织与顾客之间在信息、人员、资金、物资等方面的接触与交互，如与顾客就其要求进行沟通、解答顾客的问询等，而非特指商业环境下的买卖行为。

（2）在顾客之间未发生上述交互或接触，甚至在还没有顾客的情况下，组织也能实现产品的生产。

4．ISO 9000:2015 3.7.7 服务

至少有一项活动必须在组织（3.2.1）和顾客（3.2.4）之间进行的组织的输出（3.7.5）。

注 1：通常，服务的主要要素是无形的。

注 2：通常，服务包含与顾客在接触面的活动，除了确定顾客的要求（3.6.4）以提供服务外，可能还包括与顾客建立持续的关系，如：银行、会计师事务所，或公共组织（如：学校或医院）等。

注 3：服务的提供可能涉及，例如：

—— 在顾客提供的有形产品（3.7.6）（如需要维修的汽车）上所完成的活动。

—— 在顾客提供的无形产品（如为准备纳税申报单所需的损益表）上所完成的活动。

—— 无形产品的交付（如知识传授方面的信息（3.8.2）提供）。

—— 为顾客创造氛围（如在宾馆和饭店）。

注 4：通常，服务由顾客体验。

理解要点

（1）服务的提供过程与消费过程往往是一体的。

（2）在 ISO 9000:2008 标准中，服务是产品的一部分，本次换版将服务的术语从产品中分离出来，使其与产品成为同一层级的术语，其原因是服务业在世界经济中的地位不断上升，

强调了标准对服务业的兼容性。

即问即答 3-9

"至少有一项活动必须在组织（3.2.1）和顾客（3.2.4）之间进行的组织的输出（3.7.5）"指的是（　　）。

A. 产品　　　B. 服务　　　C. 产品或服务　　　D. 产品和服务　　　即问即答 3-9

5．ISO 9000:2015　3.7.9　风险

不确定性的影响。

注 1：影响是指偏离预期，可以是正面的或负面的。

注 2：不确定性是一种对某个事件，或是事件的局部的结果或可能性缺乏理解或知识方面的信息（3.8.2）的情形。

注 3：通常，风险是通过有关可能事件（《ISO 导则 73:2009》中的定义，3.5.1.3）和后果（《ISO 导则 73:2009》中的定义，3.6.1.3）或两者的组合来描述其特性的。

注 4：通常，风险是以某个事件的后果（包括情形的变化）及其发生的可能性（《ISO 导则 73:2009》中的定义，3.6.1.1）的组合来表述的。

注 5："风险"一词有时仅在有负面结果的可能性时使用。

注 6：这是《ISO/IEC 导则　第 1 部分　ISO 补充规定》的附件 SL 中给出的 ISO 管理体系标准中的通用术语及核心定义之一，最初的定义已经通过增加注 5 被改写。

理解要点

（1）风险是一种状态，通常可通过概率和其后果的组合来表现。

（2）"风险"一词一般在有负面结果的可能性时使用。

即问即答 3-10

"不确定性的影响"指的是（　　）。

A. 风险　　　B. 结果　　　C. 后果　　　D. 可能性　　　即问即答 3-10

55

八、有关数据、信息和文件的术语

1．ISO 9000:2015　3.8.2　信息

有意义的数据（3.8.1）。

2．ISO 9000:2015　3.8.5　文件

信息（3.8.2）及其载体。

示例

记录（3.8.10）、规范（3.8.7）、程序文件、图样、报告、标准。

注 1：载体可以是纸张，磁性的、电子的、光学的计算机盘片，照片或标准样品，或它们的组合。

注 2：一组文件，如若干个规范和记录，英文中通常被称为"documentation"。

注 3：某些要求（3.6.4）（如易读的要求）与所有类型的文件有关，而另外一些对规范（如修订受控的要求）和记录（如可检索的要求）的要求可能有所不同。

理解要点

（1）信息可以是数字，也可以是文字、图像、声音或标准样品等不同类型，或它们的组合。可以是定量的，也可以是定性的。

（2）记录也是一种文件，作为某种证据以反映当时的状况，并供以后查阅，所以记录应满足可检索的要求，以方便查阅。

3．ISO 9000:2015　3.8.6　成文信息

组织（3.2.1）需要控制和保持的信息（3.8.2）及其载体。

注 1：成文信息可以任何格式和载体存在，并可来自任何来源。

注 2：成文信息可涉及：

——管理体系（3.5.3），包括相关过程（3.4.1）。

——为组织运行产生的信息（一组文件）。

——结果实现的证据[记录（3.8.10）]。

注 3：这是《ISO/IEC 导则　第 1 部分　ISO 补充规定》的附件 SL 中给出的 ISO 管理体系标准中的通用术语及核心定义之一。

理解要点

（1）2008 版标准中的"形成文件的程序"和"记录"，在 2015 版标准中已被"成文信息"所替换，以适应信息化环境下文件与记录的表现形式。

（2）成文信息的呈现格式和承载载体可以不同，也可能同一份成文信息需求以不同格式、载体进行备份。

即问即答 3-11

"组织（3.2.1）需要控制并保持的信息（3.8.2）及其载体"指的是（　　　）。

A．程序　　　B．记录　　　C．文件后果　　　D．成文信息

即问即答 3-11

56

九、有关顾客的术语

1．ISO 9000:2015　3.9.2　顾客满意

顾客（3.2.4）对其期望已被满足程度的感受。

注 1：在产品（3.7.6）或服务（3.7.7）交付之前，组织（3.2.1）有可能不了解顾客的期望，甚至顾客也在考虑之中。为了实现较高的顾客满意，可能有必要满足那些顾客既没有明示，也不是通常隐含或必须履行的期望。

注 2：投诉（3.9.3）是一种满意程度低的最常见的表达方式，但没有投诉并不一定表明顾客很满意。

注 3：即使规定的顾客要求（3.6.4）符合顾客的愿望并得到满足，也不一定确保顾客很满意。

[源自：ISO 10004:2012，3.3，改写。注已被修改]

理解要点 ●————————————————————————————————————

（1）顾客报怨是一种满意程度低的最常见的表达方式，但没有抱怨并不一定表明顾客很满意。

（2）即使规定的顾客要求符合顾客的愿望并得到满足，也不一定确保顾客很满意。

（3）顾客满意对于顾客而言是主观的，对于组织而言是客观的。所以，组织应当对顾客满意进行监视和测量（ISO 9001:2015　9.1.2）

（4）顾客满意有以下基本特征：

1）主观性：顾客的满意程度是建立在其对产品和服务的体验上，感受的对象是客观的，而结论是主观的。顾客满意的程度与顾客的自身条件如知识和经验、收入状况、生活习惯、价值观念等有关，还与传媒有关。

2）层次性：处于不同层次需求的人对产品和服务的评价标准不同，因而不同地区、不同阶层的人或一个人在不同条件下对某个产品或某项服务的评价不尽相同。

3）相对性：顾客对产品的技术指标和成本等经济指标通常不熟悉，他们习惯于把购买的产品和同类其他产品，或和以前的消费经验进行比较，由此得到满意或不满意的相对性。

4）阶段性：任何产品都具有生命周期，服务也有时间性，顾客对产品和服务的满意程度来自于过程的使用体验，是在过去多次购买和提供的服务中逐渐形成的，因而呈现出阶段性。

（5）顾客总是从自己的感受来理解产品质量，由此，组织只有理解顾客，超越顾客的期望，才能满足顾客要求，使顾客满意乃至忠诚。

（6）顾客满意是顾客的感受程度，组织了解到的顾客反馈，可能仅是冰山一角。当顾客有抱怨或投诉时，肯定是顾客满意程度低的表现。但是，没有发生顾客抱怨或投诉，并不表明顾客很满意。

（7）满足顾客规定要求，仅是到达了"理所当然的质量"，此时不一定确保顾客很满意，也不能确保组织的产品具有竞争力。组织要想在竞争中取胜，应当立足于超越顾客期望、增强顾客满意的理念，不断创新"魅力质量"。

2．ISO 9000:2015　3.9.3　投诉

就产品（3.7.6）、服务（3.7.7）或投诉处理过程（3.4.1），表达对组织（3.2.1）的不满，无论是否明确地期望得到答复或解决问题。

[源自：ISO 10002:2014，3.2，改写，术语"服务"已包括在定义中]

理解要点 ●————————————————————————————————————

（1）投诉是顾客主动向组织表达不满的方式，是一种满意程度较低的最常见的表达方式，也往往是矛盾激化的开始。

（2）即使没有投诉，也不一定表明顾客很满意，组织不应该没有投诉就自满。

十、有关特性的术语

1．ISO 9000:2015　3.10.1　特性

可区分的特征。

注 1：特性可以是固有的或赋予的。

注 2：特性可以是定性的或定量的。

注 3：有各种类别的特性，如：

①物理的（如：机械的、电的、化学的或生物学的特性）。

②感官的（如：嗅觉、触觉、味觉、视觉、听觉）。

③行为的（如：礼貌、诚实、正直）。

④时间的（如：准时性、可靠性、可用性、连续性）。

⑤人因工效的（如：生理的特性或有关人身安全的特性）。

⑥功能的（如：飞机的最高速度）。

2．ISO 9000:2015 3.10.2 质量特性

与要求（3.6.4）有关的、客体（3.6.1）的固有特性（3.10.1）。

注 1：固有意味着本身就存在的，尤其是那种永久的特性（3.10.1）。

注 2：赋予客体（3.6.1）的特性（3.10.1）（如：客体的价格）不是它们的质量特性。

理解要点

（1）从产品质量的角度理解质量特性。

（2）不同类别的产品，质量特性的具体表现形式也不尽相同。

3．ISO 9000:2015 3.10.4 能力

应用知识和技能实现预期结果的本领。

注 1：经证实的能力有时是指资格。

注 2：这是《ISO/IEC 导则 第 1 部分 ISO 补充规定》的附件 SL 中给出的 ISO 管理体系标准中的通用术语及核心定义之一，最初的定义已经通过增加注 1 被改写。

理解要点

（1）在 ISO 9000 标准中，给了两类（三种）"能力"的定义：一类是指组织、体系或过程的能力；另一类是指人员的能力，包括广义的人员的能力和审核员的能力。

（2）本定义指人员的能力。在质量管理体系中承担任何任务的人员都可能直接或间接地影响要求输出的符合性，其影响程度与人员的能力有关。应用本定义对人员能力的了解与评价包括两层含义：一是具有影响的知识和技能，即应知应会；二是应用这些知识和技能解决实际问题，学以致用。

（3）能力需要证实。例如，内审员仅通过了考试并不能完全证实他的能力，还要通过审核的实践，评价其观察问题、分析问题、判断问题、提出改进建议等方面的能力。

即问即答 3-12

"客体（3.6.1）实现满足要求（3.6.4）的输出（3.7.5）的本领"指的是（ ）。

A．顾客满意 B．能力 C．特性 D．质量特性

即问即答 3-12

十一、有关确定的术语

1. ISO 9000:2015　3.11.3　监视

确定（3.11.1）体系（3.5.1）、过程（3.4.1）、产品（3.7.6）、服务（3.7.7）或活动的状态。

注 1：确定状态可能需要检查、监督或密切观察。

注 2：通常，监视是在不同的阶段或不同的时间，对客体（3.6.1）状态的确定。

注 3：这是《ISO/IEC 导则　第 1 部分　ISO 补充规定》的附件 SL 中给出的 ISO 管理体系标准中的通用术语及核心定义之一，最初的定义和注 1 已经被改写，并增加了注 2。

理解要点

（1）监视的执行者可以是人，也可以是设备。

（2）监视大多数是获得定性的结果。

（3）监视是通过检查、监督或密切观察，进而查明体系、过程、产品、服务或活动的状态的一个或多个特性及特性值的活动，是一种确定状态的活动。

2. ISO 9000:2015　3.11.4　测量

确定数值的过程（3.4.1）。

注 1：根据 ISO 3534-2，确定的数值通常是量值。

注 2：这是《ISO/IEC 导则　第 1 部分　ISO 补充规定》的附件 SL 中给出的 ISO 管理体系标准中的通用术语及核心定义之一，最初的定义已经通过增加注 1 被改写。

理解要点

（1）测量所确定的数值通常是量值，通常会借助测量设备完成，因此应按规定对测量设备进行校准或检定。

（2）要注意与监视的区别。

十二、有关措施的术语

1. ISO 9000:2015　3.12.2　纠正措施

为消除不合格（3.6.9）的原因并防止再发生所采取的措施。

注 1：一个不合格可以有若干个原因。

注 2：采取纠正措施是为了防止再发生，而采取预防措施（3.12.1）是为了防止发生。

注 3：这是《ISO/IEC 导则　第 1 部分　ISO 补充规定》的附件 SL 中给出的 ISO 管理体系标准中的通用术语及核心定义之一，最初的定义已经通过增加注 1 和注 2 被改写。

2. ISO 9000:2015　3.12.3　纠正

为消除已发现的不合格（3.6.9）所采取的措施（如图 3-5 所示）。

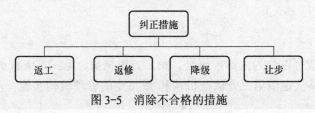

图 3-5　消除不合格的措施

59

注 1：纠正可与纠正措施（3.12.2）一起实施，或在其之前或之后实施。

注 2：返工（3.12.8）或降级（3.12.4）可作为纠正的示例。

理解要点

（1）纠正针对的是不合格本身，是为了消除不合格本身所采取的措施。

（2）纠正措施是指涉及对原因的探寻并采取措施消除产生这些问题的原因。

十三、有关审核的术语

1. ISO 9000:2015 3.13.1 审核

为获得客观证据（3.8.3）并对其进行客观的评价，以确定满足审核准则（3.13.7）的程度所进行的系统的、独立的并形成文件的过程（3.4.1）。

注 1：审核的基本要素包括由对被审核客体不承担责任的人员，按照程序（3.5.4）对客体（3.6.1）是否合格（3.6.11）所做的确定（3.11.1）。

注 2：审核可以是内部（第一方）审核，或外部（第二方或第三方）审核，也可以是多体系审核（3.13.2）或联合审核（3.13.3）。

注 3：内部审核，有时称为第一方审核，由组织（3.2.1）自己或以组织的名义进行，用于管理（3.3.3）评审（3.11.2）和其他内部目的，可作为组织自我合格声明的基础。内部审核可以由与正在被审核的活动无责任关系的人员进行，以证实独立性。

注 4：通常，外部审核包括第二方和第三方审核。第二方审核由组织的相关方，如顾客（3.2.4）或由其他人员以相关方的名义进行。第三方审核由外部独立的审核组织进行，如提供合格认证/注册的组织或政府机构。

注 5：这是《ISO/IEC 导则 第 1 部分 ISO 补充规定》的附件 SL 中给出的 ISO 管理体系标准中的通用术语及核心定义之一，最初的定义和注释已经被改写，以消除术语"审核准则"与"审核证据"之间循环定义的影响，并增加了注 3 和注 4。

理解要点

（1）审核是一个过程，是一个收集客观证据并将其与特定要求（审核准则）进行对比以做出满足程度判断的过程。

（2）任何的审核都会包括审核的实施人员、审核的规则、审核的对象以及所进行的符合性方面的规定。

（3）"满足审核准则（3.13.7）的程度"中的"程度"一词，在实务操作中仅包含"满足"和"不满足"两种类别。

2. ISO 9000:2015 3.13.15 审核员

实施审核（3.13.1）的人员。

理解要点

（1）审核员一般可以分为内部审核员、第二方审核员、第三方审核员，其中第三方审核员的专业能力与资格认定由第三方认证机构和/或特定的管理机构实施。

（2）2015 版中审核员的定义与 2008 版相比，不再刻意强调审核员的个人素质和能力需要得到证实，是对"形式化"的外在要求而非内容本质要求的弱化。

即问即答 3-13

"由组织的相关方,如顾客（3.2.4）或由其他人员以相关方的名义进行审核"指的是（　　）。

A. 第一方审核　　　　　　　　　　B. 第二方审核　　　　即问即答 3-13

C. 第三方审核　　　　　　　　　　D. 内部审核

本章技能项目

项目一　知识竞赛

【竞赛内容范围】

● 标准术语：纠正、合格、不合格、产品、服务、预防措施、纠正措施

● 术语间的概念关系

【流程设计】

● 预先告知竞赛内容范围，以便学员课前准备

● 设定竞赛时间

● 根据竞赛结果，激励学生（可采用累计"点赞"，也可适当加分）

【竞赛题目参考】

1. 纠正是为消除已发现的不合格所采取的措施，以下不属于纠正的是（　　）。

A. 返修　　　　　B. 降级　　　　　C. 报废　　　　　D. 让步

2. 质量管理和质量策划、质量控制等是（　　）。

A. 关联关系　　　　B. 属种关系　　　　C. 从属关系

3. 在组织和顾客之间未发生任何关联交易的情况下，组织生产的输出是（　　）。

A. 产品　　　　　B. 过程　　　　　C. 服务　　　　　D. 活动

4. 至少有一项活动必须在组织（3.2.1）和顾客（3.2.4）之间进行的组织的输出（3.7.5）是指（　　）。

A. 产品　　　　　B. 服务　　　　　C. 过程　　　　　D. 预期结果

5. 过程的"预期结果"称为（　　）。

A. 产品　　　　　B. 服务　　　　　C. 输出　　　　　D. 成果

6. 由顾客反馈信息发现，电风扇的某工件有问题，决定对其进行重新设计和加工，这是（　　）。

A. 纠正　　　　　B. 预防措施　　　　C. 纠正措施　　　　D. 持续改进

7. 将对客体（3.6.1）的要求（3.6.4）转换为对其更详细的要求的一组过程（3.4.1）是（　　）。

61

　　A．设计和开发　　　　B．产品　　　　　　C．服务　　　　　　D．预期结果

8．针对术语"产品和服务"，表述不正确的是（　　　）。

　　A．在大多数情况下，"产品和服务"作为单一术语同时使用

　　B．包括所有的输出类别

　　C．包括硬件、服务、软件和流程性材料

　　D．产品和服务不存在差异

项目二　小组讨论

1．简要说明什么是质量的"明示的""通常隐含的"和"必须履行的"要求。请各举一例。

2．什么是过程？以你熟悉的过程为例，写出该过程的输入、输出和主要活动内容。

3．服务和产品的共同点是什么？相比于产品，服务有何特殊性？

4．缺陷和不合格有何关联？请举例说明。

5．请举例说明术语之间的三种关系。

第四章 ISO 9001:2015 标准（GB/T 19001—2016，IDT）的理解与运用（一）

【知识目标】

- ❑ 理解并掌握结合了 PDCA 循环和基于风险思维理念的过程方法
- ❑ 理解并掌握影响组织实现质量管理体系预期结果的外部和内部环境因素
- ❑ 了解组织存在的与质量管理体系有关的相关方及其需求和期望
- ❑ 理解并掌握质量管理体系的建立、实施、保持和持续改进过程及其相互作用
- ❑ 理解并掌握最高管理者对质量管理体系的领导作用和承诺
- ❑ 理解并掌握质量方针和质量目标的制定与沟通
- ❑ 理解并掌握应对风险和机遇的措施策划、实施与评价
- ❑ 理解并掌握变更质量管理体系的策划与实施

第四章学习引导

【技能目标】

- ❑ 能初步监视和评审组织应对组织环境的充分性和有效性
- ❑ 能准确识别组织有关相关方及其需求和期望
- ❑ 能初步审核组织按标准要求的建立、实施、保持和持续改进质量管理体系的适宜性、充分性和有效性
- ❑ 能初步审核组织在领导作用和承诺的有效性
- ❑ 能初步审核组织在质量方针、质量目标的制定和沟通适宜性和有效性
- ❑ 能初步审核组织在基于风险和机会的应对措施适宜性、充分性和有效性
- ❑ 能初步审核组织在策划变更方面的有效性

【素质目标】

- ❑ 培养良好的风险思维意识
- ❑ 培养良好的贯标意识
- ❑ 培养良好的团队合作意识

【本章关键词】

过程方法；PDCA 循环；组织环境；相关方；风险思维；领导作用；策划

开篇导读   国际市场上，在许多重大工程项目的招标及贸易谈判中，按照 ISO 9001 建立质量管理体系并取得第三方认证证书，早已成为投标签约的先决条件。例如：许多国家的政府采购部门（如英国国防部、美国海军部、新加坡国防部等）都把获得"ISO 9001 认证"作为供货合同的要求；欧洲统一市场初步形成后，已

对越来越多的供货者提出要求，组织必须建立符合 ISO 9001 要求的体系，否则该组织的产品就不准进入；美国、日本、澳大利亚等国随后也做出类似的规定。因此，组织如果要向它的顾客证实其有能力稳定地提供满足顾客和适用的法律法规要求的产品，则可以考虑按 ISO 9001 的要求建立质量管理体系并获得第三方认证。设想这样一种情况，你要为公司采购一些部件，有几个供应商按相似的价格提供类似的部件，假定其中一个公司获得了 ISO 9001 认证，而其他公司没有，那么你会从哪家采购呢？毫无疑问，获得 ISO 9001 认证的公司将成为你采购的首选对象。

❑ 建立质量管理体系并获得 ISO 9001 认证对组织有哪些影响？

第一节 引 言

0.1 总则

采用质量管理体系是组织的一项战略决策，能够帮助其提高整体绩效，为推动可持续发展奠定良好基础。

组织根据本标准实施质量管理体系的潜在益处是：

a）稳定提供满足顾客要求以及适用的法律法规要求的产品和服务的能力；

b）促成增强顾客满意的机会；

c）应对与组织环境和目标相关的风险和机遇；

d）证实符合规定的质量管理体系要求的能力。

本标准可用于内部和外部各方。

实施本标准并非需要：

——统一不同质量管理体系的架构；

——形成与本标准条款结构相一致的文件；

——在组织内使用本标准的特定术语。

本标准规定的质量管理体系要求是对产品和服务要求的补充。

本标准采用过程方法，该方法结合了"策划-实施-检查-处置"（PDCA）循环和基于风险的思维。

过程方法使组织能够策划过程及其相互作用。

PDCA 循环使组织能够确保其过程得到充分的资源和管理，确定改进机会并采取行动。

基于风险的思维使组织能够确定可能导致其过程和质量管理体系偏离策划结果的各种因素，采取预防控制，最大限度地降低不利影响，并最大限度地利用出现的机遇（见附录 A.4）。

在日益复杂的动态环境中持续满足要求，并针对未来需求和期望采取适当行动，这无疑是组织面临的一项挑战。为了实现这一目标，组织可能会发现，除了纠正和持续改进，还有必要采取各种形式的改进，如突破性变革、创新和重组。

在本标准中使用如下助动词：

——"应"表示要求；

——"宜"表示建议；

——"可"表示允许；

——"能"表示可能或能够。

"注"的内容是理解和说明有关要求的指南。

理解要点

（1）标准的引言不是正文，但非常重要，因为引言通常会阐述标准的基本原则、思想、理念或需要特别提示标准使用者注意的内容。

（2）总则指出组织不需要根据标准的条款结构编制文件，也不需要在文件中使用特定的术语，而是可以使用组织自己通常使用的术语。

（3）本条款指出组织可以自行决定是否对质量管理体系进行认证评定，并不强制进行认证。

（4）无论组织是否寻求第三方评定和/或认证，组织都将从实施和保持有效的质量管理体系中受益。

（5）质量管理体系旨在向顾客传递信任，表明组织能够提供符合要求的产品和服务，它要求组织证明自己能够满足顾客要求以及相关法律法规的要求。

（6）ISO 9001:2015 标准更明确地阐述了基于风险的思维理念，它所倡导的"过程方法"的一个重要方面就是"基于风险的思维"，标准认为它是实现质量管理体系有效性的前提。标准不仅在引言中特别阐述了这个理念，在"策划"也给出了具体要求，要求组织识别与策划相关的风险和机遇，以及应对这些风险和机遇的措施。

（7）新版标准更进一步明确阐明，过程方法结合了"策划-实施-检查-处置"（PDCA）循环和基于风险的思维两方面的内容，并在引言的 0.3 条款详细阐述了过程方法及其重要性。

知识链接 4-1

"本标准规定的质量管理体系要求是对产品和服务要求的补充"，它是管理标准，不是产品标准。它是质量管理体系要求，不是产品要求。标准的框架内容内含了 PDCA 逻辑：方针目标、体系策划、风险识别；实施和运行；分析和评价；改进。体系的建立也应该按 PDCA 模式建立，并在此基础上寻求改进。这是一种企业管理思考的方法，也可以落实到某一项具体的工作当中。

65

同步训练 4-1

目标：理解"0.1 总则"的内涵

1. 基于风险的思维使组织能够确定可能导致其过程和质量管理体系偏离策划结果的各种因素，采取预防控制，最大限度地降低不利影响，并最大限度地（　　　）。

同步训练 4-1

A. 利用出现的机遇　　　　　　B. 采取控制措施

C. 面对挑战　　　　　　　　　D. 采取预防工具

2. GB/T 19001—2016 标准规定的质量管理体系要求是对产品和服务要求的（　　　）。

A. 取代　　　B. 融合　　　C. 补充　　　D. 融合和补充

3. GB/T 19001—2016 标准采用的过程方法，该方法结合了（　　）。

    A. "策划—实施—检查—处置"（PDCA）循环

    B. 风险管理

    C. 基于风险的思维

    D. 管理的系统方法

0.2　质量管理原则

本标准是在 ISO 9000 所阐述的质量管理原则基础上制定的。每项原则的介绍均包含概述、该原则对组织的重要性的依据、应用该原则的主要益处示例以及应用该原则提高组织绩效的典型措施示例。

质量管理原则是：

——以顾客为关注焦点；

——领导作用；

——全员积极参与；

——过程方法；

——改进；

——循证决策；

——关系管理。

理解要点

质量管理原则是质量管理实践经验和理论的总结，是质量管理最基本、最通用的一般性规律，是质量管理的理论基础。ISO 9000:2015 标准中，对前一版标准的八项质量管理原则进行了修订，修订后的质量管理原则由原来的八项变为七项，将原来的原则 4 "过程方法"和原则 5 "管理的系统方法"合并成新的原则 4 "过程方法"，以解决在实际使用过程中，过程方法和管理的系统方法不容易界定的难题。修订还超越了供方互利的价值链关系，在价值网络中强调广泛的合作和关系管理。本书第二章详细地介绍了七项质量管理原则，并强调了每一项原则的理解和应用。

知识链接 4-2

ISO 9001:2015 标准的质量管理原则，从 2008 版的八项减少为新版的七项，其中，取消了"管理的系统方法"，原则在内容上没有发生大的变化，原则 7 关系管理，比原来的"与供方互利的关系"范围要更广一些。

0.3　过程方法

0.3.1　总则

本标准倡导在建立、实施质量管理体系以及提高其有效性时采用过程方法，通过满足顾客要求增强顾客满意。采用过程方法所需考虑的具体要求见 4.4。

将相互关联的过程作为一个体系加以理解和管理，有助于组织有效和高效地实现其预期结果。这种方法使组织能够对其体系的过程之间相互关联和相互依赖的关系进行有效控制，以提高组织整体绩效。

过程方法包括按照组织的质量方针和战略方向，对各过程及其相互作用进行系统的规定和管理，从而实现预期结果。可通过采用 PDCA 循环（见 0.3.2）以及始终基于风险的思维（见 0.3.3）对过程和整个体系进行管理，旨在有效利用机遇并防止发生不良结果。

在质量管理体系中应用过程方法能够：

a）理解并持续满足要求；

b）从增值的角度考虑过程；

c）获得有效的过程绩效；

d）在评价数据和信息的基础上改进过程。

单一过程的各要素及其相互作用如图 2-1（参见第二章第四节）所示。每一过程均有特定的监视和测量检查点以用于控制，这些检查点根据相关的风险有所不同。

知识链接 4-3

2008 版 ISO 9001 标准中的过程图，只有"输入""输出""活动"和对活动的"管理"。现在的过程图，将输入分为两部分——输入源和输入，将输出分为两部分——输出和输出接收方，分别实施监管，似乎更为严密一些。

即问即答 4-1

应用过程方法可通过采用 PDCA 循环以及始终（　　　）对过程和体系进行整体管理，旨在有效利用机遇并防止发生不良结果。

A. 进行持续改进　　　　　　　　B. 进行风险识别

C. 坚持防范风险　　　　　　　　D. 基于风险的思维

即问即答 4-1

案例 4-1

有一家计算机维修店，当顾客要求店里维修计算机时，维修店遵循的步骤可能是：接待顾客，问询计算机存在的问题，出具计算机接收单，检查计算机，评估维修成本并出具维修报价单。如果顾客同意并接受报价，则维修计算机，完成修理后进行检查，确保顾客反映的问题完全解决，然后交付计算机给顾客，收取维修费用。

思考：如果把计算机维修看作一个过程，请问该过程的输入源、输入、活动、输出、输出接收方分别是什么？

0.3.2　PDCA 循环

PDCA 循环能够应用于所有过程以及整个质量管理体系。图 2-2（参见第二章第四节）表明了本标准第 4 章至第 10 章是如何构成 PDCA 循环的。

0.3.3　基于风险的思维

基于风险的思维（见附录 A.4）是实现质量管理体系有效性的基础。本标准以前的版本已经隐含基于风险思维的概念，例如：采取预防措施消除潜在的不合格，对发生的不合格进行分析，并采取与不合格的影响相适应的措施，防止其再发生。

为了满足本标准的要求，组织需策划和实施应对风险和机遇的措施。应对风险和机遇，

67

为提高质量管理体系有效性、获得改进结果以及防止不利影响奠定基础。

　　某些有利于实现预期结果的情况可能导致机遇的出现，例如：有利于组织吸引顾客、开发新产品和服务、减少浪费或提高生产率的一系列情形。利用机遇所采取的措施也可能包括考虑相关风险。风险是不确定性的影响，不确定性可能有正面的影响，也可能有负面的影响。风险的正面影响可能提供机遇，但并非所有的正面影响均可提供机遇。

理解要点

　　（1）预期结果的偏差可能是信息不对称、市场环境变化、政府政策变化或各方面变化的结果。确定这些方面对组织绩效的影响，以及确定要采取的措施，以避免或减少影响或发生的可能性，是正确策划的重要方面。

　　（2）组织的最高管理者需要确定如何做，以避免负面的影响，并利用正面的影响。

　　（3）识别风险并采取相应措施以减缓风险、降低风险或消除风险，贯穿在整个标准里，旨在帮助组织充分识别风险和机遇，识别不确定性的影响，使风险变得可见可控，又使可能的机遇可见可用。

知识链接 4-4

　　ISO 9001:2015 标准基于 PDCA 循环的结构模型（参见第二章第四节图 2-2），与 2008版相比，两端多了一个有关相关方的需求和期望（这样更容易被相关方接受），2008 版的中间是以产品实现为主要增值过程作为主线来理解的，其他过程帮助这一主要增值过程从而实现价值，而 2015 版是以领导作用为核心，将 PDCA 循环应用到质量管理体系之中，强调了领导作用，降低了产品实现过程的分量。

 同步训练 4-2

　　目标：理解"0.3.3 基于风险的思维"条款内涵

　　1. 机遇的出现可能意味着某种（　　）的局面，如有利于组织吸引顾客、开发新产品和服务、减少浪费或提高生产率的一系列情形。

同步训练 4-2

　　A. 迎接新挑战　　　　　　　　　B. 有利于实现质量方针和目标

　　C. 实现质量管理有效性　　　　　D. 有利于实现预期结果

　　2. 风险是不确定性的影响，不确定性可能是正面或负面的。风险的正面影响可能提供（　　）

　　A. 改进机会　　　B. 机遇　　　C. 预防措施的机会　　D. 新的挑战

0.4　与其他管理体系标准的关系

　　本标准采用 ISO 制定的管理体系标准框架，以提高与其他管理体系标准的协调一致性（见附录 A.1）。

　　本标准使组织能够使用过程方法，并结合 PDCA 循环和基于风险的思维，将其质量管理体系与其他管理体系标准要求进行协调或一体化。

　　本标准与 GB/T 19000 和 GB/T 19004 存在如下关系：

　　——GB/T 19000《质量管理体系　基础和术语》为正确理解和实施本标准提供必要基础；

——GB/T 19004《追求组织的持续成功　质量管理方法》为选择超出本标准要求的组织提供指南。

附录 B 给出了 SAC/TC 151 制定的其他质量管理和质量管理体系标准（等同采用 ISO/TC 176 质量管理和质量保证技术委员会制定的国际标准）的详细信息。

本标准不包括针对环境管理、职业健康和安全管理或财务管理等其他管理体系的特定要求。

在本标准的基础上，已经制定了若干行业特定要求的质量管理体系标准。其中的某些标准规定了质量管理体系的附加要求，而另一些标准则仅限于提供在特定行业应用本标准的指南。

本标准的章条内容与之前版本（GB/T 19001—2008/ISO 9001:2008）章条内容之间的对应关系见 ISO/TC176/SC2（国际标准化组织/质量管理和质量保证技术委员会/质量体系分委员会）的公开网站：www.iso.org/tc176/sc02/public。

理解要点

（1）与 2008 版 ISO 9001 标准不同的是，2015 版标准采用了高阶结构，以增强所有 ISO 管理体系标准要求的兼容性。

（2）2015 版标准侧重于顾客的需求以及产品和服务的质量。

（3）ISO 9004 本身就是一个质量管理的标准，而不是实施 ISO 9001 的指南。

（4）ISO 9000 标准为质量管理体系提供了基本概念、原则和术语，为质量管理体系的其他标准奠定了基础。

第二节　范围、规范性引用文件、术语和定义

1　范围

本标准为下列组织规定了质量管理体系要求：

a）需要证实其具有稳定提供满足顾客要求及适用法律法规要求的产品和服务的能力。

b）通过体系的有效应用，包括体系改进的过程，以及保证符合顾客要求和适用的法律法规要求，旨在增强顾客满意。

本标准规定的所有要求是通用的，旨在适用于各种类型、不同规模和提供不同产品和服务的组织。

注 1：本标准中的术语"产品"或"服务"仅适用于预期提供给顾客或顾客所要求的产品和服务。

注 2：法律法规要求可称作法定要求。

2　规范性引用文件

下列文件对于本文件的应用是必不可少的。凡是注日期的引用文件，仅注日期的版本适用于本文件。凡是不注日期的引用文件，其最新版本（包括所有的修改单）适用于本文件：

ISO 9000:2015　质量管理体系 基础和术语

3　术语和定义

ISO 9000:2015 界定的术语和定义适用于本文件。

理解要点

（1）"范围"一条款说明了标准的目的。本条款规定了 ISO 9001 的要求是针对质量管理体系，而不是针对产品或服务，并侧重于组织稳定提供满足顾客和适用法律法规要求的产品和服务的能力。

（2）此处的"范围"是指本标准的应用范围，不能与质量管理体系范围混淆。

（3）"规范性引用文件"是指在标准正文中引用的文件，其某些或全部内容构成该标准的要求。

（4）ISO 9000:2015 包括了 ISO/TC176 起草的全部质量管理和质量管理体系标准中应用的术语和定义，也包括了《ISO/IEC 导则 第1部分 ISO 补充规定》的附件 SL 的全部术语。

（5）为了更好地理解、贯彻和实施 ISO 9001:2015 标准的要求，标准的使用者也应结合自身的需求，阅读 ISO 9000:2015 标准，理解和掌握其中相关的术语和定义，以防误解或错误地使用 ISO 9001:2015 标准。

 案例 4-2

在酒店餐厅，实习生小张与酒店另两名服务员一起值台。由于三人共同值台，有一张台的客人就餐完毕就走了。三个服务员都以为别人给结了账，结果跑了账，共计 100 多元。三个人很着急，领班决定将跑的 100 多元平摊到其他许多客人的账上，把这跑单的 100 多元账摆平了。并告诉三个人，以后谁也别提这事了。

思考：本案例中的不符合事实是什么？不符合 GB/T 19001—2016 标准的哪一条款？

 同步训练 4-3

目标：理解"1 范围"条款的内涵

1. 在 GB/T 19001—2016 标准中，术语"产品"或"服务"仅适用于（   ）的产品和服务。

    A. 提供给顾客或顾客所要求

    B. 预期提供给顾客或顾客所要求

    C. 预期提供给顾客

    D. 顾客所要求

同步训练 4-3

2. GB/T 19001—2016 标准为下列（   ）组织规定了质量管理体系要求。

    A. 需要证实其具有稳定提供满足顾客要求和适用法律法规要求的产品和服务的能力

    B. 需要证实其具有稳定提供满足相关方要求和适用法律法规要求的产品和服务的能力

    C. 通过体系的有效应用，包括体系改进的过程，以及保证符合顾客和适用的法律法规要求，旨在增强顾客满意

    D. 通过体系的有效应用，包括体系改进的过程，以及保证符合相关方和适用的法律法规要求，旨在增强顾客和相关方满意

第三节　组织环境

4　组织环境

4.1　理解组织及其环境

组织应确定与其宗旨和战略方向相关并影响其实现质量管理体系预期结果的能力的各种外部和内部因素。

组织应对这些外部和内部因素的相关信息进行监视和评审。

注1：这些因素可能包括需要考虑的正面和负面要素或条件。

注2：考虑来自于国际、国内、地区或当地的各种法律法规、技术、竞争、市场、文化、社会和经济环境的因素，有助于理解外部环境。

注3：考虑与组织的价值观、文化、知识和绩效等有关的因素，有助于理解内部环境。

理解要点

（1）2008版ISO 9001标准无此项要求，只在标准的引言0.1的总则部分提及，但是，组织不是孤立的，组织质量管理体系的建立必须考虑其所处的内/外部环境。

（2）本条款的目的是理解与组织目标和战略方向相关的影响（正面的或负面的），即实现质量管理体系预期结果的各种外部和内部因素。

（3）组织可以按策划的时间间隔并通过诸如管理评审等活动对组织环境进行评审。

（4）组织可以通过不同渠道获得与外部和内部因素相关的信息，如通过内部的成文信息和会议、国内外新闻媒体、网站、国家统计局、出版物等。

（5）组织的外部因素示例：

1）经济方面，如国民经济总量、国民经济构成、产业结构、通货膨胀、产销情况、地区消费者水平等。

2）社会方面，如失业率、教育水平等。

3）政治方面，如政治稳定性、执政方针和策略、法律法规等。

4）技术方面，如新行业的技术、材料和设备等。

5）自然环境，如地理位置、自然资源等。

6）市场方面，如市场份额、竞争对手、顾客等。

（6）组织的内部因素示例：

1）组织文化，如价值观、使命、组织的愿景、组织制度等。

2）组织资源，如组织的设施设备、组织的资金实力、组织的员工、组织的技术等。

3）组织运行，如组织的生产和服务能力、组织绩效等。

（7）在战略层面，组织可以使用SWOT（优势、劣势、机会和威胁）分析和PESTLE（政治、经济、社会、技术、法律、环境）分析等工具，也可以用简单的方法，如头脑风暴法、问题引导法等进行分析，这取决于组织的规模和复杂程度。

71

 案例 4-3

某饮料店创立于20世纪90年代，期初只是路边的饮料摊，尚未有专属品牌名称。之后成立模范店，营业状况蒸蒸日上，转型为店铺经营，随后走向连锁经营。它摸索出了一套完整的店铺形态与作业模式，并在分店中严格落实，逐渐进入品牌扩张期，现有数千家分店。该饮料店为什么能这样成功？一是其成功的选址。通过调查可以发现，该饮料店都开在交通便利、人流量大的地方。二是产品本身，该饮料店饮品以天然健康为主，原料都选用了纯牛奶及进口茶叶，健康绿色，这与联合国粮农组织研究报告中指出的"营养、时尚、方便、保质、卫生"的食品方向相符。三是贴近年轻消费群体的需求。大量的年轻消费群体对于休闲类饮料食品的青睐以及其消费观念的改变，成就了休闲饮料食品广大的市场机遇。四是比较成熟的技术和服务模式，已经拥有良好的生产运作管理流程。

思考：请根据以上内容，用 SWOT 分析该饮料店的环境因素。

4.2 理解相关方的需求和期望

由于相关方对组织稳定提供符合顾客要求及适用法律法规要求的产品和服务的能力具有影响或潜在影响，因此，组织应确定：

a）与质量管理体系有关的相关方；

b）与质量管理体系有关的相关方的要求。

组织应监视和评审这些相关方的信息及其相关要求。

理解要点 •

（1）2008 版 ISO 9001 标准没有此项要求。质量管理体系作为可持续发展中经济增长部分的基础，它必然受环境的/社会的/经济的影响。近年来，人们开始更多地关注环境和社会责任这些问题，外部相关方必然会影响组织的质量管理体系。

（2）对一个组织来说，其有关相关方的名单可能是唯一的。

（3）组织可以根据自己的外部和内部因素，确定自己的有关相关方。

（4）组织凭借确定有关相关方的依据：

1）对组织或绩效有影响。

2）给组织带来风险和机遇的能力。

3）对组织的市场份额有影响。

4）其决策或活动对组织产生影响的能力。

（5）可列为组织的有关相关方的一般有：顾客、终端用户或受益者、合作方、竞争对手、股东、银行、外部供方、法律法规机构、行业协会等。

（6）组织可以开展各种活动，如评审收到的订单、市场调研、监视顾客需求、评审供应链关系等来了解有关相关方的需求和期望。

（7）组织应健全体系，以监视和评审其有关相关方的要求。

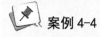 **案例 4-4**

在询问某企业销售部负责人其企业的相关方有哪些、这些相关方有哪些要求时，他回答"相关方主要就是客户，他们的要求就是要提供价廉物美的合格产品。"

思考：本案例中的不符合事实是什么？不符合 GB/T 19001—2016 标准的哪一条款？

4.3　确定质量管理体系的范围

组织应确定质量管理体系的边界和适用性，以确定其范围。

在确定范围时，组织应考虑：

a）4.1 中提及的各种外部和内部因素；

b）4.2 中提及的相关方的要求；

c）组织的产品和服务。

如果本标准的全部要求适用于组织确定的质量管理体系范围，组织应实施本标准的全部要求。

组织的质量管理体系范围应作为成文信息，可获得并得到保持。该范围应描述所覆盖的产品和服务类型，如果组织确定本标准的某些要求不适用于其质量管理体系范围，应说明理由。

只有当所确定的不适用的要求不影响组织确保其产品和服务合格的能力或责任，对增强顾客满意也不会产生影响时，方可声称符合本标准的要求。

理解要点

（1）2008 版 ISO 9001 版标准基本无此项要求（部分内容在 1.2）。EHS 管理体系⊖有要求，在策划管理体系时要确定管理体系的范围。

（2）本条款旨在确定质量管理体系的边界，以有利于组织满足要求和获得体系预期结果。

（3）确定范围时，应考虑以下因素确定质量管理体系的边界：

1）组织的基础设施。

2）组织的不同场地和活动。

3）商业政策和战略。

4）集中提供或外部提供的功能、活动、过程、产品和服务。

（4）范围应作为成文信息予以保持，成文信息可以按照组织确定的方法（如手册或网站）来保持，以满足其需求。

（5）如果确定某些要求不适用，还应包括不适用的理由。

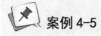 **案例 4-5**

某小型企业，专门从事进口和销售日化用品，只有一个营运地点。

思考：在确定质量管理体系范围时，其不适用的要求有哪几项？理由是什么？

4.4　质量管理体系及其过程

4.4.1　组织应按照本标准的要求，建立、实施、保持和持续改进质量管理体系，包括所需过程及其相互作用。

组织应确定质量管理体系所需的过程及其在整个组织中的应用，且应：

a）确定这些过程所需的输入和期望的输出；

b）确定这些过程的顺序和相互作用；

73

⊖ EHS 为 Environment、Health、Safety 的缩写，即环境、健康、安全。EHS 管理体系是环境管理体系（EMS）和职业健康安全管理体系（OHSMS）两体系的整合。

c）确定和应用所需的准则和方法（包括监视、测量和相关绩效指标），以确保这些过程的有效运行和控制；

d）确定这些过程所需的资源并确保其可获得；

e）分配这些过程的职责和权限；

f）按照 6.1 的要求应对风险和机遇；

g）评价这些过程，实施所需的变更，以确保实现这些过程的预期结果；

h）改进过程和质量管理体系。

理解要点

（1）ISO 9001:2015 标准与 2008 版相比，没有形成文件的要求，充分体现了 2015 版标准对文件要求的弱化。另外，新版标准明确规定过程方法是标准的一个要求。

（2）本条款旨在确定质量管理体系的过程，以确保满足 ISO 9001 的要求。

（3）本条款所指的过程，不仅包括生产和服务提供过程，还包括有效实施体系所需的过程，如内部审核、管理评审及其他过程（包括由外部供方实施的过程）。

（4）如果组织确定需要一个监视和测量资源的过程，那么该过程应满足 ISO 9001:2015 第 7.1.5 条的要求。

（5）形成过程的必要性和详细程度，会因组织环境的不同而有所差异，应采用基于风险的思维考虑：

1）过程对组织实现预期结果的能力。

2）过程出现问题的可能性及这些问题的潜在后果的影响程度。

📌 **案例 4-6**

某厂在组织机构的设置上有进出口贸易部，其主要职责是从国外购进某种化工原料，更换包装后在国内出售，即 OEM 方式操作。但是工厂申请认证范围时不包括进出口贸易部。审核员在查看工厂质量管理体系覆盖的产品范围时，却看到这几种 OEM 方式的产品也列在产品目录中。

审核员问："为什么质量管理体系的范围不包括进出口贸易部？"

质管部部长回答："进出口贸易部的几个人工作很难推动，于是我们只好把他们排除在体系之外，以免审核时出问题。"

思考：本案例中的不符合事实是什么？不符合 GB/T 19001—2016 标准的哪一条款？

4.4.2 在必要的范围和程度上，组织应：

a）保持成文信息以支持过程运行；

b）保留成文信息以确信其过程按策划进行。

理解要点

（1）本条款旨在确保组织确定所需的成文信息范围。

（2）过程相关人员应评审用于连续实施过程以获得预期输出的信息。

（3）所使用的信息对支持过程的价值，需进行分析/评审，以决定哪些信息将作为成文信息。

（4）组织应基于风险的思维，规定支持其过程及其质量管理体系运行所需的不同类型的成文信息。

（5）某些成文信息需要定期评审和修订，以保持最新状态。

知识链接 4-5

一家奶制品制造商有质量管理体系和过程的大量信息和订单，有一些是图片，有一些是工作记录，也有一些是文件，还有一些存储在计算机系统里。公司决定召开会议，评审对公司来说属于至关重要的事宜及活动，发现一些图片已经过时，一些日志和产品手册已经多年没有使用，因为这些产品已经不再生产。另外，计算机系统里的一些记录也不再有用，而一些新产品却没有足够的支持信息，如图片、作业流程、操作注意事项等。还有，一些新制定的检查清单及其他有用的文件、样件尚未正式纳入质量管理体系。由此，工作人员将信息分成三类：

（1）开展业务确保一切都正常完成的重要信息——即作为成文信息。

（2）不需要正式保存但仍然有用的信息——将根据需要使用。

（3）不再需要的信息——将被处理。

从这些活动中，企业确定了需要保存的内容，并作为成文信息。

案例 4-7

A 云计算有限公司从某网站下载了《2019—2024 年中国云计算行业重点企业发展分析及投资前景可行性评估报告》。

思考：该报告是否属于 A 云计算有限公司的成文信息，为什么？

同步训练 4-4

目标：理解"4 组织环境"条款的内涵

1. 组织应确定与其宗旨和战略方向相关并影响其实现质量管理体系（　　）的能力的各种外部和内部的因素。

A. 绩效　　　　　　　　　　　B. 结果

C. 预期结果　　　　　　　　　D. 及其过程

2. 组织的环境是多变的，应对这些内部和外部因素的相关信息进行（　　）。

A. 监测　　　B. 评审　　　C. 跟踪　　　D. 监视和评审

第四节　领 导 作 用

5. 领导作用

5.1　领导作用和承诺

5.1.1　总则

最高管理者应通过以下方面，证实其对质量管理体系的领导作用和承诺：

　　a）对质量管理体系的有效性负责；

　　b）确保制定质量管理体系的质量方针和质量目标，并与组织环境相适应，与战略方向相一致；

　　c）确保质量管理体系要求融入组织的业务过程；

　　d）促进使用过程方法和基于风险的思维；

　　e）确保质量管理体系所需的资源是可获得的；

　　f）沟通有效的质量管理和符合质量管理体系要求的重要性；

　　g）确保质量管理体系实现其预期结果；

　　h）促使人员积极参与，指导和支持他们为质量管理体系的有效性做出贡献；

　　i）推动改进；

　　j）支持其他相关管理者在其职责范围内发挥领导作用。

　　注：本标准使用的"业务"一词可广义地理解为涉及组织存在目的的核心活动，无论是公有、私有、营利或非营利组织。

理解要点

　　（1）ISO 9001:2015 标准对领导作用的内容更加具体明确，同时强调了领导层应重视过程方法及关注质量管理的有效性。

　　（2）本条款旨在确保组织的最高管理者通过积极参与、推动以及实现、沟通和监视质量管理体系的绩效和有效性来证明领导作用和承诺。

　　（3）"最高管理者"可能包括首席执行官、总经理、主席、董事会、高层管理人员（一名或多名）。

　　（4）最高管理者能够授权，并在组织内提供资源，但最高管理者仍是第一责任人。

　　（5）组织可以在最高管理者例行会议上确定或评审质量方针和质量目标。

　　（6）通过内部会议、电子邮件、组织内网等沟通质量管理体系及其要求。

　　（7）确保组织的质量管理体系过程已经与其总体业务过程整合并管理，而不作为"附加"或抵触的活动来看待。

　　（8）最高管理者必须为质量管理体系的建立、实施和持续改进提供适宜的资源，明确落实保证资源的职责，并清楚自己负责控制哪些资源。任何管理体系的运行都离不开资源的提供，所谓"巧妇难为无米之炊"。

　　（9）推动过程方法和基于风险的思维。例如，通过确保过程之间富有成效的相互作用，采用系统方法实现输入和输出的有效流动及合作以应对风险和机遇。

　　（10）监视当前和计划的工作量和时间表，以确保需要时提供足够的质量管理体系资源（人员、工具、设备等）。

　　（11）有时需要采取措施纠正或改进体系或过程，以确保采取的措施是适当的，配备的资源是充足的。

　　（12）有效的领导作用和承诺可以促进组织中的人员更好地理解其如何为质量管理体系做出贡献，这可以帮助组织持续实现其预期结果。

知识链接 4-6

这是七项质量管理原则之一"领导作用"在标准中的直接陈述。最高管理者在质量管理体系中应该承担哪些责任呢，对此 5.1.1 做了细致的表述。最高管理者不仅要自己履行好职责，还要鼓励、领导和支持其他管理人员履行好他们的职责。领导的核心作用如下：

（1）指明方向。

（2）营造环境。

5.1.1　c）、f）、h）、i）、j）等条款内容，均强调了标准要求的质量管理体系应与企业主要的运营过程融为一体，而非两张皮。

即问即答 4-2

能证实最高管理者对质量管理体系的领导作用和承诺的活动是（　　　）。

A. 确保制定质量方针和质量目标

B. 确保质量管理体系要求融入组织的业务过程

C. 促进使用过程方法和基于风险的思维

D. 推动改进，支持其他相关管理者在其职责范围内发挥领导作用

即问即答 4-2

5.1.2　以顾客为关注焦点

最高管理者应通过确保以下方面，证实其以顾客为关注焦点的领导作用和承诺：

a）确定、理解并持续地满足顾客要求以及适用的法律法规要求；

b）确定和应对风险和机遇，这些风险和机遇可能影响产品和服务合格以及增强顾客满意的能力；

c）始终致力于增强顾客满意。

理解要点

（1）本条款旨在确保最高管理者在保持组织以顾客为关注焦点和增强顾客满意时明显地证实领导作用和承诺。

（2）顾客通常是指购买组织产品和服务的人员或组织，也可以是指产品和服务的接受人。

（3）最高管理者应确保有效实施过程，以确定顾客要求和与产品和服务相关的法律法规要求，并确保这些要求已被理解。

（4）应遵循 PDCA 方法，或确保实施了适当的措施以应对风险和机遇。

（5）组织可以使用顾客满意数据的分析和评价结果来增强顾客满意，或引导与顾客相关过程的变更及组织运行，包括分配资源。

知识链接 4-7

以顾客为关注焦点，是最高管理者治理企业的出发点。组织可以建立以顾客为关注焦点的组织架构，并将市场信息/顾客要求传递到相应的岗位，树立为顾客服务的价值观，建立订单/项目的跟踪管理办法，建立顾客意见收集、受理、反馈等程序。

77

5.2 方针

5.2.1 制定质量方针

最高管理者应制定、实施和保持质量方针，质量方针应：

a）适应组织的宗旨和环境并支持其战略方向；

b）为建立质量目标提供框架；

c）包括满足适用要求的承诺；

d）包括持续改进质量管理体系的承诺。

理解要点

（1）本条款旨在确保制定的质量方针符合组织的战略方向，包括质量对自身及其对顾客意味着什么的具体理解。

（2）质量方针说明了组织最高管理者正式表达的意图和方向。

（3）为制定质量方针，组织可以考虑下面的输入：

1）了解组织环境、组织当前绩效及其有关相关方的需求和期望。

2）组织以其使命、愿景、指导原则和核心价值观为基础的战略方向。

3）组织成功所需的进一步改进程度和类型。

4）期望的顾客满意度。

5）所需资源。

（4）2015 版标准强调了方针应为相关方所获取，因为服务行业的一些相关方（承包方）是质量管理体系的重要部分，参考了 EHS 方针的一些要求。

 案例 4-8

某厂的质量方针就是一句话："质量第一"。

思考：本案例中的不符合事实是什么？不符合 GB/T 19001—2016 标准的哪一条款？

5.2.2 沟通质量方针

质量方针应：

a）可获取并保持成文信息；

b）在组织内得到沟通、理解和应用；

c）适宜时，可为有关相关方所获取。

理解要点

（1）本条款旨在确保组织中的人员沟通、理解和应用质量方针，以能够努力保持质量管理体系的有效性，并可为相关方获得。

（2）组织应把质量方针作为成文信息予以保持，并确保随时可获得。

（3）组织应通过公告栏、组织的内部网或各级会议沟通质量方针，以确保组织内不同层次的人都能准确理解质量方针。

（4）组织可在网站上发布质量方针，以使外部供方、顾客和各级监管机构等有关相关方知道组织的质量方针。

案例 4-9

在车间随机询问两位员工是否知道公司的质量方针是什么时，他们说"我们刚刚来企业，还不知道。"

思考：本案例中的不符合事实是什么？不符合 GB/T 19001—2016 标准的哪一条款？

5.3　组织的岗位、职责和权限

最高管理者应确保组织相关岗位的职责、权限得到分配、沟通和理解。

最高管理者应分配职责和权限，以：

a）确保质量管理体系符合本标准的要求；

b）确保各过程获得其预期输出；

c）报告质量管理体系的绩效以及改进机会（见 10.1），特别是向最高管理者报告；

d）确保在整个组织推动以顾客为关注焦点；

e）确保在策划和实施质量管理体系变更时保持其完整性。

理解要点

（1）ISO 9001:2015 标准强调了最高管理者的责任——对体系的有效性负责，删除了管理者代表的硬性要求，展示了管理的灵活性。

（2）本条款旨在为最高管理者规定与质量管理体系相关的岗位职责，以确保有效性和实现预期结果。

（3）职责和权限可以分配给一个人或多个人，承担者能够对其所负责的内容做出决定并实现变更。

（4）最高管理者始终是质量管理体系的第一责任人。

（5）确保质量管理体系符合 ISO 9001 对具体岗位或管理评审的要求。

（6）报告质量管理体系的绩效始终是管理评审过程的一部分。

（7）制定分担职责、替换职责的计划很重要，以确保管理人员不在时，质量管理体系的实施保持其完整性。

（8）可通过使用相关成文信息，如作业指导书、岗位说明书、组织结构图、程序等，进行沟通岗位、职责和权限。

案例 4-10

餐厅内摆放的大大小小绿色植物上面都落上了一些灰尘，餐厅经理说绿植的清洁应该归总务部管，总务部经理认为绿植摆放在餐厅，就应该由餐厅负责清洁，相关文件中规定了总务部负责室外的绿化、清洁卫生，但对室内部分由谁负责未做出规定。

思考：本案例中的不符合事实是什么？不符合 GB/T 19001—2016 标准的哪一条款？

第五节 策 划

6 策划

6.1 应对风险和机遇的措施

6.1.1 在策划质量管理体系时，组织应考虑到 4.1 所提及的因素和 4.2 所提及的要求，并确定需要应对的风险和机遇，以：

a）确保质量管理体系能够实现其预期结果；

b）增强有利影响；

c）预防或减少不利影响；

d）实现改进。

理解要点

（1）ISO 9001:2015 标准新增风险管理，强调在策划时就应考虑风险和机会。

（2）本条款旨在策划质量管理体系过程时，通过确定其风险和机遇并策划应对措施，目的是避免不合格，以及确定可能增强顾客满意或实现组织质量目标的机遇。

（3）组织无法实现其目标的风险包括产品或服务无法满足要求，或无法获得顾客满意。

（4）机遇可能是识别新顾客，确定新产品或服务的需求，或引入新技术以修改或替换过程。

（5）在确定风险和机遇时，可以考虑使用 SWOT 或 PESTLE 等方法。

（6）基于风险的思维也有助于组织形成防患于未然的文化。

（7）实现改进以确保产品和服务的符合性，增强顾客满意。

 **案例 4-11**

审核员在与最高管理者——总经理交谈时，总经理介绍了组织的内部结构变化：由于市场开发的需要，最近引进了全套美国 PI 公司的数控加工设备和技术，组织机构做了相应的调整，成立了新产品项目部，车间的生产线也做了相应的调整和更新，此外还添置了一台三坐标测量装置进行测量，建立了测试中心。审核员接着问总经理："这些调整是否需要对相关的成文信息进行修改？"总经理说："由于时间有限，只能先做了再说。"

思考：本案例中的不符合事实是什么？不符合 GB/T 19001—2016 标准的哪一条款？

6.1.2 组织应策划：

a）应对这些风险和机遇的措施（见表 4-1 和图 4-1）；

b）如何：

　　1）在质量管理体系过程中整合并实施这些措施（见 4.4）；

　　2）评价这些措施的有效性。

应对措施应与风险和机遇对产品和服务符合性的潜在影响相适应。

注 1：应对风险可选择规避风险，为寻求机遇承担风险，消除风险源，改变风险的可能性或后果，分担风险，或通过信息充分的决策而保留风险。

注 2：机遇可能导致采用新实践、推出新产品、开辟新市场、赢得新顾客、建立合作伙伴关系、利用新技术和其他可行之处，以应对组织或其顾客的需求。

理解要点

（1）本条款旨在确保组织策划措施以应对所确定的风险和机遇、实施措施、分析和评价措施的有效性。

（2）组织如何应对风险主要取决于风险的性质。

（3）在应对风险和机遇时，可考虑是否需要形成文件。

知识链接 4-8

表4-1　浙江某公司的风险和机遇的应对措施流程

应对措施流程	内 容 描 述
风险识别时机	质量体系策划，企业宗旨变化，战略变化，内外部环境变化，组织及其背景，相关方的需求和期望变化
可能存在风险的五个方面	质量风险：直接产品质量风险、间接产品质量风险 环境风险：自然、人文、政治、经济以及其他 经营风险：主要有原材料、员工、设备、供销链、技术、管理、产品、法律、专利及产权等的风险 市场风险：包括市场容量、竞争力、价格风险、促销风险 财务风险：有融资/筹资风险、资金偿还风险、资金使用风险、资金回收风险、收益分配风险
可能出现的具体风险	1．质量风险 1.1 直接质量风险：产品质量问题，导致退货、换货、修理的风险 1.2 间接质量风险：产品使用过程中，损坏顾客其他财产权和人身权，应负责任 2．环境风险 2.1 产品销售淡季与旺季，顾客的采购不同，间接影响公司产品的生产、销售 2.2 人文环境：体现在不同时间、不同地区、不同民族的人的消费习惯不同 2.3 政策环境：国家宏观经济政策等变动、地方相关政策的变动会间接影响企业资金融入以及企业运营的必要条件 2.4 经济环境：利率的变动、汇率的变动、通货膨胀和通货紧缩 3．经营风险 3.1 原材料供应：包括原材料价格、质量和送货时间的变化 3.2 员工风险：采购人员、服务人员、技术人员和其他生产管理人员疏忽导致的风险，以及各岗位人员的离职等风险 3.3 设备：生产设备出现的意外的故障，甚至损坏等风险 3.4 供销链风险：包括供应商及顾客违约，以及供应或销售渠道不畅通等风险 3.5 法律纠纷：消费者投诉等潜在的法律纠纷 4．市场风险 4.1 市场容量：对市场容量的调查采用的方法不合适，没有准确地弄清市场对象对产品的用量，使得产品的实际产量大于市场需求，而增加公司的投资风险 4.2 市场竞争力：对竞争对手的错误分析可能导致对公司产品市场的竞争力高估或低估，引发期望风险 4.3 价格风险：产品的价格风险受产品的成本、质量和声誉、顾客消费等的影响 5．财务风险 5.1 融资/筹资过程中的风险：如风险投资的费用很高，且受政策的限制较多，加大了筹资的不确定性 5.2 资金偿还过程中的风险：主要受利率的影响，有极大的不稳定性，增加偿还风险 5.3 资金使用过程中的风险：主要表现在短期资金风险和长期资金投资风险 5.4 资金回收过程中的风险：应收款无法及时到位，增加了坏账的出现率 5.5 收益分配过程中的风险：主要表现在确认风险和对投资者进行收益分配不当而产生的风险
风险评估	对风险等级评价后，找出重要风险项目，确定应对的风险和机遇
风险应对措施	风险应对措施包括风险规避、风险降低、风险接受等，并制定可行实施方案
风险措施评价	对风险措施有效性进行评价，直到目标达成

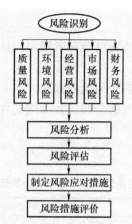

图 4-1　浙江某公司的风险和机遇的应对措施流程

6.2　质量目标及其实现的策划

6.2.1　组织应针对相关职能、层次和质量管理体系所需的过程建立质量目标。

质量目标应：

a）与质量方针保持一致；

b）可测量；

c）考虑适用的要求；

d）与产品和服务合格以及增强顾客满意相关；

e）予以监视；

f）予以沟通；

g）适时更新。

组织应保持有关质量目标的成文信息。

理解要点

（1）ISO 9001:2015 标准对质量目标的要求内容更明确，对目标的实现要求更加具体。

（2）本条款旨在确保制定质量目标并策划适当的措施以实现目标。

（3）在制定质量目标时，应将质量方针作为输入。

（4）质量目标不仅可使用定量方法，也可使用定性方法。

（5）应通过会议、通知、书面、内部网站等形式，与相关人员沟通质量目标。

（6）当影响实现质量目标能力的潜在或实际情况变更时，应采取措施，及时更新质量目标。

（7）可通过业务计划、平衡计分卡、看板、内部网站等形式，保持有关质量目标的成文信息。

 案例 4-12

某消防工程安装公司的质量目标为：工程设计与施工满足甲方和行业标准及法律法规的要求，工程交付合格率为 100%。

公司对上述目标进行了分解，建立了与质量有关的部门的质量目标：

（1）人事部：新员工培训及时率 100%。

（2）办公室：文件资料发放的差错率<5%。

（3）工程部：安装过程按计划准时完成率>95%。

（4）设计部：图样、图表准确率>98%。

思考：本案例中的不符合事实是什么？不符合 GB/T 19001—2016 标准的哪一条款？

6.2.2　策划如何实现质量目标时，组织应确定：

a）要做什么；

b）需要什么资源；

c）由谁负责；

d）何时完成；

e）如何评价结果。

理解要点

（1）本条款要求组织采取措施以实现质量目标。

（2）对实现具体质量目标的结果评价可以作为管理评审、关键绩效指标（KPI）、绩效评估、反馈会议的一部分。

 案例 4-13

某包装材料厂的质量手册中，规定工厂成品一次交验合格率为 90%。审核员问质检科科长："为什么一次交验合格率不太高？"科长说："因为生产线刚上马，生产还不太稳定，所以目标定得不太高。"半年后，审核组再次来到该厂进行第一次监督审核，当审核员再次见到质检科科长时，科长高兴地告诉审核员："经过大半年的努力，我们的成品一次交验合格率已经达到了 95%以上。"审核员看到工厂质量手册中的质量目标仍然是"成品一次交验合格率为 90%"。

思考：本案例中的不符合事实是什么？不符合 GB/T 19001—2016 标准的哪一条款？

6.3　变更的策划

当组织确定需要对质量管理体系进行变更时，变更应按所策划的方式实施（见4.4）。

组织应考虑：

a）变更目的及其潜在后果；

b）质量管理体系的完整性；

c）资源的可获得性；

d）职责和权限的分配或再分配。

理解要点

（1）ISO 9001:2015 标准引入了变更管理，强调在策划时就要考虑变更。

（2）本条款旨在确定质量管理体系变更的必要性，并确保以可控的方式策划、引入和实施变更。

（3）在策划质量管理体系变更时，应基于风险的思维确定必要的措施。

（4）应评价变更对质量管理体系的影响，并采取必要的措施以避免产生不期望的影响。

知识链接 4-9

某公司的管理目标是：

（1）管理体系逐步改进。

（2）顾客满意率 85% 以上。

（3）国家抽检合格率 100%。

（4）卫生安全管理合格率 100%。

管理目标分解：

（1）生产部：生产加工不合格率 0.1% 以下；设备完好率 100%；卫生安全管理合格率 98% 以上。

（2）业务部、国际贸易部：服务质量顾客满意率 90% 以上。

（3）质控部：误检与漏检率 1% 以下；监视测量设备有效率 100%。

（4）办公室：采购入厂合格率 90% 以上；文件到位率 97% 以上；人员培训合格率 100%。

（5）财务部：合同评审过程合格率 100%。

（6）营销策划部：制定策划方案及时率 100%；广告、包装设计合格率 100%；网络更新及时率 100%。

同步训练 4-5

目标：理解 "6 策划" 条款的内涵

同步训练 4-5

1. 组织应确定所要求的交付后活动的覆盖范围和程度时，应考虑下列哪些活动（　　）。

    A. 家电产品的三包协议

    B. 家电产品中有毒化学物残留

    C. 一次性 PTE 饮水瓶废弃后的回收

    D. 以上都对

2. 依据 GB/T 19001—2016 标准 6.1.1 条款要求，在策划质量管理体系时，组织应考虑到（　　）。

    A. 组织的环境　　　　　　　　　　B. 相关方的要求

    C. 需要应对的风险和机遇　　　　　D. 组织的产品和服务类别

3. 当组织确定需要对质量管理体系进行变更时，组织对变更进行策划时应考虑（　　）

    A. 产品的价格变化

    B. 质量管理体系的完整性

    C. 资源的可获得性及职责和权限分配或再分配

    D. 变更目的及其潜在后果

本章技能项目

项目一　抢答游戏

【抢答内容范围】

● 范围

● 组织环境

● 领导作用

● 策划

【抢答设计】

● 课前预先布置学生做好准备

● 计时抢答（建议题目投放在电子屏上，计时抢答）

● 根据抢答结果，激励学生（可采用累计"点赞"，也可适当加分）

【抢答题目参考】

1. 为了高效得到期望的结果，由过程组成的系统在组织内应用，连同这些过程的识别和相互作用，以及对这些过程的管理是（　　　）。

　　A. PDCA 方法　　　　　　　　　　B. 管理的系统方法

　　C. 过程方法　　　　　　　　　　　D. 质量管理方法

2. ISO 9001 标准规定的所有要求是通用的，旨在适用于（　　　）的组织。

　　A. 各种类型　　　　　　　　　　　B. 不同规模

　　C. 提供不同产品和服务　　　　　　D. 以上全部

3. 理解组织及其环境时，应确定（　　　）。

　　A. 与组织相关的所有内、外部因素

　　B. 与组织宗旨和战略方向相关并影响其实现质量管理体系预期结果的各种外部和内部因素

　　C. 与组织质量管理体系相关的外部因素

　　D. 与组织质量管理体系相关的内部因素

4. GB/T 19001 与 GB/T 19004 的关系是（　　　）。

　　A. 都是认证标准　　　　　　　　　B. 相互兼容

　　C. 范围相同　　　　　　　　　　　D. 都是质量管理体系标准

5. 最高管理者的职责不包括（　　　）。

　　A. 制订内部审核计划　　　　　　　B. 制定质量方针

　　C. 确保获得资源　　　　　　　　　D. 进行管理评审

6. 以下说法不正确的是（　　　）。

　　A. 4.1 理解组织及其环境应用了基于风险的思维

　　B. 4.1 理解组织及其环境体现了领导作用

　　C. 4.1 理解组织及其环境的主要目的是关注风险

85

D．4.1 理解组织及其环境意在为质量管理体系的建立提供充分的输入

7．组织对质量管理体系进行变更时，以下不正确的考虑是（　　）。

A．变更目的及其潜在后果

B．质量管理体系的完整性

C．资源的可获得性

D．职责和权限的固化

8．在策划（　　）时，组织应考虑所处环境的因素和相关方的要求，并确定需要应对的风险和机遇。

A．质量目标 　　　　　　　　　　　B．质量管理体系

C．产品实现过程 　　　　　　　　　D．质量方针

9．组织应在相关职能、层次和质量管理体系所需的（　　）建立质量目标。

A．范围 　　　　　B．边界 　　　　　C．活动 　　　　　D．过程

10．组织的环境是多变的，应对这些内部和外部因素的相关信息进行（　　）。

A．监测 　　　　　B．评审 　　　　　C．跟踪 　　　　　D．监视和评审

11．组织应确定与其宗旨和战略方向相关并影响其实现质量管理体系（　　）的能力的各种外部和内部的因素。

A．绩效 　　　　　B．结果 　　　　　C．预期结果 　　　　　D．及其过程

12．在 GB/T 19001—2016 标准中，术语"产品"或"服务"仅适用于（　　）的产品和服务。

A．提供给顾客或顾客所要求 　　　　B．预期提供给顾客或顾客所要求

C．预期提供给顾客 　　　　　　　　D．顾客所要求

项目二　适用的标准条款判定

【流程设计】

● 以小组讨论交流的方式进行

● 要求写出 ISO 9001:2015 标准的具体条款号

【判定资料】

1．"培训场所外正在施工，噪声很大。"

适合于这一情景的条款是＿＿＿＿＿＿。

2．"为依据 ISO 9001 标准修改质量体系文件，某公司正在召开会议，研究修改方案制订工作计划。"

适合于这一情景的条款是＿＿＿＿＿＿。

3．"某公司生产部的管理目标：生产加工不合格率 0.1%以下；设备完好率 100%；卫生安全管理合格率 98%以上。"

适合于这一情景的条款是＿＿＿＿＿＿。

4．"某公司在公告栏、组织的内部网上发布了质量方针，以确保公司内不同层次的人都能了解质量方针。"

适合于这一情景的条款是＿＿＿＿＿＿。

项目三 不符合条款判定训练

【训练要求】

● 以小组讨论交流的方式进行

● 写出不符合事实

● 写出不符合的标准条款号

【案例资料】

1．某公司根据质量方针制定了质量目标，要求每年一次交验合格率提高一个百分点，但是连续两年没有实现，审核员发现该目标虽然制定得基本符合企业情况，但是缺少如何实现目标的具体措施，以致目标没有实现。

2．某厂的质量方针是"科技领先、优质高效、顾客至上"，其质量目标为："成品一次交验合格率为98%，工序产品一次交验合格率为93%，顾客满意率为98%。"

3．红星涂料厂将苯丙乳液配置车间承包给了一个员工负责。于是该车间成了该厂主要生产原料的供方。审核员在查阅供销科提供的合格供方名录时发现，苯丙乳液供方的名称是"红星涂料厂"。

审核员问："你们怎样控制该车间的质量？"

供销科科长说："我们只要对其进货检验合格就行了，别的方面我们管不了，车间与厂里有承包合同，你得问厂长去。"

审核员在厂长处查看该车间与工厂的承包合同，看到上面仅规定了每年应该向厂里上缴的利润。

第五章 ISO 9001:2015 标准（GB/T 19001—2016，IDT）的理解与运用（二）

【知识目标】

- ❑ 了解质量管理体系有效运行所必要的各项资源及约束条件
- ❑ 理解并掌握与质量管理体系相关的内外沟通机制的建立要求
- ❑ 理解并掌握运行过程的策划、实施和控制的具体要求
- ❑ 理解并掌握设计和开发的策划、输入、控制、输出及更改的标准要求
- ❑ 理解并掌握外部提供的过程、产品和服务的控制要求
- ❑ 理解并掌握生产和服务提供的控制措施
- ❑ 理解并掌握管理评审的输入和输出要求
- ❑ 理解并掌握顾客满意和分析与评价的标准要求
- ❑ 理解不合格品的控制要求和纠正措施
- ❑ 能初步审核组织在资源、运行、绩效评价和改进等方面的情况，形成审核记录

【技能目标】

- ❑ 能初步审核组织在资源、能力、意识、监视和测量、过程运行环境、成文信息方面的按标准要求实施情况，提出改进建议
- ❑ 能初步审核组织在运行策划、设计和开发、生产和服务提供方面按标准要求的实施情况
- ❑ 能初步审核组织在外部提供的产品、服务和过程的控制情况
- ❑ 能初步审核组织在不合格输出的控制情况
- ❑ 能初步审核组织在顾客满意、内部审核、数据分析、管理评审方面的实施情况

第五章学习引导

- ❑ 能初步审核组织在不合格、纠正措施和持续改进的实施情况

【素质目标】

- ❑ 建立标准推行的 PDCA 管理理念
- ❑ 培养良好的贯标意识
- ❑ 培养良好的团队合作意识

【本章关键词】

资源；人员；能力；设计和开发；内部审核；外部供方；顾客满意；管理评审；生产和服务提供；不合格输出；持续改进

❑　某公司供方评定记录表见表 5-1。

表 5-1　供方评定记录表

供方名称	霸王焊接材料厂		住址/电话	××市××区/××-88888888
供应的主要产品	焊条		物资类别	A 类
各部门评定意见	满意	不满意	有保留	
供应部	√			
生产部	√			
质管部			√	
技术部	√			
销售部	√			
财务部			√	
总经理	同意列入合格供方名录			

审核员见到该表时问："质管部和财务部为什么有保留？"

供应部部长说："质管部发现有两次进货焊条药皮有脱落，财务部则认为价格太高。"

审核员要求查看其他有关的资料，供应部部长说："每个供方我们都是这样评价的，除了供方自己提供的资质证明材料外，没有其他资料了。"

审核员问："对于供方是否有重新评价的规定？"

供应部部长回答说："没有。一般我们在开始时评价一次，除非供方的质量太差，否则以后不会有太大的变动。"

思考：该公司对外部供方的管理妥当吗？

第一节　支　　持

7　支持

7.1　资源

7.1.1　总则

组织应确定并提供所需的资源，以建立、实施、保持和持续改进质量管理体系。

组织应考虑：

a）现有内部资源的能力和局限；

b）需要从外部供方获得的资源。

理解要点

（1）ISO 9001:2015 标准的支持过程含资源、能力、意识、沟通、文件化信息，将资源扩大到除基础设施、过程环境之外的监视和测量装置、知识。标准要求强调和明确了资源策划阶段需要考虑的问题，如知识也是一种资源，外部协作方也是一种资源。

（2）本条款旨在确保为建立、实施、保持和持续改进质量管理体系并保证该体系的有效运行提供必要的资源。

（3）确定所需资源时，应考虑目前内部资源的能力（如人员、设备、技术、组织的知识等）、所有约束条件（如开支、资源数量、日常安排）。

（4）可运用"基于风险的思维"对所提供的资源进行成本效益分析。

知识链接 5-1

巧妇难为无米之炊，质量管理体系的运行需要资源。资源的另一种说法是成本，各种资源都会形成成本。站在顾客的角度，顾客关注的是质量管理体系的有效性；站在企业所有人的角度，股东关注的是质量管理体系的效率。前者忽略成本，后者重视成本控制。这是企业在应用本标准时应注意到的差异。标准将采购和外包的概念，转化为"从外部供方获得的资源"，是一种创新。这个资源可以是供方提供的产品和服务（采购产品），也可以是外包、外协方（也是供方）提供的过程服务。这些资源可以是有形的，也可以是无形的。

即问即答 5-1

组织应确定并提供所需的资源，以建立、实施、保持和持续改进质量管理体系，组织应考虑现在内部资源的能力，还要考虑从（　　　　）。

A. 相关方获得的资源　　　　B. 外部合作伙伴获得的资源

C. 外部供方获得的资源　　　　D. 外部获得的资源

即问即答 5-1

7.1.2　人员

组织应确定并配备所需的人员，以有效实施质量管理体系，并运行和控制其过程。

理解要点

（1）本条款旨在确保组织拥有有效的人力资源，以保证过程的运行、控制以及质量管理体系的有效实施。

（2）应考虑人员的工作强度和能力。

（3）确定所需人员时，应运用基于风险的思维，确定特定过程人员的责任和权限。

（4）可以考虑雇用额外的人员或使用外部供方，但需要考虑其中的成本和风险。

知识链接 5-2

ISO 9001:2008 标准的人力资源内容现在被拆分到不同的章节中，但要求的内容基本还在。这里只是提到要为体系运行配置人员。在运行中组织应该保持如下"成文信息"：

（1）员工花名册及人员专业资格（合格项目和有效期）清单。

（2）培训记录。

（3）岗位人才需求计划。

记录应覆盖组织认证周期，以备随机抽样，初次认证企业至少有三个月的运行记录。

7.1.3　基础设施

组织应确定、提供并维护所需的基础设施，以运行过程，并获得合格产品和服务。

注：基础设施可包括：

a）建筑物和相关设施；

b）设备，包括硬件和软件；

c）运输资源；

d）信息和通信技术。

理解要点

（1）ISO 9001:2015 标准将基础设施的具体内容由标准要求调整到备注中，使得标准应用的灵活性更高。

（2）本条款旨在确保组织拥有持续向顾客提供合格产品和服务所需的设施、设备和服务。

（3）"确定""提供"和"维护"是三个相对独立的行为，每个行为都对应一个过程（见表 5-2）。

表 5-2　山东×××公司的设施管理工作流程

过程流程图			内容描述	采用表单
生产部	办公室	总经理		
设备需求 → 审批			生产部根据公司生产情况及产品精度要求提出设备的购买申请	购买申请
			公司所有设备的购置申请，经总经理批准后组织实施	
供方选择			办公室依据经批准的设备"购买申请"组织实施供方选择，必要时组织生产部、质控部参加	
询价、议价、评估			采购人员按照采购流程进行询价、议价作业处理，并会同生产部、质控部对设备和设备供方进行评估。评估内容包括：设备价格、使用成本、设备精度以及供方售后服务保障能力等	
签订合同			办公室负责依据评估结果与设备供方签订合同	合同
设备验收			设备采购到位，由使用者进行验收和安装调试，并清点核对技术文件、配件、耗材等	
编号、归档			经验收合格的设备，由使用者建立设备档案，载入设备台账，根据生产工序的重要程度确定关键设备并标识	设备台账
编制操作规程			设备管理人员负责组织编制设备操作规程、维护技术文件	操作规程
审批			设备操作规程、维护技术文件由生产主管审批后生效	
设备使用				
设备维护			生产部各车间操作工负责设备日常保养，设备管理员编制设备维护保养计划，并按照计划实施设备保养并记录	维护保养计划
维修申请			设备维修申请由使用单位提出	
维修验收			维修完工的设备，使用单位组织验收并试验通过	
继续使用	报废申请		设备报废由设备管理员以报废申请单的形式提出申报	报废申请单
	批准		设备报废的申请经总经理审批生效	
报废设备隔离、标识			设备管理人员负责对审批通过的报废设备进行标识、隔离，并在设备台账上详细记录	

91

案例 5-1

在模具库，审核员检查了模具出入库台账，上面有领出和返还的日期及检查合格的记录。审核员问："你们怎样确认模具完好？"模具管理员说："模具入库时我们一般仅对外观检查一下，没有明显的缺陷就可以入库。"审核员又问："这样能保证模具符合要求吗？"管理员答："工人使用时，都要先试模的，冲压出的前几个产品合格，就说明模具合格了。"审核员再问："对于模具有没有定期检查的制度？"管理员答："没有。"

思考：本案例中的不符合事实是什么？不符合 GB/T 19001—2016 标准的哪一条款？

7.1.4 过程运行环境

组织应确定、提供并维护所需的环境，以运行过程，并获得合格产品和服务。

注：适宜的过程运行环境可能是人为因素与物理因素的结合，例如：

a）社会因素（如非歧视、安定、非对抗）；

b）心理因素（如减压、预防过度疲劳、稳定情绪）；

c）物理因素（如温度、热量、湿度、照明、空气流通、卫生、噪声）。

由于所提供的产品和服务不同，这些因素可能存在显著差异。

理解要点

（1）ISO 9001:2015 标准增加了过程环境的内容，社会的过程环境如和谐的人际关系也是过程环境的重要内容，尤其对服务行业。

（2）本条款旨在确保为组织的过程运行提供所需的环境，从而使组织能够提供合格的产品和服务。

（3）过程环境会因产品和服务类型的不同而不同，其侧重点也不同。有些过程环境强调物理方面的因素，有些则强调心理因素，有些则强调人为因素。

（4）过程运行的环境因素一旦确定，则应加以妥善维护和必要的控制。

 案例 5-2

在食品厂车间，审核员发现窗户敞开，窗外是一条市政公路，车流量较大，灰尘滚滚。车间主任解释说："天太热了，车间又没有空调，没办法，只能开窗通风。"

思考：本案例中的不符合事实是什么？不符合 GB/T 19001—2016 标准的哪一条款？

 即问即答 5-2

以下不属于物理因素的有（　　）。

A. 温度　　　　　　　B. 减压

C. 空气流通　　　　　D. 照明

即问即答 5-2

7.1.5 监视和测量资源

7.1.5.1 总则

当利用监视或测量来验证产品和服务符合要求时，组织应确定并提供所需的资源，以确保结果有效和可靠。

组织应确保所提供的资源：

a）适合所开展的监视和测量活动的特定类型；

b）得到维护，以确保持续适合其用途。

组织应保留适当的成文信息，作为监视和测量资源适合其用途的证据。

理解要点 •————

（1）与 2008 版 9001 标准不同的是，2015 版标准把监视和测量条款从产品实现环节调整到支持过程，并弱化了制造行业的测量仪器的校准/验证管理。

（2）本条款旨在通过提供有效和可靠的监视和测量，评价组织的产品和服务是否合格。

（3）产品和服务的类型不同，监视和测量所需的资源也会有很大的差异。

（4）监视意味着观察、监督和检查，以定性和定量（或两种并用）地确定某一活动、过程、产品或服务的状态。

（5）测量是使用合适的测量资源来确定数量、形状或尺寸，如经过校准或检定的、可溯源至国家或国际测量标准的设备。

（6）应保留成文信息，以证明所选择的监视和测量资源能够满足监视和测量要求。

知识链接 **5-3**

为了做好监视和测量的工作，企业应配置必要的、适用的监视和测量资源，这些资源要能保证达到策划的监视和测量的结果的要求，而且要用起来方便，做好日常的维保。审核时可以要求提供这些资源清单，判断是否适用，是否能达到预期的使用意图。

7.1.5.2　测量溯源

当要求测量溯源时，或组织认为测量溯源是信任测量结果有效的基础时，测量设备应：

a）对照能溯源到国际或国家标准的测量标准，按照规定的时间间隔或在使用前进行校准和（或）检定，当不存在上述标准时，应保留作为校准或验证依据的成文信息；

b）予以识别，以确定其状态；

c）予以保护，防止由于调整、损坏或衰减所导致的校准状态和随后的测量结果的失效。

当发现测量设备不符合预期用途时，组织应确定以往测量结果的有效性是否受到不利影响，必要时应采取适当的措施。

理解要点 •————

（1）本条款旨在确保有要求或有必要时，为测量结果的真实有效提供信任时，可提供测量的溯源性。

（2）当需要验证设备测量结果的可靠性或可信任性时，就需要考虑测量设备的检定（验证）和/或校准、控制、储存、使用和维护的情况。

（3）标识可以附在测量设备上、容器上，或采用其他监管方式，如使用与数据库相一致的唯一识别号。

（4）测量系统可以包括软件和其他设备的组合，以便控制过程参数。

93

（5）如果发现测量设备无法满足预期目标，应评审对于满足测量要求所产生的潜在影响，并采取必要措施。

（6）评审结果可能需要再次提供服务、调查库存产品、告知相关顾客，甚至召回产品。需根据符合性情况确定所采取的措施。某公司基于过程分析的监视和测量如图 5-1 所示。

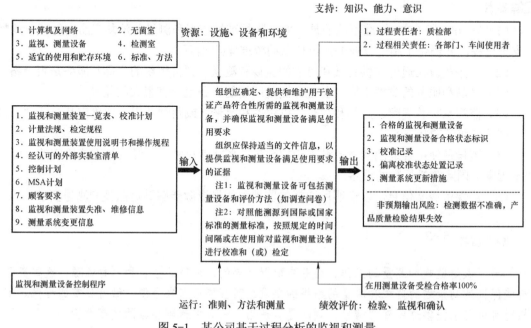

图 5-1 某公司基于过程分析的监视和测量

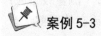 案例 5-3

某印刷厂承接客户彩色印刷业务。客户依据工厂提供的色卡确定所需要的颜色。审核员在车间看到放在桌子上的色卡，便问车间主任："对于色卡的使用有什么管理规定？"主任回答："用脏了到销售科领新的。"审核员又问："对色卡的照明观察条件及对检验员视力有无要求？"车间主任表示没有要求。在销售科，审核员询问对于车间使用的色卡有何管理规定，销售科科长说这不属于自己管，应该问技术科。技术科说他们对于色卡也没有进行管理。

思考：本案例中的不符合事实是什么？不符合 GB/T 19001—2016 标准的哪一条款？

知识链接 5-4

色卡虽然只是一些颜色纸片的集合，但作为颜色的标准样品，它是客户订货和验收产品的重要依据。因此，作为一种产品的验收标准，应该对色卡的保存、使用、发放和回收等各方面做出规定。

7.1.6　组织的知识

组织应确定必要的知识，以运行过程，并获得合格产品和服务。

这些知识应予以保持，并能在所需的范围内得到。

为应对不断变化的需求和发展趋势，组织应审视现有的知识，确定如何获取或接触更多必要的知识和知识更新。

注 1：组织的知识是组织特有的知识，通常从其经验中获得，是为实现组织目标所使用和共享的信息。

注 2：组织的知识可基于：

a）内部来源（如知识产权、从经验获得的知识、从失败和成功项目汲取的经验和教训、获取和分享未成文的知识和经验，以及过程、产品和服务的改进结果）；

b）外部来源（如标准、学术交流、专业会议、从顾客或外部供方收集的知识）。

理解要点

（1）ISO 9001:2015 标准新增了"知识"要求，充分体现了信息时代知识的重要性。

（2）组织的知识应该能够用于实现组织的组织目标或其结果。

（3）组织应考虑确定并管理实现组织当前和未来所需求的相关知识。

（4）结构复杂的组织可考虑选择实施正式的知识管理体系。

（5）组织应获取现有的知识，如通过指导、继任规划等措施，也可以考虑从失败、成功案例中汲取教训和经验，从顾客、外部供方和合作伙伴中收集知识，还可以通过杠杆对比、内部网、图书馆、内部通报或通信汇总获取知识。

知识链接 5-5

ISO 9001:2015 标准将知识与人员（7.1.2）分成两个条款，似乎是强调了应该是企业掌控知识而非个人。企业和个人拥有知识，还是有区别的。如果是企业掌控，那就需要形成文件，并涉及文件管理、培训等管理要求。知识作为一种资源，是 ISO 9001:2015 标准的一个创新。审核过程要注意：①企业为保证合同履行或保证产品和服务的符合性，必须掌握哪些必要的知识；②这些知识如何获得、如何管理、如何更新；③人员培训和评价，特定人员是否掌握特定的知识（7.2）。

95

7.2　能力

组织应：

a）确定在其控制下工作的人员所需具备的能力，这些人员从事的工作影响质量管理体系绩效和有效性；

b）基于适当的教育、培训或经验，确保这些人员是胜任的；

c）适用时，采取措施以获得所需的能力，并评价措施的有效性；

d）保留适当的成文信息，作为人员能力的证据。

注：适当措施可包括对在职人员进行培训、辅导或重新分配工作，或者聘用、外包胜任的人员。

理解要点

（1）能够证明其能力的人员通常是具有资质的人员。

（2）可以根据活动或岗位职能来确定能力要求，某些岗位可能要求特定的能力，可以对这些人员进行必要的资质认定。

（3）应通过查看简历、进行工作面试、观察等方式评审员工，以确认员工是否有相匹配的教育培训经历或工作经验。

（4）当员工无法满足或不能胜任能力要求时，应采取相关措施，如进行指导、提供培训、调整岗位等。

（5）对员工所采取的措施，应评价措施的有效性。

（6）对来自外部供方的员工，组织应进行额外的监督和控制，如签署合同和服务协议，进行过程审核、检验等。

（7）员工出具的正规教育经历证书，可以证明其拥有所需的部分或全部知识，但不能证明其有能力使用这些知识。

（8）对所有能证明员工能力的资料，应作为适当的成文信息予以保留。

 案例 5-4

审核员在人事教育科查看人员培训情况时发现，所有搬运工人和部分焊接工作的人员培训无记录可查。审核员问："如何对培训的有效性进行评价？"人事科科长说："反正都培训了，有效性很难评价，但我们相信他们。"

思考：本案例中的不符合事实是什么？不符合 GB/T 19001—2016 标准的哪一条款？

7.3 意识

组织应确保在其控制下工作的人员知晓：

a）质量方针；

b）相关的质量目标；

c）他们对质量管理体系有效性的贡献，包括改进绩效的益处；

d）不符合质量管理体系要求的后果。

理解要点

（1）2015 版标准将 2008 版标准中的意识和能力拆分成两项条款，对人的能力和意识强化，培训条款虽然不见了，但包含在能力和意识条款中。

（2）组织可以通过沟通来培养意识。

（3）由组织控制的工作人员进行证明其是否具备意识。

（4）组织可以通过许多方式培养意识，如明确期望、针对产品和服务的要求进行沟通、隔离不合格品的输入、沟通如何处理投诉等。

（5）沟通的形式有定期召开评审会议、召开顾客和外部供方的会议、搜集反馈信息并确保相关人员知晓该反馈。

知识链接 5-6

在推进质量管理体系过程中，经常会感觉困难重重。有时是因为资源不足，有时是因为技术问题，有时是因为人员的意识。如果员工不具备现代企业管理的基本价值观、荣辱观，不能正确看待个人工作的性质和意义，被动地参与质量管理体系的运行，体系推行者会马上感觉到推行的阻力。关于意识，标准强调从正面进行教育和宣贯，但实践中，仅仅教育可能是不行的。

即问即答 5-3

GB/T 19001—2016 标准 7.3 条款指人员意识，要求组织应确保其控制范围内工作人员知晓（　　　）。

即问即答 5-3

A．质量方针　　　　　　　　　　B．质量目标

C．不符合质量管理体系要求的后果　D．他们对质量管理体系有效性的贡献

7.4　沟通

组织应确定与质量管理体系相关的内部和外部沟通，包括：

a）沟通什么；

b）何时沟通；

c）与谁沟通；

d）如何沟通；

e）谁来沟通。

理解要点

（1）组织需要建立与质量管理体系密切相关的内部和外部的沟通机制。

（2）针对内部和外部，沟通的内容可以有所不同。

（3）组织的沟通对象包括组织内部各层级的相关人员和有关相关方。

（4）在不同情况下，应使用不同的沟通方法，如与外部有关相关方的沟通，通常需要采用更为正式的方式，如报告、说明、发票等。对于内部沟通，则可以通过日常接触、部门例会、电邮或内部网络等方式。

（5）沟通过程应确保有效。

知识链接 5-7

ISO 9001:2008 标准中的 5.5.3 "内部沟通" 要求在企业内部就体系有效性保持沟通，如质量报表、不符合整改、改进计划、质量目标等，在 7.2.3 "顾客沟通" 条款中要求与顾客保持售前、售中、售后的沟通。而在 ISO 9001:2015 标准中把这些都统一成一个条款，并明确规定了要对沟通进行策划，策划的结果应该包含 a）～e）的内容，这就使读者一目了然地领会了。在外部沟通方面，由于 2015 版在体系的输入中增加了相关方的需求和期望，因此除了要与顾客保持沟通，必要的相关方沟通也是需要考虑的，这一点需要重视。沟通的大部分内容是数据和文件，这些数据、文件的沟通可能是影响大中型企业体系运行质量的关键要素之一。

7.5　成文信息

7.5.1　总则

组织的质量管理体系应包括：

a）本标准要求的成文信息；

b）组织所确定的、为确保质量管理体系有效性所需的成文信息。

注：对于不同组织，质量管理体系成文信息的多少与详略程度可以不同，取决于：

——组织的规模，以及活动、过程、产品和服务的类型；

——过程及其相互作用的复杂程度；

——人员的能力。

理解要点

（1）ISO 9001:2015 标准不再对质量手册有要求，不再有文件化程序的要求，突出了质量管理体系的有效性。

（2）组织应确定哪些是确保质量管理体系有效所需的成文信息，并确保是最新的。

（3）成文信息可以是形成文件的程序、手册、表格、检查表或其他电子设备上的信息。

（4）组织要确保这些成文信息不会损坏或未经授权地更改。

（5）成文信息的详略程度取决于不同的运行和过程的规模、复杂程度、顾客、法律和法规要求等。

知识链接 5-8

文件化、制度化是现代企业管理的标志，但文件化的程度是一个难题，而且没有标准答案。7.5.1　总则中的注提示可以考虑这些方面。一般来说，可以先多策划一些文件，消化、运作后再更新、精减，这个过程也是企业和员工接受质量管理体系的过程。文件不是越多越复杂越好，除了有适用性的问题以外，还要考虑文件的背后有管理成本。一个企业一套适用的体系文件，放在另一个相同规模的生产同样产品的企业，不一定就适用。

7.5.2　创建和更新

在创建和更新成文信息时，组织应确保适当的：

a）标识和说明（如标题、日期、作者、索引编号）；

b）形式（如语言、软件版本、图表）和载体（如纸质的、电子的）；

c）评审和批准，以保持适宜性和充分性。

理解要点

（1）成文信息应当包括标识和说明。

（2）标识和说明可以采用多种方式，如确定日期、标题、作者或文档编号。

（3）组织还应当创建成文信息的格式，可以使用电子版、纸质版或两种皆有的方式。

（4）并非所有用户均有权接触到同样的版本信息。

（5）组织应考虑基于组织的文化，提供多种语言的成文信息。

案例 5-5

某企业承接开关厂开关柜箱体的焊接加工，审核员发现焊点间距分布不均匀，问工人："工艺指导书对于焊点间距有没有规定？"焊工回答："工艺没有规定，我们都是很熟练的焊工，凭经验就知道应该掌握的焊点间距。"审核员在查看《焊接工艺》时看到对于箱体每边有焊接点数的规定，但没有间距要求。但是在检验科查阅《焊接检验规程》时看到规定："焊点应该分布均匀，两点之间距离应为 10cm±2cm。"经查，上述两份文件均由总工程师批准。

思考：本案例中的不符合事实是什么？不符合 GB/T 19001—2016 标准的哪一条款？

7.5.3　成文信息的控制

7.5.3.1　应控制质量管理体系和本标准所要求的成文信息，以确保：

a）在需要的场合和时机，均可获得并适用；

b）予以妥善保护（如防止泄密、不当使用或缺失）。

理解要点

（1）ISO 9001:2015 标准在成文信息管控方面有较大的变化，不但合并了文件和记录，对二者不再区分，同时对文件化信息的管控不再有文件化的程序要求，强调适用性和实用性，并明确了 2008 版未提及的文件化信息的保护、保密内容。

（2）当确定使用何种成文信息用于质量管理体系后，组织应确保所有相关区域、部门、过程负责人均可获取这些成文信息。

（3）组织应考虑所需的成文信息的控制级别，保证成文信息得到适当的控制。

（4）控制方式有分发、保护，防止数据丢失、泄密、不当使用以及非预期更改。

案例 5-6

按公司与客户的加工合同规定，加工产品的技术规范应使用 2018 年的版本，但发现车间还在使用 2016 年的版本，技术科科长说："2018 年的版本设计部门已在使用了，车间的老版本是参考用的。"但车间在用的文本上无任何标识。

思考：本案例中的不符合事实是什么？不符合 GB/T 19001—2016 标准的哪一条款？

7.5.3.2　为控制成文信息，适用时，组织应进行下列活动：

a）分发、访问、检索和使用；

b）存储和防护，包括保持可读性；

c）更改控制（如版本控制）；

d）保留和处置。

对于组织确定的策划和运行质量管理体系所必需的来自外部的成文信息，组织应进行适当识别，并予以控制。

对所保留的、作为符合性证据的成文信息应予以保护，防止非预期的更改。

注：对成文信息的"访问"可能意味着仅允许查阅，或者意味着允许查阅并授权修改。

理解要点

（1）该条款同样适用于外部来源的成文信息。

（2）成文信息可以随着组织的过程和质量管理体系的改进来更改和更新。

（3）组织应采用恰当的方法，以便识别当前信息的版本。

（4）成文信息的保留时间可以是法律法规的要求、合同要求或按照组织的规定加以确认。

（5）废弃成文信息的存储非常重要。

（6）当成文信息作为合格的证据保留时，应对其加以保护，以防止非预期更改，其访问也应受限。

 案例 5-7

审核员在办公室看见该办公室使用的"公司管理文件汇编"中，有 15 份文件均为第 2 版，查阅受控文件清单，发现其中有 8 份文件已是第 3 版。于是审核员问："你们对作废文件怎么处理？"办公室文件管理员说："收回销毁或盖作废章。"审核员看了一下 15 份文件上都没有作废标识。

思考：本案例中的不符合事实是什么？不符合 GB/T 19001—2016 标准的哪一条款？

 同步训练 5-1

目标：理解标准"7 支持"的内涵

1. 根据 GB/T 19001—2016 标准 7.1.6 要求，组织应确定（　　　），以运行过程并获得合格产品和服务。

    A. 专业知识　　　　B. 管理知识　　　　C. 所需的知识　　　　D. 更新的知识

2. 组织应确保受其控制的工作人员知晓，他们对质量管理体系有效性的贡献，包括（　　　）。

    A. 失效模式后果分析　　　　　　B. 改进绩效的益处

    C. 知识分享　　　　　　　　　　D. B 和 C

3. 组织应确定与质量管理相关的内部和外部的沟通，包括（　　　）。

    A. 沟通什么和何时沟通　　　　　B. 与谁沟通和如何沟通

    C. 谁负责沟通　　　　　　　　　D. 以上都对

同步训练 5-1

4. 在创建和更新成文信息时，应进行评审和批准，以确保（　　　）。

    A. 充分性　　　　　　　　　　　B. 有效性

    C. 适宜性和充分性　　　　　　　D. 适宜性

5. 组织应确定并配备（　　　），以有效实施质量管理体系运行和控制其过程。

    A. 有能力的人员　　　　　　　　B. 有知识的人员

    C. 所需的人员　　　　　　　　　D. 有技能的人员

6. 组织应确定、提供并维护所需的基础设施，以运行过程并获得（　　　）。

    A. 过程绩效　　　　　　　　　　B. 体系绩效

    C. 合格产品　　　　　　　　　　D. 合格产品和服务

第二节　运　　行

8　运行

8.1　运行的策划和控制

为满足产品和服务提供的要求，并实施第 6 章所确定的措施，组织应通过以下措施对所需的过程（见 4.4）进行策划、实施和控制：

a）确定产品和服务的要求；

b）建立下列内容的准则：

1）过程；

2）产品和服务的接收。

c）确定所需的资源以使产品和服务符合要求；

d）按照准则实施过程控制；

e）在必要的范围和程度上，确定并保持、保留成文信息，以：

1）确信过程已经按策划进行；

2）证实产品和服务符合要求。

策划的输出应适合于组织的运行。

组织应控制策划的变更，评审非预期变更的后果，必要时，采取措施减轻不利影响。

组织应确保外包过程受控（见 8.4）。

理解要点

（1）组织应确定产品和服务提供所必需的操作过程，包括任何外部提供的过程。

（2）组织在策划和实施过程控制时应重点考虑所确定的风险、机遇和目标。

（3）在确定产品和服务时，组织需要考虑的不仅仅是客户和法律法规监管要求，还应该考虑标准规范、组织的发展战略，包括有关相关方等的明示的、通常隐含的或必须履行的需求和期望。

（4）为保证每一过程的输入能在受控条件下转化为预期的过程输出，需要对所有过程建立准则。

（5）组织应为过程配备必要的资源，如人、基础设施、运行环境、监视和测量资源、组织的知识。

（6）应根据需要对活动过程和结果予以文件化，并予以保存。

（7）策划的输出可以是多种形式，如质量计划、项目计划等，也可以不是文字形式的文件，如服装样板、图样、演示等。

（8）组织应考虑策划运行中的变更及可能对运行造成的影响。这些变更可能是由于客户要求、产品服务执行标准、组织自身要求等带来的变化。

（9）组织应确保对外包过程的控制符合要求。

（10）此条款强调在运行策划时就要考虑变更管理和外包管理。

101

案例 5-8

某厂进货检验抽样规定:"进货物资 10 个单位以下进行 100%检验,10 个单位以上抽检 10%,但最少检验数量不得少于 10 个。"审核员问:"在抽检的数量中,最多允许有几个不合格,可以判断该批物资为合格批?"检验员回答:"没有规定。"审核员又问:"这样如何判断进货的批量物资是否合格呢?"检验员说:"不知道。不过我们进货一般都是合格的,没出现过您说的情况。"

思考:本案例中的不符合事实是什么?不符合 GB/T 19001—2016 标准的哪一条款?

知识链接 5-9

按百分比抽样检验的方法在许多企业中仍然存在,这样做不太科学。而且往往规定了抽样的百分比,而没规定出现不合格怎么办的处理规定。一般来讲,应该优先采用国家对于抽样检验的有关标准(如 GB/T 2828.1—2012),如果自己制定方法,应该等效或严于国家标准。

即问即答 5-4

为满足产品和服务提供的要求,并实施第 6 章所确定的措施,组织应通过( )等措施对所需的过程进行策划、实施和控制。

A. 确定产品和服务的要求

B. 确定所需的资源以使产品和服务符合要求

C. 按照准则实施过程控制

D. A+B+C

即问即答 5-4

8.2 产品和服务的要求

8.2.1 顾客沟通

与顾客沟通的内容应包括:

a)提供有关产品和服务的信息;

b)处理问询、合同或订单,包括更改;

c)获取有关产品和服务的顾客反馈,包括顾客投诉;

d)处置或控制顾客财产;

e)关系重大时,制定应急措施的特定要求。

理解要点

(1)组织和顾客的沟通主要是围绕产品或服务有关的内容。

(2)虽然标准并未规定组织如何与顾客进行沟通,但组织应建立顺畅、便捷的沟通渠道,如电子邮件、电话、传真方式,以及拜访、回访、在线调查、邀请顾客来公司参观或面对面的座谈等,以及时获取顾客信息。

(3)从顾客处获取的信息,既包括正面的信息,也包括负面的信息。

(4)当存在潜在的、有重大影响的情况时,组织应对所制定的应急措施及内容,与顾客进行及时沟通，以便双方都可积极和相对妥善地应对，如质量事故、安全和环境事故、灾害等。

（5）2015 版标准中顾客沟通的内容更加宽泛，是"基于风险的思维"的一种体现。

（6）2015 版标准关于顾客沟通的条款出现在"针对顾客要求进行确定和评审"之前，这更符合实际。

 案例 5-9

在公司计划部，审核员看到企业与某客户签订的长期供货协议上规定："每个月供应 Q250 型产品 2 万只。"但是在检查产品完成情况时发现，1、2 月份实际上各生产了 6 000 只左右。审核员问："为什么这两个月没有完成协议计划？"计划部部长说："这两个月正好赶在元旦和春节，工人放假，因此没有完成计划。好在我们后来在 3、4 月份又将欠产的部分补上了。"审核员问："客户没有提出意见吗？"部长答："大概他们也放假了，我们没有通知他们，他们也没有来电话催。"

思考：本案例中的不符合事实是什么？不符合 GB/T 19001—2016 标准的哪一条款？

8.2.2 产品和服务要求的确定

在确定向顾客提供的产品和服务的要求时，组织应确保：

a）产品和服务的要求得到规定，包括：

1）适用的法律法规要求；

2）组织认为的必要要求。

b）提供的产品和服务能够满足所声明的要求。

理解要点

（1）该条款放在了顾客沟通之后，这一变化表明，组织在确定要向顾客提供什么产品和服务时应充分考虑顾客的想法。

（2）组织应确保产品和服务要求的准确性、合理性及可实现性，因为它是产品和服务提供过程中的输入部分，将直接影响后续的最终产品和服务。

（3）强调组织在确定产品和服务的要求时应考虑组织的能力，在确定是否满足了做出的产品和服务的承诺时，组织宜考虑如下因素：可用的资源、能力和产能、组织知识、过程确认（如产品测试、服务演示）

（4）组织认为必要的要求包括：

1）明示的要求。例如，通过合同、协议、订单等提出的具体要求，包括外观、尺寸、功能、性能、可靠性、禁用物质含量、包装、数量、交货日期、交货地点、交货方式、结算方式、售后服务（如安装、保修、回收和处置等）等。

2）隐含的要求。例如，服务行业的环境、卫生、服务水平、等待时间等，顾客虽然未明确提出，但这些应该是组织在确定要求时应明确的隐含要求。

3）组织"声称的要求"。例如，组织从增强顾客满意度出发，对产品和服务提出的更多或更高的要求，如 7 天无理由退换货。

103

知识链接 5-10

产品和服务要求来自于三个方面：①顾客要求；②法定要求（有时也包括行业的一些非强制性的要求）；③企业内定要求或企业标准等。企业在向社会提供产品之前，应明确产品和服务的具体要求，而且是有能力达到这些明确的要求的，这相当于一种对顾客的承诺（合同、投标文件，网上信息）。产品和服务要求举例见表 5-3。

表 5-3 产品和服务要求举例

要求分类	要求内容举例	提出方法举例
明确规定的要求	如外观、尺寸、功能、性能、可靠性、禁用物质含量、包装、数量、交货日期、交货地点、交货方式、结算方式、售后服务（如安装、保修、回收和处置等），服务行业的环境、卫生、服务水平、等待时间，以及顾客虽然未明确规定，但组织在确定要求时应该明确的隐含要求	合同（如采购合同）、质量协议、书面订单、网络广告、公司自我声明、产品和服务的规定用途或预期用途
使用的法律法规要求	国家标准、行业标准、《食品安全法》《劳动合同法》等	政府或协会发布的法规或标准

8.2.3 产品和服务要求的评审

8.2.3.1 组织应确保有能力向顾客提供满足要求的产品和服务。在承诺向顾客提供产品和服务之前，组织应对如下各项要求进行评审：

a）顾客规定的要求，包括对交付及交付后活动的要求；

b）顾客虽然没有明示，但规定的用途或已知的预期用途所必需的要求；

c）组织规定的要求；

d）适用于产品和服务的法律法规要求；

e）与以前表述不一致的合同或订单要求。

组织应确保与以前规定不一致的合同或订单要求已得到解决。

若顾客没有提供成文的要求，组织在接受顾客要求前应对顾客要求进行确认。

注：在某些情况下，如网上销售，对每一个订单进行正式的评审可能是不实际的，作为替代方法，可评审有关的产品信息，如产品目录。

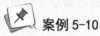 **案例 5-10**

大良锅炉有限公司过去一直生产 13 个压力的蒸汽锅炉。但是最近好几家客户要求订购 16 个压力的锅炉。该企业没有生产 16 个压力的锅炉的生产许可证，但是销售部考虑到 13 个压力和 16 个压力的锅炉生产技术都差不多，不如先安排生产，同时办理相关的报批手续，经报总经理批准后就与 3 个客户签订了生产 16 个压力的锅炉合同。

思考：本案例中的不符合事实是什么？不符合 GB/T 19001—2016 标准的哪一条款？

8.2.3.2 适用时，组织应保留与下列方面有关的成文信息：

a）评审结果；

b）产品和服务的新要求。

理解要点

（1）本条款旨在确保组织评审了对顾客做出的承诺，且有能力实现这些承诺。评审能让组织减少有关事宜在运行和交付后的风险。

（2）如果顾客提出要求没有形成文件，如通过电话或当面预订时，则组织在向顾客提供产品或服务前应经顾客确认其要求。例如，我们在餐馆点餐时服务员会跟我们确认所点的食物，又如在电话洽谈时复述客户要求，并做好记录。

（3）评审的时机应是在组织向顾客做出提供产品的承诺之前。如果之前确定的要求与合同或订单中规定的要求不一致，组织应与顾客进行沟通，解决这些不一致。这里讲的承诺，对于不同的行业所体现的形式不尽相同，制造行业往往是合同或订单等，而服务行业可能表现为其他形式，如银行的存单、客运服务的客票、餐饮业的菜单等。

（4）组织可通过任何适当媒介保留评审的结果，确保组织保留了成文信息，以证明组织与顾客签订的最终协议（见表5-4）。

表5-4　顾客要求产品的评审记录

产品名称/规格	订单数量	交货期	交货方式	付款方式
主轴一挡齿轮/MR111T00000	实际数量	2个工作日	货车运输	银行转账

质量要求：
①有效硬化深度：0.50～0.80mm（依据标准：GB/T 9450—2005《钢件渗碳淬火硬化层深度的测定和校核》）
②标准硬度：80～84HRA
③心部硬度：30～45HR　M1～M5 级……
运输方式和费用：××公司承担，交货时间：3个工作日内

评审部门意见	市场部	评审指标：交付能力、运输方式	评审结果：	签字：	日期：
	质量技术部	评审指标：技术指标	评审结果：	签字：	日期：
	生产部	评审指标：设备、人员	评审结果：	签字：	日期：
	财务部	评审指标：付款方式	评审结果：	签字：	日期：
总经理终审意见				签字：　　　　　　日期：	

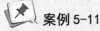 **案例 5-11**

在某企业销售部审核时，审核员发现许多合同没有评审记录，销售部负责人解释说："我们的产品都是标准件，顾客又没有什么特殊要求，根本不需要进行评审。"

思考：本案例中的不符合事实是什么？不符合 GB/T 19001—2016 标准的哪一条款？

8.2.4　产品和服务要求的更改

若产品和服务要求发生更改，组织应确保相关的成文信息得到修改，并确保相关人员知道已更改的要求。

理解要点

（1）当产品或服务要求已经更改，组织应确保任何相关文件都要得到修改。

（2）组织应确保相关人员都知道更改要求，如客户订购产品更改通知单（见表5-5）。

（3）为确保相关人员了解需求变更，组织宜选择合适的沟通方法，并保留适当的形成文

件的信息，如沟通的电子邮件、会议纪要或修改后的订单。

表 5-5 客户订购产品更改通知单

生产部：

原订购日期	2019 年 3 月 17 日	订购产品名称及数量	数控机床 5 台
订购单号码	17-00678	预定交货日期	2019 年 4 月 16 日

更改内容：

客户传真要求订购数量增加一台。

其他说明：交货时间不变。

此致

市场营销部（章）

2019 年 4 月 5 日

案例 5-12

　　某电冰箱厂接到一批国外订货，签约一个月后，国外顾客发来一份传真，要求在合同中增加一条要求，即电源插头不能用原形状，而要用当地国家的形状的插头。销售部接到此传真后，立即修订了合同，但此事未及时通知设计、采购和生产等部门，销售部直到在发货前才发现所有插头都采用了中国通用的插头，不得不临时返工更换。

　　思考：本案例中的不符合事实是什么？不符合 GB/T 19001—2016 标准的哪一条款？

8.3　产品和服务的设计和开发

8.3.1　总则

组织应建立、实施和保持适当的设计和开发过程，以确保后续的产品和服务的提供。

理解要点

　　（1）产品和服务的设计和开发由一组运用产品或服务的理念或要求的过程组成，这些理念或要求可来自顾客、最终用户或组织。

　　（2）设计和开发要求适用于产品和服务。在制造活动中，设计和开发可用于生产过程，而对于服务而言，设计和开发输出可以是提供服务的具体方式。

　　（3）这一条款要求组织应引入一个适当的设计和开发过程，以确保后续的产品和服务的提供能有效实施。这个过程对于大多数组织都是适用的，建议不要随意删减。

知识链接 5-11

　　所谓建立过程，是指对该活动进行输入输出资源和管理等方面的分析，按过程模式（见 0.3 过程方法）对该活动进行策划。建立过程可以强化对该活动的管理，但由于有管理成本，需要投入，因此应追求"过程方法"管理的效率。由于设计和开发活动对产品和服务的提供和交付以及最终顾客满意显得太重要了，因此必须加强对该活动的过程管理。

8.3.2　设计和开发策划

在确定设计和开发的各个阶段和控制时，组织应考虑：

a）设计和开发活动的性质、持续时间和复杂程度；

b）所需的过程阶段，包括适用的设计和开发评审；

c）所需的设计和开发验证、确认活动；

d）设计和开发过程涉及的职责和权限；

e）产品和服务的设计和开发所需的内部、外部资源；

f）设计和开发过程参与人员之间接口的控制需求；

g）顾客及使用者参与设计和开发过程的需求；

h）对后续产品和服务提供的要求；

i）顾客和其他有关相关方期望的对设计和开发过程的控制水平；

j）证实已经满足设计和开发要求所需的成文信息。

理解要点 ●

（1）2015 版标准新增了"产品和服务的设计和开发所需的内部、外部资源"。其旨在要求组织在进行产品和服务的设计和开发时，应识别和提供需要的内部资源和外部资源。内部资源包括设备、技术、顾客和外部供方提供的信息资料等，外部资源包括参与设计开发的外部供方、外部技术支持、特定的检测试验条件等。

（2）2015 版标准新增了"顾客及使用者参与设计和开发过程的需求"这一条款是指组织在进行产品和服务的设计和开发时，应考虑顾客和使用者的需求，包括过程控制、参与和试用等。

（3）2015 版标准新增了"证实已经满足设计和开发要求所需的成文信息"，以明确组织在此环节应保留的信息要求。

（4）组织应确定设计和开发过程所包括的阶段，并使每一阶段都得到控制。

（5）为确保产品和服务的设计和开发输出满足其输入的要求，组织应安排需要的验证和确认活动。

（6）组织应明确与设计和开发各个阶段有关的工作的人员的具体分工以及他们的职责和权限。

（7）组织如果存在多个项目组共同参与或有外包的情况，则应特别关注彼此间的接口和沟通，如果是技术接口，则要明确沟通方法、时机和内容，还应考虑人数和信息共享的方式。

（8）设计和开发的输出往往是针对特定项目的工作和活动计划。它应该对策划过程可能产生的风险和限制、资源需求以及分工和指责予以明确。

107

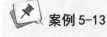 **案例 5-13**

大宇工程建设公司承包了广发大厦的全套设计和施工工程。在施工前，监理机构的专业监理工程师发现基础钢筋比常规设计的直径小了 0.5mm，随后向该公司的设计处提出疑问，设计处经核对后承认计算错误，并解释说："因为采用了计算机辅助设计，因此一般情况下不再做核对计算，这次出错，也可能是用错了计算机的软件。"

思考：本案例中的不符合事实是什么？不符合 GB/T 19001—2016 标准的哪一条款？

8.3.3 设计和开发输入

组织应针对所设计和开发的具体类型的产品和服务，确定必需的要求。组织应考虑：

a）功能和性能要求；

b）来源于以前类似设计和开发活动的信息；

c）法律法规要求；

d）组织承诺实施的标准或行业规范；

e）由产品和服务性质所导致的潜在的失效后果。

针对设计和开发的目的，输入应是充分和适宜的，且应完整、清楚。

相互矛盾的设计和开发输入应得到解决。

组织应保留有关设计和开发输入的成文信息。

理解要点

（1）确定设计和开发输入是产品和服务的设计和开发过程的重要活动，其输入内容应该清晰、完整，满足产品和服务特性所决定的要求。它直接关系到输出的正确性，是确保产品和服务满足要求的关键。如果输入不够充分或不够准确，很可能会导致产品和服务不符合要求。

（2）设计和开发输入的主要内容是与产品和服务要求有关的信息。其中最主要考虑的信息应该是顾客的需要，包括顾客所期望的但没有表述出来的愿望或潜在的需求，组织应予以关注。

（3）组织在确定设计和开发输入时是否考虑了设计和开发失效可能导致的潜在后果，并有必要的应对措施。

（4）组织应在产品和服务的设计和开发过程中，进行潜在的失效模式分析或风险分析，提出相应的措施（如 FMEA、FMECA[⊖]等方法）。

（5）来源于以前类似设计的信息，包括以往产品和服务设计中的可靠性试验结果、服务的成功经验等，这些成果通常已被证明是成熟的、成功的和有效的，尤其是在对原有产品和服务进行升级换代的开发活动中，这种输入显得特别重要。

 案例 5-14

某大型超市增加了餐饮服务项目，针对该服务项目企业编制了"项目开发计划"。现场审核时，审核员询问"项目开发计划"是如何编制的，接受审核的主管人员回答说："我们发动大家共同想办法、出主意，最后把大家的意见进行了汇总和筛选，形成了这个计划。"但审核员查阅了所有该项目的开发文件，发现未包括相关的卫生要求。

思考： 本案例中的不符合事实是什么？不符合 GB/T 19001—2016 标准的哪一条款？

8.3.4 设计和开发控制

组织应对设计和开发过程进行控制，以确保：

a）规定拟获得的结果；

b）实施评审活动，以评价设计和开发的结果满足要求的能力；

⊖ FMEA 为 Failure Mode and Effects Analysis 的简写，译为失效模式与影响分析；FMECA 为 Failure Modes, Effects and Criticality Analysis 的简写，译为故障模式、影响和危害性分析。

c）实施验证活动，以确保设计和开发输出满足输入的要求；

d）实施确认活动，以确保形成的产品和服务能够满足规定的使用要求或预期用途；

e）针对评审、验证和确认过程中确定的问题采取必要措施；

f）保留这些活动的成文信息。

注：设计和开发的评审、验证和确认具有不同目的。根据组织的产品和服务的具体情况，可单独或以任意组合的方式进行。

理解要点

（1）2015 版标准合并了 2008 版标准中关于设计和开发的评审、验证和确认，形成了产品和服务的设计和开发的控制要求。

（2）本条款要求组织应当对设计和开发过程进行控制，控制内容包括规定设计和开发活动拟取得的结果，进行评审、验证和确认活动，以及针对评审、验证和确认活动中确定的问题所采取的必要措施。

（3）评审、验证和确认有可能在一个过程中完成，如果验证作为评审的一部分来进行，或验证和确认同时进行，则没有必要重复同一活动。

（4）如果评审、验证和确认活动发现了问题，应决定这些问题的解决措施。应将这些措施的有效性作为下次评审的部分内容。

（5）组织应保留评审、验证和确认活动的成文信息，作为按照计划开展了设计和开发活动的证据。

 案例 5-15

　　某公司新产品研制从研制到投产所有技术问题均由产品设计工艺负责人一个人负责。审核员想了解对产品工艺的有关规定，开发部经理说："这些东西都在产品设计工艺负责人脑子里，为了保密，只在个人的笔记本里有记录，没有整理成文件。"审核员要求查看笔记本，经理拿来一个项目的笔记本，审核员看到上面密密麻麻写了很多内容，多是平时做试验的记录，没有一定的格式。审核员问开发部经理："你看得明白吗？"经理说："都是当事人自己记的，我一般不看他们的记录，一切由产品设计工艺负责人自己负责。"审核员问："这些笔记本以后上交吗？"经理回答："没有明确的规定。"审核员问："如果设计工艺负责人不在了怎么办？"经理回答："不知道，好多年来都是这么规定的，没考虑以后的事。"

　　思考：本案例中的不符合事实是什么？不符合 GB/T 19001—2016 标准的哪一条款？

8.3.5　设计和开发输出

组织应确保设计和开发输出：

a）满足输入的要求；

b）满足后续产品和服务提供过程的需要；

c）包括或引用监视和测量的要求，适当时，包括接收准则；

d）规定产品和服务特性，这些特性对于预期目的、安全和正常提供是必需的。

组织应保留有关设计和开发输出的成文信息。

理解要点

（1）输出因设计和开发过程的性质而异，设计和开发的输出将是生产和服务提供过程的关键输入，设计和开发的输出应为组织提供预期产品和服务所需的所有过程（包括采购生产和交付后活动）提供信息，以便参与人员理解需采取哪些措施，及采取措施的顺序。

（2）设计和开发的对象可以是产品，也可以是过程、服务或软件，因此设计和开发的输出的内容可包括：

1）图样、产品规范（包括防护细节）、材料规范、测试要求。

2）过程规范、必要的生产设备的细节。

3）建筑计划和工艺计算（如强度等）。

4）菜单、食谱、烹调方式，或服务手册。

（3）2015 版标准输出的内容增加了"包括或引用监视和测量的要求"，而不仅仅是产品的接收准则，组织应关注这一变化，特别是服务行业，其设计和开发的输出有很多是服务规范或要求等，则在设计和开发的输出中应考虑如何对服务规范执行的情况进行监视和测量。

（4）2015 版标准增加了组织应保留有关设计和开发输出的成文信息的要求，组织的设计和开发的输出应明确哪些信息需要形成文件。

 案例 5-16

某玩具公司在 2019 年有两个新产品上市，审核员在组装现场审核时发现，玩具外壳颜色有明显差异，生产部主任解释说："这种产品刚开始生产，技术部没有向我们提供色样，我们正和技术部沟通此事呢。"审核员到技术部查阅该玩具相关的开发资料，果然没有玩具外壳颜色的适当信息。

思考：本案例中的不符合事实是什么？不符合 GB/T 19001—2016 标准的哪一条款？

8.3.6 设计和开发更改

组织应对产品和服务在设计和开发期间以及后续所做的更改进行适当的识别、评审和控制，以确保这些更改对满足要求不会产生不利影响。

组织应保留下列方面的成文信息：

a）设计和开发更改；

b）评审的结果；

c）更改的授权；

d）为防止不利影响而采取的措施。

理解要点

（1）新的要求更有利于组织在实施设计和开发变更时，根据变更的具体性质、范围、特点、内容及对后续过程和最终产品和服务的影响程度来控制设计和开发的更改。

（2）组织应充分识别在哪些情况下需要进行设计和开发更改，需要更改哪些方面的内容，并且保留更改的证据，包括更改的依据、理由和需求。

（3）对任何设计和开发的更改，组织都要根据更改的具体情况决定在哪些阶段对该更改进行评审和控制，并在正式实施前得到授权人的批准。

（4）组织可以根据自己的实际，在设计和开发的策划时确定不同的更改授权或指定不同的批准人，只有经过相关人员的批准的更改，才能付诸实施。

（5）组织应该保留四个方面的成文信息：

1）设计和开发的更改。

2）评审的结果。

3）更改的授权。

4）为防止不利影响而采取的措施。

（6）组织应该充分识别需保留的成文信息，如设计和更改的细节和授权。这些信息不仅可以作为组织实施更改的证据，也可以帮助组织在必要时澄清责任、降低风险。

（7）本条款不再明确规定"应当对设计和开发的更改进行适当的评审、验证和确认，并在实施之前得到批准"，以便于组织实施这些要求，但这并不意味着所有的设计和开发的更改都不需要进行评审、验证和确认了。

 **案例 5-17**

审核员在某企业销售部审核，查看到销售部第一季度的顾客意见反馈表，其中 70% 反映 HT-3 型控制柜柜门有质量问题。销售部部长说："已将问题反映到技术部，但没有处理，只要顾客要求，我们就给予退换，已对我们销售产生了影响。"在技术部，审核员要求查看 HT-3 型控制柜的设计资料，技术部负责人说："HT-3 型控制柜是改型设计的产品，原来的控制柜柜门尺寸和外观都比较粗笨，经研究批准后，去年年底对柜门进行了改型设计，尺寸和外观都比以前更精致了，但是改型设计时忽视了对里面操作盘的影响，现在确实存在着不便于操作的问题，我们正打算进一步改进设计。"审核员查看了 HT-3 型控制柜的设计更改资料，发现对改型设计评审的记录里确实没有涉及对操作盘可能造成的影响。

思考：本案例中的不符合事实是什么？不符合 GB/T 19001—2016 标准的哪一条款？

即问即答 5-5

下列成文信息中，（　　）不是组织在设计和开发更改时应保留的。

A. 设计和开发确认信息 B. 评审的结果

C. 更改的授权 D. 为防止不利影响而采取的措施

即问即答 5-5

111

8.4 外部提供的过程、产品和服务的控制

8.4.1 总则

组织应确保外部提供的过程、产品和服务符合要求。

在下列情况下，组织应确定对外部提供的过程、产品和服务实施的控制：

a）外部供方的产品和服务将构成组织自身的产品和服务的一部分；

b）外部供方代表组织直接将产品和服务提供给顾客；

c）组织决定由外部供方提供过程或部分过程。

组织应基于外部供方按照要求提供过程、产品和服务的能力，确定并实施对外部供方的评价、选择、绩效监视以及再评价的准则。对于这些活动和由评价引发的任何必要的措施，组织应保留成文信息。

理解要点

（1）2015 版标准使用外部供方替代供方。

（2）2015 版标准新增需要对外部供方进行控制的时机要求。

（3）2015 版标准用"外部提供的过程、产品和服务的控制"替代了 2008 版的"采购"，以进一步明确控制的对象和范围。控制要求不仅仅针对采购产品，还包括了外包过程和外部提供的服务。

（4）2015 版标准增加了对外部供方进行绩效监视的职责并实施监视的要求。外部供方的绩效监测通常包括：产品和服务的质量水平、交付的及时性、后续的服务能力等。

（5）2015 版标准明确了保留对外部供方选择、评价、再评价活动的成文信息。

 案例 5-18

在某门窗厂销售科，审核员查看 8 月份该厂与某建筑公司签订的一份销售合同，合同约定门窗厂负责门窗的加工和安装。审核员要求工厂出示门窗安装的资质等有关材料，销售科科长说："我们申请的质量管理体系认证范围没有包括门窗的安装。"审核员问："安装工作由谁来完成？"销售科科长："我们包给另一个安装公司来做。"审核员说："请把那家公司的安装资质和对其评价的有关材料给我看看。"销售科科长："因为是老合作单位，我们没有向对方索要资质文件，不过我们有时候也派人到现场检查他们的安装质量，并填写了相关的检查记录。"

思考：本案例中的不符合事实是什么？不符合 GB/T 19001—2016 标准的哪一条款？

8.4.2 控制类型和程度

组织应确保外部提供的过程、产品和服务不会对组织稳定地向顾客交付合格产品和服务的能力产生不利影响。

组织应：

a）确保外部提供的过程保持在其质量管理体系的控制之中；

b）规定对外部供方的控制及其输出结果的控制；

c）考虑：

    1）外部提供的过程、产品和服务对组织稳定地满足顾客要求和适用的法律法规要求的能力的潜在影响；

    2）由外部供方实施控制的有效性；

d）确定必要的验证或其他活动，以确保外部提供的过程、产品和服务满足要求。

理解要点

（1）本条款旨在对组织实施外部供方控制的类型和程度提出基本要求。

（2）控制类型一般有以下几种情况：

1）由外部供方提供的产品和服务，并构成组织本身的产品和服务（零部件）。

2）由外部供方提供的产品和服务，代表组织直接交付给顾客（喷漆、包装、交付）。

3）组织将某个过程分包给外部供方（如样品包给第三方检测机构）。

4）组织应识别所需要外包的部分，以及对产品和服务的影响。

（3）外包不能免除组织提供合格产品和服务的责任，外包过程也是组织质量管理体系的组成部分，组织应确保外包过程受控（8.1）。

（4）组织对外包过程的控制，不仅应对外部供方提出要求，也应考虑对过程的输出提出要求。

（5）组织应对外部活动确定合适的验证方式和验证程度。

 **案例 5-19**

　某化学试剂厂进货检验规定："对于老供应商供应的产品就不需要再送化验室进行小试，而如果更换供应商则应送小试，合格才能使用。"审核员问："那么对于老供应商供应的产品，还有其他检验方面的规定吗？"检验科科长回答："没有，我们只是进行外观验证。"审核员问："这些老供应商的产品是重要物资吗？"检验科科长说："是重要物资，但是因为老供应商的产品质量比较稳定，所以我们就不想太麻烦了。"

　思考：本案例中的不符合事实是什么？不符合 GB/T 19001—2016 标准的哪一条款？

8.4.3　提供给外部供方的信息

组织应确保在与外部供方沟通之前所确定的要求是充分和适宜的。

组织应与外部供方沟通以下要求：

a）需提供的过程、产品和服务；

b）对下列内容的批准：

　1）产品和服务；

　2）方法、过程和设备；

　3）产品和服务的放行。

c）能力，包括所要求的人员资格；

d）外部供方与组织的互动；

e）组织使用的对外部供方绩效的控制和监视；

f）组织或其顾客拟在外部供方现场实施的验证或确认活动。

理解要点

（1）2015 版标准不再确定对外部供方的质量管理体系要求，组织应根据自身需要考虑。

（2）2015 版标准增加了外部供方沟通的要求，规定了外部供方信息的沟通内容，明确易懂。

（3）2015 版标准把对"人员资格的要求"扩充为"能力"，要求更明确，内涵更丰富。

（4）2015 版标准增加了"组织或其顾客拟在外部供方现场实施的验证或确认活动"的要求，更利于小微组织或服务业的实施。

113

（5）如何影响、控制外部供方，有各种不同的方法和形式。本条款要求必须沟通 a）～f）的内容，可以体现在合作协议上、采购订单上、验厂过程记录等。整个 8.4 条款要求企业采购符合要求的合格产品或控制好分包过程。

知识链接 5-12

此条款要求组织需要沟通信息的对象由供方扩大至外部提供方，并且新增了对过程要求和对外部提供绩效的控制和监视要求的沟通。由此，认证中的审核关注点主要有：

（1）是否有人员能力和资质的要求，如外包的运输资质。

（2）外协加工能力等，由哪些部门负责与供方的沟通协商等工作。

（3）要对供方的哪些目标指标进行监测。

（4）是否发生去供方现场检验或接收的情况，是否制定了接收的方法和标准。

8.5　生产和服务提供

8.5.1　生产和服务提供的控制

组织应在受控条件下进行生产和服务提供。

适用时，受控条件应包括：

a）可获得成文信息，以规定以下内容：

1）拟生产的产品、提供的服务或进行的活动的特性；

2）拟获得的结果。

b）可获得和使用适宜的监视和测量资源；

c）在适当阶段实施监视和测量活动，以验证是否符合过程或输出的控制准则以及产品和服务的接收准则；

d）为过程的运行使用适宜的基础设施，并保持适宜的环境；

e）配备胜任的人员，包括所要求的资格；

f）若输出结果不能由后续的监视或测量加以验证，应对生产和服务提供过程实现策划结果的能力进行确认，并定期再确认；

g）采取措施防止人为错误；

h）实施放行、交付和交付后的活动。

114

理解要点

（1）组织应确定要求，对所有与生产和服务提供过程相关活动进行考虑和有效控制。

（2）2015 版标准将 2008 版标准中的 7.5.1 和 7.5.2 共同作为基础，将相关要求进行了总结和拓展，更适用于将产品和服务分为两个对象来提出具体要求。

（3）控制措施通常可以工艺文件、作业指导书、图样、生产计划、服务规范、服务标准等来体现。

（4）为使受控条件与组织实际情况相适应，应具体采取以下措施：

1）获得表述产品、活动和服务特性的成文信息。

2）获得表述结果的成文信息。

3）获得和适用生产和服务提供过程所需的监视和测量资源，资源包括设备，也可以是软件、信息等，这便于将产品、过程和服务控制在规定的范围内。

（5）组织应为生产和服务提供过程配置适宜的基础设施和运行环境。

（6）对标准中明确了只有输出结果不能有后续的监视或测量加以验证时，组织需要对生产和服务提供过程实现策划结果的能力进行确认和再确认，如汽车性能测试、一些外包工程等。

（7）2015 版标准较 2008 版标准增加了对实施防止人为错误的措施的要求。

（8）人为错误的原因可有随机失误、系统失误和偶发失误三种情况，一般认为在生产、工作过程中人为失误是难以完全避免的，但可以通过管理和技术上的措施来降低人的失误率。

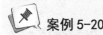

案例 5-20

一家中外合资企业，在检验室有多台进口的振动测试仪用来对产品进行耐振试验。审核员看到所有仪器的刻度均设在第 4 档。审核员问操作人员："这第 4 档代表什么参数？"操作人员说："我们也不知道是什么参数，这是一年前外国专家在时设定的，他们说就这么设定就行了。"审核员要求看看仪器的说明书，操作人员说："说明书是日文的，没有翻译出来。"审核员问："这些仪器如何校准呢？"操作人员答："外国专家说他们下次来校准仪器，但一走就是一年多，还没有来，我们也不知道怎么校准。"

思考：本案例中的不符合事实是什么？不符合 GB/T 19001—2016 标准的哪一条款？

8.5.2　标识和可追溯性

需要时，组织应采用适当的方法识别输出，以确保产品和服务合格。

组织应在生产和服务提供的整个过程中按照监视和测量要求识别输出状态。

当有可追溯要求时，组织应控制输出的唯一性标识，并应保留所需的成文信息以实现可追溯。

理解要点

（1）标识包括过程输出的标识、监视和测量状态的标识、可追溯性标识，标识的目的是防止错用、混用和非预期使用，以及在有追溯要求时，能通过标识实现追溯。

（2）2015 版标准使用"输出"代替"产品"，其范围和对象有所扩展。例如，过程的输出既可以是最终的产品和服务，又可以是某一过程的结果。

（3）标识的方法和手段取决于输出的特性，可以用一个代码、标题或组合，也可以是一段数字、图形或其他形式的标记。

115

案例 5-21

某车间用各种颜色的筐装不同检验状态的产品，绿筐装合格品，红筐装不合格品，白筐装待检品，黄筐装已检待判品。审核员看见车间一个角落里有一个绿筐，里面有一些零件，工段长说："这里装的是每次生产剩余的零件，以备缺件时随时补上。"审核员问："这些零件都是合格的吗？"工段长说："那不一定，需要补齐缺件数量时再进行检验也来得及。"

思考：本案例中的不符合事实是什么？不符合 GB/T 19001—2016 标准的哪一条款？

即问即答 5-6

需要时，组织应采用适当的方法识别输出，其目的是（　　　）。

A. 满足产品和服务的标识要求　　　B. 以确保产品和服务合格

C. 确保产品的可追溯性　　　　　　D. 以上都对

即问即答 5-6

8.5.3　顾客或外部供方的财产

组织应爱护在组织控制下或组织使用的顾客或外部供方的财产。

对组织使用的或构成产品和服务一部分的顾客和外部供方财产，组织应予以识别、验证、保护和防护。

若顾客或外部供方的财产发生丢失、损坏或发现不适用情况，组织应向顾客或外部供方报告，并保留所发生情况的成文信息。

注：顾客或外部供方的财产可能包括材料、零部件、工具和设备以及场所、知识产权和个人资料。

理解要点

（1）当顾客或外部供方需要将其财产交付组织使用或构成组织提供产品或服务的一部分，或将其财产交于组织保管，组织需要做到既能防止顾客或外部供方的财产损失并妥善保管，又能及时沟通不可预见的情况。

（2）除非另有约定，对组织控制下或组织使用的顾客和外部供方的财产实施保护是组织的义务，并且义务的履行有时间界限。

（3）如果财产发生损失或不满足组织的要求时，组织应向顾客或外部供方通报，并做好记录，同时确定通报的内容及发生的事实。

案例 5-22

某厂与法国一家公司合作生产挖掘机，主要零部件从法国公司进口，该厂则制造部分零件，负责挖掘机的总装及成品试验，合格后交付给法国公司，由该公司向中国某工程供货。工厂负责对外联系的副厂长说："从法国进口的零部件，我们从不做任何检查、验证或检验，因为质量不好、数量不足均由法方负责。"

思考：本案例中的不符合事实是什么？不符合 GB/T 19001—2016 标准的哪一条款？

8.5.4　防护

组织应在生产和服务提供期间对输出进行必要的防护，以确保符合要求。

注：防护可包括标识、处置、污染控制、包装、储存、传输或运输以及保护。

理解要点

（1）组织应充分识别哪些输出需要防护，使用何种方法进行防护。

（2）组织防护的对象不仅仅针对最终的产品或服务，还有过程的输出。

（3）防护可以包括很多种形式或这些形式的组合，通常可包括：

1）建立防护标识，如包装上的易碎标识、包装标识等。

2）采取措施对产品进行处理，如使用食品蜡对水果表面进行打蜡处理。

3）对输出结果可能会受到污染的情况进行控制，如对乳制品原料、半成品和成品采取措施防止微生物、化学和物理的污染。

4）包装。

5）储存。

6）传输或运输，2015 版标准增加了"传输"的概念，主要针对的是数据和信息在传输过程中丢失的风险。

7）保护。

 案例 5-23

在试剂厂包装车间，许多工人正在往包装箱内放入装满液体的试剂瓶小包装盒，有些盒子正着放，而有些盒子倒着放。审核员问："为什么不能都正着放？"包装工说："箱子就这么大，如果都正着放，就没法放这么多了。"审核员看到，在包装箱的外面已经标识着"不能倒置"的符号，于是问包装工："这符号怎么理解？"包装工说："我们把瓶子拧得很紧，不会漏的。"，并且当场向审核员演示了倒置的情况。

思考：本案例中的不符合事实是什么？不符合 GB/T 19001—2016 标准的哪一条款？

8.5.5　交付后活动

组织应满足与产品和服务相关的交付后活动的要求。

在确定所要求的交付后活动的覆盖范围和程度时，组织应考虑：

a）法律法规要求；

b）与产品和服务相关的潜在不良的后果；

c）产品和服务的性质、使用和预期寿命；

d）顾客要求；

e）顾客反馈。

注：交付后活动可包括保证条款所规定的措施、合同义务（如维护服务等）、附加服务（如回收或最终处置等）。

117

理解要点 ●───────────

（1）"交付后活动"的要求也是合同的一部分。

（2）2015 版标准对"交付后活动"单独列出系列要求，是强调组织应将交付后活动视为应对风险和机遇的一个渠道和措施。

（3）在确定交付后活动时，组织应考虑法律法规要求、顾客要求、产品和服务的性质等已知的要求。

 案例 5-24

审核员在工厂销售科看到顾客来信反映上个月采购的产品包装盒内的说明书给错了。销售科科长说："我们查了一下发现是印刷厂给印错了，为此我们立即把仓库里尚未发出的那批产品说明全部进行了更换。并且我们对供应科的采购员也进行了批评，还扣发了他当月的奖金。"

审核员问："那么对于上批产品发出的去向是否进行了跟踪，并把说明书进行了更换？"销售科科长说："没有，因为我们的用户都是老用户，他们对于产品很熟悉，一般是不会出问题的。"

思考：本案例中的不符合事实是什么？不符合 GB/T 19001—2016 标准的哪一条款？

8.5.6　更改控制

组织应对生产或服务提供的更改进行必要的评审和控制，以确保持续地符合要求。

组织应保留成文信息，包括有关更改评审的结果、授权进行更改的人员以及根据评审所采取的必要措施。

理解要点

（1）在 ISO 9001:2015 标准中，8.2.4 产品和服务要求的更改、8.1 运行的策划和控制（应控制策划的变更）、6.3 变更的策划等多处均提到了因基于风险的思维来管理这些变更。本条款指的是控制"生产和服务提供过程"的变更，如生产指令、工艺、质检、设施、流水线、人员、现场环境等因素。

（2）组织变更产品和服务的特性或有关过程活动时，原策划和相应的实施要求往往不再完全适用，需要对原计划实施评审并对评审过程实施控制。

（3）更改控制的典型活动包括：实施前的确认和验证、适用时的批准（包括顾客授权实施相应措施）。

（4）在变更活动控制中，组织应保留有关变更评审、变更授权人员及任何必要行动结果的成文信息，确保实施 8.2.4 的要求的措施。

知识链接 5-13

对于销售公司或贸易公司来说，合同的谈判过程就是生产过程，如咨询公司的生产是指为客户提供咨询的过程。当然，把销售/贸易公司的生产和服务理解为有服务无生产也有助于加强理解：并不是所有的公司都是生产和服务并存的，可以有生产无服务，也可以有服务无生产，依据实际业务内容而定；标准并没有强制要求生产、服务都要有。

8.6　产品和服务的放行

组织应在适当阶段实施策划的安排，以验证产品和服务的要求已得到满足。

除非得到有关授权人员的批准，适用时得到顾客的批准，否则在策划的安排已圆满完成之前，不应向顾客放行产品和交付服务。

组织应保留有关产品和服务放行的成文信息。成文信息应包括：

a）符合接收准则的证据；

b）可追溯到授权放行人员的信息。

理解要点

（1）通常情况下，在所有策划安排的验证活动没有得以完成并获得符合要求的结果之前，产品或服务不得交付给顾客。

（2）基于某些原因，如果需要提前交付或放行，则应经过组织内有关授权人员的批准。

（3）是否能提前放行，应依据与法律法规要求及其后果相适应的原则进行判断。

（4）在对产品和服务进行验证时，组织应依据接收准则来判断是否合格，并应保留成文信息，以证实产品和服务是否符合规定的要求。

知识链接 5-14

国家标准有强制性和推荐性标准。对于推荐性标准，是建议企业采用，没有强制要求。但是如果企业对外声称是执行的 GB/T ××××，则该标准对于企业来说就是强制性的了，即要求企业百分之百执行该标准，否则不能声称执行此标准。当然，可以说是"参照执行 GB/T ××××标准。"

案例 5-25

某试剂厂产品包装盒上注明，产品保存温度为 2～8℃，产品有效期为 1 年。审核员看到许多已经包装好了的产品堆放在走廊里，温度计显示走廊温度为 25℃。审核员问保管员："这些产品放在这里多久了？"保管员说："不一定，快的时候 1 天就运走，但有时可能放置 1 周时间。因为我们冷库条件有限，放不下这么多产品，只好堆放在走廊里了。"审核员问："在这么高的温度下放这么久，对产品会有什么影响？"保管员说："我们的产品在室温条件下，实际上放置两周也不会坏，我们以前做过试验，没问题的。"审核员要求查看有关的试验记录，管理员说："我们做过试验，就是没有记录。"

思考：本案例中的不符合事实是什么？不符合 GB/T 19001—2016 标准的哪一条款？

8.7 不合格输出的控制

8.7.1 组织应确保对不符合要求的输出进行识别和控制，以防止非预期的使用或交付。

组织应根据不合格的性质及其对产品和服务符合性的影响采取适当措施。这也适用于在产品交付之后，以及在服务提供期间或之后发现的不合格产品和服务。

组织应通过下列一种或几种途径处置不合格输出：

a）纠正；

b）隔离、限制、退货或暂停对产品和服务的提供；

c）告知顾客；

d）获得让步接收的授权。

对不合格输出进行纠正之后应验证其是否符合要求。

理解要点

（1）本条款旨在组织应对过程输出的不合格进行识别、实施控制和处置，防止它们被不正确地使用和交付，并及时对其采取措施。

（2）用"不合格输出"代替"不合格品"，不仅更加适合各个行业，包括服务业，还拓

119

宽了其范围，即输出不仅是指最终提供给顾客的产品和服务，还适用于过程中的不合格输出。

（3）如果不合格的产品或服务是在交付给顾客之后或在产品使用后才被发现的，则组织应根据不合格输出已经造成的影响或可能会继续造成的影响，来决定采取何种措施控制和处置。

（4）对不合格输出采取处置措施后，组织应对其再次进行验证，以证实其是否符合规定的要求或使用要求。

 案例 5-26

审核员在装修公司业务部审核，一位女同志推门进来，气冲冲地对业务经理说："我们家的卫生间又渗水了，把楼下住户的墙给损坏了，这才装修不到两个月都修了两次了，为什么还是这样呢？你今天必须给我彻底解决。"审核员问经理这个顾客的装修项目出了什么问题，经理说："这个客户装修时，要改造她家卫生间，在改造过程中破坏了防水层，当时我们没有发现，装修后在使用过程中，发生了渗水的情况，每次我们都派人去对楼下住户的墙进行修复。"审核员问："既然是破坏了防水层，那为什么不重新做防水层呢？"经理说："要重新做防水层，那工作量就大了，再说我们公司也做不了防水，还要找专门做防水的公司来做，太麻烦了，先派人去修修再看吧。"审核员查看了相关的维修记录，确实只是对受损部位进行了局部修复。

思考：本案例中的不符合事实是什么？不符合 GB/T 19001—2016 标准的哪一条款？

8.7.2　组织应保留下列成文信息：

a）描述不合格；

b）描述所采取的措施；

c）描述获得的让步；

d）识别处置不合格的授权。

理解要点

（1）组织对不合格的性质和处置保留相应的记录，以证明和利用相应信息。

（2）组织应确保保留的成文信息包括以下事项的细节：

1）不合格的具体情况。

2）对不合格输出采取的措施。

3）获得批准的让步接收，如与顾客达成协议，使用存在不符合项的产品或服务。

4）可以追溯到对采取这些措施实施判断和决定的授权人。

（3）保留成文信息可以帮助组织实现过程的改进和优化，也可以作为不符合项趋势分析的依据。

 案例 5-27

某洗衣机生产厂总装车间，审核员看到由总检退回来的 5 台洗衣机正在由工人进行修理。车间主任说："这是最近一周时间内发现的不合格品，一般攒到一定数量后再集中修理，修理后检验合格就可以出厂。"审核员看到工人在修理时将原来随机卡取掉，换上新的随机卡，随机卡上面的出厂批号和生产班组的标识也换成当日的批号和班组。审核员问："旧卡是否还保留？"工人说："不保留，修好的产品当然就算作今天的生产批号了，保留旧卡没有意义。"审核员又问："是否将新旧批号对照登记下来？"工人回答："我们不登记。"

思考：本案例中的不符合事实是什么？不符合 GB/T 19001—2016 标准的哪一条款？

同步训练 5-2

目标：理解标准"8 运行"的内涵

1. GB/T 19001—2016 标准中"8.1 运行的策划和控制"规定了：为满足产品和服务提供的要求，并实施第 6 章所确定的措施，组织应（　　）

　　A. 对产品和服务设计和开发期间以及后续所做的更改进行适当的识别、评审和控制

　　B. 控制策划的变更，评审非预期变更的后果，必要时，采取措施减轻不利影响

　　C. 对生产和服务提供的更改进行必要的评审和控制

　　D. 以上都不是

2. 京东网首页上声明："凡在京东网上购物，均可使用京东白条：30 天内免任何手续费"。此声明属于（　　）。

　　A. 适用的法律法规要求　　　　B. 组织认为的必要要求

　　C. 组织必须履行的要求　　　　D. 组织隐含的要求

3. 组织与顾客沟通时，除了获取有关产品和服务的顾客反馈外，还包括（　　）

　　A. 提供有关产品和服务的信息

　　B. 关系重大时，制定有关应急措施的特定要求

　　C. 处置或控制顾客财产

　　D. 以上都对

同步训练 5-2

4. "机械公司的工艺员正在编写轴承的工艺卡片"。最适用于这一情景的条款是（　　）

　　A. 7.5.2　　　　B. 8.1b　　　　C. 8.5.1a　　　　D. 8.5.1b

第三节　绩 效 评 价

121

9　绩效评价

9.1　监视、测量、分析和评价

9.1.1　总则

组织应确定：

a）需要监视和测量什么；

b）需要用什么方法进行监视、测量、分析和评价，以确保结果有效；

c）何时实施监视和测量；

d）何时对监视和测量的结果进行分析和评价。

组织应评价质量管理体系的绩效和有效性。

组织应保留适当的成文信息，以作为结果的证据。

理解要点

（1）这是 2015 版新增条款，来源于 2008 版标准的第 8.2、8.4 等章节。2008 版标准 8.2 要求对质量管理体系进行监视和测量，并分为顾客满意、内部审核、过程的监视和测量、产品的监视和测量这几个方面来控制；2008 版标准 8.4 数据分析，是围绕质量管理体系工作展开的，目的是证实和改进。2015 版 ISO 9001 标准明显地把这些理念扩展了。

（2）监视、测量、分析和评价这一过程是 PDCA 循环中所描述的检查（C）过程，是 PDCA 循环中承上启下的过程，是质量管理体系运行中非常重要的环节。

（3）9.1.1 条款是监视、测量、分析和评价的总体要求，要求组织确定需要监视和测量的内容，以及用于评价质量管理体系绩效和有效性的方法、对象和时机，以确保过程的有效性。

（4）测量与监视不同，不能混淆。测量是一个"确定数值的过程"，即通过测量可以获得具体的数值或量值。在可以获得定量数据的场合，往往采用测量的方法。而监视是"确定体系、过程、产品、服务或活动的状态"。监视不同于测量，不一定要获得定量的数值，它可以通过检查、监督或密切观察等方式了解体系、过程、产品、服务的状态或其一个或多个特性及特性值的波动。

（5）不同的过程和对象，监视、测量、分析和评价的时机和频次是不同的，组织应对此进行策划并做出明确的规定。例如，有的组织在年底进行顾客满意度测评，一年就进行一次，而有的组织一年进行多次。

（6）并非所有的监视和测量活动都需要保存记录，组织应根据需要明确规定需要保留的记录。

知识链接 5-15

ISO 9001:2015 标准第 9 章绩效评价，虽然标题为"绩效评价"，但包含了监视、测量、检查、检验、试验、审核、验证、分析、评审、评价、判断和确认等过程和活动。2008 版的监视、测量、分析、评价和改进，在 2015 版分为第 9 章绩效评价和第 10 章改进两章，这符合 PDCA 循环的脉络逻辑和统一的高层次结构要求。理解和实施第 9 章绩效评价，不能孤立地看第 9 章，必须结合标准各章节的监视、测量、分析和评价的要求系统地理解和实施。第 9 章绩效评价过程的输出是第 10 章改进过程的输入。

9.1.2　顾客满意

组织应监视顾客对其需求和期望已得到满足的程度的感受。组织应确定获取、监视和评审该信息的方法。

注：监视顾客感受的例子可包括顾客调查、顾客对交付产品或服务的反馈、顾客座谈、市场占有率分析、顾客赞扬、担保索赔和经销商报告。

理解要点

（1）顾客是指接受产品的组织或个人，如消费者、委托人、最终使用者、零售商、受益者和采购方。顾客满意是指顾客对其要求已被满足的程度的感受。

（2）作为对质量管理体系业绩的一种测量，组织应对顾客满意信息进行监视，从而识别组织的改进机会。将顾客满意作为对质量管理体系的一种评价方法，也是"以顾客为关注焦点"的具体体现。

（3）顾客抱怨是满意程度低的一种最常见的表达方式，但没有顾客抱怨不一定表明顾客很满意，即使规定的顾客要求符合顾客的愿望并得到满足，也不一定代表顾客很满意。

（4）组织应建立正式的收集和处理顾客对组织是否满足其要求的感受的信息的渠道，并明确收集的渠道、方法和频次。

1）在与顾客的接触面上直接取得顾客的即时信息（如让顾客在接受产品或服务之后即时填写《顾客意见书》之类），是一种最理想的获取顾客满意信息的途径。

2）有计划地向顾客代表发送《顾客满意问卷》之类，由顾客自愿填写之后自愿给组织回复。这种方法是否有效关键在于对《顾客满意问卷》之类的设计，只要设计得方便顾客填写，不会占用顾客很多时间，回收率会比较高。

3）组织人员有计划地访问顾客代表，做好《顾客满意调查表》之类的记录。这种方法是否有效，关键在于访问者的沟通方式是否得体，沟通技术是否高超，只要沟通得好，成功率会比较高。

4）有计划地邀请顾客代表参加组织召开的专题座谈会，做好座谈会记录。这种方法是否有效，关键在于对座谈会的准备是否周到，对顾客的接待是否热情，态度是否诚恳。只要座谈会的气氛好，成功率会比较高。

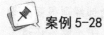 **案例 5-28**

在销售科，审核员问销售科科长如何评价顾客满意，销售科科长犹豫了一下后回答："我们公司目前还没有规定评价顾客满意的方法，但是顾客基本无投诉，这表明顾客是满意的。"

思考：本案例中的不符合事实是什么？不符合 GB/T 19001—2016 标准的哪一条款？

9.1.3　分析与评价

组织应分析和评价通过监视和测量获得的适当的数据和信息。

应利用分析结果评价：

a）产品和服务的符合性；

b）顾客满意程度；

c）质量管理体系的绩效和有效性；

d）策划是否得到有效实施；

e）应对风险和机遇所采取措施的有效性；

f）外部供方的绩效；

g）质量管理体系改进的需求。

注：数据分析方法可包括统计技术。

理解要点

（1）2015 版标准更强调对结果的利用，从而使整个分析评价结果更具增值能力，2015 版还明确了管理评审的输入资料中，应该有这些数据分析和评价的结果。这也算是新增要求。

（2）应收集的数据来自于以下渠道：

1）对顾客满意度监视和测量的结果。

123

2）内部审核的结果。

3）对过程的监视和测量的结果。

4）对产品特性监视和测量的结果。

5）其他有关来源的数据，如来自于顾客和供方的信息等。

（3）组织应利用适宜的方法（包括统计技术）对数据进行分析。数据分析应提供以下有关方面的信息：

1）顾客满意的信息。根据这类信息，可以证实质量管理体系的业绩（包括有效性和效率）。

2）与产品要求的符合性信息。根据这类信息，可以证实质量管理体系的有效性。

3）有关过程和产品的特性及其趋势，包括采取预防措施的机会的信息。根据这类信息，可以评价在何处可以持续改进质量管理体系的有效性。

4）有关供方产品合格情况的信息。根据这类信息，可以决定是否对供方重新评价和选择。

（4）分析和评价的输出可以是趋势分析或报告等信息形式，它也是管理评审的输入，其格式应该能够便于组织做出是否需要采取措施的决定。

 案例 5-29

在某电热水器厂市场部，审核员了解对顾客满意程度的调查情况。市场部经理很高兴地说："我们两个月前刚刚进行了一次广泛的顾客满意程度调查，由于我们人手不够，还请了一些学生来帮忙。"在翻看调查表时，审核员发现有三份调查表中，顾客反映产品外观电镀层有脱落现象，虽然不是关键部位，但是很影响美观；另外还有顾客反映热水出水口有发生漏水的现象。审核员问："对于这些调查表是否进行了统计分析？这些问题你们如何处理的？"经理回答："最近由于工作忙，又赶上旺季，因此还没来得及处理。"审核员看到市场部的质量分目标规定：顾客反映问题处理及时率 100%（最迟两周内给予答复）。

思考：本案例中的不符合事实是什么？不符合 GB/T 19001—2016 标准的哪一条款？

9.2 内部审核

9.2.1 组织应按照策划的时间间隔进行内部审核，以提供有关质量管理体系的下列信息：

a）是否符合：

1）组织自身的质量管理体系要求；

2）本标准的要求。

b）是否得到有效的实施和保持。

知识链接 5-16

内部审核是质量管理体系运行最受整个企业关注的活动，通常覆盖所有的职能部门。目的是对整个企业的质量管理体系进行一次总结、分析和评价。9.2.1 明确了必须分析评价是否符合两个要求。策划的时间间隔通常是一年，有时会适当增加。一般在企业发生重大变化、管理评审前、外部验厂前等时机展开。每一次内审，可能由于目的有差异而导致审核方案不同。

9.2.2 组织应：

a）依据有关过程的重要性、对组织产生影响的变化和以往的审核结果，策划、制定、实施和保持审核方案，审核方案包括频次、方法、职责、策划要求和报告；

b）规定每次审核的审核准则和范围；

c）选择审核员并实施审核，以确保审核过程客观公正；

d）确保将审核结果报告给相关管理者；

e）及时采取适当的纠正和纠正措施；

f）保留成文信息，作为实施审核方案以及审核结果的证据。

注：相关指南参见 GB/T 19011。

理解要点

（1）2015 版在要求的细节上还是做出了一些调整。比如说，要求审核方案要有轻重取舍，并考虑风险评价的结果。

（2）标准要求组织应按策划的时间间隔进行内部审核，以确定：

1）质量管理体系应符合策划的安排、本标准的要求以及组织所确定的质量管理体系的要求。

2）质量管理体系得到有效实施和保持。

（3）内审的准则是本标准的要求以及组织所确定的质量管理体系的要求。组织所确定的质量管理体系的要求应详见组织的各种质量管理体系文件。

（4）组织应该每年做一次审核方案，按策划的时间间隔（一年至少进行一次完整的内部审核，间隔时间不超过 12 个月）进行内审，在审核方案中规定审核的目的、准则、范围、频次和方法。

（5）审核员的选择和审核的实施应确保审核过程的客观性和公正性。审核员不应审核自己的工作，组织应严格照办。

（6）策划和实施审核以及报告结果和保持记录的职责和要求应在形成文件的程序中做出规定，应保持审核策划、审核实施和审核报告的记录。

（7）负责受审区域的管理者应确认审核组在审核发现中的不符合项，并立即对这些不符合项进行评审，分析其原因，及时采取纠正措施，以防止其再发生，确保质量管理体系的有效实施和保持。

（8）审核组应对负责受审区域的管理者所采取的纠正措施进行跟踪审核，验证其实施的结果，并提出验证报告。在审核组中，技术专家不作为审核员。

内部审核与管理评审的区别见表 5-6。

表 5-6 质量管理体系内部审核与管理评审的区别

项 目	内 部 审 核	管 理 评 审
目的	确定质量管理体系是否符合要求和得到有效实施与保持	确保质量管理体系的持续适宜性、充分性、有效性
评价依据	ISO 9001 标准，以及组织的质量管理体系文件	ISO 9001 标准、组织的质量管理体系文件、顾客要求与法律法规要求、持续改进需求
实施者	审核员	最高管理者和管理层人员
方法	系统、独立地获取客观证据，与审核准则对照，形成文件化的审核发现和结论的检查过程	以广泛的输入信息为事实依据，就质量方针、目标及顾客需求，对质量管理体系的适宜性、充分性和有效性进行评价。可以以会议的方式进行
对输出结果的要求	应对质量管理体系是否符合要求以及是否有效实施和保持做出结论，并形成记录	应对质量管理体系持续的适宜性、充分性和有效性、体系的变更、过程和产品的改进、资源的需求，包括质量方针、质量目标做出评价，并形成记录

案例 5-30

　　质量部经理向审核员出示了当年的审核方案，方案表明当年对每个部门审核一次，审核时间均相同，每个有关的过程也都安排了审核。审核员问："你们的审核方案是怎样确定的？"经理说："三年前建立质量管理体系时，质量手册和程序文件都规定了每年要对每个部门进行一次审核，我们一直是这样做的。"审核员查了近三年的记录，确实每年都按文件要求对每个部门进行了一次审核，而且没有漏掉有关过程。审核员又查了以前的审核报告，发现其中的不合格报告有 70% 都是在制造部的生产现场发现的。

　　思考：本案例中的不符合事实是什么？不符合 GB/T 19001—2016 标准的哪一条款？

9.3　管理评审

9.3.1　总则

　　最高管理者应按照策划的时间间隔对组织的质量管理体系进行评审，以确保其持续的适宜性、充分性和有效性，并与组织的战略方向保持一致。

理解要点

　　（1）管理评审是最高管理者根据组织的战略方向开展的活动。经过评审，若有不适宜的，改为适宜；若有不充分的，即按照标准该说的没有说到的地方，把它增加上去；若没有有效执行质量管理体系的，即说到没有做到的，也纠正过来。通过管理评审，努力做到该说的都说到，说到的都合适，说到的都做到，以确保质量管理体系的适宜性、充分性和有效性。

　　1）适宜性评审，即评审组织的质量管理体系是否与组织的宗旨、总体目标和实力相适宜，使组织明确现状与标准的差距所在，便于组织有针对性地策划并改进质量管理体系。

　　2）充分性评审，即评审组织的质量管理体系的范围是否充分符合 ISO 9001 标准的要求，以便做到"该说的都要说到"。

　　3）有效性评审，即评审组织的质量管理体系是否有效地实施和保持并有效地持续改进，以便确保"说到的都要做到"。

　　4）与战略方针一致性评审，即评审质量管理体系是否仍支持战略方针的实现。

　　（2）管理评审要评价质量管理体系是否需要改进，在何处改进；是否需要变更，在哪里变更；包括评审质量方针和质量目标是否需要改进和变更。

　　（3）最高管理者应对管理评审的时机和频次进行策划，并按策划的时间间隔评审质量管理体系。组织应规定时间间隔，如每隔 12 个月或每隔 6 个月进行一次，特殊情况下应随时策划，增加管理评审活动，如内外环境出现重大变化时，或出现重大质量事故、顾客投诉时等。

　　（4）管理评审的方法应与组织的实际情况相适应，如正式的面对面会议、电话会议、互联网会议等，也可以在组织范围内进行不同层次的局部评审，最后将结果向最高管理者汇报，由最高管理者对递交的局部评审报告进行评审。

知识链接 5-17

　　质量管理体系评审是一项重要的高层管理活动，目的是从全局分析和评价质量管理体系，总结并谋求改进。通常，管理评审由企业中与质量管理工作有关的中高层领导参与，由最高管理者参与或主持。质量管理体系的三性：适宜性（是否与形势相符、是否与企业实际相符）、充分性（是否满足了相关方要求、是否满足了标准的要求）和有效性（在顾客满意、质量管理的成绩、企业效益等方面）是管理评审的要点。

　　9.3.2　管理评审输入

　　策划和实施管理评审时应考虑下列内容：

　　a）以往管理评审所采取措施的情况；

　　b）与质量管理体系相关的内外部因素的变化；

　　c）下列有关质量管理体系绩效和有效性的信息，包括其趋势：

　　　　1）顾客满意和有关相关方的反馈；

　　　　2）质量目标的实现程度；

　　　　3）过程绩效以及产品和服务的合格情况；

　　　　4）不合格及纠正措施；

　　　　5）监视和测量结果；

　　　　6）审核结果；

　　　　7）外部供方的绩效。

　　d）资源的充分性；

　　e）应对风险和机遇所采取措施的有效性（见6.1）；

　　f）改进的机会。

理解要点

　　（1）管理评审输入与 ISO 9001 标准其他条款的要求直接相关，其中包括对数据的分析与评价。评审输入应被用于判断趋势，从而针对质量管理体系实施情况做出相应决策并采取相应的措施。

　　（2）在进行管理评审之前，必须收集管理评审的输入信息，作为评审质量管理体系的适宜性、充分性和有效性的依据。

　　（3）管理评审输入以下信息：

　　1）审核结果（包括第一方、第二方、第三方审核等）。

　　2）顾客反馈（包括对顾客满意程度和不满意程度的测量结果及顾客抱怨等）。

　　3）过程绩效，即一个过程通过资源的投入和活动的开展将输入转化为输出，从而实现增值，并达到预期结果的程度的情况。如果某一质量管理的过程安全实现了增值并达到了预期的结果，则这一过程的业绩是令人满意的。反之，则为过程需要改进之处提供契机。

　　4）产品和服务的符合性，包括产品和服务的关键特性的符合情况及符合顾客、法律法规和组织自身要求的情况。有条件时还应当包括与竞争对手和行业先进水平对比情况等。

127

5）预防和纠正措施的现状，改进的结果。

6）监视和测量的结果。

7）外部供方的绩效。

8）应对风险和机遇所采取措施的有效性。

9）以往管理评审所确定的措施的实施情况及效果。

10）可能影响质量管理体系的各种变更（包括内外部环境变化，如新技术出现、质量管理理论、相关法律法规变化和组织自身的变化，如产品、工艺组织结构、财务状况等变化而导致体系的变更）。

11）由于多种原因而引起有关组织产品、过程和体系改进的建议。

（4）为做好管理评审，应输入完整、准确、充分的信息，这是有效进行管理评审的前提条件。

知识链接 5-18

管理评审活动通常是一种会议的形式，开会之前通常需要准备具体的材料。a）～f）的内容可以分别包括在最高管理者、质量负责人、内审组长、体系专员、质量部门以及公司各职能部门提交给会议的报告之中。企业评审实践中通常会有汇报内容的格式要求，以避免疏漏了某些重要的内容。与 ISO 9001:2008 相比，ISO 9001:2015 在管理评审的要求上，增加了"应对风险和机遇所采取措施的有效性"这一部分内容。

9.3.3 管理评审输出

管理评审的输出应包括与下列事项相关的决定和措施：

a）改进的机会；

b）质量管理体系所需的变更；

c）资源需求。

组织应保留成文信息，作为管理评审结果的证据。

理解要点

（1）管理评审输出的是结果，即对质量管理体系和与体系相关的产品如何改进做出决定，落实执行，跟踪验证，并在下次管理评审的时候评审其跟踪措施。

（2）管理评审输出应包括：

1）质量管理体系有效性及其过程有效性的改进，包括质量方针和质量目标的修订和调整，组织结构的变动、人员职责、权限规定的调整或变更等。

2）与顾客要求有关的产品的改进，包括对新产品或新项目的决策。

3）资源需求的决定和措施，如人员的增减、组织结构的调整、引进先进技术或先进设备、改善工作环境等。

（3）组织应保留作为管理评审结果证据的成文信息。关于管理评审成文信息的实例包括评审计划、会议纪要、评审报告、改进措施计划以及改进措施的实施状况等。

案例 5-31

某厂《管理评审控制程序》规定："工厂在一年的时间间隔内至少应组织一次管理评审。"审核员在质量管理部审核管理评审实施情况时，管理部经理说在最近的一年内只组织了一次管理评审，是在 6 月 15 日召开的，并出示了一份《管理评审报告》，报告内容仅涉及了该厂近期要上马一条新的生产线的讨论情况。管理部经理说："由于最近要上一条新的生产线，因此这次评审主要讨论了新生产线的有关情况。"审核员要求查看管理评审会议的讨论录，经理说："记在笔记本上了。"审核员查看笔记本，看到在 6 月 15 日召开的是总经理办公会。管理部经理说："我们就把这次办公会当作了管理评审。"

思考：本案例中的不符合事实是什么？不符合 GB/T 19001—2016 标准的哪一条款？

即问即答 5-7

依据 GB/T 19001—2016 标准 9.1.1，组织应评价质量管理体系的（　　　）。

A. 绩效和有效性　　　　　B. 符合性和有效性

C. 适宜性、充分性和有效性　D. 以上都对

即问即答 5-7

第四节　改　　进

10　改进

10.1　总则

组织应确定和选择改进机会，并采取必要措施，以满足顾客要求和增强顾客满意。

这应包括：

a）改进产品和服务，以满足要求并应对未来的需求和期望；

b）纠正、预防或减少不利影响；

c）改进质量管理体系的绩效和有效性。

注：改进的例子可包括纠正、纠正措施、持续改进、突破性变革、创新和重组。

理解要点

（1）第 10 章标准是质量管理体系实施改进的要求，是"改进"原则的具体体现，属于 PDCA 循环中的"处置"过程。

（2）组织应识别和选择改进机会，改进产品和服务，以纠正、避免和减少不期望发生的情况给组织带来的不利影响，增强顾客满意。

（3）改进的方法多种多样，如纠正、持续改进、创新、转型等，可以是被动的，也可以是创造性的改进。

（4）改进措施可以针对过程、产品和服务实施，也可以针对质量管理体系实施。

129

案例 5-32

在车间审核时，审核员了解到，公司要求的车间产品合格率为 95%，而近五个月的合格品率分别为 95.03%、95.02%、95.01%、94.9%、94.8%。审核员问车间主任指标完成情况，主任自信地说："几年来，我们这个指标都能保持在 98% 以上，你说的情况我还从未注意到，不过能达到 95%，也算是完成指标了，不影响奖金。"

思考：本案例中的不符合事实是什么？不符合 GB/T 19001—2016 标准的哪一条款？

　　10.2　不合格和纠正措施

　　10.2.1　当出现不合格时，包括来自投诉的不合格，组织应：

　　a）对不合格做出应对，并在适用时：

　　　　1）采取措施以控制和纠正不合格；

　　　　2）处置后果。

　　b）通过下列活动，评价是否需要采取措施，以消除产生不合格的原因，避免其再次发生或者在其他场合发生：

　　　　1）评审和分析不合格；

　　　　2）确定不合格的原因；

　　　　3）确定是否存在或可能发生类似的不合格。

　　c）实施所需的措施；

　　d）评审所采取的纠正措施的有效性；

　　e）需要时，更新在策划期间确定的风险和机遇；

　　f）需要时，变更质量管理体系。

　　纠正措施应与不合格所产生的影响相适应。

理解要点

　　组织应编制形成文件的程序，以规定当对已发现的不合格需要采取纠正措施的时候，应如何采取纠正措施、如何执行纠正措施以及如何验证纠正措施的有效性，并规定以下方面的要求：

　　（1）应评审不合格。评审的内容如：描述不合格的现状、确定不合格的范围、评价不合格的性质、选择对不合格的处置、控制对不合格品的搬运和储存等。应特别注意对顾客所抱怨的不合格品或不合格服务的评审。

　　（2）应确定不合格的原因。由于不合格的原因，尤其是不合格的根本原因通常不很明显，因此需要认真分析产品或服务的规范以及所有有关的过程、操作、记录、服务报告和顾客意见等。在分析问题时，可使用统计技术，如"头脑风暴法""因果图法"（又称"鱼刺图"）。

　　（3）评价确保不合格不再发生的措施的需求。即评价是不是需要采取纠正措施。这应根据不合格的严重性来决定。

　　（4）确定和实施所需的措施。所需的措施应与所遇到的不合格的影响程度相适应。

　　（5）记录所采取措施的结果。

　　（6）评审所采取的纠正措施。主要是评审所采取的纠正措施是否与所遇到的不合格的影响程度相适应，是否能够防止不合格的再发生以及是否需要把由纠正措施产生的质量管理体系的改进纳入质量管理体系文件中。

（7）对纠正措施评审后，组织应考虑：之前是否存在未确定的风险或机遇？如果存在，则针对风险和机遇的措施是否已得到有效的策划？如果已经策划，则该策划是否及时得到了更新？另外，当采取措施应对不合格的原因时，组织还应考虑质量管理体系内过程更改的需求。

纠正措施流程如图 5-2 所示。

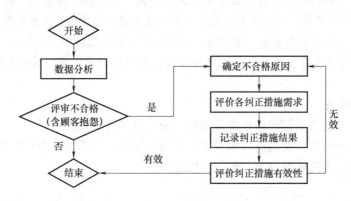

图 5-2 纠正措施流程

 案例 5-33

审核员在一家家具厂的售后服务中心审核，看到近三个月内已有多家客户投诉，反映的都是送货上门的家具有表面碰伤或划伤的问题。审核员问售后服务中心经理："你们是如何处理的？"经理说："我们接到客户投诉后都做了详细的记录，每次我都亲自带人去，给客户更换好的家具，并向他们道歉。客户对我们的处理结果还是满意的。如果以后再发生，我们还要继续这样处理。"

思考： 本案例中的不符合事实是什么？不符合 GB/T 19001—2016 标准的哪一条款？

即问即答 5-8

对不合格输出进行纠正之后应验证其是否符合要求，是 GB/T 19001—2016 标准（　　）的要求。

A. 8.3.6　　　B. 8.5.6　　　C. 8.7.1　　　D. 10.2.1

即问即答 5-8

131

10.2.2 组织应保留成文信息，作为下列事项的证据：
a）不合格的性质以及随后所采取的措施；
b）纠正措施的结果。

理解要点

（1）不合格的性质以及随后所采取的措施记录可以包括不合格事实、发生的时间、地点、区域和过程、严重程度（如不合格评级）以及随后所采取控制和纠正的情况。

（2）组织还应保留纠正措施及相关结果记录，如原因分析、制订的纠正措施计划、责任部门/人、措施启动时间和完成时间、措施效果等。

（3）记录的形式可以是不合格报告单、纠正措施表、数据库等，组织也可以结合自身实际和需求策划具体的记录表单和形式。

知识链接 5-19

当出现不合格后，应考虑是否需要采取纠正措施。这里的"需要或不需要"，应有明确的准则，而不能是含糊的。策划纠正措施除了要考虑风险、有效性，还要考虑其投入的成本。不合格和纠正措施由于非常重要，建议通过建立程序文件予以控制。在各个领域审核中发现的不合格，均应考虑是否按本条款要求做出反应，并提供记录，评价其符合性和有效性。

10.3　持续改进

组织应持续改进质量管理体系的适宜性、充分性和有效性。

组织应考虑分析和评价的结果以及管理评审的输出，以确定是否存在需求或机遇，这些需求或机遇应作为持续改进的一部分加以应对。

理解要点

（1）在质量管理体系中，质量方针、质量目标、内部审核、数据分析、纠正措施以及管理评审，都是管理手段和持续的过程，目的都是持续改进质量管理体系的适宜性、充分性和有效性。组织应有效地利用这些手段。

（2）持续改进可包括提高输出、产品和服务的一致性的措施，从而提高合格输出的水平，改进过程能力和降低过程差异。

（3）持续改进是为了提高组织的绩效，为顾客和有关相关方带来利益。

（4）组织可考虑使用一些方法和工具来进行持续改进措施，如六西格玛管理、标杆对比法、精益生产或改善等。

知识链接 5-20

质量管理体系的三性：适宜性、充分性和有效性，是对质量管理体系的综合评价，这在 9.3.1 管理评审总则中已经有所体现。所以所谓改进，可以从三个角度来考虑当下的工作：是否恰当？是否充分？有没有效果？以便于发现存在的不足，采取改进措施。过程运行 PDCA，通过 C 阶段的监视、测量、分析和评价，考虑是否需要采取改进措施。改进措施是否有必要采取，往往要考虑标准 4.1 的组织及其环境、4.2 的相关方的需求和期望、5.2.1 的质量方针、6.1 的风险、6.2.1 的质量目标以及 9.1.2 的顾客满意等内容，还要考虑改进计划的投入、可行性、有效性和成本等。

即问即答 5-9

组织除了纠正和持续改进，还有必要采取各种形式的改进，譬如变革、突变、（　　）和重组。

即问即答 5-9

A．上市　　　　　B．创新　　　　　C．知识管理　　　　　D．以上都对

本章技能项目

项目一　抢答游戏

【抢答内容范围】

● 支持

● 运行

● 绩效评价

● 改进

【抢答设计】

● 课前预先布置学生做好准备

● 计时抢答（建议题目投放在电子屏上，计时抢答）

● 根据抢答结果，激励学生（可采用累计"点赞"，也可适当加分）

【抢答题目参考】

1. ISO 9001:2015 标准中改进活动包括（　　）。

　A. 改进产品和服务以满足要求　　　　　B. 纠正、预防或减少不利影响

　C. 改进质量管理体系的绩效和有效性　　D. 以上全部

2. 关于质量管理体系评价的说法正确的是（　　）。

　A. 应评价质量管理体系的绩效

　B. 应评价质量管理体系的有效性

　C. 质量管理体系评价的结果应保留适当的成文信息

　D. 以上都对

3. 监视顾客关于组织是否满足其要求的感受的方法包括（　　）。

　A. 顾客会晤　　　B. 顾客赞扬　　　C. 担保索赔　　　D. 以上全是

4. ISO 9001:2015 标准要求最高管理者应按策划的时间间隔评审质量管理体系，以确保其持续的（　　）。

　A. 符合性、实施性和有效性　　　　B. 符合性、充分性和有效性

　C. 适宜性、充分性和有效性　　　　D. 适宜性、实施性和有效性

5. 依据 ISO 9001:2015 标准，不合格输出的控制适用于（　　）。

　A. 产品交付前发生不合格品

　B. 产品交付之后发现的不合格产品

　C. 在服务提供期间或之后发现的不合格服务

　D. 以上都是

6. 依据 ISO 9001:2015 标准 8.5.1 条款，以下说法错误的是（　　）。

　A. 监视和测量主要是对过程的监视和测量，对产品的监视和测量不在本条款

　B. 为过程的运行使用适宜的基础设施，并保持适宜的环境

　C. 配备胜任的人员，包括所要求的资格

　D. 采取措施防止人为错误

7. 有关于生产和服务提供过程的确认，说法正确的是（　　）。

　　A. 若输出结果不能由后续的监视或测量加以验证，应对这类生产和服务提供过程实现策划结果的能力进行确认，并定期再确认

　　B. 过程确认的目的是确认实现策划结果的能力

　　C. 应定期再确认

　　D. 以上都对

8. 依据 ISO 9001:2015 标准 8.5.2 条款，以下说法正确的是（　　）。

　　A. 应对所有产品做好标识，以免混淆

　　B. 在生产和服务提供的全过程，应标识产品的监视和测量状态

　　C. 应控制所有产品的唯一性标识

　　D. 以上都对

9. 根据 ISO 9001:2015，设计和开发评审的目的是（　　）。

　　A. 确定设计和开发的职责和权限　　　B. 评价设计和开发结果满足要求的能力

　　C. 确保设计和开发的输出满足输入的要求　D. 确保质量管理体系的完整性

10. 管理评审应由（　　）。

　　A. 负有决策职责的董事长领导进行　　B. 质量经理负责领导和组织实施

　　C. 最高管理者领导进行　　　　　　　D. 以上均可

11. 根据 ISO 9001:2015 标准 8.4.2 条款的要求，组织应确定必要的验证或其他活动，以确保（　　）。

　　A. 采购的产品价格最优　　　　　　　B. 采购产品到货及时

　　C. 外部提供的过程、产品和服务满足要求　D. 以上都对

12. 在确定不合格输出的控制的适当措施时，应考虑（　　）。

　　A. 不合格的性质　　　　　　　　　　B. 不合格对产品和服务的影响

　　C. A+B　　　　　　　　　　　　　　D. A 或 B

13. 依据 ISO 9001:2015 标准 8.5.1 条款，适用时，应获取的成文信息包括（　　）。

　　A. 拟生产的产品、提供的服务的特性　B. 拟进行的活动的特性

　　C. 拟获得的结果　　　　　　　　　　D. 以上全部

14. 防护涉及的对象是（　　）。

　　A. 成品　　　　　　B. 半成品　　　　　C. 原材料　　　　D. 以上全部

项目二　适用的标准条款判定

【流程设计】

● 以小组讨论交流的方式进行

● 要求写出 ISO 9001:2015 标准的具体条款号

【判定资料】

1. "学校后勤集团的餐饮部对每季度收集的'饭菜质量和餐饮服务质量调查表'进行分类整理分析。"

适合于这一情景的条款是＿＿＿＿＿＿＿＿。

2. "一台已经校准的计量装置没有检定标识。"

适合于这一情景的条款是_____。

3.“宾馆管理部门编制了《前台接待服务规范》。”

适合于这一情景的条款是_____。

4.“棉纺厂的机织车间的温度和湿度达不到规定要求。”

适合于这一情景的条款是_____。

5.“由于没有统一的规定，某工序每个工人的做法都不同，而且产品的合格率差别很大。”

适合于这一情景的条款是_____。

6.“顾客经常投诉服务员的态度不好，餐厅经理总是对被投诉的服务员进行罚款处理，严重的开除处理。”

适合于这一情景的条款是_____。

7.“办公室正在组织新来的大学生岗前培训。”

适合于这一情景的条款是_____。

8.“酒店的餐饮服务人员没有健康证。”

适合于这一情景的条款是_____。

9.“库房针对内审时提出的不符合项采取纠正措施。”

适合于这一情景的条款是_____。

10.“计量员用推车将三台精密仪器送到生产线去校准生产检测用的仪表，因修路仪器在小车上颠簸不停。”

适合于这一情景的条款是_____。

项目三　不符合条款判定训练

【训练要求】

● 以小组讨论交流的方式进行

● 写出不符合事实

● 写出不符合的标准条款号

【案例资料】

1.审核员在某建筑施工单位的工程管理部审核，看见办公桌上放着一套《施工规范大全》，审核员一边翻看，一边问部门负责人：“这些规范中哪些是对你们适用的？”部门负责人说：“具体是哪些规范我也不清楚，好在这套书内容很全面。”审核员发现《施工规范大全》中有些规范已经作废。

2.在型材厂检验科审核时，专业审核员看到检验员正在按《检验规程》进行产品检验，测试 9 项指标。该型材产品国家标准规定出厂检验应测 13 项指标。

3.审核员在销售科询问科长：“你们的销售情况是否需要登记？”科长说：“我们有销售台账，每笔售货都必须登记。”审核员接着抽查了销售台账中一个月的登记情况，并与科长共同数了一下，共发生 23 次，而合同评审记录只有 21 份。审核员问：“为什么少了 2 份？”科长很着急，迅速与经办人核对，经办人说：“这两家客户是我们的老客户，我们非常信任，更何况都是我们的常规产品，就没进行评审。”

4.在某仪器制造公司销售科审核时，审核员注意到一份编号为 CHN-08-2006 拟印合同文本中，有一段手写的文字：“原要求 40m 长的附件电缆改为 50m 长。”销售部部长说：“您

135

看，这旁边是甲乙双方的签字，我已经告诉生产部门了。"审核员在审核仓库时看到一张卡："××九芯电缆，长 40m，共 100 根，合同号 CHN-08-2006。"仓库保管员说："这 100 根电缆作为附件随仪器发给客户。"

5. 审核员审核顾客满意监视过程，接受审核的人员拿出了一摞"顾客满意调查表"，说："我们每个月都给顾客发放调查表，顾客填写后再给我们寄回，基本 100%回收。"审核员抽取了三份调查表，发现顾客对产品运输过程发生外观损坏提出了意见，审核员询问对此是如何进行处理的，接受审核的人员回答说："我们已经向运输部门和产品包装部门提出了要求，现在已经进行了改进。"审核员现场与该顾客电话进行沟通，但该顾客并不知情。

实务部分

Practice part

ISO 9000 族质量管理标准
理论与实务

第六章 质量管理体系审核概述

【知识目标】
- ❑ 理解质量管理体系审核相关术语
- ❑ 了解审核具体类别
- ❑ 了解审核方案与审核计划的区别
- ❑ 理解审核方案的管理流程及内容
- ❑ 了解审核各阶段的具体活动

第六章学习引导

【技能目标】
- ❑ 能够运用质量管理体系审核相关术语进行各类审核活动
- ❑ 能够较好地把握内部审核和外部审核的审核目的、审核准则、审核范围
- ❑ 能够评价组织形成的审核方案管理活动情况，并提出建议
- ❑ 能够评价审核各阶段活动情况，指出其中存在的问题，并提出纠正措施

【素质目标】
- ❑ 养成良好的审核术语学习意识
- ❑ 树立学以致用、理论要联系实际的学习态度
- ❑ 培养良好的团队合作意识

【本章关键词】

质量管理体系；相关术语；审核方案管理；审核阶段活动

> **开篇导读**
>
> XYZ 电子公司在建一个新工厂，装配三种截然不同系列的产品：移动电话、投影仪和个人计算机。最高管理层决定按 ISO 9000 族标准建立质量管理体系。新工厂只有一个移动电话的顾客，但此顾客要求所有的供方都要证实其符合 ISO 9001:2015 标准要求。目前，对其他产品没有这样的要求。因此，组织决定先在移动电话有关实现过程中建立并实施质量管理体系，在以后的阶段中再慢慢覆盖到其他产品。质量管理体系的范围和组织的所有营销材料中都清楚地表明了质量管理体系只限于与移动电话有关的活动。当 XYZ 公司决定为质量管理体系寻求注册时，认证机构（注册者）在认证/注册之前和过程中又对组织的质量管理体系范围进行了确认，其注册证书也表明了哪些包括在认证范围内。
> - ❑ 标准是否规定了组织必须将所有产品都纳入认证范围？

第一节 质量管理体系审核的相关术语

1. 审核（ISO 9000:2015 3.13.1）

为获得客观证据（3.8.3）并对其进行客观的评价，以确定满足审核准则（3.13.7）的

程度所进行的系统的、独立的并形成文件的过程（3.4.1）。

注1：审核的基本要素包括由对被审核客体不承担责任的人员，按照程序（3.5.4）对客体（3.6.1）是否合格（3.6.11）所做的确定（3.11.1）。

注2：审核可以是内部（第一方）审核，或外部（第二方或第三方）审核，也可以是多体系审核（3.13.2）或联合审核（3.13.3）。

注3：内部审核，有时称为第一方审核，由组织（3.2.1）自己或以组织的名义进行，用于管理（3.3.3）评审（3.11.2）和其他内部目的，可作为组织自我合格声明的基础。内部审核可以由与正在被审核的活动无责任关系的人员进行，以证实独立性。

注4：通常，外部审核包括第二方和第三方审核。第二方审核由组织的相关方，如顾客（3.2.4）或由其他人员以相关方的名义进行。第三方审核由外部独立的审核组织进行，如提供合格认证/注册的组织或政府机构。

注5：这是《ISO/IEC导则　第1部分　ISO补充规定》的附件SL中给出的ISO管理体系标准中的通用术语及核心定义之一，最初的定义和注释已经被改写，以消除术语"审核准则"与"审核证据"之间循环定义的影响，并增加了注3和注4。

理解要点

（1）所谓"系统的"，是指审核是一项正式、有序的活动，即外部审核按合同进行，内部审核由厂长或管理者代表授权进行。所谓"独立的"，是指审核是一项客观、公正的活动，即审核员应被专门授权才能进行审核，而且是与受审核方无直接责任的人员。所谓"形成文件的"，是指审核过程是一项形成文件的活动，如审核计划、检查表、审核记录、不合格（不符合）报告、审核报告等。

（2）审核是对活动和过程进行检查的有效管理工具，审核的结果为管理者采取措施提供了信息。

（3）审核的主要目的是确定满足审核准则的程度，如：

1）确定受审核方的管理体系对规定要求的符合性。

2）评价对法律法规要求的符合性。

3）确认所实施的管理体系满足规定目标的有效性。

在确定审核目的时，应考虑下述几个方面：

1）管理的优先级。

2）商业意图。

3）管理体系的要求。

4）法规要求。

（4）审核准则是审核的依据。应对收集到的证据根据审核准则进行客观评价，以形成审核发现。审核发现是"将收集的审核证据对照审核准则进行评价的结果"，审核发现可为合格（符合）项或不合格（不符合）项。

2. 审核证据（ISO 9000:2015　3.13.8）

与审核准则（3.13.7）有关并能够证实的记录、事实陈述或其他信息。

[源自：ISO 19011:2011，3.3，改写，注已被删除]

理解要点

（1）审核证据包括记录、文件、事实陈述及现场看到的有关信息。这些信息可以通过查文件的方式获取，也可以通过面谈或实地观察的方式获取。

（2）审核证据应与审核准则有关。

（3）审核证据可以是定性的，也可以是定量的。

3. 审核准则（ISO 9000:2015　3.13.7）

用于与客观证据（3.8.3）进行比较的一组方针（3.5.8）、程序（3.4.5）或要求（3.6.4）。

[源自：ISO 19011:2011，3.2，改写，术语"审核证据"已被"客观证据"替代]

理解要点

（1）审核准则是用于与审核证据比较的依据，审核准则即审核依据。

（2）质量管理体系的审核准则通常可以是：

1）ISO 9001:2015 标准，它是外审依据的主要准则。

2）质量手册、形成的文件程序和其他相关质量管理体系文件。这是组织根据 ISO 9001:2015 的要求编制的文件。它对组织质量管理体系的建立、实施和改进提供强制性指令和具体运作的指导，一旦发布就是组织质量管理的法规，它们是内审依据的主要准则。

另外，质量方针、目标、政策、承诺等是重要的审核准则，它们一般反映在质量管理体系文件中，但也可以其他形式存在。

3）适用于组织的法律法规和其他要求。我国关于产品、服务和工程质量有着相应的法律法规要求，如《中华人民共和国产品质量法》《中华人民共和国食品安全法》等。其他要求可包括：行业规范、与有关机构的协定、非法规性指南。

即问即答 6-1

以下不属于审核准则的是（　　）。

A. 顾客的隐含要求

B. 组织产品的检验记录

C. 生产设备维护管理规定

D. 认证产品所执行的产品标准

即问即答 6-1

4. 审核范围（ISO 9000:2015　3.13.5）

审核（3.13.1）的内容和界限。

注：审核范围通常包括对实际位置、组织单元、活动和过程（3.4.1）的描述。

[源自：ISO 19011:2011，3.14，改写。注已被修改]

理解要点

（1）审核可由其所包含的因素的术语来表达，如地理位置、组织单元、活动和过程、覆盖时期等。地理位置是指受审核方的坐落位置或审核活动所在的地理位置。组织单元是指受审核方的管理体系所涉及的组织部门或职能或岗位。活动和过程是指受审核方的质量管理体系所涉及的活动和过程。覆盖时期是指受审核方的管理体系实施或运行的时间段。

（2）确定审核范围时应考虑允许的删减，但在 ISO 9001:2015 当中，有关删减变得隐晦了。标准（4.3）主要是两个方面的意思：

① 删减将不再限定具体的范围。给某些"极特殊"的组织提供更宽的适宜性。

② 删减必须先给一个合理的理由。和 2008 版不同的是，2015 版要求：要有当所确定的不适用的要求不影响组织确保其产品和服务合格的能力或责任，对增强顾客满意也不会产生影响时，方可声称符合本标准的要求。这个可能会限定一些原本可以删减的条款，如验证确认等。

删减必须要慎重，因为一旦审核时确认删减不成立，将导致体系被全部否定，所以不仅要求组织能正确分辨是否能够删减，认证机构也必须有辨别的能力。

（3）审核范围中产品的实现过程可用列举法描述，如"锅炉的设计开发、制造安装和服务""民用建筑的施工、安装和服务"等，也可用排除法来描述，如"××产品（不包括设计/开发过程）"。

即问即答 6-2

确定审核范围时应考虑（　　　）。

A. 组织的实际位置与组织单元　　　　B. 覆盖的时期

C. 组织的活动和过程　　　　　　　　D. 以上都对

即问即答 6-2

5. 内部审核

有时称为第一方审核，以组织自己或组织的名义进行，用于管理评审和其他内部目的，可作为组织自我合格声明的基础。在许多情况下，尤其在小型组织内，可以由与受审活动无责任关系的人员进行，以证实独立性。

理解要点

（1）内部审核是由质量负责人根据预定的日程和内部评审程序负责策划和组织，内审员负责实施，按一定周期对组织的活动进行全面的审核，以验证组织的各项运作是否持续符合质量体系和准则的要求。

（2）内部审核是为了确保质量体系和技术动作的有效性和符合性，及时采取纠正或预防措施，以实现管理体系的持续改进。

（3）审核员不能审核自己的工作。

6. 外部审核

有时称为第二方审核或第三方审核。第二方审核由组织的相关方（如顾客）或由其他人员以相关方的名义进行。第三方审核由外部独立的组织进行，如那些对与 ISO 9001 或 ISO 14000 要求的符合性提供认证或注册的机构。

理解要点

（1）外部审核包括第二方审核和第三方审核。第二方审核是顾客对组织或其他相关方的审核，第三方审核是第三方性质的认证机构对申请认证组织的审核。

（2）外部审核是为了选择合适的合作伙伴（供应商），以证实合作方持续满足规定要求，促进合作方改进质量管理体系（第二方），或为了通过认证（第三方）。

（3）外部审核的审核准则是合同、企业质量管理体系文件和适用于受审核方的法律法规及其他要求（第二方）或 ISO 9001 标准、企业质量管理体系文件、适用于受审核方的法律法规及其他要求（第三方）。

7．不合格（不符合）（ISO 9000:2015　3.6.9）

未满足要求（3.6.4）。

注：这是《ISO/IEC 导则　第 1 部分　ISO 补充规定》的附件 SL 中给出的 ISO 管理体系标准中的通用术语及核心定义之一。

理解要点

对"要求"的理解是：

（1）明显的要求，规定要求是经明示的要求，如在文件中阐明。

（2）习惯上隐含的要求。

（3）必须履行的需求或期望。

8．缺陷（ISO 9000:2015　3.6.10）

与预期或规定用途有关的不合格（3.6.9）。

注 1：区分缺陷与不合格的概念是重要的，这是因为其中有法律内涵，特别是与产品（3.7.6）和服务（3.7.7）责任问题有关。

注 2：顾客（3.2.4）希望的预期用途可能受供方（3.2.5）所提供的信息（3.8.2）的性质影响，如操作或维护说明。

理解要点

缺陷与用途有关，是影响顾客满意程度的直接因素，并与产品责任问题有关。

9．质量管理体系审核

为获得质量管理体系审核证据并对其进行客观的评价，以确定满足质量管理体系审核准则的程度所进行的系统的、独立的并形成文件的过程。

理解要点

（1）质量管理体系审核是审核的一种类型，是对质量管理体系进行评价的一种方式。

（2）质量管理体系审核必须是独立、正式、有序的活动。

（3）质量管理体系审核应形成文件，如审核策划中的计划、检查表，审核实施中的记录，审核结束后的报告等。

10．审核方案（ISO 9000:2015　3.13.4）

针对特定时间段所策划并具有特定目标的一组（一次或多次）审核（3.13.1）安排。

理解要点

（1）审核方案包括策划、组织和实施审核所必要的所有活动。

（2）审核方案不是若干次审核的简单累加，也不是所谓的一份文件，而是包括与审核相关的所有活动。

11．审核结论（ISO 9000:2015　3.13.10）

考虑了审核目标和所有审核发现（3.13.9）后得出的审核（3.13.1）结果。

[源自：ISO 19011:2011，3.5]

理解要点

（1）审核结论是最终的审核结果，与审核目的有关。

（2）审核结论应由审核组做出，而不应由审核组的某一个审核员做出。

12．审核组（ISO 9000:2015　3.13.14）

实施审核（3.13.1）的一名或多名人员，需要时，由技术专家（3.13.16）提供支持。

注1：审核组中的一名审核员（3.13.15）被指定作为审核组长。

注2：审核组可包括实习审核员。

[源自：ISO 19011:2011，3.9，改写]

理解要点

（1）审核组中应指定一名审核员作为审核组组长，如果审核组中只有一名审核员，则该审核员就是审核组组长。

（2）审核组成员可以包括实习审核员。

（3）实习审核员是指正在培训或实践，还未达到实施审核所要求的能力或能力还未得到证实的审核人员。

13．技术专家（ISO 9000:2015　3.13.16）

<审核>向审核组（3.13.14）提供特定知识或专业技术的人员。

注1：特定知识或专业技术是指与受审核的组织（3.2.1）、过程（3.4.1）或活动以及语言或文化有关的知识或技术。

注2：在审核组（3.13.14）中，技术专家不作为审核员（3.13.15）。

[源自：ISO 19011:2011，3.10，改写，注1已被修改]

理解要点

（1）特定知识或专业技术是指与受审核的组织、过程或活动、语言或文化有关的知识或技术。

（2）在审核组中，技术专家是审核组成员，但不能作为审核员实施审核。

（3）技术专家应在审核员的指导下进行工作。

14．审核员（ISO 9000:2015　3.13.15）

143

实施审核（3.13.1）的人员。

[源自：ISO 19011:2011，3.8]

理解要点

（1）审核员应具有特定能力要求，审核组织应当负责对其使用的审核员进行能力评价和确认。

（2）"能力"是指个人素质、应用知识和技能的本领，这种能力还须得到证实。

15．受审核方（ISO 9000:2015　3.13.12）

被审核的组织（3.2.1）。

[源自：ISO 19011:2011，3.7]

理解要点

（1）受审核方可能是一个完整的组织，也可能是其一个较大的一部分，如子公司、分公司或公司的一个部门，连锁店中的某一分店。

（2）对第三方审核来说，审核委托方可能是受审核方，也可能不是受审核方。例如，某公司向某第三方认证机构提出认证申请，授权该家认证机构对该公司的某一分公司进行审核，则该公司是申请方，而其分公司则是受审核方。

16. 审核计划（ISO 9000:2015　3.13.6）

对审核（3.13.1）活动和安排的描述。

[源自：ISO 19011:2011，3.15]

理解要点

（1）审核计划针对的是一次具体的审核，应反映每一次具体的审核的范围和复杂程度，并有充分的灵活性以便需要时进行修改。

（2）审核计划由审核组组长编制，应形成文件。

（3）要注意审核计划和审核方案的区别。审核方案包括一组审核，由负责审核方案管理的人员建立，包括实施这类审核策划、提供资源、制定程序等必要的所有活动，审核方案中的有些内容不一定形成文件。

 同步训练 6-1

目标：准确理解质量管理体系审核的常用术语

1. 确定审核范围时应考虑（　　　）。

同步训练 6-1

  A. 诚实正直   B. 明断自立

  C. 独立性   D. 基于证据的方法

2. 在审核客户服务部时，该部门负责人介绍了收集和利用顾客满意信息的具体要求和方法，该部门负责人介绍的内容是（　　　）。

  A. 审核准则 B. 审核发现   C. 审核结论   D. 审核证据

3. 审核发现是指（　　　）。

  A. 审核中观察到的客观事实

  B. 将收集的审核证据对照审核准则进行评价的结果

  C. 审核的不合格项

  D. 审核中的观察项

第二节　质量管理体系审核的基础

一、质量管理体系审核的分类

质量管理体系审核可按不同标准进行分类，通常有两种分类法，即审核方分类法和审核范围分类法。

（一）审核方分类法

按审核方不同可分为第一方审核、第二方审核和第三方审核三种。

1. 第一方审核——内部审核

内部审核是组织对其自身的产品、过程或质量管理体系进行的审核。审核员通常是本组织的，也可聘请外部人员。通过审核，综合评价质量活动及其结果，对审核中发现的不合格项采取纠正和改进措施。进行内部审核的主要理由是：

（1）确定质量管理体系是否符合策划的安排。

（2）确定质量管理体系是否符合标准的要求。

（3）确定质量管理体系是否符合顾客/相关方的要求。

（4）确定质量管理体系是否符合组织适用法律法规的要求。

（5）确定质量管理体系是否得到有效的实施与保持。

（6）在外部审核前纠正不合格项。

2. 第二方审核——评定批准

第二方审核是指顾客对供方开展的审核。在市场经济中，供方总是不断寻求新的市场和顾客。顾客在众多可选择的供方中，要挑选合格的供方，往往就要对新的潜在供方进行审核，以此作为最终采购决定的依据。这种审核由顾客派出审核人员或委托外部代理机构对供方的质量管理体系进行审核评定。对供方来说这是第二方审核。

3. 第三方审核——认证/注册

第三方是指独立于第一方（组织）和第二方（顾客）之外的一方，它与第一方和第二方既无行政上的隶属关系，也无经济上的利害关系，由具有一定资格并经一定程序认可的审核机构派出审核人员对组织的质量管理体系进行审核。

以上三种审核方审核分类和具体区别见图 6-1 和表 6-1。

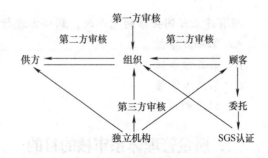

图 6-1　质量管理体系审核的分类

表 6-1　三种审核方审核区别

审核方 比较项目	第一方审核	第二方审核	第三方审核
审核类型	内部审核	外部审核（顾客对供方审核）	外部审核（独立的第三方对组织体系审核）
执行者	组织内部或聘请外部人员	顾客自己或委托他人	独立的注册/认证机构
审核目的	推进内部管理	选择、评定或控制供方	认证/注册
审核准则 （准则）	组织质量管理体系文件、合同要求、标准	合同要求、标准、法律法规、供方质量管理体系文件	标准和法律法规、受审核方质量管理体系文件、合同要求
审核范围	全面审核、部分审核	合同要求	注册认证或复审换证为全面审核；监督审核、跟踪审核为部分审核
审核时间	按策划的时间间隔和组织决定	双方商定	审核机构安排，经组织同意后生效
纠正措施	审核时可探讨、研究制定纠正措施	审核时可提出纠正措施	通常不提供纠正措施和建议

145

（二）审核范围分类法

按审核范围不同可分为常规审核（全面审核）、专项审核（部分审核）、跟踪审核和监督审核四种。

1. 常规审核（全面审核）

常规审核是指对质量管理体系进行的定期的全面审核，是为完善管理体系或取得认证注册而进行的。

2. 专项审核（部分审核）

专项审核是指由于不同需要而对质量管理体系要素有选择性地审核，是为改进或重点审核某部分工作而进行的。例如：设计质量审核、采购质量审核等。

3. 跟踪审核

跟踪审核也是一种专项审核。不同点是，跟踪审核主要用以验证前次审核后纠正措施是否实施并有效，不符合项是否得到消除。

4. 监督审核

监督审核也是一种专项审核。不同点是，监督审核主要用以验证其是否持续满足认证标准的要求，这是促使管理体系有效保持和不断改进的主要手段。

即问即答 6-3

当有建立合同关系的意向时，到供方进行管理体系评价是（　　　）。

A. 第一方审核

B. 第二方审核

C. 第三方审核

D. 以上都不是

即问即答 6-3

二、质量管理体系审核的目的

（一）内审目的

1. 保持质量管理体系正常实施和改进的需要

一个组织要保持其质量管理体系的正常运行实施和改进，必须经常开展内部质量管理体系的审核。通过审核促进组织质量管理体系的正常运行，发现问题，改进问题，从而不断改进和完善组织的质量管理体系，确保质量管理体系的正常实施。

2. 外部审核前的准备

为顺利通过第二方、第三方的审核，外审前组织自己进行一次或多次内审，以检查自己是否做好了迎接外审的准备，同时可以提前发现问题，及时采取纠正措施，便于顺利通过外部审核。

3. 作为一种管理的手段

组织的管理者通过内审的实施，加强组织运作的管理，确保组织的各项工作有序开展。

（二）外审目的

（1）判定组织质量管理体系是否符合规定的要求。

（2）判定组织所执行的质量管理体系是否有达到质量目标的规定效益。

（3）提供组织质量管理体系改进的信息与机会。

（4）判定组织质量管理体系是否符合国家/国际标准、政府/区域法律法规的要求。

（5）获得第三方认证机构注册登记及其证书。

三、组织内部审核的基本流程

组织内部审核流程图如图 6-2 所示。

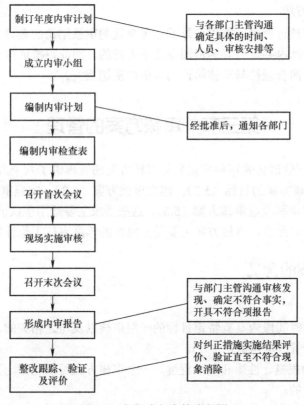

图 6-2 组织内部审核流程图

四、审核原则

（一）审核员应把握的原则

1．道德行为

道德行为是职业的基础，对审核而言，诚信、正直、保守秘密和谨慎是最基本的。

2．公正表达：真实、准确地报告的义务

审核发现、审核结论和审核报告真实和准确地反映审核活动。真实、准确地报告在审核

147

过程中遇到的重大障碍以及在审核组和受审核方之间没有解决的分歧意见。

3．职业素养：在审核中勤奋并具有判断力

审核员应珍视他们所执行任务的重要性以及审核委托方和其他相关方对自己的信任。具有必要的能力是一个重要的因素。

（二）与审核有关的原则

1．独立性

独立性是审核公正性和审核结论客观性的基础。审核员独立于受审核的活动，并且不带偏见。审核员与受审核部门应没有组织上的从属关系，也没有利益上的冲突。审核员在审核过程中应保持客观的心态，以保证审核发现和结论仅建立在审核证据的基础上。

2．基于证据的方法

在一个系统的审核过程中，得出可靠的和可重现的审核结论的合理方法是可证实的。由于审核是在有限的时间内并在有限的资源条件下进行的，因此审核证据建立在可获得的信息样本的基础上。抽样的合理性与审核结论的可信性密切相关。

第三节　审核方案的管理

ISO 19011:2011《管理体系审核指南》对审核方案的管理讲了六个方面的内容，分别是：总则（5.1）；确立审核方案的目标（5.2）；建立审核方案（5.3）；实施审核方案（5.4）；监视审核方案（5.5）和评审和改进审核方案（5.6）。这些要求主要适用于认证机构（第三方审核）加强内部控制。对内审而言，审核方案主要是指组织的年度审核工作计划。

一、审核方案的含义

（一）定义

审核方案是特定时间段内具有特定目标的一组审核以及与之相关的、所必要的所有活动的组合。审核方案的管理应考虑：

（1）受审组织的规模、性质和复杂程度。一个审核方案可以包括一次或多次审核，这些审核可以有不同的目的。

（2）审核方案应对审核的类型和数目进行策划和组织，并在规定的时间框架内提供资源所需的活动和资源。

（3）一个组织的审核委托方可建立一个或多个审核方案。

（4）组织的最高管理者应当对审核方案的管理进行授权。

（5）负责管理审核方案的人员应当：

1）指定、实施、监视、评审与改进审核方案。

2）识别并确保提供必要的资源。

（6）审核方案可包括结合审核方案或联合审核方案。对于内部审核来讲，结合审核的情况会越来越多，这时应特别关注审核组成员的搭配，以满足不同管理体系的审核能力。

（二）审核方案的示例

审核方案的例子包括：

（1）"覆盖组织管理体系的一年内的多次内部审核"，审核方案覆盖的是一年内的多次内部审核，目的是确定组织管理体系的符合性和有效性。

（2）"在六个月内对电镀外协方实施的第二方管理体系审核"，审核方案覆盖的是六个月内的一次审核（第二方审核），目的是确定电镀外协方的潜在供方。

（3）"在认证机构和认证申请方之间合同规定的时间周期内，由第三方认证机构对管理体系进行的认证和监督审核"，审核方案覆盖的是合同规定的时间周期内的多次审核（初次审核和监督审核），目的是使组织的质量管理体系注册和注册资格保持下去。

审核方案还包括为实施方案中的审核进行适当的策划，提供资源和制定程序。

二、审核方案与审核计划的区别

1．定义描述不同

审核方案不同于审核计划。GB/T 19000 标准中"审核计划"的定义是："对审核活动和安排的描述。"审核计划是对一次具体的审核活动进行策划后形成的结果之一，通常应形成文件；而审核方案不是一个单纯的文件，它是对一定的时间段内组织所要实施的所有审核的策划、实施活动。

2．内容范围不同

在内容范围中，审核计划是一次具体审核的活动和安排，审核方案是特定时间段内具有特定目标的一组审核（包括策划、组织和实施审核所必要的所有活动）。

3．性质不同

在性质方面，审核计划是描述一次审核活动和安排的文件，审核方案是一组具有共同特点的审核活动及对审核活动的管理，包括审核计划的制订和实施、为实施审核提供资源所必要的所有活动和安排。

4．编制/建立者不同

审核计划由审核组组长编制，审核方案由审核方案的管理人员建立。

149

即问即答 6-4

审核方案是指（ ）。

A. 针对特定时间段所策划并具有特定目的的一组（一次或多次）审核
B. 对审核进行策划后形成的文件
C. 审核检查方案
D. 审核计划

即问即答 6-4

三、审核方案的管理流程

需要实施审核的组织应建立审核方案，以便确定受审核方管理体系的有效性。最高管理者应确保建立审核方案的目标，并指定一个或多个胜任的人员负责管理审核方案。审核方案的范围与程度应基于受审核组织的规模和性质，以及受审核质量管理体系的性质、功能、复杂程度以及成熟度水平。

审核方案应包括在规定的期限内有效和高效地组织和实施审核所需的信息和资源，并可以包括以下内容：

（1）审核方案和每次审核的目标。

（2）审核的范围与程度、数量、类型、持续时间、地点、日程安排。

（3）审核方案的程序。

（4）审核准则。

（5）审核方法。

（6）审核组的选择。

（7）所需的资源，包括交通和食宿。

（8）处理保密性、信息安全、健康和安全，以及其他类似事宜的过程。

应监视和测量审核方案的实施以确保达到其目标，应评审审核方案以识别可能的改进。

审核方案的管理流程如图 6-3 所示。

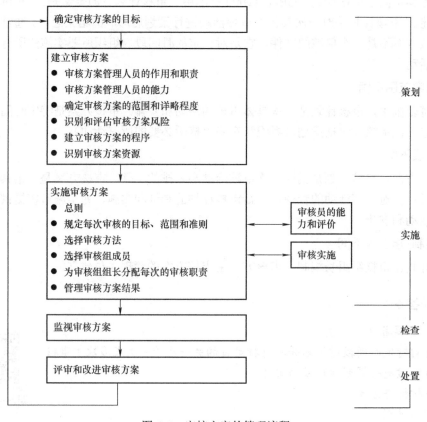

图 6-3　审核方案的管理流程

四、审核方案管理的内容

按照管理学的观点，管理人员对开展某个过程或某项活动的策划（计划）、组织、资源配置、指导、控制等方面的职能活动均属于管理范畴。对审核组织而言，审核方案的管理涉及以下活动：

（一）审核方案的建立

审核方案的建立（策划）阶段包括：确定审核方案的目的、确定审核方案的范围与程度（指所需要的审核及与审核方案有关的活动）、分配职责、识别资源需求及提供资源所需要的活动、制定审核方案的程序。

1．审核方案建立步骤

（1）审核委托方首先确定审核方案的目的。

（2）明确审核方案的范围与程度。

（3）识别实施活动所需要的资源以及提供资源所需要的活动。

（4）确定管理职责并制定确保活动有效实施的控制程序。

对于内部审核，与审核方案活动有关的控制程序通常可涉及：内审管理程序、人力资源管理程序、记录管理程序、管理评审控制程序等，也可在内审管理程序中统一规定有关内容。

2．对于管理体系内部审核频次和方式的策划

（1）审核频次的策划：管理体系内部审核一般可分为例行的常规审核和特殊情况下的追加审核。

1）例行的常规审核，如一年一次或两次。

2）特殊情况下的追加审核，如：

① 发生了严重的管理问题、事故或相关方有严重投诉。

② 组织的领导层、隶属关系或内部机构进行了调整。

③ 方针、目标、指标发生较大改变。

④ 产品、技术及装备、生产场所发生较大改变。

⑤ 第二方或第三方审核前。

（2）审核时机的策划：

1）一般内部审核安排在外审之前是多数组织采取的方式，其目的之一是为了保证顺利通过第三方审核。

2）在有关的法律法规检查验收之前。

3）组织在其年度规划中如包括企业搬迁、机构变更、资产重组或重大产品转型等工作时，则内审可配合该情况在体系变更运行稳定之后一段时间（如三个月）进行。

4）内审的时机还可配合生产及销售的周期进行安排。

总之，内审的频次和时机的策划应结合组织的工作规划和具体情况而定。

（3）审核方式的策划：质量管理体系审核方式分为集中式审核和滚动式审核。滚动式审核包括以部门滚动的审核和以要素滚动的审核。

1）集中式审核是指在一个相对集中的时间内，如一般组织可集中安排几天的时间，对全部部门和要素集中进行审核。此方式的优点是：审核具有连续性、系统性，能够综合地分析体系的状况，并且可以节省大量的时间和人力资源。其缺点是由于统一占用时间，一方面难于召齐人，另一方面会给正常生产带来不便。中小型企业多采用此方式。

2）滚动式审核是分次对一个或几个部门（或要素）进行一次审核，逐次开展。采用滚

动式审核在全年或半年内才能完成一次全部门、全要素的审核。此方式的优点是：审核时间短且灵活，抽调人员方便，给部门的生产带来的影响较小。其缺点是缺乏系统性，每阶段审核之后很难进行综合分析。此种方式在大型企业中较为多见。

（4）审核方法的策划：

1）自上而下和自下而上的审核：

① 自上而下：先到信息比较集中的部门了解总的情况，然后在此部门选择一批样本到使用样本的各部门去调查。例如，对"文件控制"条款进行审核，可先到文件控制中心去查阅"受控文件分发清单"，选择其中的若干样本，到使用部门去核查使用现场是否有有效版本等。

② 自下而上：先在许多部门调查研究，选择一批样本再到集中管理部门去核查，如对"监视和测量设备"的审核，可先在车间、质检等部门进行调查，选择一批设备作为样本，再到计量室去了解这些设备的原始档案及校准情况。

自上而下和自下而上的方法可分别采用，也可结合进行。

2）正向和逆向的审核：

① 正向审核：按产品的形成过程，即从合同签订到售后服务这一全过程的顺序进行。

② 逆向审核：从售后服务追溯到合同签订。

3）按 ISO 9001 标准要求的过程审核和按部门审核：

① 按 ISO 9001 标准要求的过程审核时，要考虑过程涉及的所有部门。

② 按部门审核时，要考虑部门涉及的所有 ISO 9001 标准要求的过程。内审一般采用按部门审核的方法。按此法进行的审核，最后要按 ISO 9001 标准的条款把各个部门的审核结果汇总整理，并得出总结论。

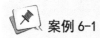 案例 6-1

A 公司管理体系内部审核方案

1．总则

为保证公司管理体系持续有效运行，按照 GB/T 19001—2016/ISO 9001:2015《质量管理体系　要求》，GB/T 24001—2016/ISO 14001:2015《环境管理体系　要求及使用指南》和 GB/T 28001—2011/BS OHSAS 18001:2007《职业健康安全管理体系　要求》的要求，依据本公司管理手册及内部审核管理程序的规定，制订本方案。

2．审核范围

2-1 本公司管理体系覆盖的所有部门和工程项目。

2-2 质量、环境、职业健康安全管理体系的全部要求。

3．审核准则

3-1 GB/T 19001—2016/ISO 9001:2015《质量管理体系　要求》，GB/T 24001—2016/ISO 14001:2015《环境管理体系　要求及使用指南》和 GB/T 28001—2011/BS OHSAS 18001:2007《职业健康安全管理体系　要求》。

3-2 本公司管理方针、管理目标、管理手册及程序。

3-3 相关的法律法规及其他要求。

3-4 各工程项目的施工组织设计和管理方案。

4．资源

4-1 公司的管理体系内审员一共 7 名，具备一定的专业知识和管理体系内审工作能力。

4-2 管理者代表，经过最高管理者任命授权，具有管理经验，直接领导、主持公司内审工作。

5．内部审核的管理活动

管理者代表主持内审工作，公司综合管理部负责内审的具体事务和资料管理。公司内审活动包括：

5-1 组织内审员学习法规、标准、规范、管理体系文件。

5-2 制订公司内审计划。

5-3 组织内审员做好内审前的准备工作（了解背景资料，写出检查大纲，准备记录表格等）。

5-4 内审实施过程（按照内审计划执行）。

5-5 内审结果——纠正措施的跟踪与验证。

5-6 内审资料的汇总及归档。

5-7 将内审报告输入管理评审。

6．内审的时间安排

6-1 两次内审之间间隔期不得超过 12 个月。

6-2 每年至少进行一次内审。当遇到下列情况时，可以增加内审的次数：①公司内外情况发生重大变化；②局部薄弱环节；③对于外审的准备。

6-3 每一次内审活动，必须查看施工项目的现场；当遇到特殊情况时，可以间隔式地安排内审日程。

7．内审方案的评审与更新

7-1 内审方案须经评审、批准后，方可实施。

7-2 当公司情况、采用的管理标准发生变化时，对审核方案须进行更新。

编制人　　　　　　审批人　　　　　　日期

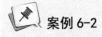 **案例 6-2**

2019 年度 ABC 公司管理体系内部审核方案

153

为了使三标管理体系内部审核工作做到与公司日常管理工作紧密结合，真正地通过内部审核查出缺陷、查出问题，使公司的内部管理逐步系统化、规范化，尽量使在监项目监理部运行程序按照体系文件的要求整齐划一，因此技术/体系管理部拟将 2019 年度内部管理体系审核工作采取滚动式审核方式，与工程部联手作业，充分利用公司现有管理部门的人力资源，把内审与监督检查、工程回访及顾客满意度调查工作有机结合起来，尽可能地对重点工程、重点项目实施审核。现制定 2019 年度内部管理体系审核方案。

1．审核目的

（1）验证我公司建立的三标管理体系与国家标准的符合性，检查质量、环境及职业健康安全管理体系是否正常运行。

（2）验证并评价我公司建立的质量、环境及职业健康安全管理体系运行的适宜性和有效性。

（3）为 2020 年度管理评审提供依据。

（4）为认证机构对我公司进行的质量、环境和职业健康安全管理体系第二次监督审核做准备。

2．审核范围

公司管理体系所覆盖的相关活动、各有关职能部门及在监工程等产品。

3．审核准则

（1）GB/T 19001—2016、GB/T 24001—2016、GB/T 28001—2011。

（2）管理手册、程序文件及其他相关文件。

（3）组织适用的法律法规及其他要求。

4．审核日程安排

审核日程安排见表 6-2。

表 6-2　审核日程安排

月份 部门	1	2	3	4	5	6	7	8	9	10	11	12
公司领导层												
技术/体系管理部												
财务部												
工程部												
市场开发部												
人事部												
办公室												
在监项目监理部												

注：具体的审核时间在审核实施计划中确定。

附：工程部 2019 年度监督审核计划（内审项目从该计划中抽样确定）

编制/日期：_____　　审核/日期：_____　　批准/日期：_____

附：工程部 2019 年度监督检查计划表（表 6-3）

表 6-3　工程部 2019 年度监督检查计划表

序　号	在监项目监理部	检查时间
1	××厂 2×600MW 机组改建工程项目监理部	2019.06
2	××厂脱硫工程项目监理部	2019.06
3	安徽××厂 2×12MW 机组工程项目监理部	2019.08
4	安徽××厂 2×12MW 机组工程项目监理部	2019.09
5	安徽××厂 2×12MW 机组工程项目监理部	2019.10
6	福建××火电二期 2×300MW 循环流化床机组工程项目监理部	2019.11
7	福建××公司 2×300MW 循环流化床机组工程项目监理部	2019.11
8	500kV××变电站工程项目监理部	2019.05
9	220kV××工程项目监理部	2019.07
10	220kV××工程项目监理部	2019.10

（二）审核方案的实施

审核方案的管理人员在审核方案的实施过程中需要开展的活动主要包括：与有关方面沟通审核方案、安排审核日程、建立和保持评价审核员的过程、确保审核组人员的选择、指导审核活动、确保审核记录的保持。

具体的审核指导包括：为审核组提供适宜的审核指导文件，建立相对固定的渠道保持与审核组及时有效的沟通，随时向审核组提供必要的技术指导。

审核记录应当包括：

（1）与每次审核有关的记录，如审核计划、审核报告、不符合报告、纠正和预防措施的报告、审核后续活动的报告（适用时）。

（2）审核方案评审的结果。

（3）与审核人员有关的记录，如审核员能力和表现的评价、审核组的选择、能力的保持和提高等方面的记录。

（三）审核方案的监视、评审和改进

1．总要求

（1）对审核方案的实施进行监视，并按适当的时间间隔进行评审，以评定其是否已达到规定的目的，并识别改进的机会。结果应当向最高管理者报告。

（2）应当利用业绩指标监视以下特性：

1）审核组实施审核计划的能力。

2）与审核方案和日程安排的符合性。

3）审核委托方、受审核方和审核员的反馈。

（3）审核方案的评审应当考虑以下内容：

1）监视的结果和趋势。

2）与程序的符合性。

3）相关方变化的需求和期望。

4）审核方案的记录。

5）替代的或新的审核实践。

6）在相似情况下，审核组之间表现的一致性。

（4）审核方案评审的结果可能导致采取纠正和预防措施以及改进审核方案。

155

2．监视和评审的目的

概括起来，对审核方案进行监视和评审的目的就是确定审核方案的适宜性以及实施的符合性和有效性，并识别实施纠正和预防措施及其他改进活动的需要。

3．监视的内容

（1）审核组实施审核计划的能力：

1）审核人员的能力与所承担的审核任务的适宜性及资源利用的合理性。

2）审核内容的完整性（指完成审核范围内的所有活动）和准确性（如关注关键的过程和活动）。

3）抽样的合理性。

4）所记录的审核证据的可证实性，审核发现和审核结论的可靠性，审核报告的完整性、准确性、及时性。

（2）与审核方案和日程安排的符合性。这是指每次审核以及审核的策划、组织和实施、资源提供活动是否符合审核方案的要求及相关日程安排。对此项特性的监视，可以考虑在诸如完成所规定活动的完整性、准确性和及时性等方面建立业绩指标或准则要求。

（3）审核委托方、受审核方和审核员的反馈：

1）对审核委托方而言，他们最关注的是审核方案的实施能否实现其目的要求。

2）对于内部审核，审核组织需要监视的受审核方的反馈信息包括审核人员的业务水平和服务质量、审核组的组织和协调能力等。

3）审核组织应了解审核员对其组织、协调和指导审核的能力方面的反馈。

4. 审核方案的调整和改进

（1）在监视和评审过程中，当发现不满足要求或有不良变化趋势时，应及时进行调整，采取纠正或预防措施。

（2）当由于某种原因需要调整审核方案的内容时，应及时调整审核方案。

（3）有改进的机会时，应研究采取改进措施的可能，并实施必要的改进措施。对不满足要求的问题，应及时进行调整。

例如：对审核前发现的与审核安排有关的问题，可采取诸如调整审核组成员、审核时间、审核计划，对审核员进行补充评价等方面的措施。对审核后发现的与审核有关的问题，可采取诸如进行补充审核、缩短审核的周期安排等方面的措施。

第四节　审核阶段活动

一、总则

审核活动作为审核方案的一部分，其实施效果将直接影响审核方案总目的的实现。本节重点论述审核通常所包括的典型活动以及这些活动之间的顺序关系。

通常将审核启动、文件评审（初审）、现场审核的准备作为审核的策划和准备阶段。审核后续活动的实施阶段，属审核后的活动，通常不视为审核的一部分。但是，审核委托方也可将此阶段活动委托审核组实施。

二、管理体系内部审核的启动

（一）指定审核组组长

在进行内部质量管理体系审核前，相关负责人（总经理或者相关部门负责人，也可以是管理者代表）任命审核组组长和审核员，组成审核组。负责管理审核方案的人员应为特定的审核指定审核组组长。对于中小型组织，内部审核通常由相关负责人（可作为审核方案的管理人员之一）指定审核组组长。

审核组组长应与被审部门无直接责任关系，但应对被审部门的业务有一定的了解，具有较多的审核经验和管理审核工作的能力。审核员的专业最好与被审部门业务相适应，而审核员与被审部门应无直接责任关系，对被审部门的业务专业知识有一定的了解，能够协调配合，团结合作，为受审部门所接受。

（二）文件收集与审查

内部质量管理体系审核是在本组织已经建立文件化的质量管理体系并正常运行的情况下进行的，所以一般不需要对已有的文件重新进行审核。内审时的文件审查，重点是与受审部门有关的程序文件、作业指导书等。以质量手册、质量计划、合同和有关法律法规为依据对程序文件等进行审查。文件审查时，应同时检查受审部门与其他部门的接口在文件中是否明确，内容是否协调。

受审部门的重要质量记录应列入审查范围，如上次的内部、外部审核报告，不合格报告，纠正措施记录等。其他质量记录数量大，可在现场随机抽样。

（三）确定审核目的、审核准则和审核范围

在审核方案的总目的内，确定一次具体的审核目的、范围和准则，并应形成文件。

1．确定审核目的

审核目的由审核委托方规定，审核目的确定了审核所要完成的事项。管理体系内审目的可包括：

（1）确定受审核方的管理体系或体系的一部分与审核准则符合的程度。

（2）评价确保管理体系符合法律法规要求的能力。

（3）评价管理体系实施的有效性。

（4）识别管理体系潜在的改进领域。

2．确定审核准则

（1）审核准则由审核委托方和审核组组长共同确定。

（2）审核准则是审核时用来评价审核证据的依据，一般可包括方针、程序、标准、法律法规、管理体系要求、合同要求或行业的规范。

（3）常用的管理体系内部审核准则有：

1）ISO 9001 标准。

2）组织适用的法律法规和其他要求。

3）组织的管理体系文件。

3．确定审核范围

（1）审核范围应包括审核的内容和界限，如实际位置、组织单元、受审核的活动和过程以及审核所覆盖的期间。

（2）内审范围取决于管理体系的建立范围。一般需考虑下列原则：

1）组织的管理权限（人、财、物；投入、产出）。

2）组织控制之下所进行的活动。

3）区域范围（不论其是否为固定场所）。

4）法规要求。

（3）一个完整的内审范围应覆盖组织管理体系建立、实施和运行的全部范围和领域，即使其中有一部分不纳入认证范围，只要体系范围覆盖到，就必须纳入内审范围。

即问即答 6-5

以下说法错误的是（　　　）。

A. 首次会议应确认审核计划

B. 审核组组长应该能够指导实习审核员进行审核

C. 审核方案中的目的应当考虑其他相关方的需求

D. 现场审核过程中，由审核组组长确定审核范围

即问即答 6-5

（四）确定审核的可能性

审核组组长应确定审核的可行性，同时考虑诸如下列因素的可获得性：

（1）策划审核所需的充分和适当的信息。

（2）受审核方的充分合作。对于内部审核，领导重视是至关重要的，最高管理者应赋予内审这项工作权威性，保证各个部门的协调配合。

（3）充分的时间和资源。

（4）审核不可行时的替代方案。

（5）审核可行性的确定方案。

（五）组成审核组

选择审核组成员时，应考虑审核组所具备的整体能力，以确保实现审核目的。通常内部审核的审核组组员（内审员）由管理者代表和审核组组长共同选择、确定。

三、文件评审（初审）

文件评审是指在进入现场审核前对受审核方的管理体系文件的初步审查，是现场审核的基础和先行步骤。

（一）文件评审的目的

（1）审查受审核方的管理体系文件是否满足 ISO 9001 标准及相关法律法规的要求，从而确定能否进行现场审核。

（2）了解受审核方的管理体系情况，以策划现场审核，包括编制审核计划。

对于内部审核，进入现场前的文件评审有别于外审，如果内审之前已进行了定期的文件评审，此时的文件评审更主要的是通过审阅文件了解管理职责和要求，编写审核计划和检查表，指导现场审核。如果组织的文件定期评审时间规定在内审之后，此时的文件评审应同时达到上述两点目的，同时可替代一部分定期文件评审的功能。

（二）评审文件的类型

（1）相关的管理体系文件。ISO 9001 标准没有规定管理体系文件的结构和层次，其层次和数量取决于受审核方的规模、性质与复杂程度。但内部审核的文件评审至少应包括：

1）方针、目标指标、管理方案。

2）组织机构与职责。

3）管理体系文件架构及各文件间相互关系的描述。

4）标准要求建立的程序文件及相关作业文件等。

（2）相关的管理体系记录。

（3）以往的审核报告，包括以往的内审报告、管理评审报告和（或）外审报告等。

（三）文件评审的执行者

通常，文件评审由审核组组长进行，或审核组组长组织审核员共同完成，特殊情况下如委派某一审核员完成文件评审，审核组组长再予以确认。

（四）文件评审控制要求

文件评审应贯穿于审核活动全过程。

（五）管理体系文件评审内容

在进行体系文件评审时，应首先了解组织的体系文件架构，然后再依据组织的文件层次逐级进行审查。每一层次的文件都应从文件的内容和格式两个方面来审查。文件内容的审查是审查文件的符合性、系统性和协调性；文件格式的审查是审查文件的有效性和统一性，包括文件的版面格式、编号方法、章节编排、版本控制等。

文件评审可按组织规定的文件审核检查表，对照 ISO 9001 标准要求进行。

（六）文件评审的要求

（1）文件的符合性：即文件内容是否满足 ISO 9001 或标准和有关法律法规的全部要求，不应回避和遗漏。

（2）文件的系统性：即文件是否包括了与有关的所有过程及其相互之间的关系和作用。

（3）文件的协调性：包括两个方面：①同一层次文件之间或不同层次文件之间在职责、要求等方面是否一致，不同层次的文件是否连贯和对应；②有逻辑关系的要素之间是否衔接和对应，如方针、目标指标、管理方案等。

（4）文件的有效性：即文件是否现行有效，是否符合文件控制要求。

（5）名词术语的规范性：审核文件中的名词术语是否符合 ISO 9001 标准的要求。

（七）文件初审的结论

对于内部审核，文件初审的结论通常包括以下两种情况：

（1）合格或基本合格。即管理体系文件符合或基本符合 ISO 标准要求，可以继续进行审核。

（2）不合格。如果发现受审核方的管理体系文件不适宜、不充分，如与审核准则不符合，文件规定与组织的实际情况或行业惯例明显不一致，体系文件空洞、照抄标准，此时必须对文件进行修改，修改后经内审组组长验证符合后，方可进行现场审核。

159

同步训练 6-2

目标：理解质量管理体系审核的目的、依据和文件评审要求

1. 质量管理体系审核是用来确定（　　　）。

   A. 组织的管理效率

   B. 产品和服务符合有关法律法规的程度

   C. 质量管理体系满足审核准则的程度

   D. 质量手册与标准的符合程度

2. 质量管理体系内部审核的依据有（　　）。
    A. 审核方案
    B. ISO 9001 标准
    C. 审核员的审核经验
    D. 专业知识

3. 关于审核实施阶段的文件评审，下列说法不正确的是（　　）。
    A. 确定文件所属的体系与审核准则的符合性
    B. 确定文件实施的有效性
    C. 收集信息以支持审核活动
    D. 文件评审可以与其他审核活动相结合

第五节　内部审核的基本要求、基本特点和提升效果的途径

一、内部审核的基本要求

（一）审核程序

应建立并保持组织内部审核书面程序，可能不是一个，而是一组。内部审核程序的内容通常包括：目的、范围、引用标准、定义、审核类别、审核的组织、审核的基本要求、审核人员的确定与责任、审核计划、审核的基本步骤及方法、审核的分析与记录、审核报告的处理、跟踪审核等。内审程序是组织内部审核各项活动总的指导和规定，可包含体系、过程、产品和服务的质量审核，具体操作宜另定细则执行。

（二）内审重点

内审的实施重点是验证质量活动和有关结果的符合性，确定质量管理体系的有效性、过程的可靠性、产品的适用性，评价达到预期目标的程度，确认质量改进（包括纠正和预防）的机会和措施。

（三）审核计划

根据标准、程序规定和所审核活动的实际情况及重要性，制订并实施内审年度计划和专项活动计划。质量管理体系审核应对所有过程和部门进行，在规定时间内（通常为一年）覆盖率为100%；过程审核应对所有关键过程（工序）和因素进行审核，确保关键过程（工序）和因素进入受控状态；产品质量审核应从适用性角度对最终产品按抽样标准进行定期审核，以期客观反映产品质量水平及波动规律；服务质量审核应以顾客要求、投诉为线索，主要进行外部（售前、售中、售后）服务的审核，不断适应、满足顾客要求，降低顾客投诉率。

（四）审核人员

审核人员应能保持相对独立性、公正性，并经组织管理者专门授权，具备足够资格。审核人员的数量、素质应能满足内审需要。

（五）审核资源

组织管理者应提供内审时所需的各种资源（包括人员、技能、设备、图表、经费、时间

等），以实现审核工作目标。

（六）审核结果

质量审核的结果按要求整理、综合，形成报告，并按程序规定被及时有效地传递和充分利用。

（七）审核文件

审核工作用的所有文件（包括程序、标准、记录、报告、表格）齐全、适用，格式规范化，保管档案化。

（八）纠正措施

对审核中发现的问题采取纠正措施，并实施跟踪与监督，保证纠正系统灵敏有效。

组织内审活动只要达到上述八条要求，基本可满足 ISO 9001 标准提出的要求。值得注意的是，这些要求仅是组织开展内审活动的基本要求。

二、内部审核的基本特点

根据上述要求，并与外部审核比较，内审的基本特点有：

（一）内审的主要动力来自管理者

有时开展内审活动可能是为了在外部审核前纠正不足，但是最为重要的是管理者的认识和支持。没有管理者的支持就难以开展，也不会取得应有的效果。内审应是一种自觉的、持续的内部管理行为，而不是一项被动应付性的活动。外部审核，对第三方来说，主要是由组织申请而进行的认证注册活动；对第二方来说，主要是为了选择控制供方而进行的活动。

（二）内审的重点是推动内部改进

每次内审应致力于发现问题和改进，这是衡量内审有效性的标志之一；而外部审核重点是进行评价，并以此作为认证注册或选择、控制供方的依据。

（三）内审的人员来自于组织内部

内审是以自己的组织名义由内部审核员进行的，第三方或第二方审核是以审核机构或顾客名义进行的。第三方审核人员必须是国家认可的具有资格的人员，第二方审核通常是顾客内部的人员。

（四）内审程序通常比第三方审核简单

由于内审员都比较熟悉自己组织的情况，因此在审核时可简化某些程序，如文件审查、首次会议等；但在某些方面又有所加强，如纠正措施、跟踪审核等。

（五）内审的规范要求比第三方审核低

内审也是一项规范化活动，如要求有计划、审核员应具备资格、审核结果应形成报告等。但其规范化程度与第三方审核相比则要低些。内审常常因为提高有效性和效率问题，而对原有规范化的做法和要求进行纠正，灵活性较高。

（六）内审对纠正措施的跟踪控制比较及时有效

对纠正措施的实施过程及结果的跟踪控制，内审不但能做到及时，而且能将有效部分纳入文件，因而也较有效。外部审核的跟踪控制只能定期进行，且只对纠正结果进行评价。

（七）内审更有利于提高质量管理体系运作效果

内审不仅仅针对质量管理体系，还可涉及组织其他系统的改进。外部审核关心的主要是质量管理体系的符合性。内审在时间上比外审更充裕，在内容上比外审更广泛。内审员可与受审核方共同研究制定纠正措施，第三方审核员通常只提纠正要求，不提纠正措施建议。

（八）内审是管理者介入质量管理的重要工具

内审可作为管理者介入质量管理的一项重要工具来使用，其目的是保持质量管理体系正常、有效运行；外审则是第三方或第二方对组织质量管理体系进行评价的工具。

三、提高内审效果的途径

内审作为组织一种较新的管理手段，特别是被 ISO 9000 族标准提出并列为体系过程要求之后，正日益被人们所重视和采用，其作用将在实践中为更多的人所理解和体会。但是作为一种新的管理手段，必然会存在不成熟、不完善之处。尤其是企业界热切期望其操作性更强、有效性更高。提高内审效果的途径有以下几种：

（一）重在提高对内审目的的认识

组织为通过第三方认证，内审是必需的；在外部审核前纠正不足，内审是必要的；为保持质量管理体系、产品、过程或服务的符合性、有效性，内审是重要的；为组织各部门提供改进机会和建议，内审是积极、有效的。通常内审是为了上述一种或多种原因而进行的，其重点是推动组织内部改进。

（二）重在把握审核实质，创造性地去实践

ISO/TC176 制定的 ISO 19011:2011 是组织开展内审所能找到的最具权威的参考。但从组织内审情况来看，该标准尚不能完全照搬，主要理由是：

（1）ISO 19011 标准是对审核工作的一般指南，更适用于第三方审核。对于第一方审核，工作内容和方法需做较大调整。

（2）ISO 19011 标准是有关质量管理和环境管理体系审核的指南，对组织内部开展的过程质量审核、产品质量审核的价值很有限。所以组织开展内审活动，既要参照标准，更要创造性地去实践，关键是要提高内审活动的有效性。

（三）重在区别，发挥内审独特作用

组织开展内审活动，当前的主要问题是如何与现有质量监督、检验、诊断等类似质量活动区别开来并加以突出、独立。内审必须包括符合性、有效性、达标性三个依次递进的方面，才能构成一次完整的审核，其主要功能则是为评价其防止不合格发生、满足顾客要求和符合法律法规要求的能力，提供客观公正的证据；而质量监督是对组织质量管理体系过程进行连续评价和控制，质量检验是对产品质量进行符合性判定，质量诊断是从管理的有效性出发，发现、论证问题，提出改进建议。应该说，质量审核的要领是清楚、统一、权威的，国际标准已做了较为详尽的规定。所以我们怎样加以区别、突出，须奉行一个重要的原则是：在开展内审活动时，质量审核的基本概念、原则和要求必须坚持，严格遵守，否则就会失去其独

特的效用。任何操作性的方法和规定都应在此前提下提出和完善。

（四）重在推动组织内部改进

组织内审的基本目的在于评价是否需要采取改进措施，因此它应成为组织质量改进活动一个重要的、正常的信息来源、依据和推动力。每次内审后，都应导致质量改进行为和取得成果，这是衡量内审实际效果的基本标志之一。因为问题总是存在的，任何一个部门或一项管理均不例外，所以质量改进也是无止境的。只要你不满足现状，你想改进，就有改进的机会和地方，就能改进。内审是从寻找客观证据发现不合格项入手的，更应导致改进行动。

（五）重在抓住内审核心问题

组织内审有多种，但主要为三种，即质量管理体系审核、过程质量审核、产品质量审核。每种审核我们都须抓住其核心问题，一为保持审核"原貌"，二为保证审核效果。对于质量管理体系审核，我们应强调对所有过程和部门进行，在规定时间内（通常为一年）覆盖率100%。因为质量管理体系是各过程之间相互联系、依存、作用的一个有机整体，系统功能在于各过程功能及相互作用和协调。对于过程质量审核，我们应强调对所有关键性的、支配性的过程或因素进行审核。确保关键过程和因素进入受控状态，抓住关键，保证重点，这是提高质量管理有效性的基本思想和方法。对于产品质量审核，我们应强调从适用性角度对产品质量进行定期审核，以期客观反映产品质量水平及波动规律。

本章技能项目

项目一 知识竞赛

【竞赛内容范围】
- 审核术语：第一方审核、第二方审核、第三方审核、审核计划、审核准则、审核方案、审核范围、审核结论、审核证据、内部审核、内审员
- 收集审核信息的方法
- 内审员的作用

【流程设计】
- 预先告知竞赛内容范围，以便学员课前准备
- 设定竞赛时间
- 根据竞赛结果，激励学生（可采用累计"点赞"，也可适当加分）

【竞赛题目参考】

1. 考虑了审核目标和所有审核发现（3.13.9）后得出的审核（3.13.1）结果是（ ）。
   A. 审核结论 　　B. 审核方案 　　C. 审核范围 　　D. B+C

2. 由组织的相关方（如顾客）或由其他人员以相关方的名义对组织的质量管理体系进行的审核是指（ ）。
   A. 第一方审核 　　B. 第二方审核 　　C. 第三方审核 　　D. 结合审核

3．一个组织的最高管理者主持对本组织的质量管理体系的充分性、适宜性和有效性进行的评审是（　　　）。

    A．第一方审核　　　　　　　　　B．第二方审核

    C．第三方审核　　　　　　　　　D．管理评审

4．与审核准则（3.13.7）有关的并且能够被证实的记录、事实陈述或其他信息是（　　　）。

    A．审核证据　　　　B．审核方案　　　　C．审核范围　　　D．B+C

5．内部审核是为了评价质量管理体系的（　　　）。

    A．适宜性　　　　　B．有效性　　　　　C．符合性　　　D．B+C

6．针对特定时间所策划并具有特定目标的一组（一次或多次）审核安排是（　　　）。

    A．审核计划　　　　B．审核方案　　　　C．审核范围　　　D．A+C

7．收集信息的方法可以是（　　　）。

    A．面谈　　　　　　　　　　　　B．观察

    C．查阅文件和记录　　　　　　　D．以上全是

8．审核准则是（　　　）。

    A．ISO 9001:2015　　　　　　　　B．质量方针

    C．行业规范　　　　　　　　　　D．以上全是

9．内审员的作用是（　　　）。

    A．对质量管理体系的运行起监督作用

    B．对质量管理体系的保持和改进起参谋作用

    C．在第二、三方审核中起内外接口的作用

    D．以上全是

10．（　　　）不是内审员的责任。

    A．编制检查表　　　　　　　　　B．实施现场审核

    C．制定纠正措施　　　　　　　　D．跟踪验证纠正措施

项目二　审核案例分析

【操作设计】

● 　以小组讨论交流的方式进行

● 　分享结果

● 　老师点评

【案例资料】

1．审核员在企业依据 GB/T 19001 标准审核质量管理体系时，应从哪些方面关注企业的质量管理体系是否应用了基于风险的思维？

2．根据审核计划的安排，审核组组长在陪同人员——质量管理部周部长的带领下来到总经理室，询问张总经理质量方针内涵是什么，周部长立即代替做了完整的回答。审核组组长对回答表示满意，张总经理希望审核员能够提供一些有价值的服务，审核组组长为了满足其要求，立即向张总经理详细介绍了前天刚审核过的一家企业提高产品质量的技术改造方法，张总经理认真做了记录，并表示衷心感谢。张总经理接着介绍了实施管理评审的情况，上个月召集了公司质量管理相关部门的负责人进行了管理评审，质量管理部周部长汇报了内审及

其整改情况，质检科汇报了产品质量目标完成情况，客户服务部汇报了售后服务用户意见的反馈情况。会议确定了公司总体的整改要求，会议记录做得很详细，并将会议记录分发到各个部门。审核组组长随即查阅了分发记录，非常完整。审核组组长很满意并结束了对管理评审的审核。根据以上案例情景，回答下列问题：

（1）审核组组长明显违背了哪个审核原则？

（2）你认为周部长代替张总经理回答是否可以？为什么？

（3）该审核组组长对管理评审的审核是否适宜？为什么？如果你去审核，你会怎样审？

第七章 质量管理体系内部审核实务

【知识目标】

- ☐ 了解内部审核策划活动流程和具体要求
- ☐ 理解集中式年度审核和滚动式年度审核的含义及区别
- ☐ 理解跟踪审核和临时性审核的含义
- ☐ 理解编制审核计划时应注意的相关事项
- ☐ 掌握成立审核组活动中的各项要求和原则
- ☐ 了解内部审核实施流程
- ☐ 理解现场审核的原则及方法
- ☐ 理解形成内部审核报告中的工作内容

第七章学习引导

【技能目标】

- ☐ 能够编制并提交质量管理体系内部审核计划
- ☐ 能够判断现场审核中的不符合项
- ☐ 能够按照指定部门和过程编制检查表
- ☐ 能够在模拟现场进行审核并对检查表进行分析评价
- ☐ 能够编制不符合项报告
- ☐ 能够编制内部审核报告

【素质目标】

- ☐ 培养认真、踏实、严谨的审核实施工作素养
- ☐ 培养实事求是、公正客观的审核态度
- ☐ 培养良好的团队合作意识

【本章关键词】

内部审核策划；集中式年度审核；滚动式年度审核；内部审核的实施；内部审核报告

> **开篇导读**
>
> 在箱体车间冰箱侧面板焊接工位，看到操作工在焊面板时焊点的分布较随意，审核员就问操作工："工艺文件对焊点间距是否有规定？"操作工说："工艺文件只规定每一边焊点不少于多少点，没规定两焊点之间的距离，因此我们基本上凭自己的经验来焊。"审核员问本工序的检验员："如何检查焊接是否牢固？"检验员回答："按检验文件要求检查有否虚焊和漏焊，检查焊点的表面状况及焊点的分布情况。"审核员核对检验文件（QI045）时看到"焊点分布应均匀，两点之间的距离为 7～13cm"。
>
> ☐ 根据上述案例情景，你能判断其中的不符合项吗？

第一节　内部审核策划

组织开展内审前，应有一个策划过程。策划结果应形成书面文件，其内容主要包括审核计划、审核组、审核用工作文件和资料（包括文件审查）、通知审核等。内部审核应由组织按照审核的基本要求和自身特点制定。内审流程应简明可行、严格完整、闭环运转。

通过内审策划，应做到：

（1）计划落实。包括审核计划得到批准，审核计划为审核组和受审核部门充分了解。

（2）责任落实。包括建立审核组并明确分工，各受审核部门负责人届时在场并已有准备。

（3）工作文件落实。包括各类工作文件齐备，所有文件、记录都能得到理解并能有效应用。

一、制订审核计划

（一）审核计划的定义和内容

审核计划包括年度审核计划和审核活动计划（审核大纲）。年度审核计划是审核策划的结果，是总纲，审核活动计划则是按照年度审核计划安排具体实施。

审核计划的内容可包括审核目的、范围、审核准则、审核组成员及分工、主要审核活动的时间安排、首末次会议时间等。小企业可以将年度审核计划和审核活动计划合并成一种计划。

组织年度审核计划应以文件形式颁发，审核活动计划应有审核组组长签名和主管领导的批准。

（二）年度审核计划类型和示例

1．集中式年度审核计划

其主要特点是：

（1）是在某计划时间内安排的集中式审核。每次审核可针对全部适用过程及相关部门，也可针对某些过程或部门。

（2）审核后的纠正行动及跟踪在限定时间内完成。

（3）审核的时机大多为：新建质量管理体系运行后；质量管理体系有重大变化时；发生重大事故时；外部质量审核前；领导认为需要时。

集中式年度审核计划示例见表 7-1。

167

表 7-1　2019 年××公司质量管理体系内部审核年度计划（集中式）

序　号	受审核部门	1月	2月	3月	4月	5月	6月	7月	8月	9月	10月	11月	12月
1	企业管理办公室			◆									
2	管理者代表			◆									
3	最高管理者			◆									
4	开发部			◆									
5	生产部			◆									
6	检验部			◆									

（续）

序　号	受审核部门	1 月	2 月	3 月	4 月	5 月	6 月	7 月	8 月	9 月	10 月	11 月	12 月
7	钣金车间			◆									
8	装配车间			◆									
9	采购部			◆									
10	销售部			◆									
11	客户服务部			◆									
12	人事部			◆									
13	设备部			◆									
14	仓库			◆									

编制：×××　　日期：2019 年×月×日　　　　批准：×××　　　　日期：2019 年×月×日

2．滚动式年度审核计划

滚动式年度审核计划一般在通过第三方质量管理体系认证后被采用。其主要特点是：

（1）审核持续时间较长。

（2）审核和审核后的纠正及其跟踪陆续展开。

（3）在一个审核时期内应保证所有适用要素及相关部门得到审核。

（4）重要的要素和部门可安排多频次。

滚动式年度审核计划示例见表 7-2。

表 7-2　2019 年××公司质量管理体系内部审核年度计划（滚动式）

序　号	受审核部门	1 月	2 月	3 月	4 月	5 月	6 月	7 月	8 月	9 月	10 月	11 月	12 月
1	企业管理办公室			◆									
2	管理者代表			◆									
3	最高管理者			◆									
4	开发部						◆						
5	生产部						◆						
6	检验部						◆						
7	钣金车间						◆						
8	装配车间						◆						
9	采购部									◆			
10	销售部									◆			
11	客户服务部									◆			
12	人事部												◆
13	设备部												◆
14	仓库												◆

编制：×××　　日期：2019 年×月×日　　批准：×××　　　日期：2019 年×月×日

3．审核计划

审核计划是对本次审核活动的具体安排，应形成文件，由审核组组长制定并经主管/管理者批准。

审核计划应明确审核的目的和范围、审核依据的文件（标准、手册及程序等）、审核组成员名单及分工情况、审核日期和地点、受审核部门、首次会议的安排、末次会议的安排、各主要质量审核活动的时间安排、审核报告日期等。

审核计划还应体现本次审核所采用的主要方法，如是操作流程法，还是选择部门法，或是选择过程法等。

审核计划示例见表7-3。

表7-3　2019年××公司年度审核计划

审核目的：验证公司质量管理体系是否符合 ISO 9001:2015 标准要求及组织确定的质量管理体系标准要求，管理体系是否得到正确、有效实施和保持，以及在公司内运行的适宜性，为持续改进质量管理体系的有效指明方向
审核范围：ISO 9001:2015 标准所覆盖的流程和职能部门
内审日期：2019 年 5 月 21—22 日
审核依据：ISO 9001:2015 标准，公司的《质量手册》《程序文件》《第三层次文件》、KPI 指标、相关的适用的法律法规要求、客户要求等
审核方法：应用过程化的方法，现场观察、洽谈询问、调阅文件和查看记录相结合，以抽样的方式获取客观证据
审核组成员：
审核成员、内审的具体时间及安排：

审核日期	审核时间	部门	审核流程	标准条款	相关文件	审核员
	8:00—8:30	首次会议（公司领导、各部门负责人、内审员）				
	8:30—9:30	总经理	领导作用	5.1.1、 5.1.2、5.2.1、5.2.2、5.3、7.1.1	QM《质量手册》KPI 指标	
			应对风险和机会的措施	6.1.1、6.1.2	QP0601《风险和机遇应对措施管理程序》KPI 指标	
	8:30—9:30	各部门	理解相关方的需求和期望	4.2、4.3	QP0402《法定要求和其他要求控制程序》QM《质量手册》	
5 月 21 日		管理者代表	管理评审过程	9.3.1、 9.3.2、9.3.3、10.3	QP0904《管理评审与持续改进控制程序》QM《质量手册》KPI 指标	
	9:30—10:30	工程部及相关部门	运行的策划和控制	8.1、6.3	QP0801《新项目与试样开发控制程序》QP0802《工艺设计与现场支持程序》	
	9:30—11:30	经营部及相关部门	理解组织及其背景	4.1	QP0401《环境背景 SWOT 分析程序》	
			产品和服务要求	8.2.1、 8.2.2、8.2.3、8.2.4	QP0803《订单评审与管理控制程序》KPI 指标	
			顾客满意	9.1.2	QP0901《顾客满意度监测控制程序》	
	10:30—11:30	行政部及相关部门	沟通	7.4	QP0707《沟通与信息交流控制程序》	

169

（续）

审核日期	审核时间	部门	审核流程	标准条款	相关文件	审核员
5 月 21 日	13:00—14:00	行政部及相关部门	成文信息	7.5.1、7.5.2、7.5.3	QP0708《文件化信息控制程序》 QP0709《记录控制程序》 KPI 指标	
	13:00—14:00	行政部及相关部门	人力资源管理过程	7.1.1 、 7.1.2 、7.1.6、7.2、7.3	QP0701《人力资源管理程序》 《QJ 岗位要求与任职说明书》 QP0705《知识管理与教育培训程序》 QP0706《员工激励控制程序》 KPI 指标	
	14:00—15:00	行政部及相关部门	质量目标和实现质量目标的策划	6.2.1、6.2.2、6.3	QP0601《风险和机遇应对措施控制程序》 QM《质量手册》	
			数据分析与评估过程	9.1.3	QP0902《数据分析与绩效评估程序》 KPI 指标	
	14:00—15:00	生产部及相关部门	生产和服务的提供	8.5.1 、 8.5.2 、8.5.3、8.5.4、8.5.5、8.5.6	QP806《生产系统管理程序》 《工装夹具管理制度》 KPI 指标	
	15:00—16:00	生产部及相关部门	基础设施过程运行环境	7.1.3、7.1.4	QP0702《设施设备控制程序》 QP0703《作业现场 6S 管理程序》 KPI 指标	
	15:00—16:00	采购部及相关部门	外部提供的过程、产品和服务的控制	8.4.1、8.4.2、8.4.3	QP0804《外供方管理程序》 QP0805《外包采购控制程序》 KPI 指标	
			仓储管理过程	8.5.4	QP0811《仓储与物流控制程序》 KPI 指标	
	16:00—16:30	审核小组讨论会议				
5 月 22 日	8:00—9:00	品管部及相关部门	标识和可追溯性顾客与外部供方财产）	8.5.2、8.5.3、8.5.5	QP0809《标识可追溯性控制程序》 QP0810《顾客与外供方财产控制程序》	
	8:00—9:00	品管部及相关部门	产品和服务的放行不合格输出的控制	8.6、8.7.1、8.7.2	QP0813《产品监测与放行控制程序》 QP0814《不合格品控制程序》 KPI 指标	
	9:00—10:00	品管部	监视和测量资源	7.1.5.1、7.1.5.2	QP0704《监视和测量资源管理程序》 KPI 指标	
	9:00—10:00	品管部及相关部门	不符合和纠正措施管理过程	10.2.1、10.2.2	QP1001《不符合和纠正措施控制程序》 KPI 指标	
			内部审核过程	9.2.1、9.2.2	QP0903《内部审核控制程序》 KPI 指标	
	10:00—11:30	末次会议（公司领导、各部门负责人、内审员）				
备注						
编制/日期：			审核/日期		批准/日期：	

注：粗线内管理者代表填写，其他审核组组长规划后管理者代表再确认。

4．跟踪审核计划

对纠正措施的实施过程及结果应进行跟踪审核，必要时该类审核活动也应制订计划，但其范围、对象将被限制在前次审核的不符合项方面。

5．临时性审核计划

临时性审核是指年度审核计划安排以外的审核。该类审核往往是由于特殊情况或特殊要求而提出的。

同步训练 7-1

目标：理解内部审核策划、审核活动计划、年度审核计划之间的关系

1. 审核活动计划按（   ）安排具体实施。
   - A．总经理
   - B．年度审核计划
   - C．审核实施计划
   - D．审核准则

    同步训练 7-1

2. 通过内审策划，应做到（   ）。
   - A．计划落实
   - B．责任落实
   - C．工作文件落实
   - D．以上都对

3. 内部审核策划（   ）。
   - A．应形成书面文件
   - B．只需口头下达通知
   - C．仅需电子文件
   - D．应在组织内部公告

4. 集中式审核的时机大多为（   ）。
   - A．新建质量管理体系运行后
   - B．质量管理体系有重大变化时
   - C．发生重大事故时
   - D．领导认为需要时

5. 以下不属于滚动式年度审核计划的特点是（   ）。
   - A．审核持续时间长
   - B．审核和审核后的纠正及其跟踪陆续展开
   - C．重要的要素和部门可安排多频次
   - D．审核后的纠正行动及跟踪在限定时间内完成

171

（三）编制审核计划时应注意的事项

（1）审核计划可按部门或活动来编写，不以要素来编写，一般更侧重于按部门审核。审核计划应写明拟审核的职能部门、场所，最好注明应审核哪些相应的活动或过程。审核也可以以过程为主，此时应注明审核哪些相关的职能部门。为此，审核组组长应事先熟悉受审核方的质量管理体系文件及部门在相应过程或活动中的职责。受审核方如能提供部门和过程（活动）的职能分配表则更为理想。

（2）审核计划的具体内容应与受审核方的规模和复杂程度相适应。一般对质量有较大影响的过程或活动以及承担较重要责任的部门应安排较多的时间，以确保完成有效审核。

（3）编制年度内审计划，若采用滚动式审核，相应要素应改为相应过程或活动，应在一个审核周期内确保对产品实现过程和支持过程的全面覆盖。对于主要的过程和活动，如管理

职责、资源管理、产品的实现过程、测量分析和改进等，每次审核时均应考虑到，对于其子过程则可以考虑抽样。

（4）审核组分工时应注意把具备专业能力的审核员安排在产品实现过程或产品测量过程的审核上，以确保审核有效进行。

（5）审核计划中应安排对领导层的审核。审核计划中应对最高管理者的审核或座谈予以明确并给予足够时间。因此，对最高管理者的承诺、自身的质量意识和对质量管理体系及职责的理解，审核时应予充分了解。

二、成立审核组

根据审核活动的目的、范围、部门、过程以及审核日程安排，选定审核组组长和成员，建立审核组。

（一）审核组的规模和组成应当考虑的因素

（1）审核目的、范围、准则以及预计的审核时间。

（2）为达到审核目的，审核组所需的整体能力。

（3）审核组成员之间的协作沟通能力。

审核组成立后，审核组组长应明确各成员分工和要求，并确保审核组独立于受审核的活动并避免利益冲突。

（二）审核组组长和审核员的人选应掌握的原则

（1）能够用官方语言在口头和书面上清楚、流利地表达思想和意见。

（2）理解并掌握实施质量管理体系审核所依据的标准，掌握一定的审核技巧。

（3）能够制订审核计划、编制检查表、实施审核和编制审核报告等。

（4）具有从事质量管理和企业管理的经验，并有一定的工厂生产实际经验。

（5）能正当地获取和公正地评定客观证据；不卑不亢，忠实于审核目的；不受干扰，坚持正确的意见；坦率、成熟、坚毅，不因干扰导致偏差等。

（6）能遵守保密规定，不发表与审核组意见相违背的个人意见。

（7）能尊重同事和受审核方的所有人员。

（8）能始终注意维护审核的独立性。审核结论不应受隐含利益、偏见和其他思想的影响。

（9）审核组组长应注意"审核员不能审核自己的工作"原则。

必要时，可聘请对审核范围所涉及的技术熟悉的专业人员参加审核工作。有时，审核机构还要进行一次审核前访问，以便收集更具体、详细的信息，做好有关安排。审核员确定后，审核组组长应在征求有关审核员的意见后，为每一审核员分派由其负责审核的具体质量管理体系过程或职能部门。

（三）审核员按分配任务做好各项准备工作

这些工作主要有以下几方面：

（1）熟悉必要的文件和程序。

（2）根据要求编制检查表。

（3）考虑前次审核结果应跟踪的项目。

（四）工作文件

为提高审核工作效率并规范审核工作，应提供下列工作文件：

（1）检查表：通常由被指定审核部门的审核员制定。

（2）记录表：现场审核时记录审核发现的表格。

（3）报告：包括不符合项报告、审核报告。

（五）开审核组会议

审核组成立后通常应举行审核组会议，以确保审核前准备工作全部完成，每个审核员对审核任务完全了解。

为使内审活动正常有效地开展，组织应建立相适应的内审工作系统：

（1）组织：应建立审核组织，指定组织内审负责人（如总经理、相关部门负责人或管理者代表），明确日常工作负责部门以及其他部门应负的职责；应选择、培训、形成一批合格的内审员（最好每个部门至少有一名内审员），以确保审核活动必需的人力资源。

（2）文件：应建立并保持内审程序，规定内审的基本步骤、要求、责任与方法，应建立完善内审工作文件，如年度审核计划、审核活动计划、检查表、现场审核记录表、不符合项报告、纠正措施报告、审核报告等。

即问即答 7-1

以下不属于审核组规模和组成应当考虑的因素的是（　　　）。

A. 审核目的、范围、准则以及预计的审核实践

B. 审核组所需的整体能力

C. 审核组成员之间协作沟通能力

D. 审核前访问组织的次数

即问即答 7-1

三、编制检查表

（一）检查表的定义

检查表是审核前需准备的一个重要工作文件。

为提高审核的有效性和效率，审核员一般应根据分工准备现场审核用的检查表；检查表内容的多少，取决于被审核部门的工作范围、职能、抽样方案及审核要求和方法。

（二）检查表的类型

1. 过程检查表

这是一种按照 ISO 9001:2015 标准条款编制的检查表，其关键是选择部门，分清主次。如果是编制与顾客有关的过程检查表，则主要部门为销售部，主要相关部门为生产部、技术部、财务部等。采用过程检查表，优点是审核有深度，审核易发现系统内"接口"问题，缺点是造成审核部门的重复。

过程检查表示例见表 7-4。

173

表 7-4 过程检查表

编 制 人	×××		编 制 日 期		2019 年 5 月 20 日		
审 核 过 程	8.4 外部提供的过程、产品和服务的控制		审 核 地 点	办公室、仓库	预 计 时 间		3h3min
被审核部门	供应部、生产部、材料库、技术部、品质部、财务部						

检查项目、证据及方法	检 查 依 据
1. 根据销售计划和合同要求，技术部是否能够及时、正确地提供采购技术要求和图样？发放至供方的图样是否有记录并对理化项目实施控制？抽查 3 份图样核实	Q/RS 1013 中 4.2.1
2. 根据采购计划、库存及要求，生产部是否能够及时正确地提出采购计划？采购计划要求是否明确、合理？采购计划是否经过生产副总审批？抽查 1～2 份采购计划核实	Q/RS 1013 中 4.2.2 和 4.1.3
3. 按照采购计划，供应部是否及时发出采购单或签订采购合同？确保生产对供应的要求。抽查 2 月份采购单 5 份、采购合同 2 份，核实交付准期率	Q/RS 1013 中 4.2.3
4. 供应部对所采购产品质量要求是否清楚？是否按质量要求实施采购？抽查 5 种关键采购产品核实	Q/RS 1013 中 4.1.2
5. 财务部是否按照规定实施供方财务控制，把好价格审核关和财务结算？抽查 5 份结算凭证核实	Q/RS 1013 中 4.2.3
6. 当采购计划发生更改时，供应部是否填发采购文件更改通知单至有关供方和部门？检查 3 月份采购文件更改情况	Q/RS 1013 中 4.2.5
7. 当采购产品发生质量问题时供应部是否及时填发《采购产品质量信息反馈单》至供方，反映质量问题并提出纠正改进要求？	Q/RS 1013 中 4.3.1
8. 公司是否针对不同供方的产品、性质及供货业绩，进行分类或分级，规定并实施检验或其他必要的活动，以确定采购产品满足规定的采购要求？抽查、核实	Q/RS 1013 中 4.6
9. 公司对供方首样检验情况及要求是否规定并执行？公司对供方封样情况及要求是否明确规定并执行？供方样品是否有标识？是否有首样检测、封样的记录？抽查、核实	Q/RS 1013 中 4.7
10. 公司对规定采购产品在供方现场验证的情况是否予以实施？顾客是否提出对采购产品在供方现场验证的要求并予实施？如有，在采购文件中对拟验证的安排和产品放行的方法如何做出规定？抽查、核实	Q/RS 1013 中 4.8
11. 材料库是否能够及时正确地提供库存报表，以作为生产部编制采购计划的依据？其库存报表数据是否正确？其库存是否受控？抽查 3 月份库存报表，核实	Q/RS 1013 中 4.2.2
12. 材料库是否已按材料规定记账？采购产品凭证是否齐全？抽查 4 月份凭证保存情况	Q/RS 1013 中 4.5
13. 检查供方评定计划，所有直接影响产品质量的供方是否都已纳入评定计划，并有合适的评定方式？	Q/RS 1012 中 9.2.4
14. 抽查 20 份供方评定报告，是否已按评定计划和供方选择、评定准则实施评定？评定结果和意见是否公正、客观、可靠？供方选择、评价结果是否形成记录并予保持？	Q/RS 1013 中 4.2.2
15. 检查合格供方目录，是否形成正式文件并分发至有关部门？供应同种产品的供方是否保持在 2 家以上？	Q/RS 1012 中 9.2.5

（续）

检查项目、证据及方法	检查依据
16. 抽查 10 家目录中的合格供方，是否已按要求对其进行了评定并得到经营副总批准？	Q/RS 1012 中 9.2.5
17. 抽查 3 月份采购单和采购合同，是否在合格供方目录中采购？	Q/RS 1012 中 4.1.1
18. 品质部是否已建立合格供方供货业绩记录？记录是否齐全、正确？对供货业绩不良时是否采取措施，以促使供方改进，满足采购要求？	Q/RS 1012 中 10.1
19. 公司是否建立实施合格供方重新评价准则？对重新评价结果及跟踪措施是否有记录并予保持？从合格供方目录和供货业绩记录中各抽 5 家核实	Q/RS 1012 中 10.2
20. 公司是否建立、保持与合格供方的信息反馈渠道，及时沟通、保持协调，有良好的互惠关系？抽 3 家核实	Q/RS 1012 中 10.4
21. 顾客有要求或公司认为必要时，供方更新信息是否向顾客报告或经顾客同意？供方更新条件、措施是否确定并予实施？如有应进行验证	Q/RS 1012 中 10.5
22. 公司是否提供必要的采购计划、资料和采购承诺，以便供方能够满足这些期望要求？抽查、核实	Q/RS 1012 中 13.5
23. 当供方的产品、程序、过程、设备的变化会影响公司产品质量时，公司对这种变化情况是否要求得到批准？这些需批准的情况是否确定并被实施？提问、核实	Q/RS 1012 中 13.6
24. 根据合格供方供货业绩记录，是否存在 10 批中有 3 批退货的供方？如有，是否已按规定降级并督促其质量改进？	Q/RS 1012 中 11.3
25. 对临时供方，供应部是否编制《临时物资采购申请单》得到经营副总批准后实施采购？	Q/RS 1012 中 13.4

2. 部门检查表

按照部门编制的检查表，关键是选择过程，分清主次。例如，编制某公司销售部检查表，其分管过程为与顾客有关的过程（8.2）、顾客财产（8.5.3）、顾客满意（9.1.2）。主相关过程为以顾客为中心（5.1.2）、设计和开发（8.3）、生产和服务提供的控制（8.5.1）、不合格品控制（8.7、10.2）、数据分析（9.1.3）。通相关过程为文件控制（7.5.2、7.5.3）、质量记录的控制（7.5.2、7.5.3）、质量方针（5.2）、策划（6）、职责和权限（5.3）、内部沟通（7.4）、改进（10）。采用部门检查表，优点是审核有广度、部门不重复，但缺乏深度。

部门检查表示例见表 7-5。

表 7-5 部门检查表

编 制 人	×××	审 核 人	×××	日　　期	2019 年 6 月 25 日
受审核部门	销售部	审 核 地 点	办公室	审 核 时 间	3.5h
审核过程	7.5.2、7.5.3、5.1.2、7.5.2、7.5.3、5.2、5.2.1、5.2.2、6、5.3、7.4、8.2、8.3、8.5.1、8.5.5、8.5.3、8.5.4、9.1.2、8.7、10.2、9.1.3、10					

（续）

检查项目、证据及方法	检查依据
1．是否建立了文件收发记录？抽查 5 份文件保管情况。对外来文件（如客户订单）是否标识、分发受控？抽查 5 份核实	Q/RS 1012 中 5.7
2．抽查 10 份文件是否均为有效版本	
3．是否建立了销售部质量记录一览表，并按该表规定实施了控制？抽查 5 种记录保存、填写、传递情况	Q/RS 1020 中 5.3
4．保存的质量记录是否按照时间要求进行鉴定和整理？对失效的无保存价值的记录是否及时按照规定进行处置	Q/RS 1040 中 11.2
5．"以顾客为中心"经营理念是否在销售人员中得到树立？销售人员关注焦点是否放在顾客身上，特别是不满意的顾客身上？销售人员对顾客和最终使用者关心的产品特性是否清楚、理解并已正确及时传递？抽查 3 名销售人员验证	Q/RS 1001 中 5.3
以下略	

（三）检查表的编制方法

1．制定过程审核流程图

制定过程审核流程图的目的是：厘清审核思路，使检查内容有序展开，依次推进。对部门分管过程宜在编制检查表前先制定过程审核流程图。

例如：审核销售部产品要求、有关评审时，其流程如图 7-1 所示。

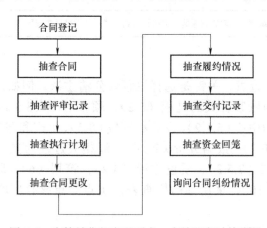

图 7-1　审核销售部产品要求、有关评审时的流程

2．受审核部门的选择

受审核部门宜为一个相对独立的组织单元。如果某组织下设有许多职能部门，应分别编制检查表。

3．审核地点的选择

审核地点应确定且唯一确定，这是计划审核项目时必须考虑的因素。例如，总经理办公室的审核地点放在办公室，审核项目应能在办公室取证。

4．审核时间的确定

审核时间是指在某受审核部门和审核地点完成既定的审核任务预计所花费的审核时间。例如，在总经理办公室审核，预计时间为3h。

5．审核过程的确定

审核过程是指对受审核部门应审核哪些过程，必须事先确定且需考虑全面。在确定受审核部门审核过程时，应分清分管过程、主相关过程和通相关过程。分管过程是指该部门负责组织实施、控制的过程，主相关过程是指该部门具有部分管理或实施职能的过程，通相关过程是指各部门都必须组织、控制的过程。在ISO 9001：2015标准中，通相关过程主要为文件控制（7.5.2、7.5.3）、质量记录的控制（7.5.2、7.5.3）、以顾客为中心（5.1.2）、质量方针（5.2、5.2.1、5.2.2）、策划（6）、职责和权限（5.3）、内部沟通（7.4）、工作环境（7.1.4）、改进（10）。

6．检查项目、证据及方法的确定

检查项目、证据及方法是检查表的主要内容，编制时，应把握以下要点：

（1）"分管过程"的检查内容应详尽、全面，"主相关过程"的检查内容只涉及由其组织实施、控制的部分职能，"通相关过程"的检查内容应是各部门都必须遵守的内容和要求。

（2）应以组织的质量管理体系程序文件为主要依据确定检查项目、证据及方法。因此，在编制检查表时，应明确与被审核部门相关的程序文件。

（3）程序文件中有记录要求的条款列为必查项目，无记录要求时，应选择关键的接口或有问题的条款作为检查项目。

（4）检查项目、证据通常应与程序文件条款相对应，证据及方法应与检查项目相对应。

7．检查依据的确定

检查依据是指与检查项目、证据及方法相对应的组织程序文件条款。

（四）检查表的使用

检查表虽可使审核工作有序、按计划进行，并提高效率，但有时会显得机械呆板。因此，有经验的审核员在按照检查表检查的同时，还会注意检查表以外的内容，以发现一些未列入检查表中的问题。

检查表的使用如图7-2所示。

177

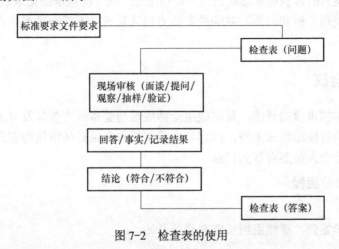

图7-2　检查表的使用

一般来说，刚开始从事审核工作的审核员可着重注意以下方面：

（1）不应只采用是/否问答的模式。

（2）审核员进入一个部门或区域时，可请有关人员介绍体系是如何运作的。

（3）询问执行人员是如何工作的，是否有文件规定或记录。

（4）观察执行人员是否按照有关程序工作。

（5）验证必要的记录或文件。

（6）按手册程序或标准评价上述了解到的情况，并决定是否符合要求。

（7）利用检查表确保所有方面的要求都已查到，切忌机械地从检查表的第一个问题按顺序开始，应该将提问、评价、记录结合起来进行。

（8）尽可能不要照着事先准备好的检查表去宣读一个个问题。

即问即答 7-2

以下说法不正确的是（　　）。

A. 受审核部门宜为一个相对独立的组织单元

B. 审核地点应确定且唯一确定，这是计划审核项目时必须考虑的因素

C. 审核时间是指在某受审核部门和审核地点完成既定的审核任务预计所花费的审核时间

D. 有经验的审核员在按照检查表检查的同时，不会注意检查表以外的内容

即问即答 7-2

第二节　内部审核的实施

一、审核实施的基本内容

以召开首次会议为审核实施开端，根据标准、文件、检查表和计划安排，审核员进入现场检查、核实，开始审核的主要活动——现场审核。在现场审核中，审核员运用各种审核策略和技巧，把收集到的客观证据适时记入"审核笔记"或"现场审核记录表"，通过对客观证据、审核发现的整理分析和判断，并经受审核方确认后开具不符合项报告，最后以末次会议结束现场审核。

二、首次会议

首次会议是实施审核的开端，是审核组全体成员与受审核方领导及有关人员共同参加的会议。首次会议由审核组组长主持，内容是向受审核方介绍具体审核内容及方法，并协调、澄清有关问题，到会人员要有签到记录。

（一）首次会议流程

1. 会议开始

参加会议人员签到，审核组组长宣布会议开始。

2. 人员介绍

审核组组长介绍审核组成员及分工，受审核部门介绍将要参加陪同工作的人员。受审核部门重要人物未到场时，应询问原因。

3. 明确审核目的、审核范围、审核准则和审核将涉及的部门、班组或岗位

审核的依据包括四个方面：

（1）ISO 9001:2015 标准。

（2）公司的质量管理体系文件。

（3）合同。

（4）相关的法律法规。

4. 传达审核计划

审核计划应征得受审核部门的最后确认，一般情况下，审核计划不宜进行大的调整。

5. 强调审核的原则

强调公正客观立场，说明审核是一个抽样过程，有一定的局限性。审核将尽可能取其有代表性的样本，使得审核结论公正。审核过程中将通过查阅有关的文件、调阅有关的记录，并和有关人员进行交谈，通过参观有关的现场或要求有关人员重复某些已经完成的过程来了解质量管理体系的运作情况。说明相互配合是审核顺利进行和获得公正结论的重要条件。

6. 做出审核报告

审核过程中针对发现的一些与标准要求不符合或潜在不符合的证据，以不符合项报告或观察项报告的形式来报告审核中发现的问题，即正面审核，负面报告。不符合项分为严重不符合项和一般不符合项。

严重不符合项是指严重不满足规定的要求，可能导致质量管理体系失效，导致过程控制能力的严重降低或丧失，或导致顾客的严重不满意的客观事实。

一般不符合项是指轻微不满足规定的要求，不会导致质量管理体系失效，不会导致对过程控制能力的严重降低或丧失，不会导致顾客不满意的客观事实。

审核结束以后，审核组将会以审核报告的方式对公司质量管理体系做出评价意见和结论。如果不符合项较多，或者不符合项分布范围较广，则以绘制不符合项分布表来帮助各部门分析质量管理体系的薄弱环节。

7. 明确审核的陪同人员

强调公司或各部门指定陪同人员。陪同人员有三重作用：一是当向导（带路）；二是做全程记录；三是共同验证。陪同人员应熟悉审核领域情况，能及时协调审核组与被审核区域的活动安排，最好是内审员。

8. 明确限制范围和事项

审核过程中如果哪个部门认为有某些区域或特殊事项不宜审核组人员介入的，如危险区域或牵涉机密事项，陪同人员在陪同过程应予以提醒，只要不影响审核工作的正常进行和达

179

到审核目的，审核组将予以回避或在审核过程中不做记录。

9. 重申保密规定

代表审核组申明：作为公司的一员，在审核期间所获得的有关信息保密，审核组不到处乱说。请大家监督。如有违反上述规定的，取消其审核员资格，并根据情节严重程度给予必要的处罚。

10. 阐明澄清有关问题

对有疑问的问题进行澄清，交流双方关心的具体问题，确定末次会议的时间、地点及出席人员等。

11. 落实后勤安排

必要时，应对办公、交通、就餐做出安排。

12. 会议结束

以审核组组长的致谢词结束会议。

即问即答 7-3

以下属于首次会议的目的是（　　　）。

A. 审核组组长介绍审核组成员及分工

B. 重申保密规定

C. 落实后勤安排

D. 强调审核的原则

即问即答 7-3

（二）首次会议应注意的事项

（1）首次会议应准时开始、准时结束。会议应简洁抓住关键，时间通常不超过半小时。

（2）对于规模较小、时间较短或常规性的内审，可不开首次会议，有关问题可以通知审核形式替代，即使召开首次会议，上述内容及环节也可视具体情况增删。

（3）审核目的、范围和计划一般不在首次会议上做更改，较小的计划可以允许变更。

（4）强调在审核所安排日程（时间）中，受审核部门负责人应在场。

180

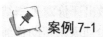

案例 7-1

首次会议（首次会议由审核组组长主持）

一、签到与人员介绍

大家早上好！

公司内部质量管理体系审核首次会议现在开始。

请到会的人员在签到单上签到。

这是公司的第一次内部质量管理体系审核。现在我介绍一下审核组成员及其分工。（如是外审，还需请受审核方总经理或授权人介绍公司主要管理人员）

二、确认本次审核的目的和范围

审核目的：进行一次全面的内审，本次审核以 GB/T 19001—2016/ISO 9001:2015 版标准进行，以改版后的质量手册和程序文件为依据，全面审核体系活动运行过程和结果是否符合体系规范，验证体系运行的有效性，并为体系的持续改进提供依据，同时是评价体系的符合性、有效性的一项重要举措。

审核范围：公司所有部门。

三、确认审核准则

审核准则：GB/T 19001—2016/ISO 9001:2015 标准，也包括公司的新版《质量手册》《程序文件》《作业指导书》。

四、确认审核实施计划

现场审核实施计划已经下发给各位，请问有无变动或其他问题？希望受审核部门主要负责人在计划的时间里在场等待。[如是外审，还需请受审核方管理者简单介绍企业质量管理体系建立与运行情况（掌握在 10min 内）]

五、审核方法和程序介绍

（1）方法。审核方法采用抽样，有一定的风险和局限，因为审核只能观察样本，审核员尽可能保证抽样的代表性、公正性、客观性以减少风险。审核中不提供咨询，但可对工作的改进与发展提出建议。

1）对质量方针、目标的审核，在部门内部或生产现场抽一部分人员询问。

2）在部门内抽部分人员询问其职责。

3）质量记录根据要求及记录重要性查3～12份。

4）对各类标识，按使用情况在现场进行抽查。

（2）按部门进行审核。

（3）审核员工作方法：采用提问、观察、查阅记录、确认等方法。

（4）对审核中发现的不符合项将开列不符合项报告，并要求受审核部门确认不符合事实和提出纠正措施计划。

不符合的类型如下：

1）严重不符合：

① 体系与 ISO 9001 标准或合同要求不符。

② 造成系统性失效的不符合。

③ 可能造成严重后果的不符合。

④ 区域性实施严重失效（可能由多个轻微不符合组成）。

⑤ 需要花较长时间和较多人力才能纠正的不符合。

2）一般不符合：

基于判断和经验，一般不符合不太可能导致质量管理体系失效，或导致降低保证过程和产品受控的能力。它可以是下列一个情况：

① 组织文件化的质量管理体系某一个部分不符合 ISO 9001:2015 的要求。

② 组织质量管理体系中发现到某项条款的一个失效或多个轻微错误。

3）轻微不符合：

① 个别、偶然、孤立、人为的错误。

② 文件偶尔未被遵守，造成的后果不太严重。

③对系统不会产生重要影响的不符合。

4）观察项：

虽未构成不符合，但有变为不符合的趋势或可以做得更好，对此类问题将以口头方式向受审核部门提出。

（5）本次审核是公司质量管理体系建立以来进行的一次全面的、系统的审核，目的在于发现问题，因而希望各部门主管及有关人员积极配合，客观地回答审核中的问题，并正确对待不符合项（承认有疏忽的地方）。

（6）强调审核的客观公正：

审核员将以客观、公正的事实为依据，反映公司质量管理体系存在的问题。

六、说明审核将得出的结论

由于本次审核的目的是确定公司是否具备 ISO 9001 认证条件，因而将根据审核发现做出如下结论中的一种：

（1）公司具备了申请 ISO 9001 认证的条件，建议公司立即申请认证。

（2）公司基本具备了申请 ISO 9001 认证的条件，建议公司将本次认证中发现的不符合纠正完成后一个月申请认证。

（3）公司质量管理体系不完善，不具备申请 ISO 9001 认证条件，建议公司暂不申请认证。

> 如是外审，结论可能是下面的一种：
> （1）推荐认证通过。
> （2）推迟决定。
> （3）审核不通过。
> 审核组只提供推荐性意见，由审核机构审定后发布正式结论。

七、确定陪同人员。

陪同人员职责：联络、向导、见证（记录）。

八、落实末次会议时间、地点、参加人员。

> 如是外审，还需说明下列事情：
> （1）请受审核方有关人员说明哪些区域及交谈人员为限制性的。
> （2）保密声明（包括技术秘密和审核信息），递交保证书。
> （3）现场审核路线及安全注意事项（安全帽）。
> （4）落实临时办公地点、复印、交通、工作餐安排。

审核组组长致谢，首次会议结束，转入现场审核。

三、现场审核

首次会议结束后，即进入现场审核阶段。现场审核应按计划安排进行，具体的审核内容应按准备好的检查表进行。

现场审核是使用抽样检查的方法寻找客观证据的过程。在这个过程中，审核员的个人素质和审核策略、技巧可以得到充分的发挥。一个称职的审核员会在轻松自如并使受审核方心服口服的情况下，完成审核任务。

（一）现场审核的原则

1．坚持以"客观证据"为依据的原则

这是最为基本、主要的原则。客观证据须以事实为基础，可陈述、可验证，不应含有任何个人的猜想、推理的成分。客观证据还必须是有效的，如所提供的文件和记录应经过法定批准或签字，应是实际使用、执行的结果，应反映当前质量管理体系运行的真实状态和结果。没有客观证据而获取的任何信息都不能作为不符合项判断的依据，客观证据不足或未经验证也不能作为判断不符合项的证据。

2．坚持标准与实际核对的原则

实际是指有没有、做没做、做得怎样依次递进的三个方面。审核员应在审核准则与审核证据比较核对后才能得出符合与否的结论。凡标准与实际未核对过的项目，都不能判断为符合或不符合。

3．坚持独立、公正的原则

审核判断时，应坚决排除其他干扰因素，包括来自审核组内部、受审核方及审核员感情上的影响判断结果的因素，自始至终维护、保持审核判断的独立性和公正性，不能因情面或畏惧而私自消化不符合项，也不能因假公济私、借机报复而夸大客观事实，乱开不符合项。

4．坚持三要三不要的原则

要讲客观证据，不要凭感情、凭感觉、凭印象用事；要追溯到实际做得怎样，不要停留在文件、嘴巴（回答）上面；要按审核计划如期进行，不要"不查出问题非好汉"。当按抽样方案审核后无不符合项时，就应采取"无罪推定"的原则，转到下一个审核项目上去。

即问即答 7-4

以下不属于现场审核原则的是（　　　）。

A．坚持以"客观证据"为依据的原则
B．坚持标准与实际核对的原则
C．坚持人性化审核原则
D．坚持独立、公正的原则

即问即答 7-4

（二）客观证据的收集

（1）审核员应首先把精力放在收集有关客观证据上面，与职能之间接口有关的信息应注重收集。收集客观证据的方式可能有：

1）与受审核方人员的面谈。

2）对文件和记录的查阅。

3）现场观察和核对（对活动和周围的工作与条件的观察）。

4）对实际活动及结果的验证。

5）数据的汇总、分析、图表和业绩指标。

6）来自其他方面的报告，如顾客反馈、外部报告和中间商的评价。

7）相关抽样方案的水平和确保对抽样和测量过程实施质量控制的程序。

（2）收集到的客观证据形式有：

1）存在的客观事实。

2）被访问人员关于本职范围内工作的陈述。

3）现有的文件、记录等。

（3）对收集的客观证据应注意以下几个问题：

1）客观证据并不是越多越好，而是适用的客观证据（即审核证据）越多越好。

2）应注意核查客观证据之间的相关性及一致性，从两个以上相关的客观证据之间发现问题或线索。

3）应注意核查证据的真实性。受审核方提供的证据有可能夹杂着不真实的信息，因此，要注意核查，核查方式有询问有关人员、观察实际结果等。

4）应收集能确定审核目标是否可以达到的客观证据。只有经验证的客观证据才可作为审核证据。

（三）现场审核的方法

审核的基本方法是抽样，但在审核过程中如何抽取文件资料样本、设备型号、工具编号，查证记录，发现问题和获取客观证据，则需根据实际情况和所掌握的审核技术来选择适宜的方法。

1．按操作流程自上而下或自下而上地审核

按操作流程是指按生产流程的顺序依次进行审核的方法。它包括自上而下即自原材料生产至最终产品产出，或自下而上即自最终产品产出逆向而上到原材料生产两种方法。

2．按要素审核

按要素审核是指以要素为中心，对该要素所涉及的部门皆进行审核。按要素审核往往出现这样局面：一个要素涉及多个部门，要到不同部门去审核才能完成此要素的审核；一个部门涉及多个要素要求，则需接受多次重复审核才能最终完成受审任务。

3．按部门审核

按部门审核是指以部门为中心，对该部门所有活动和所涉及的要素一次审核清楚，不再反复去该部门调查，然后按要素把该部门审核的结果汇总起来，得出该部门的审核结论。

4．顺藤摸瓜审核

这种方法是以问题线索为主导，深入追查或核实。审核员先到信息集中的部门进行审核，根据这一部门的有关信息发现体系中可能存在的问题，并就某些信息的落实和实施情况到有关部门进行核查。有时问题线索会超出检查表范围甚至某个审核员的分工范围，这种情况下，不妨改变计划紧追不舍或通知其他审核员就发现的问题继续核查。

5．现场扫描审核方法

现场扫描是以全面观察现场现象为主的审核方法。这种方法是审核员到作业现场后，先对作业现场概况进行扫描，然后抽取一定的样本进行核查。关于标准的一些要素的要求，如

运行控制、检查与纠正措施等，只有通过现场扫描，才能获得客观证据，得出准确结论。

（四）现场审核中的提问

1. 封闭式提问

封闭式提问即提出的问题可用简单的"是"与"否"问答。它多用以获取专门的信息，可以节约时间，但获得的信息量较少。审核员应尽量少用封闭式提问。封闭式提问往往会使面谈对象情绪紧张，有些问题也很难回答，实际中的许多情况是不能用"是"或"否"来定论的。

2. 开放式提问

开放式提问即答案需要说明和解释，以能得到较广泛的回答，但需控制时间，否则会影响审核计划的完成。例如："请谈谈对公司体系关键过程的监视和测量是如何进行的？""那么，对你来说，了解这类程序的重要性有何意义呢？""电源突然切断怎么办？""突然发现仪器不准怎么处理？"等。

3. 澄清式提问

澄清式提问是封闭式提问和开放式提问的结合，可同时获得更多的专门信息或确认已获得的信息，但这是一种带有主观导向的提问方式，提问时应慎重。

（五）现场审核中典型问题的应对策略

现场审核中典型问题的应对策略见表 7-6。

表 7-6 现场审核中典型问题的应对策略

	问 题 类 型	问 题 描 述	应 对 策 略
1	"没问题"型	只展示好的一面，遮掩或搪塞差的一面	全面审核
2	"抵触"型	抵触批评，轻视审核员所给意见，不合作	坚持审核，耐心说明查到的问题
3	"掩盖"型	避而不谈问题或兜圈子	灵活变换问法
4	"一问三不知"型	以情况不熟悉为由不作答	请求另派熟悉情况的人员
5	"高谈阔论"型	对审核员提出的问题旁征博引，高谈阔论	及时插入问题，不与其辩论
6	"办不到"型	以行不通、做不到、没必要、太烦琐等为由不肯承认问题	耐心申明这是标准的要求
7	"辩解"型	对被查到的问题千方百计辩解	重新核查
8	"主动暴露"型	主动介绍存在问题，但推卸责任	核实问题，需谨慎，不可介入受审核方的人际矛盾
9	"求饶"型	要求审核员别判不符合项	应坚持原则
10	"故意拖延"型	转移审核员审核目标、精力和时间	保持审核目标明确，催促提交资料，不与人讨论
11	"热情过度"型	非常客气热情	少应酬，客气但严肃

（六）审核的控制

1．审核计划的控制

通常应依照审核计划和检查表进行审核，只有当认为改变审核计划可以更好地达到审核目的时，才可适当变更。审核中如有重大的或系统的问题，也可以局部调整计划。变更审核计划需得到委托方的批准或受审核方的同意，只有当发现有严重不符合可能时，才能超出原检查表的限制，按新发现的线索跟踪，直到得出结论。

2．审核活动的控制

（1）样本策划合理。

（2）辨别关键过程。

（3）评定主要因素。

（4）重视控制结果。

（5）注意相关影响。

（6）营造良好气氛。

3．审核人员的控制

（1）牢记工作纪律。

（2）控制个人情绪。

（3）保持团结协作。

4．审核证据、审核发现和审核结论的控制

审核主要是收集符合审核准则的各项审核证据，将审核证据和审核准则进行比较得到审核发现。审核发现是评价受审核方质量管理体系的重要根据，以最终得出正确的审核结论。因此，控制审核证据、审核发现和审核结论的客观性和公正性是非常重要的。

（七）现场审核记录

审核过程中，审核员在提问、验证、观察中应做好记录，记下审核中听到、看到的有用的真实信息，这些记录是审核员提出报告的真凭实据。在审核员的笔记中，还可以记录一些与审核问题有关的内容，如内部管理的气氛、员工的态度等，记录这些内容对体系总体评价有一定的好处。

记录的格式可采用"笔记式"或"记录表式"，宜统一规定"现场审核记录表"。如采用"笔记式"，那么笔记上的记录事后最好写到记录表上，便于规范、保存。

1．审核员记录的作用

（1）便于以后需要查阅。

（2）便于核实审核证据时查阅。

（3）便于同事进行调查时参阅。

（4）便于有连续性线索的继续审核。

2．对审核记录的要求

（1）记录应清楚、全面、易懂、便于查阅。

（2）记录应准确，如什么文件、什么物质标识、产品批号、合同号码、陈述人职位和工作岗位等。

（3）记录的格式由内审员自定。现场审核记录表示例见表 7-7。

表7-7　现场审核记录表示例

受审核部门：财务部/仓库		负责人：×××	审核日期：		陪同人员：×××		内审员：×××

审核准则：ISO 9001:2015 体系文件、适用法律法规等

ISO 19001:2015 条款	检查内容	检查方法			检查结果记录
		检查记录	文件查阅	现场检查	
5.3　财务部/仓库的职责和权限	1. 部门内各职位职责是否明确？ 2. 权限分派、沟通和理解是否适宜？各职责间关系是否明确？ 3. 是否分派职责和权限，以确保体系符合标准要求？ 4. 能否确保各过程获得预期效果？ 5. 能否在策划和实施管理体系变更时保持完整性？ 6. 部门人员是否承诺对体系持续改进，并能在控制的领域内承担责任？	在公司管理制度汇编和管理手册中有相关规定，部门对自己的职责、权限也了解。部门所需资源也已经配备到位	√		○
6.1　应对风险和机遇的措施	1. 部门是否明确可能需要应对的风险和机遇？ 2. 为确定需要应对的风险和机遇，在策划环境管理体系时，是否考虑到4.1和4.2中所提及的问题？ 3. 是否确定需要应对的风险和机遇，以及潜在的紧急情况？ 4. 有无相应的需要应对风险和机遇的文件化信息？	针对部门存在的风险和机遇，公司已考虑到4.1和4.2中所提及的问题，并制定了相应的措施	√		○
6.2　部门质量目标及其实现的策划	1. 部门质量目标是否与质量方针保持一致？ 2. 质量目标是否可测量？ 3. 是否对质量目标进行监视？ 4. 质量目标是否适时更新？ 5. 质量目标是否形成文件并保存？ 6. 目标值、目标项适当时是否提供？ 7. 目标是否选择适当的参数来量化评价？如何沟通？	目标也已经分解到部门，可测量方便考核，已经形成文件。目标经考核都已经实现。见目标指标分解、考核表	√		○
8.5.2　输出的标识和可追溯性	1. 在适当时是否在生产和服务运行的全过程规定了适宜的方法对产品进行标识并实施？ 2. 当有可追溯性要求时，是否控制和记录了产品唯一性标识？ 3. 针对产品监视和测量要求，是否已规定了识别产品状态的标识？	产品有唯一性编号，在相关区域有标识，车间有合格品、待检区、成品区、不合格区等	√		○
8.5.4　防护	1. 是否针对产品或服务在组织内或到交付预定地点期间对产品符合性提供防护要求和措施？ 2. 是否按要求对产品或服务及产品或服务的组成部分标识、搬运、包装、储存和保护已实施适用的防护？	产品通过木托、木箱、塑料薄膜等防护，用行车、液压手推车搬运	√		○
10.3　持续改进	公司是否对管理体系的有效性、适宜性和有效性进行了适当调整？	适宜有效，无改进要求	√		○

注："检查结果记录"栏：符合○，一般不符合×（有不符合时要记录证据，并要求受审核部门当事人签名确认）。

💡 **同步训练 7-2**

目标：掌握审核记录的作用和工作要求

1. 以下不属于审核记录作用的是（　　）。
   A. 便于核实审核证据时查阅　　　　B. 便于同事进行调查时参阅
   C. 便于提问、观察和验证　　　　　D. 便于有连续性线索的继续审核
2. 以下不属于审核记录要求的是（　　）。
   A. 记录应清楚、易懂　　　　　　　B. 记录应全面
   C. 记录应准确　　　　　　　　　　D. 记录的格式应统一按标准格式

四、每日审核组内部会议

每天审核结束前召开内部会议。

（1）交流一天审核中的情况。

（2）整理审核结果，完成当天的不符合项报告。

（3）审核组组长总结一天的工作，必要时对下一审核日的工作及人员进行调整。

五、不符合项和不符合项报告

（一）不符合项的含义

审核所述的不符合项是指"未满足规定的要求"。这里规定的要求主要有：

（1）标准要求（如 ISO 9001:2015 标准要求）。

（2）文件规定（包括质量手册、程序文件、质量记录和质量计划或技术性文件和管理性文件）。

（3）合同规定（与顾客签订的销售合同、与供方签订的采购合同等）。

（4）社会要求（包括法律、法规、法令、条例、规章规则以及在环境保护、健康安全、能源和自然资源的保护等方面应承担的义务）。

（5）其他规定，如最高管理者的要求、常识性要求（不一定形成文件）。

（6）顾客投诉。

（二）不符合项的类型

在质量管理体系内部审核中遇到的不符合项主要有以下几种类型：

（1）文件的不符合项。包括文件与要求不符合、规定没有实施、实施没有效果三种情况。

（2）设备的不符合项。生产或测量监控设备不符合保证质量的技术状态或管理要求。

（3）产品的不符合项。产品（包括采购产品、半成品、成品等）不符合技术规范或社会要求。

（4）人员的不符合项。审核内容涉及的具体岗位人员不符合标准或文件或实际操作应达到的素质和培训要求。

（5）环境的不符合项。审核区域环境不符合设备、人员、材料、工艺、生产、管理对环

境提出的要求。

（6）其他的不符合项。审核涉及时间、信息等对资源有影响的因素，尽管文件未规定，但与常识性要求不符合的项目。

这样的分类便于突出重点以采取纠正措施。

（三）不符合项的分级与评定

内部审核可根据自己的需要和标准进行分级。根据其严重性，不符合项可以分成严重不符合项、一般不符合项、轻微不符合项和观察项四个等级轻微不符合项和观察项均不在审核报告中反映，一般通过和相关部门或人员直接沟通的方式，引起对方重视，以达到改进的目的。通过分级可带来两点好处：一是可突出重点，把力量用在纠正和预防关键的和系统的不符合或缺陷上；二是可按不同的等级给以不同的权数，将定性分析转化为定量分析，通过一定的数据处理，用数据进行综合评价。例如，产品质量审核 A 级缺陷分为 100，B 级缺陷分为 50，C 级缺陷分为 10，D 级缺陷分为 1。通过对缺陷加权计算和数学处理，得出质量指数 I，以此得出综合评价结论。

1．严重不符合项

严重不符合项通常是指系统性失效或缺陷。主要判断标准有：

（1）质量管理体系与约定的质量管理体系标准或文件的要求严重不符。例如，关键的控制程序没有得到贯彻，缺少标准规定的要求等。

（2）造成系统性失效的不符合项（可能需要由多个一般不符合项去说明）。例如，在用测量监控设备大部分未按周期进行校准（检定），不合格品的处置大部分未按规定要求进行评审和记录等。

（3）造成区域性失效的不符合项（可能需要由多个一般不符合项去说明）。例如，某组织质量管理体系未覆盖到应实施的某组织单元或该组织单元根本未按标准要求组织实施，质量管理体系覆盖的所有的产品中有某个产品未按标准进行质量控制等。

（4）可造成严重后果的不符合项。例如，压力容器的焊接达不到规定要求，家用电器没有进行绝缘、耐压试验，按错误的图样进行加工等，这些都直接危及产品、人身安全，或会给组织带来重大经济损失，严重损害组织声誉。

（5）违反法律法规的不符合项。

2．一般不符合项

一般不符合项判断标准有：

（1）不是偶然的，明显不符合文件要求的不符合项。例如，有部分采购合同未进行评审、检验员职责不明确。

（2）直接影响产品质量的不符合项。例如，几台检测设备超过校准周期、未按规定进行首检自检。

（3）造成质量活动失效的不符合项。例如，质量控制点没有针对关键质量特性或工序支配因素进行控制等。

3．轻微不符合项

轻微不符合项是指孤立的、偶发性的，并对产品质量无直接影响的问题。例如，卷宗里有一张图或一份文件的版次不是最新的、某一份文件没有标明日期、用词不准确、签字不符合要求等。

4．观察项

对不符合项进行分级，在有些情况下会成为一件困难的事情，因为其界线很难准确划定。这种区分往往取决于审核组组长和审核员的经验和技巧。有时候会出现一种类似不符合项，即观察项。出现"观察项"的情况主要有：

（1）证据稍不足，但存在问题，需提醒的事项。

（2）已发现问题，但尚不能构成不符合，如发展下去就有可能构成为不符合的事项。

（3）其他需提醒注意的事项。

观察项报告不属于不符合项报告，也不列入最后的审核报告中。观察项的设置无疑为审核方和受审核方各准备了一个台阶，对于缓解审核气氛会带来好处。如果使用得法，则会对内审有积极意义。

即问即答 7-5

不符合项分级带来的好处有（　　）。

A．可突出重点纠正　　　　　　　　　B．可突出重点预防

C．可按不同等级赋予权数　　　　　　D．容易缓解审核气氛

即问即答 7-5

（四）不符合项性质的判定方法

不符合项统计分析的目的，在于对质量管理体系符合性程度进行评审，其评定有下列三种方法：

1．比例法

按照标准或检查表确定的审核条款，审核后统计出不符合条款数占总条款数的比例。

2．分值法

对每级不符合给予加权分，审核后按不符合数乘以相应级别的加权分再求和得出总失分值。

3．分层分类法

通常按照文件、设备、人员、环境、其他五种类型进行不符合项的统计分析。例如，文件的不符合项，可分为文件与要求不符合的不符合项、规定没有实施的不符合项、实施没有效果的不符合项等。

（五）不符合项报告的内容和编写注意事项

1．不符合项报告的内容

不符合项报告的内容包括受审核方名称、审核员、陪同人员、日期、不符合现象的描述（应指出不符合、缺陷的客观事实）、不符合现象结论（违反标准、文件的条文）、不符合项性质（按严重程度）、受审核方的确认、纠正措施及完成时间、采取纠正措施后的验证记录等。不符合项报告三要素是：不符合现象的描述、不符合现象结论和不符合项性质，这是任一不符合项报告不可缺少的。

不符合现象的描述应严格引用客观证据，并可追溯，如观察到的事实、地点、当事人、

涉及的文件号和产品批号、有关文件内容、有关人员的陈述等。

2．编写不符合项报告的注意事项

（1）准确描述不符合的事实，包括时间、地点、事件、人物（一般不直接写人名，而代之职务、工号等）。

（2）语言力求精练，所述事实具有可重查性和可追溯性。可重查性和可追溯性就是要求将不符合事实发生的地点（车间、工段、部门）、涉及的设备（设备号）、文件、记录（日期、编号）、人员等描述清楚，便于重新查证。

（3）在事实描述中自然引出不符合项不符合审核准则的条款，便于受审核方理解和接受。

（4）不符合的事实要经过受审核方的确认。

（六）判定不符合标准条款的原则

1．几个经验性的判定原则

（1）就近不就远原则。例如，某培训活动没有按程序要求保存记录（疏忽没做记录），应判为不符合 7.2 条款，不宜判不符合 7.5.3 条款。7.2 条款是关于要保持适当记录（做好记录），而 7.5.3 条款是对记录管理的要求，如丢失记录则应判为不符合 7.5.3 条款。

（2）由表及里原则。例如，审核时发现一台检测设备未按期校准，追问原因是主管领导因生产任务忙，擅自更改了校准周期。此例应判不符合 7.5.2 条款，不符合的真正原因是文件更改没按规定控制。

（3）注意区分 9.2 条款与 10.2 条款的区别。内审中发现的不符合项没有采取纠正措施的判不符合 9.2 条款；而对质量管理体系运行中出现的不符合项，应采取而没采取纠正措施的一般判不符合 10.2 条款。

（4）合理不合"法"，以"法"为准。例如，若有规定而没执行，操作者说规定不合理，经查证确实规定不合理，但仍应判操作不符合规定。目的是督促其实施纠正措施，修改不合理的规定。不能放过不判，否则其不适用的文件难以得到及时修改。

（5）注意区分图样的设计更改和文件的更改。8.3.6 条款是控制设计内容的更改，7.5.3 条款是控制文字内容文件的更改。

2．条款判定应注意的问题

（1）以事实为基础，不猜想、不设想。

（2）选最贴切的条款。

（3）可能时细化到最低层次条款。

（4）当问题多次发生，可考虑纠正措施。

（5）当存在趋势性不符合，可考虑应对风险和机遇的措施。

3．判定时应注意的一些概念间的区别

（1）两种设备：8.5.1 条款和 7.1.5 条款，以及两者与 7.1.3 条款的关系。

（2）两种过程：8.5.1 条款和 9.1.1 条款中的过程。

（3）两种更改：7.5.3 条款文件更改和 8.3.6 条款设计更改。

（4）三种环境：生产环境（8.5.1）、防护环境（8.5.4）、检测环境（7.1.5）以及三者与

191

工作环境（7.1.4）的关系。

（5）三种标识：8.5.2 条款中的产品标识、状态标识和唯一性标识。

（6）三种"验证"：设计评审、设计验证、设计确认。

（七）不符合项的判断技巧

现场审核时，审核员要经常及时地对所收集到的客观证据和形成的审核发现进行符合性判断。如何正确判断，除深刻理解标准要求外，还需掌握一些技巧。

1．最高管理者

标准中直接涉及最高管理者要求的条款有：5.1.1　总则、5.1.2　以顾客为关注焦点、5.2　方针、5.3　组织的岗位、职责和权限、6　策划、9.3 管理评审等，如判断上述条款有不符合项，往往意味着系统失效，且主要责任者是最高管理者，其不符合项所引起的随后措施，可能会涉及整个质量管理体系，所以应慎判。

2．更改

对设计、开发要求及相关文件的更改问题，应判 8.3.6　设计和开发更改和 8.5.6　更改控制；对来自顾客产品要求相关文件的更改问题应判 8.2.4　产品和服务要求的更改；对目标及相关文件的更改问题应判 6　策划。对除上述判断外质量管理体系文件的更改问题均可判到 7.5.2　创建和更新。

3．标识

标准中直接涉及标识的条款有：7.5.2　创建和更新、7.5.3　成文信息的控制、8.5.2　标识和可追溯性、8.5.3　顾客或外部供方的财产、8.5.4　防护等。在对标识问题进行判断时，应根据标识的对象、性质，寻找相应条款。

4．记录

标准中对要求有记录而无记录时，应判到所对应条款；对用于提供证据的记录问题，应判到 7.5.3　成文信息的控制；对作为产品实现质量记录的策划问题，应判到 8.1　运作的策划和控制。

5．人员

标准各条款中，涉及人员问题时，可采取由表及里原则，如应知而不知，应会而不会，宜判到 7.2　能力。

6．测量和监视

对过程中的人员、设备、工装、材料、环境、方法、信息、时间等过程参数的测量和监视，应判到 9.1.1　总则，对进货产品特性的测量和监视应判到 8.6　产品和服务的放行，对半成品（在制品）、成品的特性的测量和监视应判到 8.6　产品和服务的放行，对生产和服务运作过程中的监测活动应判到 8.5.1　生产和服务提供的控制，对顾客满意与否的监测应判到 9.1.2　顾客满意。

7．做法

实际做法有效，但未满足规定要求，即合理不合法时应判不符合项；实际做法符合规定要求，但该规定做法不尽合理、科学，即合法不合理时，不应判不符合项。

8．评审

标准中直接涉及"评审"要求的条款有：7.5.2　创建和更新、5.1　领导作用和承诺、5.2　方针、9.3　管理评审、8.2.3　产品和服务要求的评审、8.3.2　设计和开发策划、8.3.3　设计和开发输入、8.3.4　设计和开发控制、8.3.6　设计和开发更改、8.5.6　更改控制、8.5.1　生产和服务提供的控制、10.3　持续改进、10.2　不合格和纠正措施、6.1　应对风险和机遇的措施等。在对评审问题进行判断时，应根据评审对象、性质及目的寻找相应条款。

9．识别

标准中直接涉及"识别"要求的条款有：4.4　质量管理体系及其过程、7.5.2　创建和更新、7.5.3　成文信息的控制、8.3.4　设计和开发控制、8.3.6　设计和开发更改、8.5.6　更改控制、8.5.2　标识和可追溯性、8.5.3　顾客或外部供方的财产、7.1.5　监视和测量资源、8.7　不合格输出的控制、9.1.3　分析与评价等。在对"识别"问题进行判断时，应根据识别场合、时机、对象、目的、范围寻找相应条款。

10．法律

向组织传达遵守法律的问题，可判到 5.1　领导作用和承诺；对组织知法的问题可根据涉及对象、范围，分别判到 5.1.2　以顾客为关注焦点、7.2　能力、7.3　意识、8.2.2　产品和服务要求的确定；对组织守法的问题，可根据所处过程、场所，分别判到8.3.3　设计和开发输入、8.3.4　设计和开发控制；对组织行为是否符合法律法规评价问题，可根据评价目的、性质、对象，分别判到9.3　管理评审、8.2.2　产品和服务要求的确定、8.3.4　设计和开发控制、9.2　内部审核等条款。

11．资源

标准中直接涉及"资源"要求的条款有：4.4　质量管理体系及其过程、5.1　领导作用和承诺、9.3.3　管理评审输出、7.1　资源、8.1　运行的策划和控制等。在对资源问题进行判断时，应根据识别、提供、使用、管理资源的场合、目的、类别、对象，寻找相应条款。没有相应条款可判时，均可判到7.1　资源。

12．沟通

标准中直接涉及"沟通"要求的条款有：5.1　领导作用和承诺，5.2　方针，5.3　组织的岗位、职责和权限，7.4　沟通，8.2.1　顾客沟通，8.3.2　设计和开发策划，8.4.3　提供给外部供方的信息等。在对"沟通"问题进行判断时应根据沟通对象、过程、目的寻找相应条款。

13．改进

质量管理体系及其任一过程都存在改进机会。因此对"改进"问题的判断，应根据改进的对象、过程、时机寻找相应条款。通常，针对不合格产品本身所采取的措施问题，应判到8.7　不合格输出的控制；针对审核发现所采取的措施问题，宜判到 9.2　内部审核；针对质量管理体系问题所采取的措施问题，宜判到 9.3　管理评审；针对过程中实际不合格产生的原因所采取的防止再发生的措施问题，应判到10.2　不合格和纠正措施。

14．确认

标准中直接涉及"确认"要求的条款有：8.1　运行的策划和控制、8.2.3　产品和服务要求的评审、8.3.2 设计和开发策划、8.3.4 设计和开发控制、8.3.6 设计和开发更改、8.5.1 生产和服务提供的控制、7.1.5 监视和测量资源。在对"确认"问题进行判断时，应根据确认的需要、对象、过程、目的、寻找相应条款。

15．策划

标准中直接涉及"策划"要求的条款有：4.4 质量管理体系及其过程、7.5.1 总则、6.2 质量目标及其实现的策划、8.1 运行的策划和控制、8.3.2 设计和开发策划、9.1.1 总则、9.2 内部审核、8.6 产品和服务的放行等。在对"策划"问题进行判断时，应根据策划对象、目的、过程、时机、需要，寻找相应条款。

16．设施、设备、装置

对基础设施（设备工装等软硬件）确定、提供、维护、生产和服务设备的配置问题，应判到 7.1.3 基础设施；对生产和服务设备使用、布置、工装使用等问题，应判到 8.5.1 生产和服务提供的控制。

17．防护

在生产和服务运作过程中（包括搬运、储存、包装交付等），涉及产品的防护应判到 8.5.4 防护；涉及基础设施的防护，应判到 7.1.3 基础设施；涉及生产和服务设备（工装）的防护，应判到 8.5.1 生产和服务提供的控制；涉及测量和监控设备的防护，应判到 7.1.5 监控和测量资源；涉及人身安全的防护，应判到 7.1.4 过程运行环境。

18．顾客

标准中直接涉及"顾客"要求的条款有：5.1 领导作用和承诺，5.1.2 以顾客为关注焦点，5.2 方针，5.3 组织的岗位、职责和权限，9.3 管理评审，7.1.1 总则，8.2 产品和服务的要求，8.5.3 顾客或外部供方的财产、8.6 产品和服务的放行、8.7 不合格输出的控制、9.1.2 顾客满意、9.1.3 分析与评价、10.2 不合格和纠正措施等。在对与顾客有关的问题进行判断时，应根据与顾客有关的过程、对象、目的，寻找相应条款。

19．确定

标准中直接涉及"确定"要求的条款有：4.4 质量管理体系及其过程、5.1.2 以顾客为关注焦点、7.1.1 总则、7.2 能力、7.3 意识、7.1.3 基础设施、7.1.4 过程运行环境、8.1 运作的策划和控制、8.2 产品和服务的要求、8.3.2 设计和开发策划、7.1.5 监视和测量资源、9.1.1 总则、9.1.2 顾客满意、9.2 内部审核、9.1.3 分析与评价、10.2 不合格和纠正措施等。在对确定有关问题进行判断时，应根据确定目的、对象、过程寻找相应条款。

20．生产和服务提供的控制

8.5.1 生产和服务提供的控制中应包括设备使用、工装、工艺、生产、搬运、储存、包装、交付、服务等组织产品实现的特定过程，在涉及上述方面问题时并没有其他条款相对应时，均可判到 8.5.1 生产和服务提供的控制。

21．统计技术

统计技术应用知识没有掌握或应用不正确，可判到 7.2 能力、7.3 意识，其他统计技术应用问题可判到 9.1.1 总则和 9.1.3 分析与评价。

22．批准

标准中直接涉及"批准"要求的条款有：7.5.2 创建和更新、8.3.5 设计和开发输出、8.3.6 设计和开发更改、8.5.1 生产和服务提供的控制、8.4.3 提供给外部供方的信息、8.6 产品和服务的放行、8.7 不合格输出的控制等。在对"批准"问题进行判断时，应根据批准对象、权限、过程寻找相应条款。当在标准条款中无批准要求，但在组织质量管理体系文件中有批准要求时，应根据组织文件要求所对应的条款进行判断。

23．能细则细，不能细则粗

遵循对相关条款对得上的则细、对不上的则粗原则。例如，"7.5.3 成文信息的控制"条款下面细分成 7.5.3.1 和 7.5.3.2，对得上具体条款的不合格项，则可以判到 7.5.3.1 或 7.5.3.2，对不上的则可以判到 7.5.3，不用判细。

24．最贴近原则

在标准中找不到完全能"对号入座"条款时就判到最为接近的条款。

25．最有效原则

当存在多种判断时按最有利改进或改进最易见效的条款处判。

26．最关键原则

当同时存在多个问题时，应寻找关键词或关键客观证据或关键问题进行判断。

27．最密切联系原则

有些问题应透过现象看本质，应按与问题的产生有最紧密关系的原因处判。

28．合并同类项原则

相同的一般不符合项可采取合并同类项的方法，如文件控制中的一些标识等。例如，"7.5.2 创建和更新"中的标识问题，可以把审核中的所有标识问题，合并判定到 7.5.2。

29．实事求是的原则

具体分析审核对象，切忌望文生义。

（八）不符合项报告示例

编制不符合项报告是审核员必须掌握的基本技巧。

不符合项报告示例见表 7-8 和表 7-9。

表 7-8 不符合项报告（一）

受审核部门	销售部	部门负责人	×××	审核日期	201×年×月×日

不符合事实描述：

查××公司的《售后服务信息反馈单》，记录显示服务内容为：流水线组柜安装调试。201×年 11 月 30 日完成了安装调试工作，但不能提供已对用户进行过培训的证据。

不符合标准条款：ISO 9001:2015 中 8.5.5

不符合成文信息：《顾客服务控制程序》5.2.2

结论	违反 ISO 9001:2015 标准中 8.5.5 条款规定；违反《顾客服务控制程序》中 5.2.2 条款规定				
性质	□严重不符合 ☒一般不符合 从末次会议起 15 天内完成				
审核员	×××	被审核方代表签名	×××	201×年×月×日	

（续）

原因分析（可附页）：

因售后服务人员对 ISO 9001:2015 中 8.5.5 条款"组织应满足与产品和服务相关的交付后活动的要求"和《顾客服务控制程序》中 5.2.2 "安装调试过程应对用户进行简单的培训"等要求学习理解不够，未能按规定的要求对用户进行培训并保留相关记录。

纠正措施计划：

（1）由管理者代表组织销售部售后服务人员学习理解 ISO 9001:2015 中 8.5.5 条款和《顾客服务控制程序》要求，提高其对售后服务要求的认识。

（2）销售部组织售后服务人员对该用户进行相应的培训并保留相关记录，同时举一反三自查其他类似的问题，及时纠正并预防今后的发生。

预定完成日期：201×年×月×日

部门负责人/日期：×××　201×-×-×

纠正措施完成情况（附书面证据）：

（1）管理者代表于 201×年×月×日组织售后服务人员学习理解 ISO 9001:2015 中 8.5.5 条款和《顾客服务控制程序》，提高相关人员对体系标准和顾客售后服务要求的认识。

（2）销售部于 201×年×月×日组织对该用户进行安装调试后的培训并保留记录。附：①员工培训记录；②客户调试安装培训记录。

部门负责人/日期：×××　201×-×-×

纠正 措施 验证 情况	验证结论	☑纠正有效；□部分纠正有效；□纠正无效
	验证摘要：抽查 12 月份公司的《售后服务信息反馈单》，记录显示服务内容为：流水线组柜安装调试和对用户进行培训
	再次验证	□需要；☑不需要。需要时验证时间：　　年　　月　　日
	验证人：×××　　　　　　　201×-×-×
备注	

审核组组长/日期：×××　201×-×-×

表 7-9　不符合项报告（二）

受审核部门	销售部	部门负责人	×××	审核日期	201×-×-×

不符合事实描述：

6 月初，公司发出顾客满意度调查表 70 份，收回 52 份，其中有 2 家客户表示对产品质量不太满意，并提出了 5 个不满意事项。对客户提出的不满意事项，销售部至今（7 月 17 日）未处理和提出改进措施。

结论	违反 ISO 9001:2015 中 10.2 条规定；违反 Q／R 1059 文件中 10.2 条规定		
性质	□严重不符合　　☒一般不符合		
审核员	×××	被审核方代表签名	×××　　　　　201×-×-×

纠正措施计划（计划应于 201×年×月×日完成）

（1）针对 2 家客户提出的 5 个不满意事项采取补救措施，上门走访 2 家客户，确定不满意事项原因。

（2）针对 5 个不满意事项原因，确定改进责任部门及措施。

部门负责人：×××　　　　201×-×-×

纠正 预防 措施 验证 情况	验证结论	☑纠正有效；□部分纠正有效；□纠正无效
	验证摘要：7 月 25 日销售部走访了这 2 家客户，并写出了调查报告，针对 5 个不满意事项原因，已由技术部门制订了改进计划并于 8 月 12 日付诸实施，实施结果顾客表示满意
	再次验证	□需要；☑不需要。需要时验证时间：　　年　　月　　日
	验证人：×××　　　　　　　201×-×-×
备注	

审核组组长/日期：×××　201×-×-×

六、质量管理体系有效性评价

（一）汇总分析

末次会议前，在审核组组长召开的内部交流会议上，对审核证据进行汇总分析，以便对受审核方的质量管理体系进行有效性评价。审核发现的汇总整理主要是对不符合性质进行判定。对一般不符合项的情况可以分以下三种情况处理：

（1）同一性质的偶然一般不符合项可以适当合并。

（2）对性质轻微的不符合事实，虽不开不符合项报告，但可以集中写成备忘录或观察项要求整改，但审核组无须跟踪验证。

（3）一般不符合项如在现场审核期间已经得到整改，仍然应开具不符合项，可对不符合的纠正措施验证并详细记录。

（二）进行质量管理体系有效性评价

通过对不符合项的分析，对质量管理体系进行评价。评价内容包括：质量方针和质量目标的适宜性和实现情况；资源（人力资源、基础设施、工作环境）满足要求的能力；主要过程和关键活动达到预期结果的情况；产品质量符合要求的程度和稳定性，内、外部失效情况；顾客满意程度；管理者和员工的质量意识；质量管理体系的持续改进机制。

 **案例 7-2**

××公司质量管理体系有效性评价意见

本公司于 3 月 17—18 日分两个组对本公司质量管理体系进行了一次全面内审。现将质量管理体系有效性做出如下评价意见：

本公司的质量管理体系文件基本符合 GB/T 19001：2015 标准的规定。基于过程的识别和检查是充分合理的，没有过程的删减，对确定的过程控制规定明确、可行；质量方针和质量目标明确，与本企业的实际相适宜；质量管理体系文件结构合理，控制明确，具有可操作性，能满足本企业对质量管理体系实施和控制的需要，但操作性文件还需进一步修改完善，使之更适合一线职工的理解和操作。

质量管理体系文件基本得到实施，通过现场审核的抽样调查发现不符合项×个，均为一般不符合项。

质量管理体系实施基本达到预期效果。今年以来产品一次合格率达到×%，顾客满意率保持在×%以上。没有发生重大质量事故和顾客投诉，企业质量目标得到初步实现。企业效益得到提高，1~3 季度销售量增加×%，能耗和材料损耗不断降低；职工的质量意识得到进一步提高，产品质量稳步上升，市场竞争力得到加强。

公司的质量管理体系自我完善和自我改进机制基本建立和得到实施。内审、纠正和预防措施已在企业内正常实施，体系实现了持续的改进。

从本次发现的×个不符合项情况分析，在作业文件可操作性、工艺纪律的贯彻和检查以及数据统计分析、管评输入的完整性方面和规定要求方面都存在一定的差距，需进一步改进。

综上所述，审核组认为本公司的质量管理体系运行基本有效。

建议公司对中层领导和职工加强培训，各部门进一步组织对操作层文件的审核和修改；加强现场工艺纪律的检查；加强管理评审的准备，使质量管理体系运行更加正规有效。

本次审核结果表明企业已具备接受认证机构认证审核的条件。

编制：王×× 审核：刘××（管代） 201×-×-×

（三）得出审核结论

根据质量管理体系有效性评价的结果得出审核结论。

七、末次会议

（一）末次会议流程

（1）出席会议人员签到。

（2）由审核组组长代表审核组讲话，并重申审核目的和范围。

（3）强调审核的局限性。

审核是抽样进行的，对承担职责比较多的部门或过程，审核员抽样可能多一些，而有的部门抽样可能少一些；抽样多的，可能发现的问题也会多，抽样少的，可能发现的问题也会少。但是，抽查没发现问题不等于没有问题，有可能还存在严重的问题。因此不提倡以审核中发现问题的多少或不符合项的多少作为评价该部门工作的唯一依据。

（4）宣读不符合项报告（可选择主要部分）。需要说明的是：在哪个部门发现问题，不符合项报告就开给哪个部门，但责任不一定是该部门。

（5）提出纠正措施要求。审核组向受审核方提出采取纠正措施的要求，包括确定纠正措施的时间、完成纠正措施的期限、验证纠正措施的方法等。

（6）审核组组长对审核工作进行总结，宣读审核报告。

（7）请受审核方代表在不符合项报告上签字。

（8）会议结束，对各部门的合作与支持表示感谢。

（二）末次会议的注意事项

（1）末次会议是内部审核结束时的一个重要会议，不能省略。

（2）末次会议的重点应围绕着不符合项提出纠正措施及要求。

（3）审核结果、意见涉及的重要部门和人员应到会，以便实施纠正。

（4）末次会议的召开时间是在审核计划中确定的，会议时间通常为一小时，切忌拖沓，发生争执。

（5）末次会议应有会议记录，并保存。

（6）末次会议应适当肯定受审核方取得的成功经验和好的做法，不要一味谈问题。

（7）宣读不符合项报告或对受审核方不利的结论时，应充分准备，选择适当措辞，防止陷入"僵局"。

（8）在末次会议之前审核组应进行内部商议，以达到评审所有审核发现、达成一致的审核结论和讨论审核的跟踪措施的目的。

案例 7-3

末次会议怎么开

末次会议由审核组组长主持。

一、大家好！现场审核末次会议现在开始，请参加会议的人员在我们的签到单上签到。

二、两天来，公司对审核活动提供了很好的配合和支持，使审核工作得以顺利地完成。在此我代表审核组表示衷心的感谢。

三、现在我重申一下这次审核的目的和范围（略）。

四、审核组在两天的时间内对×个部门进行了审核，我们观察到企业的质量管理体系运行已基本有效，做得较好的是×××。我们也发现质量管理体系运行中的薄弱环节。经过审核组的分析，归纳共提出×个不符合项，均为轻微不符合项，分布情况是××××。请审核员宣读不符合项报告。

五、这些不符合项报告在会前已经通过陪同人员和管理者代表的确认。

现在我代表审核组宣布审核结论：

公司基本具备了申请 ISO 9001 认证的条件，建议公司将本次认证中发现的不符合纠正完成后一个月申请认证。

> 如是外审，则如此说明审核结论：
>
> 推荐认证通过。表示祝贺！
>
> 现场审核结论只是审核组的意见，还要经过审核机构的审批，因技术方面/程序方面的原因，结论有更改的可能时，由审核组组长通知受审核方。

六、审核是一种抽样活动，有一定的风险性和局限性，不符合项报告所述的区域是发现不符合项的地方，未必是唯一的部门。对不符合的原因需要进行分析确定。其他有不符合项的地方未必被查到。审核只能对样本负责，但我们已经尽量做到公正、客观和准确，尽可能减少风险。希望企业能举一反三改进质量管理体系。

> 再次申明遵守保密承诺，包括保守审核秘密。未经受审核方的书面许可，审核报告不得向第三方展出、宣传。（外审）

七、纠正措施要求。说明时间和验证情况，实施纠正措施的部门必须注意提供充足的证据。

> 认证后监督要求：6～12 个月。
>
> 按认证机构提供的用户指南要求正确使用证书与标志。（外审）

说明发布审核报告的时间、方式及后续工作的要求。

受审核方领导表态：表示感谢，对审核结论和纠正措施要求做简短的表态，并适当说明今后的打算。

审核组组长再次表示感谢！宣布末次会议结束。

同步训练 7-3

目标：掌握不符合项判定和末次会议目的

1. 以下不属于末次会议的目的有（　　　）

  A. 重申审核目的和范围   B. 宣读不符合项报告

  C. 提出纠正措施   D. 请受审核方代表宣读审核报告

2. 以下属于一般不符合项的处理情况的是（ ）。

  A. 同一性质的偶然一般不符合可以适当合并

  B. 对性质轻微的不符合事实，不需要开不符合项

  C. 一般不符合项如在现场审核期间已经得到整改，就不应开具不符合项

  D. 对一般不符合的纠正措施应验证并详细记录

3. 以下不属于判定技巧的是（ ）。

  A. 遵循对相关条款对得上的则细，对不上的则粗原则

  B. 在标准中找不到完全能"对号入座"的条款时，就不能判

  C. 当存在多种判断时按最有利改进或改进最易见效的条款判

  D. 当同时存在多个问题时，应寻找关键词或关键客观证据或关键问题进行判断

第三节 审 核 报 告

  审核报告是审核组结束审核工作后必须编制的一份文件。审核报告将由审核组组长在审核后规定期限内以正式文件的方式提交给最高管理者或管理者代表。审核报告提交后，审核即告结束。

  现场审核结束后，应提交审核报告。其具体工作内容包括：审核报告的编制、批准、分发、归档、考核奖惩，提出纠正、预防和改进措施，确认各分层分步实施的要求。审核组组长对审核报告的编制、准确性和完整性负责。

  审核报告是对审核中的审核发现（不符合项）的统计、分析、归纳、评价。报告应规范化、定量化、具体化，要统计分析不符合项，对审核对象的质量活动及结果进行综合评价，与受审核方共同制定纠正措施和实施要求。

即问即答 7-6

宣告审核结束的一步是（ ）。

A. 审核组组长宣读审核报告

B. 审核报告提交

C. 受审核方在不符合项报告上签字

D. 末次会议开完

即问即答 7-6

一、审核报告内容

（1）审核目的和范围。

（2）审核组组长及成员。

（3）审核日期及计划主要项目实施情况。

（4）实施审核的依据，如质量管理体系标准、质量手册、程序文件等。

（5）不符合项的统计分析。

（6）审核综述与审核结论。审核综述包括：审核实施计划执行情况、审核过程情况、特

定领域的优缺点、特定过程（条款）的优缺点等。审核结论包括：质量管理体系是否符合审核准则（ISO 9001 标准、质量手册、程序文件等），是否得到有效实施以及自我发现和改进质量管理体系运行问题的机制情况（内容、管理评审、改进、纠正和预防措施的实施情况）。

（7）提出纠正措施实施要求。

（8）审核报告的发放范围。发放范围一般为：与受审核有关的部门、最高管理者、管理者代表。

（9）审核报告的批准。审核报告应得到最高管理者或管理者代表的批准。

（10）审核报告附件。不符合项报告和其他认为必需的审核结果的资料可作为审核报告的附件。

二、审核报告中的审核结论

审核结论必须写入审核报告中。审核结论不仅是受审核方最为关心的审核结果，也是审核组最为困难、最需慎重的决定。审核结论应在所有审核发现汇总分析的基础上做出。

审核报告应包括诸如以下方面的结论：

（1）管理体系在审核范围内是否符合审核准则。

（2）管理体系在审核范围内是否得到有效实施。

（3）管理评审过程对确保管理体系的持续适宜性和有效性的能力。

鉴于 ISO 9001:2015 标准强调持续改进和顾客的满意，在评价质量管理体系并做出上述结论时应充分考虑到：

（1）质量方针和质量目标实施的有效程度。

（2）质量管理体系的适应性、有效性、充分性。

（3）产品满足顾客要求与法律法规要求的能力和顾客满意程度。

（4）是否建立了持续改进机制。

审核报告还应有审核发现，即符合项和不符合项的描述，审核不符合项应以标准明示要求和顾客投诉为依据，对隐含要求的不符合项可在审核报告中适当描述。

三、报告中的纠正、预防和改进措施及要求

内审是管理工具，重点是推动内部改进，因此提出纠正、预防和改进措施及要求应成为审核的一项重要任务，成为报告的一项重要内容。

（一）纠正、预防和改进措施之间的差别

区分纠正、预防和改进措施之间的差别，对研究、制定措施很有必要。它们之间的主要差别是：

（1）纠正措施是针对实际问题的原因所采取的消除措施。

（2）预防措施是针对潜在问题的原因所采取的消除措施。

（3）改进措施是为提高各项活动和过程的效果和效益所采取的措施。

纠正和预防措施可归入改进措施的范畴。

（二）措施的提出

提出并实施纠正、预防和改进措施，是内审的工作重点。措施的提出是审核组和受审核

方共同的责任。对于所有内审中出现的不符合项，都应采取相应的纠正和预防措施。措施从提出到实施，应按一定的程序进行。

（三）评审措施

措施提出后应进行评审，目的是确保措施实施的有效性。

评审可参照以下要点：

（1）措施针对性强、具体、可操作，时间分工要求合理、明确。

（2）措施具有一定的先进性和创造性，能体现先进的管理和技术。

（3）措施得到实施，能经济有效地解决问题，并不会产生其他较大的负面效应。

（4）措施有较强的系统性和一定的深度，能较好地防止问题再次发生。

（四）确认措施

措施评审还须进行确认，目的是确保其能够得到有效实施。确认者除审核组组长外，还应包括有责任、有能力实施的部门和人员。

受审核方范围内的措施（受审核方有责任并有能力实施的措施）经双方确认即可；对于超出受审核方范围的措施（受审核方有责任但无实施能力的措施），审核组应与受审核方及有关部门共同确认、认可或由组织领导确认、认可。

（五）实施措施

（1）受审核方范围的措施，由受审核方领导确认批准后，付诸实施。

（2）职能部门范围的措施，由有关职能部门领导确认批准后，付诸实施。

（3）组织范围的或影响重大的、牵涉面广的，由最高管理者或其代表确认批准后，付诸实施。

（六）实施评价

对措施实施过程及记录应进行评价。评价要点是：

（1）主要实施过程和结果符合措施要求。

（2）在实施过程中，能及时发现问题、分析原因，采取新的措施加以克服解决。

四、审核报告编写的注意事项

审核报告中应避免：

（1）面谈中言及的机密。

（2）末次会议未谈及的事情。

（3）主观意见。

（4）模糊不清的论述。

（5）引发争论的语句文辞。

五、审核报告的发放和存档

审核报告发放时应按要求在分发清单上签收。审核报告应交由规定的保管责任人存档。应注意后续工作（如纠正措施验收等）产生的相关文件的存档。

审核报告示例见表 7-10 和表 7-11。

表 7-10　质量管理体系内部审核报告

审核目的	评价改版后的质量管理体系的符合性、有效性和充分性；推动质量管理体系及过程改进；迎接第三方复审			
审核范围	1. 本次审核的体系范围包括 GB/T 19001—2016 标准全部过程 2. 本次审核覆盖范围：×××的制造、以及五金冲压件和切削加工 3. 本次审核涉及公司总经理、管理者代表、办公室、采购部、销售部、财务部、技术部、生产部（含车间/仓库）、质量部、动力部、各分厂			
审核依据	☑ GB/T 19001—2016　　☑ 质量手册　　☑ 质量管理体系文件　　☑ 适用法律法规 ☑ 本企业的管理性文件　　☑ 顾客要求			
审核日期	201×年 3 月 1—3 日	编制人	×××	编制日期　201×年 3 月 3 日

质量管理体系内部审核综述

一、不符合数量、分布、性质统计分析情况

本次内审，共发现 23 个不符合项，其中：一般 22 个，严重 1 个。23 个不符合项分布情况见"不符合项分布表"

二、质量管理体系运行状况评价

结论：

公司质量管理体系在审核范围内基本符合审核准则并得到实施，已初步具有防止不符合满足顾客要求与法律法规的能力，已初步具有持续改进机制。在内审中，公司质量管理体系在 4.4　质量管理体系及其过程、6.1　应对风险和机遇的措施、6.2　质量目标及其实现的策划做得较好，主要问题是：质量方针宣贯不充分，设计确认尚未进行，供方重新评价没有进行，叉车出厂检验未严格把关

由于审核是采取抽样方式进行的，未查出问题的部门不代表没有问题，也许其他部门查出的问题在你那个部门也有，所以未开不符合项的部门也应该根据其他部门出现的问题对自己的部门进行自查，确保能够按照要求操作。希望各部门加强自己部门所有人员的学习，做到有效的上传下达，确保员工能够按照要求工作。希望各部门尽快采取措施确保质量管理体系工作的顺利开展

三、成效及表扬

主要成效：

1. 公司已按照 GB/T 19001:2016 标准建立、实施了质量管理体系

2. 公司质量管理体系文件得到完善，比以前更系统、适用、规范

3. 产品一次交验合格率提高到 99.2%，废品率降到 0.05%，顾客满意率为 98%

4. 基础管理得到加强，员工参与意识有所提高。在质量管理体系建立实施过程中，办公室、销售部、生产部、热加工分厂、铸造分厂换版工作认真、努力，做得较好，成效明显

NO.	问题	纠正、预防措施	完成期限	负责人	检查人
	略	×××		×××	×××
奖惩建议	改版后第一次内审，按照质量管理体系内部审核考核办法进行考核 审核组长：×××		批准意见	同意审核组意见，请确定考核奖惩方案，于 3 月 25 日前报我 总经理：×××　201×年×月×日	
备注					

203

表 7-11　不符合项分布表

质量职能	一般/严重	总经理	管理者代表	办公室	销售部	采购部	技术部	质量部	财务部	生产部	前处理分厂	二桥分厂	热加工分厂	变速器分厂	铸造分厂	总装分厂	动力部	机修分厂	合严重项	计总项数
4　组织环境	4.1　理解组织及其环境																			
	4.2　理解相关方的需求和期望																			
	4.3　确定质量管理体系的范围																			
	4.4　质量管理体系及其过程																			
	4.4.1　组织应按照本标准的要求，建立、实施、保持和持续改进质量管理体系，包括所需过程及其相互作用																			
	4.4.2　在必要的范围和程度上，组织应																			
5　领导作用	5.1　领导作用和承诺																			
	5.1.1　总则																			
	5.1.2　以顾客为关注焦点																			
	5.2　方针																			
	5.2.1　制定质量方针																			
	5.2.2　沟通质量方针	✦	✦																	2
	5.3　组织的岗位、职责和权限																			
6　策划	6.1　应对风险和机遇的措施																			
	6.1.1　在策划质量管理体系时，组织应考虑到 4.1 所提及的因素和 4.2 所提及的要求，并确定需要应对的风险和机遇，以																			
	6.1.2　组织应策划：																			
	6.2　质量目标及其实现的策划																			
	6.2.1　组织应针对相关职能、层次和质量管理体系所需的过程建立质量目标																			
	6.2.2　策划如何实现质量目标时，组织应确定																			
	6.3　变更的策划																			
7　支持	7.1　资源																			
	7.1.1　总则																			
	7.1.2　人员		✦													✦				2
	7.1.3　基础设施																			
	7.1.4　过程运行环境																			
	7.1.5　监视和测量资源		✦																	1
	7.1.5.1　总则																			

（续）

质量职能	一般/严重	总经理	管理者代表	办公室	销售部	采购部	技术部	质量部	财务部	生产部	前处理分厂	二桥分厂	热加工分厂	变速器分厂	铸造分厂	总装分厂	动力部	机修分厂	合计 严重项	计 总项数
7 支持	7.1.5.2 测量溯源																			
	7.1.6 组织的知识			✦																1
	7.2 能力													✦						1
	7.3 意识																			
	7.4 沟通	✦	✦																	2
	7.5 成文信息																			
	7.5.1 总则																			
	7.5.2 创建和更新																			
	7.5.3 成文信息的控制																			
	7.5.3.1 应控制质量管理体系和本标准所要求的成文信息，以确保			✦		✦	✦	✦												4
	7.5.3.2 为控制成文信息，适用时，组织应进行下列活动																			
8 运行	8.1 运行的策划和控制																			
	8.2 产品和服务的要求																			
	8.2.1 顾客沟通				✦															1
	8.2.2 产品和服务要求的确定																			
	8.2.3 产品和服务要求的评审																			
	8.2.3.1 组织应确保有能力向顾客提供满足要求的产品和服务。在承诺向顾客提供产品和服务之前，组织应对如下各项要求进行评审																			
	8.2.3.2 适用时，组织应保留与下列方面有关的成文信息																			
	8.2.4 产品和服务要求的更改																			
	8.3 产品和服务的设计和开发																			
	8.3.1 总则																			
	8.3.2 设计和开发策划																			
	8.3.3 设计和开发输入																			
	8.3.4 设计和开发控制																			
	8.3.5 设计和开发输出																			
	8.3.6 设计和开发更改																			
	8.4 外部提供的过程、产品和服务的控制									✦										1
	8.4.1 总则																			

（续）

质量职能	一般/严重 部门	总经理	管理者代表	办公室	销售部	采购部	技术部	质量部	财务部	生产部	前处理分厂	二桥分厂	热加工分厂	变速器分厂	铸造分厂	总装分厂	动力部	机修分厂	合计严重项	计总项数
	8.4.2 控制类型和程度																			
	8.4.3 提供给外部供方的信息																			
	8.5 生产和服务提供										＋			＋	＋					3
	8.5.1 生产和服务提供的控制																			
	8.5.2 标识和可追溯性																			
	8.5.3 顾客或外部供方的财产																			
8 运行	8.5.4 防护																			
	8.5.5 交付后活动																			
	8.5.6 更改控制																			
	8.6 产品和服务的放行							＋ ✗												2
	8.7 不合格输出的控制																			
	8.7.1 组织应确保对不符合要求的输出进行识别和控制，以防止非预期的使用或交付																			
	8.7.2 组织应保留下列成文信息																			
	9.1 监视、测量、分析和评价																			
	9.1.1 总则																			
	9.1.2 顾客满意																			
	9.1.3 分析与评价				＋															1
	9.2 内部审核																			
9 绩效评价	9.2.1 组织应按照策划的时间间隔进行内部审核，以提供有关质量管理体系的下列信息		＋																	1
	9.2.2 组织应																			
	9.3 管理评审																			
	9.3.1 总则																			
	9.3.2 管理评审输入																			
	9.3.3 管理评审输出																			
	10.1 总则																			
	10.2 不合格和纠正措施																			
10 改进	10.2.1 当出现不合格时，包括来自投诉的不合格，组织应						＋													1
	10.2.2 组织应保留成文信息，作为下列事项的证据																			
	10.3 持续改进																			

注："＋"表示一般不符合项；"✗"表示严重不符合项。

206

即问即答 7-7

以下属于审核报告应包括的结论的是（　　）。

A. 管理体系在审核范围内是否符合审核准则

B. 审核体系在审核范围内是否得到有效实施

C. 质量方针和质量目标的有效程度

D. 是否建立了持续改进机制

即问即答 7-7

第四节　跟踪审核

组织应加强对审核后的区域、过程的实施及纠正情况进行跟踪审核，并在紧接着的下一次审核时，对实施情况及效果进行复查评价，并写入报告，实现审核闭环管理以推动连续的质量改进。在任何组织中从审核得到的真正益处最终来自"自身"的审核。

一、跟踪审核的目的

（1）对已发生的不符合项及时纠正，防止或减少该不符合项的影响。

（2）促使受审核方认真分析产生不符合的原因，针对其原因采取适当的纠正措施，从而防止类似不符合的再次发生。

（3）促进质量管理体系的不断完善和改进。

二、跟踪审核的形式

（1）受审核部门提交纠正措施完成的书面资料与证据，审核员通过书面评审予以验证。一般不符合项通常采用这种验证方式。但因为内审员基本都是本企业人员，所以一般要求采取现场验证的方式。

（2）到受审核部门的现场进行现场审核。严重不符合项和只有到现场才能验证的不符合项采取这种验证方式。

（3）先对书面纠正措施计划的可行性进行确认，到下次审核时再验证其纠正措施的有效性。对需要较长时间才能完成纠正的一般不符合项可采取这种验证方式。

三、跟踪审核员的职责

（1）对不符合项纠正结果进行验证记录。

（2）证实所采取的纠正和预防措施是有效的，必要时应建议纳入文件。

（3）发现遗留问题，并提出纠正和预防措施建议。

（4）向内审负责人报告跟踪审核结果。

即问即答 7-8

以下属于跟踪审核目的的是（　　）。

207

A. 对已发生的不符合项及时纠正，防止或减少该不符合项的影响

B. 促进质量管理体系的不断完善和改进

C. 向内审负责人报告跟踪审核结果

D. 促使受审核方认真分析产生不符合的原因

即问即答 7-8

四、跟踪审核的实施要点

（1）跟踪审核应由专门的管理机构负责，应建立相应的工作程序，以确保跟踪审核正常、规范地实施。

（2）跟踪审核时间、范围通常应事先与受审核方约定，审核前，再通知受审核方。

（3）对纯属文件性的不符合，只需通过文件传递方式便可验证；对现场工作的纠正和预防措施，应进行现场复查验证。

（4）对已采取了纠正和预防措施，但效果不好的情况，应与受审核方进行分析研究，制定纠正措施或建议升级进行纠正；对有效的纠正或预防措施，应采取巩固措施。

（5）实施跟踪审核的人员可由原审核组中的成员进行，也可委托其他有资格的人员进行，但实施跟踪审核的人员应了解该项跟踪审核工作的资料和情况。

（6）对跟踪审核结果形成书面报告，报告中应对所有不符合项的纠正结果进行统计分析。每个不符合项的纠正情况可作为报告的附件。报告由跟踪审核员编制，由审核工作负责人（如审核组组长、管理者代表等）批准，必要时提交管理者评审。

跟踪审核报告示例见表 7-12。

表 7-12 跟踪审核报告

受跟踪部门		跟踪日期		提交日期	
审核范围					
审核员					
验证结论	纠正有效____项；纠正部分有效____项；纠正无效____项；无实施纠正____项				
不符合项编号	纠正措施实施验证记录			验证结论	
编号	尚未纠正的不符合项分析/新发现的不符合项				
确认与承诺	受审核部门负责人（签字）： 年 月 日				
处理意见	审核员（签字）： 年 月 日				
领导批准	批准人（签字）： 年 月 日				
备注					

完成了跟踪审核环节，质量管理体系的内部审核流程则算全部走完。回顾整个实施过程，如图 7-3 所示，其中的每一环节都体现了质量管理体系的要求，体现了 PDCA 的过程，如此循环往复，组织的管理水平将在一次又一次的内审中，不断得到提升。

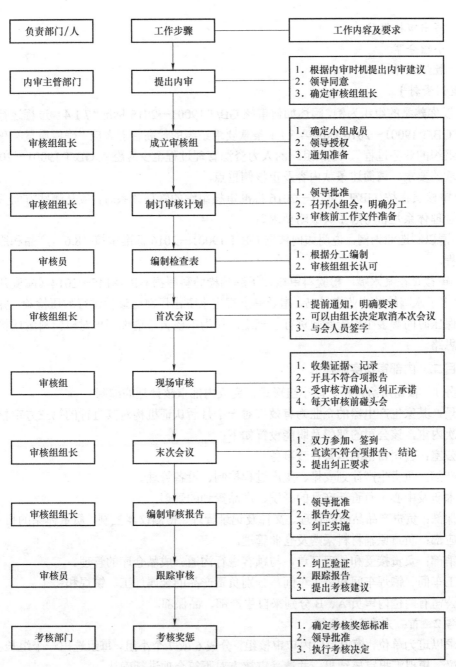

负责部门/人	工作步骤	工作内容及要求
内审主管部门	提出内审	1. 根据内审时机提出内审建议 2. 领导同意 3. 确定审核组组长
审核组组长	成立审核组	1. 确定小组成员 2. 领导授权 3. 通知准备
审核组组长	制订审核计划	1. 领导批准 2. 召开小组会，明确分工 3. 审核前工作文件准备
审核员	编制检查表	1. 根据分工编制 2. 审核组组长认可
审核组组长	首次会议	1. 提前通知，明确要求 2. 可以由组长决定取消本次会议 3. 与会人员签字
审核组	现场审核	1. 收集证据、记录 2. 开具不符合项报告 3. 受审核方确认、纠正承诺 4. 每天审核前碰头会
审核组组长	末次会议	1. 双方参加、签到 2. 宣读不符合项报告、结论 3. 提出纠正要求
审核组组长	编制审核报告	1. 领导批准 2. 报告分发 3. 纠正实施
审核员	跟踪审核	1. 纠正验证 2. 跟踪报告 3. 提出考核建议
考核部门	考核奖惩	1. 确定考核奖惩标准 2. 领导批准 3. 执行考核决定

图 7-3　质量管理体系内部审核流程

本章技能项目

项目一　审核思路训练

【操作设计】
● 以小组讨论交流的方式进行

209

- 写出审核思路
- 小组分享
- 教师点评

【案例资料】

1. 以你熟悉的组织为例,阐述如何审核 GB/T 19001—2016 标准"7.1.4 过程运行环境"。

2. GB/T 19001—2016 标准第 5.1.1 条款要求组织的最高管理者应"确保质量管理体系要求融入组织的业务过程",那么组织的人力资源管理过程至少应融入 GB/T 19001—2016 标准哪些条款的要求?请简述条款内容及审核侧重点。

3. 审核员在按 GB/T 19001—2016 标准审核组织的管理体系时,应从哪些方面关注企业的质量管理体系是否考虑了其战略要求?

4. 请以制造业为例,说明如何依据 GB/T 19001—2016 标准审核"8.6 产品和服务的放行"过程。

5. 审核员在某水嘴厂检验科审核,了解到检验科根据 GB 18145—2014《陶瓷片密封水嘴》、制定了水嘴检验作业指导书,指导书上规定水嘴出厂前应逐件进行耐压检验,并对试验压力、保压时间等多个检验参数进行了规定。作为审核员,请你写出对检验科耐压检验过程的审核思路。

项目二 内部审核实施模拟

任务1 根据所给材料,以小组形式,完成内部审核计划的编制

背景:某家生产电器的企业为有效应对一个月后认证机构对其进行的第三方审核,决定组织一次内审,该公司的部门及职能设置如下:

办公室:公司日常的运营行政事务。

生产部:负责生产计划安排、生产过程控制、设备管理。

技术研发中心:负责新产品的开发、产品策划的管理。

品保部:负责产品品质的管理、文件及记录管理、检测仪器控制、质量体系的日常维护。

供应部:负责原辅材料采购及仓储管理。

营销部:负责接受和处理订单、与顾客进行沟通、成品仓库的管理。

金工车间、铆焊车间和铸工车间:分别负责产品的金属加工、铆焊和铸工。

该公司有两位内审员 A、B 分别来自生产部、品保部。

任务2 首、末次会议模拟

要求以班为单位,模拟形成内审审核组,分成 6 或 7 个小组,每组选出一个组长主持首、末次会议,模拟汇报审核结果,并请受审核方对不符合项进行确认。

任务3 根据所给案例资料,以小组形式,完成审核检查表的编制

【案例 1】

假如你是一名内审员,根据审核计划的安排将要参加以下某一部门的内审,请事先编制相应的检查表:

生产部:负责生产计划安排、生产过程控制、设备管理。

品保部:负责品质的管理、文件及记录管理、体系的日常维护。

资材部:负责原辅材料采购及仓储管理。

【案例2】

请按照过程和部门各编制一份检查表，模拟现场审核并对检查表进行分析评价。

编制依据如下：

（1）××公司质量职能分配表（见表7-13）。

（2）××公司机构图。

（3）ISO 9001:2015 标准。

表7-13 ××公司质量职能分配表

质量管理体系职能展开	管理层	销售部	技术部	动力部	办公室	财务部	供应部	生产部	各分厂	品质部
4.1 理解组织及其环境	▲	△	△	△	△	△	△	△	△	△
4.2 理解相关方的需求和期望	▲	△	△	△	△	△	△	△	△	△
4.3 确定质量管理体系的范围	▲									
4.4 质量管理体系及其过程	▲	△	△	△	△	△	△	△	△	△
5.1 领导作用和承诺	▲									
5.2 方针	▲	△	△	△	△	△	△	△	△	△
5.3 组织的岗位、职责和权限	▲	△	△	△	△	△	△	△	△	△
6.1 应对风险和机遇的措施	▲	△	△	△	△	△	△	△	△	△
6.2 质量目标及其实现的策划	▲	△	△	△	△	△	△	△	△	△
6.3 变更的策划	▲	△	△	△	△	△	△	△	△	△
7.1 资源/7.1.1 总则	▲	△	▲	▲	△	△	△	▲	△	▲
7.1.2 人员	▲	△	△	△	△	△	△	△	△	△
7.1.3 基础设施	△	△	△	△	△	△	△	▲	▲	△
7.1.4 过程运行环境	△	△	△	△	△	△	△	▲	△	△
7.1.5 监视和测量资源	△	△	△	△	△	△	△	△	△	▲
7.1.6 组织的知识	△	△	△	△	▲	△	△	△	△	△
7.2 能力	△	△	△	△	▲	△	△	△	△	△
7.3 意识	△	△	△	△	▲	△	△	△	△	△
7.4 沟通	▲	△	△	△	△	△	△	△	△	△
7.5 成文信息	▲	△	△	△	△	△	△	△	△	△
8.1 运行的策划和控制	△	△	▲	△	△	△	△	△	△	△
8.2 产品和服务要求	△	▲	△	△	△	△	△	△	△	△
8.3 产品和服务的设计和开发	△	▲	▲	△	△	△	△	▲	△	▲
8.4 外部提供的过程、产品和服务的控制	△	△	△	△	△	△	▲	△	△	△
8.5 生产和服务提供/8.5.1 生产和服务提供的控制	△	△	△	△	△	△	△	▲	▲	△
8.5.2 标识和可追溯性	△	△	△	△	△	△	△	▲	▲	△

（续）

质量管理体系职能展开	管理层	销售部	技术部	动力部	办公室	财务部	供应部	生产部	各分厂	品质部
8.5.3 顾客或外部供方的财产	△	△	▲	△	△	△	▲	△	△	△
8.5.4 防护	△	△	△	△	△	△	△	▲	△	△
8.5.5 交付后活动	△	▲	△	△	△	△	△	△	△	△
8.5.6 更改控制	△	△	△	△	△	△	△	▲	△	△
8.6 产品和服务的放行	△	△	△	△	△	△	△	△	△	▲
8.7 不合格输出的控制	△	△	△	△	△	△	△	△	△	▲
9.1 监视、测量、分析和评价/9.1.1 总则	▲	△	△	△	△	△	△	△	△	△
9.1.2 顾客满意	△	▲	△	△	△	△	△	△	△	△
9.1.3 分析与评价	△	△	△	△	△	△	△	△	△	▲
9.2 内部审核	▲	△	△	△	△	△	△	△	△	△
9.3 管理评审	▲	△	△	△	△	△	△	△	△	△
10.1 总则	▲	△	△	△	△	△	△	△	△	△
10.2 不合格和纠正措施	△	△	△	△	△	△	△	△	△	▲
10.3 持续改进	▲	△	△	△	△	△	△	△	△	△

注：▲代表主控部门；△代表协助部门。

任务 4　根据所给的案例资料，以小组形式，完成审核实施，编制不符合项报告

【案例 1】

审核某工地现场的水泥仓库。袋装水泥堆放在临时搭建的工棚里，工棚地面未做防潮处理。当时正值梅雨季节，空气潮湿，发现水泥已大部分结块。

【案例 2】

2019 年 5 月 17 日，"注塑车间首检/巡检记录"显示，公司有数台机器开机生产产品，其中有刷头、花洒等产品。查验该车间于 8:10 左右开机生产，直至现场审核（10:45 左右）尚没有记录显示负责首检的人员对其生产的首件产品进行过首件确认。

【案例 3】

审核员在现场审核 3 号注塑机台情况，其"工艺单"规定"一段射出压力设定值为 65±20"。但追溯在这之前的"注塑车间首检/巡检记录"，显示的压力参数记录均为工艺设定值，不是机台运行状态的显示值。现场查验该机台，10:45 左右，显示的状态值出现波动，显示为 95，与记录人员沟通，记录人员不清楚监控参数波动的意义以及如何填写"注塑车间首检/巡检记录"中的参数值。

【案例 4】

2019 年 9 月 9 日，某单位一位客户将其小车停放在公司的办公楼前，中午 12 时 40 分，楼上的一块玻璃突然掉落，砸在该小车前风窗玻璃上，将风窗玻璃砸碎，并划伤了小车的前盖。该玻璃系过道窗户上的，窗户年久失修。车主认为该公司物业对办公楼负有管理义务，办公楼玻璃掉落砸坏小车，小车属于顾客财产，该公司应当予以修理车辆，恢复小车原貌。

项目三　审核技能小测试

【测试要求】

● 在横线上写出不符合的条款号

● 写出判定不符合的理由

【案例资料】

1．公司生产线为 1988 年引进，当时设备、工艺和主要原材料均为国外进口。近一年来公司进行了较大的技术改造，设备、工艺有所变化，特别是主要原材料基本由国产替代。但公司相关文件并未做相应变化，工艺文件有大量用钢笔手改，现行有效的原材料进货检验规程和检验标准还是针对进口原材料的，对国产原材料的检验要求没有形成受控文件。

（1）不符合 GB/T 19001—2016 标准第＿＿＿＿＿条款的规定。

（2）判定不符合理由。

2．质量手册中，总厂的质量目标是"型材性能达同行业先进水平，成品一次交验合格率为 90%"。目标是在一年前制定的，当时生产线刚上马，生产还不够稳定，所以一次交验合格率定得不高。现在经过努力，成品一次交验合格率已经达到了 94%以上，但质量手册中的质量目标中成品一次交验合格率仍是 90%。

（1）不符合 GB/T 19001—2016 标准第＿＿＿＿＿条款的规定。

（2）判定不符合理由。

3．彩印厂成品库里，有一批烟盒彩印成品，包装上显示 3 月份发往卷烟厂，至今已过去 5 个多月了。仓库主任解释："用户先提走了一批货，认为与他们要求的颜色不一样，所以余下的就不来提了，一直存在这里，其实我们产品的质量是没问题的，他们的要求太过分了。"查文件规定，此类产品应是用户提供样板，彩印厂依据用户的样板打样，样品经用户确认后正式，签订合同。查这批烟盒彩印产品，并未提供经用户确认的打样样品。

（1）不符合 GB/T 19001—2016 标准第＿＿＿＿＿条款的规定。

（2）判定不符合理由。

第八章　质量管理体系内部审核员

【知识目标】

- ❑ 理解审核员的含义
- ❑ 了解各种类型组织的内审员的选择状况
- ❑ 理解审核组组长的职责
- ❑ 理解并掌握审核员的评价和工作技巧
- ❑ 了解内审员的从业素质
- ❑ 理解审核员管理

第八章学习引导

【技能目标】

- ❑ 能够明确审核员的工作职责及工作技巧
- ❑ 能够评价审核员在审核过程中存在的不合格或不当行为
- ❑ 能够写出不同部门审核时的具体审核思路

【素质目标】

- ❑ 培养客观、公正、独立的内审从业素质
- ❑ 培养良好的审核责任意识
- ❑ 培养良好的团队合作意识

【本章关键词】

内部审核员；审核组组长；职责；审核员管理

开篇导读

　　经中国认证认可协会与中国合格评定国家认可委员会联合调查，赵××、李××、任××、王××等人严重违反 CCAA 审核员行为准则，在企业认证审核过程中存在以下违反行为：

　　（1）伪造记录、伪造其他审核员签名，部分企业审核未到审核现场，不配合中国合格评定国家认可委员会与中国认证认可协会的调查工作。

　　（2）在审核员注册材料中伪造工作经历、伪造签名。

　　以上行为严重违反了 CCAA 审核员注册准则中审核员行为准则要求，根据《注册人员资格处置规则》规定，中国认证认可协会决定，撤销以上几位同志的审核员资格，五年内不再受理撤销资格人员的注册申请。希望广大申请注册和注册资格保持人员引以为戒，严格遵守职业道德，共同维护行业声誉。

- ❑ 审核员的职业道德是什么？

第一节　内部审核员概述

审核员是指有能力实施审核的人员。审核员资格是审核员所具有的个人素质、最低学历以及培训、工作和审核经历及能力的组合。被委派主持某一审核任务的审核员被称为审核组组长。审核员有外部审核员和内部审核员之分，从事第二方、第三方审核的人员为外部审核员，从事第一方审核的人员为内部审核员，简称内审员。

申请 ISO 9000 认证的组织或已通过 ISO 9000 认证的组织必须使用经过培训的 ISO 9000 内审员来执行内部审核，这并不是法律法规所规定的要求，而是 ISO 9000 标准规定的要求。

一般企业进行体系认证，先由组织内审员对自己进行审核，以确定质量管理体系运行是否有效，对审核中发现的不合格、薄弱环节进行整改，再由第三方认证机构派出审核组对企业进行审核，从而获得认证资格。

一、内审员的选择

（1）内审员一般从组织内各部门从事过专业工作或体系建立与运行的业务骨干中初选出，再经过专门的培训、考核和实践锻炼后予以确定。

（2）也可以从组织外招聘熟悉本组织行业特点、具有内审工作经验的人员或是具有国家注册审核员资格的人员担任。

二、内审员的基本要求

（1）从事过三年以上质量管理或产品检验管理工作。

（2）具有一定的组织管理和综合评价能力。

（3）需接受过具有内审员培训资格机构或具有内审员培训资格的人员的培训。

（4）遵纪守法、坚持原则、实事求是、作风正派。

三、内审员的作用

（1）对质量管理体系的运行起监督作用。

（2）对质量管理体系的保持和改进起参谋作用。

（3）在质量管理中起领导与员工之间的管道和纽带作用。

（4）在第二、三方审核中起内、外接口作用。

（5）在质量管理体系的运行中起带头作用。

四、内审员的职责

内审员是维持、提高管理体系运行效果的骨干力量。其职责是：

（1）遵守审核要求，传达和阐明审核要求。

（2）参与制订审核活动计划，编制检查表，按计划完成审核任务。

（3）将审核发现整理成书面资料，报告审核结果。

（4）验证不符合纠正措施的有效性。

（5）整理、保存与审核有关的文件。

（6）配合和支持审核组组长的工作。

（7）协助受审核方制定纠正措施，实施跟踪审核。

（8）参加第二方审核。

（9）支持和改进所在部门管理体系工作。

五、内审员应知

（1）企业产品形成的全过程。

（2）企业的质量管理体系及其文件，企业的组织结构、职能和相互关系，企业的基本业务过程和有关术语。

（3）ISO 9000 标准。ISO 9000 标准起着确定理论基础、统一术语和明确指导思想的作用，其中的七项质量管理原则是非常重要的内容。

（4）内部质量管理体系审核程序。

（5）ISO 9001:2015 标准。ISO 9001:2015 标准规定了质量管理体系的要求，既适用于组织的质量管理，也适用于对外的质量保证，是证明企业能力和外部对其评价的依据。

（6）与产品相关的专业知识。

（7）必要的法律法规基础知识，如产品设计中应遵循的法律法规。

六、内审员应会

（1）审核策划方案、审核实施计划的编制。

（2）审核组的组成。

（3）审核检查表的编制。

（4）审核的方法、技巧。

（5）不符合项的确定与不符合项报告的编写。

（6）审核结果的汇总分析。

（7）审核报告的编写。

（8）纠正措施的验证。

（9）组织首、末次会议。

💡同步训练 8-1

同步训练 8-1

目标：掌握内审员的工作和作用

1. 一般企业进行体系认证，先请（　　）对自己进行审核，以确定质量管理体系运行是否有效。

    A. 组织内审员　　　　B. 外部审核员　　　　C. 总经理　　　　D. 董事长

2. 以下不属于内审员作用的是（　　）。

    A. 在第二、三方审核中起内、外接口作用

    B. 在质量管理体系的运行中起带头作用

    C. 遵守审核要求，传达和阐明审核要求

    D. 在质量管理中起领导和员工之间的管道和纽带作用

3. 以下属于内审员应知的内容是（　　）。

  A.　企业产品或服务形成的全过程

  B.　企业的质量管理体系及其文件、组织结构等内容

  C.　内部质量管理体系审核程序

  D.　必要的法律法规知识。

第二节　内部审核组组长的工作和职责

  管理体系审核阶段，绝大多数审核工作由审核组组长负责，审核组组长应具备管理能力和经验，应有权对审核工作的开展和审核观察结果做出最后决定。

一、内部审核组组长的工作

  不论审核是由审核组还是由一个审核员完成，都要任命一个审核组组长全面负责。其主要工作如下：

  （1）规定对每一项审核任务的要求，包括所要求的审核员资格。

  （2）遵守相应的审核要求和其他有关规定。

  （3）制订审核计划，准备工作文件，给审核组成员布置工作。

  （4）评审有关现行质量管理体系活动的文件，以确定其适宜性。

  （5）及时向受审核方报告严重的不合格项。

  （6）报告在审核过程中遇到的重大障碍。

  （7）清晰、明确地报告审核意见，不无故拖延编制不合格项报告。

  （8）预防和解决冲突。

  （9）代表审核组与审核委托方和受审核方进行沟通。

二、内部审核组组长的管理职责

  （1）协助选择审核组的成员。

  （2）制订审核计划。

  （3）代表审核组与受审核部门的管理者接触。

  （4）提交审核报告。

三、内部审核组组长在审核策划时的职责

  （1）制订审核计划，起草工作文件。

  （2）代表审核组与受审核部门管理者接触。

  （3）召开审核组预备会议，安排审核工作。

  （4）准备工作文件，给审核组成员布置工作，必要时确认其检查表。

四、内部审核组组长在现场审核时的职责

  （1）主持首次会议、审核组内部会议、末次会议。

  （2）对不符合项报告的客观性、可信性负责。

  （3）及时向受审核部门通报严重不符合项。

（4）对审核组成员进行必要的监控，提供必要的帮助和支持。

（5）清晰、准确，完整、及时地报告审核结论，不无故拖延。

即问即答 8-1

以下不属于审核组组长的工作的是（ ）。

A. 规定对每一项审核任务的要求

B. 评审有关现行质量管理体系活动的文件

C. 报告在审核活动中遇到的重大障碍

D. 整理、保存与审核有关的文件

即问即答 8-1

第三节 审核员的评价和工作技巧

一、审核员的评价

ISO 19011:2011 指出：对审核过程的信心和达到其目标的能力取决于参与策划和实施审核的人员（包括审核员和审核组组长）的能力。应通过一个过程对人员能力进行评价，该评价过程应考虑个人行为表现以及应用知识和技能的能力。评价程序应考虑审核方案和目标的需要，没有必要要求一个审核组的所有人员具有相同的能力。但是，审核组的整体能力相对于达到审核目标而言是充分的。

审核员能力的评价应根据审核方案（包括其程序）进行策划、实施并形成文件，以提供客观、一致、公正和可靠的结果。评价过程应包括如下四个主要步骤：

（1）确定满足审核方案需求的审核人员能力。

（2）建立评价准则。

（3）选择适当的评价方法。

（4）实施评价。

审核员评价准则应是定性的（如工作中和培训中经证实的个人行为、知识或技能表现）和定量的（如工作年限、受教育年限、审核次数、审核培训小时数）相结合。

即问即答 8-2

以下不属于审核员能力的评价步骤的是（ ）。

A. 确定满足审核方案需求的审核人员能力

B. 建立评价准则

C. 选择适当的评价方法

D. 实施评价

即问即答 8-2

二、内审员的工作方法和技巧

（1）正确使用检查表。审核时注意不要轻易偏离检查表，以保证审核工作有序地按计划进行。但同时要注意灵活应用，不要过多地受检查表的束缚，必要时要调整检查表。

（2）少讲、多看、多问、多听。信息是通过看、问、听获得的，不能从讲话中获得。内审员不要做任何咨询（可就方向性意见提出建议，但最好在不符合项报告后再提出）。不要去做裁判，受审核部门内部发生争执，内审员不要扮演裁判的角色。另外，不要重复阐述。有的受审核部门负责人未参加首次会议，或参加了未注意听，对审核工作模糊不清，会发生临时请教内审员的情况，此时内审员不必重复阐述审核组组长的讲话，应请他学习文件或向公司的总联系人了解。

（3）选择正确的提问对象。

（4）正确地提出问题，集中精力处理主要问题。

（5）封闭式和开放式问题相结合。

1）封闭式问题，可以用"是""否""有""无"等简单的词来回答，可得出明确无误的答案，但信息量少。

2）开放式问题，需对方做详细的解释或说明，信息量大，但占用时间较多。

审核时，一般以封闭式问题开始，再提出开放式问题，最后以一两个封闭式问题结束。

开放式问题可以分为以下几类：

① 主题式问题，如："请谈一谈文件的控制，你是如何做的？"

② 扩展式问题，如："你认为有必要修改这个程序吗？""了解这类程序的重要性有什么作用？"

③ 征求意见式问题，如："你认为什么是最有效的方法？"

④ 设想式问题。当要了解体系的应变能力或异常情况下怎样处理时，可提出设想式问题。如："如果供应商不能及时供货怎么办？"

（6）提问与查看相结合。提问中常问及文件及其实施情况，因此在提问的同时要查看文件及观察现场。使用此方法时，应注意避免受审核部门出示文件后，内审员只埋头细读文件而中止提问。文件宜带回去细读。

（7）联想与追溯。如从顾客抱怨产品外表受损，就应联想到产品的包装、交货过程有无问题。

（8）注意观察易被遗忘的角落。如在某些角落，常可发现作废文件等不应存在的东西。

（9）创造一个良好的审核气氛。审核员应平等、和气待人；注意听人讲话，认真做记录；不时用点头、注视、附和等方式表示对谈话感兴趣。查看文件、找人谈话应征求对方领导同意，发现了不合格要对方领导签字时，应耐心说明理由。不要采用争吵的方式等。

第四节 内审员的从业素质

一、内审员的职业素养

内审员在从事审核活动时需展现以下职业素养：

（1）有道德，即公正、可靠、忠诚、诚信和谨慎。

（2）思想开明，即愿意考虑不同意见或观点。

（3）善于交往，即灵活地与人交往。

（4）善于观察，即主动地认识周围环境和活动。

（5）有感知力，即能了解和理解处境。

219

（6）坚定不移，即对实现目标坚持不懈。

（7）明断，即能够根据逻辑推理和分析及时得出结论。

（8）自立，即能够在同其他人有效交往中独立工作并发挥作用。

（9）坚忍不拔，即能够采取负责任的及合理的行动，即使这些行动可能是非常规的和有时可能导致分歧或冲突。

（10）与时俱进，即愿意学习，并力争获得更好的审核结果。

（11）文化敏感，即善于观察和尊重受审核方的文化。

（12）协同力，即有效地与其他人互动，包括审核组成员和受审核方人员。

即问即答 8-3

以下不属于审核员应具有的通用知识和技能的是（　　　）。

A. 审核原则、程序和方法

B. 管理体系和引用文件

C. 组织概况

D. 与被审核方的特定专业、业务性质或工作场所有关的特定领域的知识

即问即答 8-3

案例 8-1

内审员：一些采购订单送给宏源贸易公司，请问宏源贸易公司在合格供方名单中吗？

受审核方：哦，当然，这家公司是总经理的弟弟开的，我们相信他，一定在合格供方名单中。

而事实是宏源贸易公司没有列在合格供方名单中。

案例 8-2

内审员和受审核方到计算机房审核。

内审员：我应该脱下鞋子吗？

受审核方：哦，不用，我们都不脱。

审核员脱下鞋子走了进去。

案例 8-3

内审员：为什么你的计时器没有校准？

受审核方：都这样做的吗？你会不会校准你的手表？

内审员：不要离题，我现在谈的是你的计时器。

受审核方：我认为不需要去校准。

内审员：这是 ISO 9001 标准的要求。

受审核方：实际一点吧，校准费用比买一个新的还要贵。

内审员：那是你的事了。

思考：在案例 8-1、案例 8-2、案例 8-3 的内容中，你认为这些内审员的从业素质存在哪些问题？

二、内审员的从业要求

内审员应具有达到审核预期结果的必要知识和技能。所有内审员应具有通用的知识和技能，具有一些特定领域与专业的知识和技能。

（一）内审员应具有的通用知识和技能

（1）审核原则、程序和方法。内审员应掌握审核原则、程序和方法，使其在不同审核中保证审核实施的一致性和系统性。

（2）管理体系和引用文件。内审员应熟练掌握管理体系和引用文件，使其在审核中能理解审核范围，并运用审核准则。

（3）组织概况。内审员应了解受审核方的文化、类型、治理、规模、结构、职能和相互关系，同时，内审员还需要了解受审核方的通用业务、管理概念、过程和相关术语，包括策划、预算和人员管理。

（4）适用的法律法规要求、合同要求和适用于受审核方的其他要求。内审员应了解适用的法律法规和合同要求，并在此环境下开展工作。

（二）内审员应具有的特定领域与专业的知识和技能

内审员应具有以下特定领域和专业的知识与技能，以适应管理体系特定领域和专业的审核：

（1）特定领域管理体系的要求、原则及其运用。

（2）与特定领域和专业有关的法律法规要求，如内审员应知晓与法律责任、受审核方的义务、活动及产品相关的要求。

（3）与特定领域有关的相关方的要求。

（4）特定领域的基础知识、业务经营的基础知识，特定技术领域的方法、技术、过程和实践，应足以使内审员能审核管理体系，并形成适当的审核发现及审核结论。

（5）与受审核方的特定专业、业务性质或工作场所有关的特定领域的知识，应足以使内审员能评价受审核方的活动、过程和产品（产品和服务）。

（6）与特定领域和专业有关的风险管理原则、方法和技术，以使内审员能评估和控制与审核方案有关的风险。

🙂❓ **即问即答 8-4**

以下属于合格审核员的素质要求有（　　）。

A. 成熟和有专家气质　　　　　　B. 有分析能力
C. 合作的能力　　　　　　　　　D. 良好的外表、举止和性格

即问即答 8-4

第五节　审核员管理

一、审核员级别

1. 高级审核员

高级审核员即经授权且有资格带领审核员对管理体系进行审核的人员。

2．审核员

审核员即经授权且有资格对管理体系进行审核的人员。

3．实习审核员

实习审核员即经培训允许在审核员带领下见习管理体系审核的人员。

二、审核员注册制度

很多国家都设有自己的审核员注册机构，我国审核员注册机构是中国认证认可协会（CCAA）。第三方审核人员应经国家注册才能取得审核资格，而内部审核员既可注册也可不注册。内部审核员资格并不受是否注册而影响其开展内部审核工作。

三、内部审核员管理

1．培训

选择适合的人员接受组织内部培训或社会服务机构的培训，培训内容应适合于内部审核员的工作需要并注意知识的更新。

2．委派

应根据工作需要委派合适的内部审核员。

3．考核

对内部审核员的专业知识、工作能力和工作表现进行定期考核，建立培训、考核记录。

4．人数

保持足够的内审员人数，以满足组织开展内部审核和维护管理体系的需要。

四、内、外部审核员的区别

1．资格认定不同

内部审核员由组织培训或社会服务机构培训认定即可；第三方审核员必须经专门机构培训通过，并经国家认可机构专门考核、认可、注册。

2．代表对象不同

内部审核员代表组织管理者行使审核职责，本身是所在组织的成员；外部审核员代表审核委托方行使审核职责，通常是第三方认证机构或顾客的成员。

3．承担责任不同

内部审核员可与受审核方共同研究制定纠正措施；第二方审核员可以帮助组织制定程序，提出纠正和预防措施、建议或要求；第三方审核员一般不提供纠正措施、建议，应受审核方要求时对所提供的纠正措施需小心谨慎。

4．权力不同

内部审核员权力受到限制，只在授权范围时效内拥有；外部审核员有明显的权力，但需慎重使用。

5．独立程度不同

内部审核员与组织人事关系密切，但要努力保持相对独立性；外部审核员有完全的独立性，但要遵守职业道德。

6．职业化程度不同

内部审核员通常以兼职为主，只有在实施审核计划时才从事审核活动，是"第二职业"，第三方审核员通常以专职为主。由于职业化程度不同，内部审核员应比第三方审核员所要求的能力、素质、教育、培训更加灵活，要求可以高些也可以低些。

 即问即答 8-5

以下属于内、外审核员区别的是（　　　　）。

A．资格认定不同 　　　　　　　　B．承担责任不同

C．职业化程度不同 　　　　　　　D．权力不同 　　　即问即答 8-5

 案例 8-4

在审核案卷中有时会发现审核记录过于简单的情况，这是因为有人认为内部审核员在审核中只能说"是"或"不是"，说多了就有咨询之嫌。

思考： 从内审员责任心的角度，你认为这种说法妥当吗？

 案例 8-5

某审核员在对某轴承制造厂质量部的审核记录中写道："因近期生产的轴承数量太少，滚动体、保持器未采购，所以未能提供进货检验记录。"实际上，对轴承的生产稍有常识的人都知道，一般结构的滚动轴承都是由内圈、外圈、滚动体和保持器这四大件组成的，因受审核方自己不能生产滚动体和保持器，所以"生产的轴承数量太少"不能成为未保留进货检验记录的正当理由。

思考： 从审核员的工作行为规范角度，你认为这位审核员的问题在哪儿？

本章技能项目

项目一　审核思路训练

【操作设计】

- 以小组讨论交流的方式进行
- 写出审核内容
- 小组分享
- 教师点评

【案例资料】

1．以审核某营销部门为例，请阐述如何把基于风险的方法应用在审核营销过程中。（主

要针对标准的变化阐述总体思路）。

2．GB/T 19001—2016 标准哪些条款提出了基础设施的要求？以你所熟悉的企业为例，举例说明基础设施中设备管理（不包括监视和测量设备）的审核要点。

3．某平板玻璃生产企业依据 GB 11614—2009《平板玻璃》标准进行生产和质量检测，平板玻璃的尺寸、外观质量和光学性能是出厂必检项目，所用检测设备包括钢卷尺、外径千分尺、塞尺、分光光度计等，在生产流水线上采用计算机控制系统自动检测外观质量，发现外观不合格，系统自动进行报废处理。审核员查验了钢卷尺、外径千分尺和分光光度计的检定合格证书，发现比较齐全，于是很满意，道谢后就离开了。请阐述对该企业监视和测量资源还应审核哪些内容。

项目二 审核技能训练

【操作设计】

● 以小组讨论交流的方式进行

● 按规范的审核语言，写出案例中的不符合事实

● 写出对应的不符合条款号

● 提出改进措施

● 小组分享

● 教师点评

【案例资料】

1．审核员在审核采购部时发现，已按有关文件对 2019 年 5 月以后新增加的 7 家供方进行了现场审核，并且这 7 家已通过了评审成为合格的供方，但采购部不能出示新增加的 7 家供方的评价标准。

2．在一间电子工厂的资材部，业务员把过去两个月从总公司来的订单让审核员看，订单上都写明了型号和交货期。审核员问业务员，订单的评审是如何进行的，业务员回答说除非有特殊要求，一般若订单上的交货期在两星期后，他就签字接受，由于总公司已知道这个要求，因此不会把交货期定得短于 14 天，因此评审可以很简单，不需要看其他资料。

3．审核员在设备科了解到，现有的设施维修保养是按照公司制定的《设备维修保养规程》进行的，但该规程没有任何经过认可的证据。

224

4．审核员在客户服务部查看今年一季度的用户投诉处理记录，发现其中有 75%左右是要求退换仍在生产的 A 产品，销售科科长说："主要是 A 产品上使用的一批关键零件质量不太好，我们退的退、换的换、赔的赔，既麻烦又蚀本。这种零件买来后只进行抽检，不能保证 100%合格，我们只好自认倒霉了。"

5．质量部经理向审核员出示了当年的审核方案，方案表明当年对每个部门审核一次，审核时间均相同，每个有关的过程也都安排了审核。审核员问："你们的审核方案是怎样确定的？"经理说："三年前建立质量管理体系时，质量手册和程序文件都规定了每年要对每个部门进行一次审核，我们一直是这样做的。"审核员查了三年的记录，确实每年都按文件要求对每个部门进行了一次审核，而且没有漏掉有关过程。审核员又查了以前的审核报告，发现其中的不符合项报告有 70%都是在制造部的生产现场发现的。

第九章　质量管理体系内部审核要点及方法

【知识目标】

- ❑ 理解范围的审核要点
- ❑ 理解组织环境、领导作用、策划、支持、运行的审核要点
- ❑ 理解绩效评价和改进的审核要点

第九章学习引导

【技能目标】

- ❑ 能够准确把握范围、组织环境、领导作用、策划、支持、运行、绩效评价和改进等标准条款的审核要点
- ❑ 能够审核组织在范围、组织环境、领导作用、策划、支持、运行、绩效评价和改进共八个方面的符合性、有效性和充分性
- ❑ 能够指出组织内审中存在的不合格事实，统计分析不符合项，编制不符合项报告，提出内审中的纠正或改进措施
- ❑ 能够针对审核中的审核发现，编制形成内部审核报告

【素质目标】

- ❑ 培养精益求精的审核工作态度
- ❑ 培养科学、客观、公正的审核工作素养
- ❑ 培养良好的团队合作意识

【本章关键词】

质量管理体系；内部审核；审核要点

开篇导读

　　审核组在审核某铸造厂时，在稀土铁硅合金熔炼车间的检验记录中看到，记录的"出炉温度"栏内填写的都是1100℃。现场操作没有看到测温仪表，审核员问："对于温度你们是怎么检测的？"检验员说："应该用红外测温仪，但是我们觉得温度测得不准，因此我们的记录是凭经验写的。"审核员要求出示测温仪的校准记录，检验员由办公室取来检定证书，证书表明该仪器是上个月刚刚送到区计量检定所校准完毕的，结论是"合格"。审核员问检验员："你们使用红外测温仪多长时间了？"检验员不好意思地说："也就这次为了认证才买的，大家使用不习惯，就没有用。"审核员进一步查看《熔炼检验规程》，上面规定："使用测温仪检测温度，应在熔炼温度达到1100℃时出炉。"

　　❑　该案例中的审核要点及方法是什么？

第一节　范　　围

【审核要点】

（1）组织质量管理体系覆盖范围和过程是否有缺失？

（2）组织质量管理体系对标准条款是否有删减？如有，所删减条款中过程是否确凿？所删减条款是否影响组织提供满足顾客要求和适用法律法规要求的产品的能力和责任？

【审核关注点】

（1）本条款明确了质量管理体系的适用范围，说明有哪些需求的组织可以采用本标准⊖，以及采用了本标准后组织可以得到什么结果。

（2）本标准中的"产品和服务"，可在 ISO 9000:2015 标准中查询。

（3）充分关注产品和服务的不同点。

即问即答 9-1

以下不属于"范围"标准条款的审核要点的是（　　　）。

A. 组织的质量管理体系覆盖范围是否有缺失

B. 组织的质量管理体系覆盖过程是否有缺失

C. 组织的质量管理体系对标准条款是否有删减

D. 组织对相关方信息是否有监视和评审

即问即答 9-1

第二节　组 织 环 境

一、理解组织及其环境

【审核要点】

（1）组织是否确定与其目标和战略方向相关并影响其实现质量管理体系预期结果的各种外部和内部因素？

（2）是否对这些相关信息进行监视和评审？

【审核关注点】

（1）组织是否意识到内外部因素对质量管理体系可能的影响？

（2）是否获取和监视相关信息？

（3）在确定质量管理体系的关键要求时，ISO 9001:2015 中 4.1 条款是否为组织提供了必要的信息基础？

（4）内外部环境识别是否充分？

【审核内容示例】

审核内容：

（1）公司是否有企业简介，并能充分反映公司内部情况，如背景、经营范围、财务表现、

⊖ 本章中所讲标准、条款未做特别说明时，均指 ISO 9001:2015 标准及其中条款。

规模及设施、人力资源能力、技术优势、知识等（内部因素），及涉及的法律法规和专利技术、市场占有率、主要合作伙伴及同行的影响、物理边界、信息渠道（外部因素）？

（2）在工作例会或管理评审会上，公司是否对公司的内部和外部因素的相关信息进行监视、评价和更新？

审核记录：

公司高层已认识到与公司管理体系相关的内外环境，并确定相应的对策。

审核结果：

符合。

二、理解相关方的需求和期望

【审核要点】

（1）组织是否确定了与质量管理体系有关的所有相关方？

（2）是否对这些相关方制定了相关要求并进行了监视和评审？

【审核关注点】

（1）本条款是确保组织不仅关注顾客要求，而且对质量管理体系利益相关方的要求也应进行确定，并监视和评审所确定的相关方及其要求。

（2）相关方：顾客；最终用户或受益人；业主，股东；银行；外部供应商；雇员及其他为组织工作者；法律法规及监管机关；地方社区团体；非政府组织。

（3）要求：顾客要求，如符合性、价格、安全性；已与顾客或外部供应商达成的合同；行业规范及标准；许可、执照或其他授权形式；条约、公约及草案；和公共机构及顾客的协议；组织契约合同的承担义务等。

【审核内容示例】

审核内容：

公司是否收集相关方需求及期望（上级及主要供方及客户），具体包括：

（1）顾客对事物的要求，如符合性、价格、安全性。

（2）已与顾客或外部供应商达成的合同。

（3）行业规范及标准。

（4）和社区团体或非政府组织的协议。

（5）法规法案。

（6）备忘录。

（7）许可、执照或其他授权形式。

（8）监管机构发布的制度。

（9）条约、公约及草案。

（10）和公共机构及顾客的协议。

（11）组织要求。

（12）自愿原则或行为规范。

（13）自愿标示或环境承诺。

（14）组织契约合同的承担义务。

审核记录：

（1）公司与质量、环境、安全体系有关的相关方有客户、供方、承包方、社会团体、政府机构等。

（2）公司已识别了与公司管理体系的相关方期望与要求。

（3）公司已对这些期望与要求进行了评审。

审核结果：

符合。

三、确定质量管理体系的范围

【审核要点】

（1）组织是否确定了质量管理体系的范围？

（2）是否对这些信息形成了相关文件？

【审核关注点】

（1）组织确定范围应考虑 4.3a）～c）的内容，使其对标准要求的应用与组织的内、外部环境相适应。组织在考虑 4.1、4.2 条款的要求时，已很难在质量管理体系范围中排除任何部门或过程。

（2）根据其规模和复杂程度、所采用的管理模式、活动领域以及所面临风险和机遇的性质，对适用性进行评审。

（3）本标准要求进行适用性评审并非完全新的要求，但需注意的是，由于 2015 版标准有关要求的变化，可能使我们重新考虑过去的一些习惯做法。

【审核内容示例】

审核内容：

（1）公司是否有明确的质量管理体系的边界和范围，并且该范围和边界已考虑了公司内外部因素、相关方要求和公司产品服务？

（2）公司的质量管理体系范围是否形成文件，并得到保持？

审核记录：

（1）已确定质量管理体系的范围。

（2）三合一手册中有描述，与公司实际相符合。

（3）质量管理体系范围的确定考虑了内外部因素、相关方要求和公司产品服务。

（4）质量管理体系范围中的地理边界和管理边界明确。

审核结果：

符合。

四、质量管理体系及其过程

【审核要点】

（1）组织是否按照标准要求建立、实施、保持和改进质量管理体系？

（2）组织质量管理体系过程是否被确定和管理？过程间顺序及关系是否被确定和管理？

（3）组织质量管理体系关键过程所需资源和信息是否充分，足以支持过程有效运行和监控？

（4）组织质量管理体系及过程测量和监控点是否确定并有效？对测量和监控结果是否有分析、改进活动？

（5）组织是否存在对产品质量有影响的外包过程？如有，在组织质量管理体系中是否明确并实施了控制？

【审核关注点】

（1）确定质量管理体系所需的过程以及考虑其在组织中的应用，按条款 a）～h）识别和确定。

（2）应关注到新增部分所带来的变化，如条款：c）确定和应用所需的准则和方法（包括监视、测量和相关绩效指标），以确保这些过程的有效运行和控制；e）分配这些过程的职责和权限；f）按照 6.1 的要求应对风险和机遇；h）改进过程和质量管理体系。

（3）应关注确定过程所需考虑的内容及过程中的风险应对措施。

【审核内容示例】

审核内容：

（1）公司是否确定质量管理体系的整个过程，包括：是否确定这些过程所需的输入和期望的输出？

（2）是否确定这些过程的顺序和相互作用？

（3）是否确定和应用所需的准则和方法（包括监视、测量和相关绩效指标），以确保这些过程有效的运行和控制？

（4）是否确定这些过程所需的资源并确保其可用性？

（5）是否分派这些过程的职责和权限？

（6）是否按照 6.1 的要求所确定的风险和机遇？

（7）是否对前述过程进行评价？

（8）是否评价了过程，实施了所需的变更，以确保实现这些过程的预期结果？

（9）是否有改进过程？

（10）公司是否形成管理体系文件以支持体系运行？

（11）公司是否保留各类记录以证明体系的正常运行？

审核记录：

（1）已确定管理体系及其过程，并考虑了 4.1 和 4.2 的内容。

（2）在编制的管理手册中，各过程描述清楚。

（3）公司为管理体系的运行，配置了适宜的资源。

（4）公司有质量手册、程序文件、三级文件等。

审核结果：

符合。

💡 **同步训练 9-1**

目标：掌握"组织环境的审核要点"

1. 以下不属于"理解组织及其环境"条款的审核关注点的是（   ）。

   A. 组织是否确定了质量管理体系的边界和适用性

   B. 组织是否考虑了负面条件

   C. 组织是否考虑了来自当地的市场状况

   D. 组织是否对外部和内部因素的相关信息进行了监视和评审

同步训练 9-1

2. 以下不属于"质量管理体系及其过程"条款的审核关注点是（   ）。

   A. 是否按照 6.1 的要求所确定的风险和机遇

   B. 是否确定这些过程所需的资源并确保其可用性

   C. 组织是否确定质量管理体系的整个过程

   D. 是否确定了与质量管理体系有关的所有相关方

第三节 领 导 作 用

一、领导作用和承诺

【审核要点】

（1）最高管理者对满足顾客要求有何想法？现以何方式传达满足顾客要求的重要性，并提供其身体力行的证据？

（2）组织确定的适用的法律法规有哪些？这些法律法规分管部门是否清楚并得到有效执行？组织是否评价其行为和结果符合法律法规的情况？发现不符合之处，是否采取改进措施？

（3）最高管理者是否组织制定质量方针和目标，并使其成为组织焦点，成为建立、实施、保持和改进质量管理体系的宗旨？

（4）组织质量方针、目标是否形成文件，由最高管理者批准颁发？

（5）建立、实施、保持、改进质量管理体系所需资源，最高管理者如何确保提供？有否实例佐证？

（6）"以顾客为关注焦点"经营理念是否在组织中得到树立？组织关注焦点是否放在顾客身上，特别是不满意的顾客身上？

（7）为实现顾客满意目标，最高管理者是否推动全员参与，并有切实可行的操作过程和手段，最大限度地调动员工的参与意识和能动性？

（8）组织通过哪些方式、途径，以确保顾客要求得到确定、转化为产品要求并予满足？组织是否针对顾客和最终使用者来确定他们关心的产品特性，特别是产品的关键特性？

（9）在确定顾客的需求和期望时，组织是否已考虑与产品有关的义务（如对健康和安全的责任、环境保护等）和法律法规要求，并转化为组织目标、指标和要求，采取措施，且得到落实、实现？

【审核关注点】

（1）最高管理者的领导作用是整体质量管理体系建立、实施、监视与测量以及持续改进其有效性的基本必要条件。

（2）最高管理者证实其领导作用和对质量管理体系的承诺的十个方面，其中五个方面属于提出的新要求：

1）5.1.1a：最高管理者应对质量管理体系的有效性负责。

2）5.1.1c：最高管理者应确保质量管理体系要求融入组织的业务过程。

3）5.1.1d：最高管理者应促进使用过程方法和基于风险的思维。

4）5.1.1g：最高管理者应确保质量管理体系实现其预期结果。

5）5.1.1j：最高管理者支持其他相关管理者在其职责范围内发挥领导作用。

（3）明确了最高管理者在贯彻以顾客为焦点方面的领导作用。

（4）沟通，了解组织的质量文化，了解组织是否将以顾客为关注焦点、实现满足顾客要求和法律法规要求、向顾客交付价值，实现期望的业务结果，作为质量管理体系的核心导向。

（5）围绕以顾客为关注焦点，即基于风险的思维方法，识别影响产品和服务符合性及顾客满意的风险和机会，并予以处理。

【审核内容示例】

审核内容：

（1）最高管理者是否能证实对质量管理体系的领导作用和承诺？包括：

1）确保体系的方针、目标，并与组织环境和战略方向相一致。

2）体系要求融入组织业务过程。

3）促进使用过程方法和基于风险的思维。

4）确保体系所需资源的可用性。

5）沟通管理体系的重要性和有效性。

6）确保体系实现预期效果。

7）促进、指导和支持人员为体系的有效性做出贡献。

8）推动改进。

9）支持其他相关管理者在其职责范围内发挥领导作用。

（2）最高管理者是否能通过确保以下方面，证实其以顾客为关注焦点的领导作用和承诺：

1）确定、理解并持续地满足顾客要求以及适用的法律法规要求。

2）确定和应对能够影响产品和服务的符合性以及增强顾客满意能力的风险和机遇。

3）始终致力于增强顾客满意。

审核记录：

（1）领导环境意识强，通过制定方针、目标实现公司的经营宗旨，领导层为确保体系运行，配置的资源适宜。

（2）领导层通过会议形式及授权形式推进体系工作。

（3）提供高层会议纪要。

（4）顾客的要求一般是通过电话、采购订单传真或者向销售人员提出。对于顾客的要求，公司领导都能认真考虑，想方设法予以满足。

（5）查合同、订单

（6）查《顾客满意度调查》《顾客满意度统计及分析》。

审核结果：

符合。

二、方针

【审核要点】

（1）质量方针是否与组织的宗旨相适应，与组织的总方针相一致，体现组织的目标和特点？

（2）质量方针是否包含满足相关方（特别是顾客、员工、供方、社会）要求的承诺？是否包含持续改进质量管理体系的承诺？两个承诺是否有实质性内容和方向？

（3）质量方针是否为质量目标的制定、评审提供了明确的框架，具有较强的方向性和指导性？

（4）质量方针及其含义在组织各层次员工中是否得到充分、正确理解，并协调一致、深入人心？

（5）质量方针在组织各层次中，是否得到贯彻和坚持？是否进行评审，以确保其持续适宜，得到有效贯彻？

【审核关注点】

最高管理者是否将质量方针与组织战略方向保持一致，是否充分考虑影响组织运营的内部、外部的环境因素，考虑顾客要求、法律法规要求、各利益相关方的需求和期望，针对组织的过程、产品和服务的性质和特点，在识别了风险和机会的基础上，建立质量方针。

【审核内容示例】

审核内容：

（1）最高管理者是否制定、实施和保持质量方针？

（2）在考虑质量方针时是否考虑如下内容：

1）基于组织使命、愿景、指导原则及核心价值观建立的战略方向。

2）组织成功所需的改进程度及类型。

3）期望或渴望达到的顾客满意度。

4）相关利益相关方的需求及期望。

5）达成预计结果所需资源。

6）利益相关方的潜在贡献。

（3）质量方针是否形成文件？

（4）是否有对组织员工、职能人员及利益相关方进行质量方针的沟通，确保质量方针被清晰地理解并贯穿于整个组织。

审核记录：

（1）公司制定了质量方针，经体系的运行，证明方针是适宜的，体现管理体系的要求。

（2）已经形成文件，通过会议、传真等宣传到相关方。

审核结果：

符合。

即问即答 9-2

以下不属于"领导作用和承诺"条款的审核关注点的是（　　）。

A. 最高管理者是否已确保质量管理体系与组织的业务过程整合

B. 最高管理者是否已促进过程方法的使用和基于风险的思维

C. 最高管理者是否已确保质量管理体系实现其预期的结果

D. 最高管理者是否将质量方针与组织战略方向保持一致

即问即答 9-2

三、组织的岗位、职责和权限

【审核要点】

（1）组织各个部门、各级人员职责、权限及其相互关系是否确定并予以沟通？

（2）组织所有员工是否清楚本职范围并被有效沟通履行？

【审核关注点】

（1）"确保各过程获得其预期输出"是 2015 版标准提出的新要求，体现了新版标准更关注结果的意图。不再提及"管理者代表"这一特定角色。

（2）角色、职责的划分是否适合组织？

（3）角色、职责的划分是否考虑了其产品和服务的生命周期全过程？

（4）是否适合于其过程、产品和服务的性质和特点？角色和职责是否明确？

（5）授权的范围和程度是否适合于相应人员完成其所担当角色的职责所需？

【审核内容示例】

审核内容：

（1）公司内各职位职责是否明确？

（2）权限分派、沟通和理解是否适宜？

（3）各职责间关系是否明确？

审核记录：

（1）公司有相应的管理制度来对各管理岗位职责与权限进行描述。

（2）管理手册中也有各部门职责的描述。

审核结果：

符合。

即问即答 9-3

以下不属于"组织的岗位、职责和权限"条款的审核关注点的是（　　）。

A. 组织的角色、职责的划分是否适合组织

B. 组织的角色、职责的划分是否适合其过程、产品和服务的性质和特点

C. 组织授权的范围和程度是否适合相应人员完成其所担当角色的职责所需

D. 最高管理者是否制定、实施和保持质量方针

即问即答 9-3

233

第四节 策 划

一、应对风险和机遇的措施

【审核要点】

（1）应对措施的输入信息是否真实可靠？

（2）产品和服务要求的确定是否得当、明确和充分？是否满足顾客和法律法规要求？

（3）产品和服务的设计和开发是否从技术上做好了风险防范？

（4）选择、评价和监控外部供方的风险评价工作是否做扎实？

（5）生产和服务过程控制中的人、机、料、法、环、测等受控条件和工序流程中的风险防范工作是否做扎实？

（6）产品和服务运行策划中的每个项目实现过程中风险管理计划是否做扎实？

【审核关注点】

本标准重点关注质量管理体系所有与过程相关的风险。

（1）组织应识别出希望达到的目标和期望的结果。

（2）在策划过程中，应了解可能影响结果的因素，其中包括对相关风险和机遇的识别，并应考虑外部、内部环境，以及利益相关方影响。

（3）在识别风险和机遇时，组织可关注提升正面效果，创造新机会并预防或降低不良效应（预防措施）。

【审核内容示例】

审核内容：

企业是否有明确可能需要应对的风险和机遇。为确定需要应对的风险和机遇：

（1）公司在策划质量管理体系时，是否考虑内部和外部因素？

（2）公司在策划质量管理体系时，是否有理解相关方需求？

（3）公司是否有策划应对风险和机遇的措施？这些措施可能包括产品及服务的检查、监视和测量、校准，产品及过程设计，纠正措施，规定方法和工作指导书，培训及使用有能力人员等方面。

（4）应对风险和机遇的措施是否得到实施？是否评价措施的有效性？

审核记录：

（1）已根据 ISO 9001:2015 的 4.1 和 4.2 条款的相关要求建立起相应的风险和机遇评估控制程序，并按要求分析、评价、并制定了相应的控制措施。

（2）已根据 ISO 9001:2015 的 4.1 和 4.2 条款的相关要求建立起相应的风险和机遇的措施清单。

审核结果：

符合。

234

二、质量目标及其实现的策划

【审核要点】

（1）在组织的各层次上是否已建立质量目标？

（2）所建立质量目标与质量方针和持续改进的承诺是否一致？

（3）所建立质量目标是否可测量？

（4）目标之间是否协调一致？是否相互保证？

（5）所建立的质量目标是否包括满足产品要求所需的内容，如研发设备、研发水平等目标？

（6）组织为实现质量目标是否进行质量管理体系策划，分析确定实现目标的问题及相应措施，时间要求、责任人落实明确，并对目标实现程度有检查、有评价？

（7）组织质量目标更改策划与实施时，过程是否受控，以确保贯彻质量方针和质量管理体系的完整性？

【审核关注点】

（1）应关注实现质量目标过程中的要求，如监视、沟通和更新。

（2）组织应在相关职能、层次、过程上建立与方针、战略、愿景相一致的质量目标或绩效指标，并应在横向——同级部门（基于业务关联或服从）、纵向——最高管理层、中层、基层，基于各自承担的职能设立或分解，此时需要进一步考虑与组织绩效管理相衔接。

【审核内容示例】

审核内容：

公司在策划如何实现质量目标时，是否有考虑：

（1）完成的时限。

（2）由谁去完成目标。

（3）是否有充足的资源。

（4）如何评价结果。

审核记录：

针对目标，已制定相应的措施和考核评价办法。

审核结果：

符合。

235

三、变更的策划

【审核要点】

（1）组织针对质量管理体系进行变更时，是否考虑了变更的目的及潜在后果？是否考虑了管理体系的完整性？

（2）组织在进行质量管理体系变更前是否考虑了资源的可获得性？

（3）为实施质量管理体系变更，是否产生了责任和权限的分配或再分配？

【审核关注点】

（1）2015版和2008版5.4.2b条款相比，明确了要考虑目的、后果、资源以及职责的变化。

（2）在策划质量管理体系的必要变更时，应提前预防变更造成的不良影响，并确保在可控的条件下进行。

（3）应关注策划质量管理体系变更时，是否采用了基于风险思考的方法及必要措施。

（4）应关注质量管理体系变更的时机，变更时是否考虑到了风险和机遇，以及变更后的后果是否达到要求。

【审核内容示例】

审核内容：

在质量管理体系变更前，公司是否对其进行评估，主要包括：

（1）变更目的及其潜在后果。

（2）体系的完整性。

（3）资源的可获得性。

（4）职责和权限的分配或再分配。

审核记录：

目前没有发生变更的项目。

审核结果：

符合。

 同步训练 9-2

目标：理解并掌握"策划"的审核关注点

1. 以下不属于"策划"条款的审核关注点的是（　　）。

　　A. 组织在进行质量管理体系变更前是否考虑了资源的可获得性

　　B. 所建立质量目标是否可测量

　　C. 所建立质量目标与质量方针和持续改进的承诺，是否一致

　　D. 质量方针是否形成文件

同步训练 9-2

2. 组织对质量管理体系进行变更时，以下不正确的考虑是（　　）。

　　A. 变更目的及其潜在后果　　　　　　B. 质量管理体系的完整性

　　C. 资源的可获得性　　　　　　　　　D. 职责和权限的固化

3. 在策划（　　）时，组织应考虑所处环境的因素和相关方的要求，并确定需要应对的风险和机遇。

　　A. 质量目标　　　B. 质量管理体系　　　C. 产品实现过程　　D. 质量方针

4. 依据 GB/T 19001—2016 标准 6.1.1 条款要求，在策划质量管理体系时，组织应考虑到（　　）。

　　A. 组织的环境　　　　　　　　　　　B. 相关方的要求

　　C. 需要应对的风险和机遇　　　　　　D. 组织的产品和类别

5. 当组织确定需要对质量管理体系进行变更时，组织对变更进行策划时应考虑（　　）。

　　A. 产品的价格变化

　　B. 质量管理体系的完整性

　　C. 资源的可获得性及职责和权限分配或再分配

　　D. 变更目的及其潜在后果

6. 审核员在现场审核时，询问针对公司的质量目标如何实现时，公司管理部门拿出一份体系管理方案，适合这一情景的是（　　　　）。

A. 6.2.1　　　　　B. 6.2.2　　　　　C. 6.3　　　　　D. 5.2

第五节　支　持

一、资源

【审核要点】

（1）为实施、保持、改进质量管理体系过程，达到顾客满意，组织是否能够及时确定并提供所需资源？关键过程、关键岗位资源是否充足、适宜？

（2）组织对资源的确定、提供、使用是否进行管理、验证，清除了不适当资源、不适当使用，提高资源利用率？

（3）组织各个岗位的任务、性质及要求是否确定？是否根据履行岗位职责所要求的能力安排人员？

（4）组织是否从教育、培训、技能和经历等方面评价工作人员的能力或进行人力素质测评？

（5）组织为实现产品符合性，必须具备哪些基础设施？这些设施是否得到维护，是否有台账，是否有维护保养计划，能够持续满足运行要求？

（6）基础设施选址、布置是否适宜，有利于确保组织的工作效率和研发的产品质量？

（7）对实现产品符合性有重要影响的建筑物、工作场所，是否足够（如面积）、适宜（如位置）？

（8）组织有哪些过程设备？这些过程设备的技术状态和技术性能是否能够确保实现产品的符合性？组织通过哪些维护方式、手段、过程来确保关键设备的技术状态良好？

（9）组织有哪些硬件、软件？这些硬件和软件配置是否充足、适当，得到维护和控制？

（10）组织支持性服务（如运输、通信）是否确定、完整、快捷、准时，且组织为实现产品符合性所需支持性服务得到有效维护？

（11）组织为实现产品的符合性，有哪些重要工作环境因素（包括人和物理的因素）？这些环境因素是否得到识别和管理？

（12）组织为保证产品质量所确定的工艺卫生环境要求（如光亮度、温湿度、噪声、粉尘等）是否充分、适宜？并得到控制？

（13）组织为保护员工身心健康、安全，确保工作质量和效率，是否识别并采取措施消除工作过程中的有害因素，预防事故，预防错误过程（活动）？

（14）工作环境中人、物、场所配置与结合是否满足员工的工作需要？是否满足研发产品质量控制的需要？是否有利于建立、保持安全、文明的工作环境？

（15）组织的测量和监视设备是否根据质量控制、保证和改进要求配置？所配置的测量和监控设备能力是否满足规定要求？

（16）组织已规定了哪些监视和测量活动？组织通过建立哪些过程，确保上述活动可行并与监视和测量要求相一致的方式实施？

（17）组织是否建立了测量设备量值传递系统，可追溯至国际或国家承认的测量基准？所有测量设备校准是否均已纳入校准系统，并规定了校准或验证周期？测量是否已按规定周期或在使用前得到校准或验证？测量设备校准或验证没有国际或国家承认的测量基准时，组织是否制定用于校准或验证的文件？测量设备校准或验证结果是否建立记录并予保持？是否建立标识，用于确定其校准状态？计算机软件满足预期用途的能力在初次使用前是否得到确认和记录？对需重新确认的情况是否规定、实施并有记录？

（18）组织对岗位基本培训要求（应知应会）是否确定？主关键岗位上岗员工是否达到了岗位应知应会要求？

【审核关注点】

（1）关注组织识别的应获取的外部资源以及如何获取，包括内部资源以及外部资源。

（2）更加关注组织在选人、用人方面的要求，包括用人需求的提出、选对人、把人放对位置等人力资源管理要求。组织内部的人员以及供方人员能力以及风险评估。

（3）关注对外包服务提供人员和外部服务供方的能力评估和风险管控是否到位，一线操作人员中的特殊工种和关键、敏感岗位的人员配置是否符合特定的要求，尤其应关注组织对外部服务供方的任何变更如何进行及时应对。

（4）基础设施可依据组织提供的产品和服务的类型而变化。审核中关注产品和服务的基础设施的不同点，还应关注智能化设备设施的选型、完好状态，如对于服务行业直接提供给客户使用的智能化，在现场审核过程中需要紧密围绕组织 SAP/ERP/MES/CRM 等各类业务信息系统和管理信息系统。

（5）工作环境更改为过程运作环境，明确了包括社会因素和心理因素。

（6）运行环境根据组织所提供的产品和服务类型而异，社会和心理因素对产品和服务质量的影响很重要，服务提供过程中的社会和心理因素需要重点关注。

（7）关注是否根据其业务和管理流程中所暴露的各类风险来识别、提供、维护和管理过程运行环境，特别是服务行业。

（8）从监视测量设备扩大为监视测量资源，制造行业和服务行业的资源需求不同。

（9）应关注产品和服务资源需求、控制方式及可溯源方式的不同。

（10）不同的组织所需的组织知识不同，要关注知识的识别、获取以及保护、更新。

238　　（11）还要关注以下问题：保留的大量数据未分析；重复投资开发已存在的知识；同类问题在本组织内重复发生；解决问题后并未纳入规范；相同工作因人不同而绩效差异极大等。

【审核内容示例】

审核内容：

（1）公司是否有对为满足质量管理体系要求的人力资源、材料、能力、信息、设施等进行评估？

（2）公司是否识别各种现有制约，即为减少不良影响或达成目标需要什么，以及需要什么措施？

（3）最高管理者应确保在组织内建立适当的沟通过程，并确保对质量/环境/职业健康安全体系的有效性进行沟通。各职能层次间的沟通是如何开展的？对信息沟通的职责和方法以及对重大事件、问题的沟通是如何开展的？

（4）是否使用了恰当的沟通形式？开展的情况如何？信息是否被有效地利用？

（5）组织在质量体系策划和为实现产品/服务过程策划中是否确定和提供并维护为实现产品符合性所需的基础设施？

（6）对基础设施，包括建筑物、工作场所和相关设施、过程设备（硬件和软件）等是否进行了适当的维护，以运行过程，并获得合格产品和服务？

（7）支持性服务如运输或通信等是否能确定和提供？

（8）公司是否提供适当的工作环境？

（9）公司是否为员工提供培训机会？

（10）公司是否合理安排工作，预防人员筋疲力尽？

（11）公司是否具备测量设备？测量设备是否经检定或校准？

（12）监视和测量是否有计划？记录是否保存？

（13）是否对从事影响质量活动的部门、层次、人员进行了识别？

（14）是否确定了从事影响产品质量工作人员所必需的能力？是否对影响产品质量工作的人员能力胜任与否进行了评价和考核？经理、质量检查人员、特种作业人员是否按照法律法规的要求持证上岗？

（15）沟通的内容是否能促进组织质量活动协调和质量/环境/职业健康安全体系过程及其有效性？组织如何进行内外部沟通？如何策划内外部沟通的过程？有哪些记录来证明？

（16）公司是否定期总结并收集各项管理经验，并进行交流，以确保经验知识的积累，获取组织内部人员的知识和经验，从顾客、供应商和合作伙伴方面收集知识，获取组织内部存在的知识（隐性的和显性的），与竞争对手比较，与相关方分享组织知识，根据改进的结果更新必要的组织知识？

审核记录：

（1）公司能提供相应的资源要求，以满足产品生产的需要。资源配置合理。

（2）有各岗位人员能力要求表和对相应人员能力进行确认的记录，特种设备操作工都持照上岗。

（3）公司提供了适宜的生产设备。设备每年按计划进行维护保养工作。能满足生产环境安全需要。

（4）环境基本符合要求。

（5）有测量设备一览表和量具校正计划，提供检定报告。

（6）公司定期召开会议等。

审核结论：

符合。

同步训练 9-3

目标：理解并掌握"资源"的审核要点

1. 以下不属于"资源"条款的审核要点的是（　　　　）。

同步训练 9-3

　　A. 公司是否合理安排工作，预防人员筋疲力尽

　　B. 基础设施包括建筑物、工作场所和相关设施、过程设备（硬件和软件）等是否进行了适当的维护

C. 组织各个岗位的任务、性质及要求是否确定

D. 组织培训资源（包括师资、教材、场所、设施、经验、工具等）是否充足适宜

2. 以下组织的知识属于外部来源的是（　　　）。

A. 从经验获得的知识　　　　　　　　B. 从失败和成功项目汲取的经验和教训

C. 获得和分享未成文的知识和经验　　D. 学术交流

3. 当利用监视和测量来验证（　　　）符合要求时，组织应确定并提供所需的资源，以确保结果有效和可靠。

A. 产品和服务　　　B. 审核证据　　　C. 知识和经验　　　D. 顾客要求

二、能力

【审核要点】

（1）组织是否针对为满足组织发展、个人成长必须具备的知识、经验、能力提出新的培训要求？

（2）组织培训资源（包括师资、教材、场所、设施、经验、工具等）是否充足适宜？

（3）根据组织确定的培训需求是否安排计划、组织分层分类培训，确保按需培训、学以致用？

【审核关注点】

识别从事影响质量绩效和效率的岗位；能力评价以及能力获取情况；不仅仅培训，也应关注其他获取方式；是否采用绩效面谈、培训等多种手段确保人员能力持续满足。

【审核内容示例】

审核内容：

（1）是否对从事影响质量活动的部门、层次、岗位人员进行了识别，对各类人员所需的教育、培训、技能和经验提出了要求？

（2）针对需求是否提出了培训计划（包括特殊工种、工作人员）或采取其他措施并组织实施？

（3）通过何种方式宣传/培训确保员工意识到所从事活动的相关性和重要性，并为实现质量目标做出贡献？

（4）是否适当地保存了教育、培训、技能、经验的记录？

（5）看培训需求是否合理？是否按计划实施？通过查相关记录验证计划完成情况，抽查相关培训和评价记录。

（6）能力要求描述中有无对人员适当的教育、培训或经历要求，以确保员工能够胜任？

（7）有无相应措施以获得所需能力？如何评价措施有效性？有无相应的记录证明人员能力？

审核记录：

有各岗位人员任职要求。有人员能力评定记录和培训计划及相应的培训记录和培训效果评价记录。

审核结果：

符合。

即问即答 9-4

"某车间新分配的操作人员不会操作生产设备"不符合 GB/T 19001—2016
标准（　　）条款要求。

即问即答 9-4

A．5.3 　　　　　　B．7.1.2 　　　　　　C．7.2 　　　　　　D．8.5.1

三、意识

【审核要点】

（1）组织是否注重能力（如技术能力、管理、交往能力）培训？是否注重意识（参与意识、质量意识）培训？在实际工作中，员工是否具备要求的知识、意识和能力？

（2）组织对所开展培训的有效性是否进行评价？所采取的评价方法（包括考核实例、观察、问卷等）是否有效、适宜？

（3）组织员工是否建立保持了教育、培训、技能和经历的记录？

【审核关注点】

关注员工形成意识的方法，通过员工面谈，查阅相关方法记录予以证实。

【审核内容示例】

审核内容：

（1）公司员工及各相关方是否知晓公司质量方针、质量目标？

（2）公司员工及各相关方是否明确对"可接受"产品和"不合格"产品和服务的知识和理解？以及当产品和服务不满足规范时，该如何去做？

（3）公司是否有相关沟通过程？

（4）员工是否知晓其对管理体系的贡献？员工是否知晓不符合管理体系要求的后果？

审核记录：

公司运输和量具检定为外包过程，按要求进行了管控。

审核结果：

符合。

即问即答 9-5

241

以下不属于"意识"条款的审核要点的是（　　）。

A．组织对所开展培训的有效性是否进行评价

B．组织是否建立保持了教育、培训、技能和经历的记录

C．组织是否注重意识（参与意识、质量意识）培训

即问即答 9-5

D．组织是否针对为满足组织发展、个人成长，必须具备的知识、经验、能力提出新的培训要求

四、沟通

【审核要点】

（1）在内部沟通中，最高管理者是否发挥了主动主导作用，以确保在不同的层次和职能

之间进行有效、充分的沟通？

（2）在自上而下沟通过程中，组织有哪些沟通方式（如例会制度）？

（3）在自下而上沟通过程中，组织有哪些沟通方式（如报告制度）？

（4）在横向与纵向沟通过程中组织有何措施防止混乱，避免统一指挥系统被破坏？在内部沟通过程中，是否存在主要障碍？

【审核关注点】

（1）组织不仅需要开展内部沟通，还需要进行外部沟通，组织内部和外部的沟通需要的方法可能不同，组织需确定沟通的内容、对象、方法以及时机、责任人。

（2）关注组织是否围绕各利益相关方的需求和期望做出了合理的沟通安排。通过与管理人员的面谈获取这方面信息。

（3）关注有无沟通不畅情况，有无出现问题。

【审核内容示例】

审核内容：

（1）最高管理者应确保在组织内建立适当的沟通过程，并确保对质量/环境/职业健康安全体系的有效性进行沟通。

（2）各职能层次间的沟通是如何开展的？对信息沟通的职责和方法以及对重大事件、问题的沟通是如何开展的？

（3）是否使用了恰当的沟通形式？开展的情况如何？信息是否被有效地利用？

（4）沟通的内容是否能促进组织质量活动协调和质量/环境/职业健康安全体系过程及其有效性？

（5）组织如何进行内外部沟通？

（6）如何策划内外部沟通的过程？有哪些记录来证明？

审核记录：

（1）公司注意沟通，有班前会、定期会议；定期交流质量环境管理要求。

（2）公司定期与不定期与外部进行交流。

（3）目前质量上无内外部投诉发生。

审核结果：

符合。

五、成文信息

【审核要点】

（1）组织建立的文件是否包括了质量方针和质量目标、质量手册、程序、记录及其他所要求的文件？

（2）组织是否按照标准要求建立了文件化体系？

（3）组织是否根据内部管理需要建立了相应程序文件？

（4）组织是否按照标准要求建立了质量记录？

（5）组织质量管理体系文件详略是否得当？是否适宜、可操作？

（6）组织质量管理体系文件有哪些媒体形式或类型？这些文件表现形式或类型是否适

当、有效？

（7）组织质量管理体系文件详略程度是否与下列因素相适应？

1）组织的规模和类型。

2）过程的复杂程度及相互关系。

3）涉及人员所需的能力。

（8）组织是否按照标准要求建立并保持了"记录控制程序"，该程序适用范围是否包括了质量管理体系实施、保持和改进产生的所有记录（包括原始记录、统计报表、分析报告、相关方有关记录和以各种媒体形式存在的记录）？

（9）组织是否按照标准要求设置了质量记录？记录项目是否满足标准要求？

（10）组织为确保质量管理体系过程有效运作、控制、证实、改进，是否设置了必要记录？

（11）质量记录是否按规定进行标识？标识是否达到唯一可追溯？文件是否规定了外部质量记录如何标识？

（12）质量记录的填写是否真实、及时、清楚、正确？

（13）质量记录的传递（包括收集、报送、领用、分发、归档、联网等方式）是否确定要求？

（14）质量记录是否确定保存地点、方式、期限？记录保存环境设施是否适宜，能防止损坏、变质或丢失？记录保存期限是否适宜，能满足证实、控制、追溯、改进要求？记录保存检索是否简便？

（15）保存的记录是否按照时间要求进行了鉴定和整理？对失效的无保存价值的记录是否及时按照规定进行了处置？

（16）组织是否按照标准要求建立并保持"文件控制程序"？该程序适用范围是否包括组织质量管理体系要求的所有文件（内、外部文件；各种类型及形式的文件）？

（17）文件发布前是否组织相关部门评审，以确保文件的适用性、完整性、协调性？

（18）组织文件批准权限是否按文件类别、适用范围、所处层次确定了相应的批准人？所有文件发布前是否得到批准，以确保文件的适宜性和有效性？

（19）文件是否发至使用场所或岗位？执行人员是否能得到所需文件？

（20）文件是否得到及时更改？文件更改前是否批准？更改的文件是否确保了四个到位（即所有同一文件更改到位，所有相关文件更改到位，所有相关部门/岗位通知到位，涉及实物时处置到位）？

（21）不同类型、状态（如修改、外来文件）的文件是否按规定进行标识、保持清晰、易于识别和检查？

（22）组织有哪些外来文件？这些文件分发是否受控？

（23）组织分发至供方及其他相关方的文件是否受控？

（24）作废文件是否已撤出使用场所？未撤出时，是否有明显标识，能防止非预期使用？

（25）组织文件保管是否指定设施、场所、人员，能确保文件不损坏、不丢失、及时提供？

（26）组织是否建立文件档案？文件归档、整理、鉴定/评审、保管、利用是否受控？

【审核关注点】

（1）用于沟通信息、提供所策划的活动完成的证据或经验分享时才有可能需要形成文件的信息，不能以认证为目的或为接受外部检查而将质量管理体系过度文件化。

（2）控制包括对编制、批准、发放、使用、更改、再次批准、标识、回收和作废等全过程进行管理。在原来审核的内容上，关注新增加的内容：文件的访问以及妥善保护情况。控制不再强调形式。

【审核内容示例】

审核内容：

（1）公司是否按标准要求和按公司情况形成质量管理体系文件信息？并保持和保留这些文件信息？

（2）如何识别外部文件？文件是如何保管的？

（3）文件是否有标识和说明？

（4）文件都有哪些形式？是否经过评审和批准？

（5）记录控制程序是否完整？是否有可操作性？程序文件是否为有效版本？

（6）是否规定了失效文件的处置、管理办法？所有文件是否字迹清楚？标识是否明确？

（7）文件化信息的形成与活动是否同步进行？

（8）文件修改后是否重新批准？识别修改状态的方法是什么？使用时是否都使用适应文件的有效版本？

审核记录：

（1）有文件控制程序，规定了文件处置的相关要求和规定。有记录清单和受控文件清单、外来文件清单等。有相应的文件发放回收记录及文件处置记录。

（2）有文件创建和更新。

（3）文件控制程序/文件管理符合要求。

审核结果：

符合。

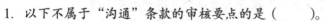 同步训练 9-4

目标：理解并掌握"沟通和成文信息"的审核要点

同步训练 9-4

1. 以下不属于"沟通"条款的审核要点的是（　　　）。

    A. 组织各职能层次间的沟通是如何开展的

    B. 组织沟通过程的记录控制程序是否完整

    C. 是否使用了恰当的沟通形式

    D. 组织如何进行内外部沟通

2. 以下不属于"成文信息"条款的审核要点的是（　　　）。

    A. 组织如何策划内外部沟通的过程，有哪些记录来证明

    B. 组织的文件是否经过评审和批准

    C. 文件是否有标识和说明

    D. 如何识别外部文件，文件是如何保管的

3. 组织应对所确定的策划和运行质量管理体系所需的来自外部的（　　　）进行适当的识别，并予以控制。

    A. 成文信息　　　　B. 文件　　　　C. 资料　　　　D. 合同

第六节　运　　行

一、运行的策划和控制

【审核要点】

（1）组织产品的质量目标和要求有哪些？体现在组织哪些文件中？

（2）组织是否已编制研发产品实现流程图？在该流程图中，过程及顺序是否恰当？哪些过程需建立或已建立了文件？哪些过程已确定或需确定验证、确认、监控、检验和试验活动？

（3）对需确定的验证、确认、检验和试验活动，下列是否明确：

1）要求。

2）所需客观证据。

3）产品接收准则。

4）认定的提供方式。

（4）产品实现有哪些关键过程和特殊过程？如何确保它们处在受控状态？其资源是否充足、适宜？

（5）为实现过程及其产品满足要求，确定了哪些提供证据的所需记录？

（6）产品实现策划的结果形成了哪些文件？这些文件与组织的质量管理体系其他过程的要求是否一致，并适于组织运作？

【审核关注点】

（1）产品和服务策划的结果不一样。

（2）资源的获得是否符合产品和服务要求所需要的资源，关注"服务"过程所需的资源。

（3）不仅产品还有过程的接收准则。

（4）如何进行策划后的更改控制，是否评审非预期变更的后果，如需要措施，是否采取措施消除影响。

（5）关注外包过程的控制。

（6）关注运行过程风险和机遇措施的实施情况。

【审核内容示例】

审核内容：

（1）在确定产品和服务要求时，公司是否考虑如下因素：顾客和法律法规要求、组织战略要求、利益相关方的相关要求？

（2）是否建立过程控制？产品和服务验收的准则如何？公司是否考虑风险和机会、质量目标、产品和服务要求？

（3）根据产品和服务提供过程的性质和复杂度，公司是否确定所需的资源以及现有资源是否充足？

（4）公司是否制定有效措施，用于控制：确认满足了准则、交付了预期的输出、识别了需要改进的区域？

（5）公司是否形成并保持、保留准则及支持准则的运行的成文信息？

245

审核记录：

（1）策划了生产过程控制程序，符合标准及风险控制相关要求，生产过程控制、特殊过程（挤出、氧化、喷塑）符合产品要求，有相关确认记录，生产资源配置符合要求。

（2）提供了其他相关记录。

审核结果：

符合。

即问即答 9-6

以下不属于"运行的策划和控制"条款的审核要点的是（　　　　）。

A. 组织是否建立过程控制，产品和服务验收的准则

B. 组织产品的质量目标和要求体现在组织哪些文件中

C. 组织的产品实现策划的结果形成了哪些文件

D. 组织如何使顾客反馈简单化，并主动要求反馈

即问即答 9-6

二、产品和服务的要求

【审核要点】

（1）组织是否建立可靠有效的与顾客沟通的渠道和方式？在和顾客沟通过程中，组织是否尽力、充分、主动？

（2）组织在产品信息问询、合同及订单的处理、顾客反馈（包括顾客投诉）三方面是否已建立有效的沟通方式，并能及时沟通？

（3）组织如何使顾客反馈简单化，并主动要求反馈？

（4）发生顾客投诉后，组织是否立即沟通、处理，解决顾客当前的不满意？

（5）在与顾客沟通时，是否因人而异，诚恳、实在、尊重顾客？

（6）组织有哪些顾客？不同顾客的要求有哪些差异？组织的顾客目标市场是否明确、适宜？

（7）顾客规定的要求（包括性能、交付、价格、服务等方面要求）组织是否已确定并被充分理解？

（8）组织是否已充分理解顾客没有明示但隐含的要求，如顾客的习惯或惯例导致的要求？

（9）与组织产品有关的法律有哪些？是否已被收集并得到确定？

（10）为满足顾客要求、确保组织利益，组织提出了哪些与产品要求有关的附加要求？这些附加要求是否形成文件？

（11）顾客的产品要求有哪些表现形式（包括口头要求、传真、合同、订单、标书等）？针对顾客产品要求不同的表现形式，组织采取了哪些方式予以接收、确定、评审？

（12）常规与非常规产品要求界限标准是否确定？该界限标准考虑因素（包括产品价格、技术质量要求、交付期、付款等）是否全面、必需？

（13）针对常规与非常规产品要求，组织采取了哪些评审方式？这些评审方式是否有效？

（14）评审内容是否包括了顾客的产品要求和组织有关产品的附加要求？评审是否抓住了重点？组织确定的附加要求顾客是否乐意接收、能够达到？

（15）组织接收了多少顾客合同或订单？这些合同或订单是否都在接收前得到评审？若

246

顾客提供的要求没有形成文件，组织在提供产品承诺前是否采用了适宜的方式，对顾客要求进行了确认？

（16）组织通过评审，会得到哪些评审结果，会引发哪些措施？这些评审结果及由评审引发的措施形成了哪些记录，并得以保持？

（17）抽查交付及交付后活动记录，验证组织通过评审是否能确保：

1）产品要求最终确定并被理解。

2）与以前表述不一致的合同或订单的要求已得到妥善解决。

3）组织有能力确保满足规定的要求。

（18）当顾客提出产品要求更改时，组织是否评审、确认？当组织提出产品要求更改时，组织是否得到顾客认可？

（19）产品要求发生变更时，组织是否有确定的变更过程，以确保相关文件得到更改、相关人员知道已变更的要求？对已实现部分产品是否与顾客协商妥善处理？

【审核关注点】

（1）沟通的方式、内容、时机、结果。

（2）是否明确了适用的法律法规和组织认为必需的产品和服务要求，如何体现有能力满足。

（3）明确了 8.2.3.1a）～e）五项评审内容，特别增加了与条款 e）"与以前表述不一致的合同或订单要求"。审核时应关注组织评审的内容是否覆盖了这些内容。

（4）组织宜选择合适的沟通方法，并保留适当的成文信息，如沟通的电子邮件、会议纪要或修改后的订单。审核关注其相关信息。

【审核内容示例】

审核内容：

（1）公司是否沟通要提供的产品或服务的细节，以便顾客理解提供的是什么？

（2）是否明确顾客可如何联系公司进行提问、订购产品或服务？公司将如何告知顾客相关变更？

（3）是否建立了适当的形式让公司从顾客处获取有关问题、疑虑、投诉等正面和负面反馈的信息？

（4）适宜时，是否可确保顾客得知公司如何处理和控制顾客财产？

（5）是否可确保在出现紧急情况时，积极与顾客就可能的事宜和可采取的措施进行沟通？这里的事宜是指对满足顾客要求有负面影响的问题。

（6）定义产品和服务要求时是否考虑：产品或服务的目的、顾客需求和期望、相关法律法规要求？

（7）在确定是否实现了做出的产品和服务承诺时，组织宜考虑如下因素：可用的资源、能力和产能、组织知识、过程确认。

（8）公司是否评审了对顾客做出的承诺？评审内容包括：

1）交付和交付后的行动，如运输、用户培训、现场安装、质量保证、维修、顾客保障。

2）是否可满足隐含的需求——产品或服务能满足顾客的期望。

3）组织为超越顾客期望/提高顾客满意度/符合内部方针而选择满足的其他要求。

4）是否已考虑和满足了适用的法律法规要求？

5）是否对合同或订单做出了变更。

（9）是否保留评审信息所形成的文件？

（10）如项目要求发生更改，是否及时将更改通知相关人员，相关文件是否进行修改并保留？

审核记录：

（1）通过电话、传真、走访等形式与顾客就产品的性能、价格、交付方式、售后服务等进行沟通。

（2）目前没有出现顾客财产缺失情况。

（3）顾客要求经双方协商后通过合同的形式进行确定。

（4）在合同签订前，公司组织生产、质检、技术等部门相关人员对合同进行评审，以确保合同能得到有效执行。出示合同评审记录，符合要求。目前没有合同变更的情况出现。

审核结果：

符合。

即问即答 9-7

以下不属于"产品和服务的要求"标准条款的审核要点的是（　　　）。

A. 是否建立适当形式让公司从顾客处获取有关问题、疑虑、投诉、正面和负面反馈的信息

B. 公司是否评审了对顾客做出的承诺

C. 当顾客提出产品要求更改时，组织是否评审、确认

D. 组织如何进行内外部沟通

即问即答 9-7

三、产品和服务的设计和开发

【审核要点】

（1）是否识别了产品的设计和开发过程？

（2）是否为产品设计和开发过程进行了分阶段控制，如开发阶段计划？

（3）是否各阶段确定了应有评审、验证和确认活动？

（4）是否规定了开发小组成员？是否规定了成员的职责和权限？

（5）是否有新的资源要求，如生产和检测设备、工装、模具等？

（6）开发小组成员以何种形式互相沟通、协商，保证设计过程按时完成？

（7）是否需要客户参与设计？如何参与？是否有后续产品需要同时设计，如维修件、维修工具等？

（8）顾客和其他相关方是否对产品设计过程提出控制水平的要求？如同行业对比、国内市场对比、国际市场对比？

（9）是否对设计规定了要进行的最终的实验、试用、试运行？

（10）在设计和开发前，是否全面考虑了功能和性能的要求？

（11）是否有可参考的类似设计和开发？

（12）是否有相关的法规要求？

（13）是否确定了所执行的行业标准？

（14）是否分析了产品失效后的潜在后果？

（15）是否有相互矛盾或冲突的设计输入？

（16）是否制定了设计任务书？

（17）是否进行了必要的评审？查评审记录。

（18）是否进行了必要的试验、检验，以保证达到设计要求？

（19）是否对最终设计出的成品进行了确定，如试用、试装、试运行，以证明已达到设计要求？

（20）在以上过程中，是否产生了问题并追加了措施？

（21）设计完成后，是否满足了设计的要求？

（22）是否对产品的后续过程也进行了应有的设计，如安装、运输方式、维修方法等？

（23）后续过程设计完成后，是否满足了设计的要求？

（24）是否确定了产品合格的标准及抽验的比例及接收的准则？

（25）是否在设计的同时，考虑了产品在顾客处使用时安全、正确使用的说明？

（26）以上是否全部形成文件？

（27）设计过程中或量产后，是否发生设计更改？

（28）是否对更改进行了评审？

（29）设计更改是否对更改部门下达授权书？

（30）对设计更改的不利影响是否制定了措施并实施？

【审核关注点】

（1）审核员应当关注并证实组织设计和开发过程的存在，而且得到实施。验证组织的质量管理体系是否应当包括设计和开发过程，特别是对服务行业设计开发过程，审核员应予以关注。

（2）关注设计开发所需的内部外部资源有哪些，顾客和使用者如何参与设计和开发，后续服务有哪些要求等。

（3）应关注组织是否已经对新要求进行了有效应对，特别要关注组织标准和行业规范，组织在确定设计和开发的输入时是否考虑了设计和开发失效可能导致的潜在后果，并有必要的应对措施。对相互冲突的输入如何解决？

（4）应关注组织在对一个具体的设计和开发活动进行控制时是否明确规定了要达到的结果，如何确保实现活动所期望的结果。不应强制要求组织必须提供独立的评审、验证和确认活动的证据。

（5）审核时应注意，不应强求组织必须对设计和开发的更改进行评审、验证和确认。

【审核内容示例】

审核内容：

（1）设计和开发的策划有哪些？

（2）设计和开发的输入信息有哪些？

（3）设计和开发是怎么进行控制的？

（4）设计和开发输出有哪些内容？

249

（5）设计和开发更改了哪些内容，更改后又是怎么控制的？

审核记录：

（1）公司设有开发部，针对新产品的包装设计进行开发。

（2）新产品的开发由公司内的研究所组织相关人员进行，质控部、生产部、采购部及销售部共同对相关问题提出见解。

（3）产品开发后先进行小批量试生产，然后再考虑生产线、生产设备的问题。

（4）产品开发小量输出后要验证是否符合各项输入条件。

（5）生产完毕的产品中，在等待交付使用或交付过程中发现的不合格产品要退回生产，然后由生产部、质控部、财务部对相关产品进行必要的评审，根据评审采取返工或报废处理。

（6）对于采购的原材料，进行入厂检验时发现不合格的，采取退货处理。

审核结果：

符合。

即问即答 9-8

即问即答 9-8

以下不属于"产品和服务的设计和开发"条款的审核要点的是（　　　　）。

A. 设计和开发是如何进行控制的

B. 设计和开发更改了哪些内容，更改后又是怎么控制的

C. 设计和开发形成的文件是否得到了评审和批准，以保持适宜性和充分性

D. 是否识别了产品的设计和开发过程

四、外部提供的过程、产品和服务的控制

【审核要点】

（1）组织采购过程有哪些？这些过程控制的方法是否确定、适宜且有效，能确保采购的产品符合规定要求？

（2）采购依据是否充分、可靠？采购产品的要求是否明确、适宜（包括品名、规格、数量、交付期、价格等）？

（3）当供方的产品、程序、过程、设备的变化会导致影响组织产品质量时，组织对这种变化情况是否要求得到批准？这些需批准的情况是否确定并被实施？

（4）当供方人员的变化会导致影响产品质量时，组织是否按照规定人员资格要求并对其鉴定？

（5）组织是否按照规定过程实施采购？采购及批准权限是否明确并得到实施？

（6）组织是否提供必要的采购计划资料和采购承诺，以便供方能够满足这些期望要求？

（7）组织是否针对不同供方的产品、性质及供货业绩，进行分类或分级，规定并实施检验或其他必要的活动，以确保采购产品满足规定的采购要求？

（8）组织是否对采购产品的验证记录、与供方的沟通以及对不合格品的反应做出规定，以证实其符合规定要求？

（9）组织对供方首样检验情况及要求是否明确规定并执行？组织对供方封样情况及要求是否明确规定并执行？供方样品是否有标识，有首样检验、封样的记录？

（10）组织对采购产品未实施检验时，是否建立实施了其他有效的控制措施（签订质保协议或监控制度）？

（11）组织是否规定采购产品在供方现场验证的情况并予以实施？顾客是否提出对采购产品在供方现场验证的要求并予实施？如有，组织在采购文件中是否对拟验证的安排和产品放行的方法做出了规定？

（12）组织有哪些供方应选择、评价？供方选择、评价准则是否确定？供方选择、评价准则是否按照组织要求提供产品的能力制定？组织是否按照供方选择、评价准则进行供方的选择、评价？供方选择、评价结果是否形成记录并予保持？

（13）组织是否建立合格供方目录？目录是否得到批准并分发至有关部门？采购是否依据目录进行？

（14）供方供货业绩是否有记录？对供货业绩不良时是否采取措施，以促使供方改进，满足采购要求？

（15）组织是否建立实施合格供方重新评价准则？对重新评价结果及跟踪措施是否有记录并予保持？

（16）组织是否建立、保持与合格供方的信息反馈渠道，及时沟通、保持协调，有良好的互惠关系？

（17）对临时供方是否建立、实施了有效的控制措施？

（18）顾客有要求或组织认为必要时，供方更新信息是否向顾客报告或经顾客同意？供方更新条件、措施是否确定并予实施？

【审核关注点】

（1）2008版的条款7.4"采购"变为2015版的"外部提供的过程、产品和服务的控制"，进一步明确了控制的对象和范围，明确要求组织应对其外部供方进行控制。

（2）2015版标准增加了建立对外部供方绩效进行监视的准则并实施监视的要求；明确要求组织应保存选择、评价和重新评价活动及评价所引起的任何必要措施的成文信息。

（3）在决定控制的类型和程度时应考虑到外部提供过程、产品和服务对于组织向顾客提供符合要求的产品和服务的能力的潜在影响。审核中关注组织的控制类型和程度以及对外包过程的控制。

（4）2015版标准不再强调"质量管理体系要求"。审核员不应强求组织一定要向外部供方提出"质量管理体系要求"，强调了组织与供方接口的沟通，强调了组织对外部供方的绩效实施控制和监视的要求，对"人员资格的要求"扩充为"能力"要求，其内涵更丰富。

【审核内容示例】

审核内容：

（1）公司是否识别由外部提供的过程、产品和服务？

（2）公司是否制定措施对外部提供的过程、产品和服务进行管控？

（3）对外供单位是否明确管理控制目标？是否能满足顾客要求及满足适用法律法规要求？

（4）公司是否确定并实施对外部供应商实施的具体管控？是否进行供应的验证？

（5）公司是否向外供单位明确了产品和服务内容？对方法、过程和设备的要求？对产品和服务放行的要求？对外供单位的人员要求？

（6）公司是否有对外供单位的控制和监视记录？

审核记录：

（1）公司运输和量具检定为外包过程，按要求进行了管控。

（2）外部供方为 A、B、C 三等，分级管理。有相关方调查评价表。

（3）对相关方有要求告知书，策划每年进行业绩评价考核。

审核结果：

符合。

即问即答 9-9

以下不属于"外部提供的过程、产品和服务的控制"条款的审核要点的是（　　　）。

A. 公司是否识别由外部提供的过程、产品和服务

B. 公司是否确定并实施对外部供应商实施的具体管控

C. 公司外部提供的产品的控制是否得到了有效沟通

D. 公司是否有对外供单位的控制和监视记录

五、生产和服务提供

【审核要点】

（1）在生产和服务提供前，组织如何进行策划？策划结果形成了哪些可操作的文件？

（2）组织生产和服务提供受控条件有哪些？其中关键过程受控条件是否齐备、充分、适宜？

（3）为有效地进行生产和服务提供，有关人员是否获得相应的产品特性要求？产品特性的信息以何种形式表述？该表述是否形成文件，且清楚、正确、完整、适用？

（4）当没有作业指导书，不能有效进行生产和服务时，有关人员是否能获得作业指导书？作业指导书是否清楚、适用、正确、有效？

（5）在生产和服务提供过程中使用的设备的技术性能和技术状况是否能够确保达到产品质量、工作效率和能源消耗的要求？特别是组织主要以设备和顾客接触时，是否能够确保顾客满意？设备使用人员是否能够正确使用设备？是否规定并实施了有效的控制措施，对使用的设备是否适宜？组织是否规定并实施了有效的检查评价制度？一旦发现不适宜设备，组织是否及时采取措施予以纠正？纠正后是否重新验证评价？

（6）为确保生产和服务提供过程受控，在需进行测量与监控的过程或场所，有关人员是否获得并使用了能够满足测量和监控要求的装置？

（7）在生产和服务提供过程中，哪些过程和过程输出必须实施监控或测量？监控或测量的项目、要求及方法是什么？由谁实施监控或测量？实施监控或测量的资源是否适当、充分？实施的监控或测量是否已确保过程受控？

（8）在生产和服务提供的过程中，对产品的放行（上个过程的输出作为下个过程的输入）是否做到：

1）明确放行条件并被遵守？

2）明确放行过程的监控或测量并被实施？

3）明确放行手续并被执行？

252

（9）产品的交付过程、条件、方式、确认是否规定并被实施？交付过程中，顾客是否感到可信、方便、快捷、准确？组织是否保存了产品交付记录？

（10）组织交付活动及规定有哪些？这些交付后活动是否有助于提高顾客满意率，有助于改进开发产品或服务质量？

（11）在产品实现过程中，凡有区分产品、追溯性要求的场合，产品标识方式是否确定并被实施？所做产品标识是否能达到区分产品或追溯性要求？

（12）针对监控和测量要求，产品状态标识是否确定并被实施？在任一测量点，产品待测、已测等状态是否标识，使不同状态产品能够得到有效、清楚的识别？

（13）产品标识实施、保持、撤除过程是否明确并受控？产品标识涉及内容是否可区分或可追溯？

（14）对有追溯性要求的场合，产品标识是否唯一、已受控并有记录？

（15）当采用技术状态管理作为保持产品标识和可追溯性的一种方法时是否包括技术状态标识、控制、纪实和审核？

（16）组织是否存在顾客财产？如有，有哪些？这些顾客财产自交付日起组织采取哪些措施，进行识别、验证、保护和维护？这些措施是否有效并被实施？

（17）顾客财产中是否含有知识产权？如有，组织是否按照法律和顾客要求采取了保护措施？

（18）当顾客财产发生丢失、损坏或发现不适用的情况时，组织是否采取措施防止扩大，并予以记录，向顾客报告，在未征得顾客意见之前，不擅自处置？

（19）组织是否针对产品的符合性，在标识、搬运、包装、储存期间采取防护措施，确保产品不损坏、不变质、不丢失？

（20）在顾客有要求时，组织是否按照顾客要求提供防护措施且经验证有效？组织所采取的防护措施是否能延伸到产品交付地点？

（21）当产品涉及安全、健康等特殊要求时，组织所采取防护措施能在产品生命周期内或有效期内保持有效吗？

（22）当产品或服务发生更改时，组织是否评审、确认，并保留更改评审结果？

（23）产品或服务要求发生变更时，组织是否确定了变更过程，以确保相关文件得到更改，相关人员知道变更的要求？

（24）当提出产品或服务要求更改时，组织是否得到顾客认可？对已实现部分产品或服务是否与顾客协商妥善处理？

【审核关注点】

（1）将 2008 版 7.5.2 条款"生产和服务提供过程的确认"，合并为 2015 版 8.5.1 条款 f 条款。

（2）增加了以下条款：

1）a）条款，可获得成文信息中的"2）拟获得的结果"。

2）c）条款，在适当阶段实施监视和测量活动，以验证是否符合过程或输出的控制准则以及产品和服务的接收准则。

3）d）条款，为过程的运行使用适应的基础设施，并保持适宜的环境。

4）e）条款，配备胜任的人员，包括所要求的资格。

253

（3）2015 版标准使用"过程输出"替代了 2008 版中的"产品"，范围、对象更加严谨、合理。"过程输出"的内容既可以是采购过程输出的原材料，也可以是半成品、零部件和最终产品，还可以是服务的结果或某一过程的结果。组织不应仅仅关注实物产品的标识，也应关注对服务过程的输出的标识。

（4）财产在范围上不仅是顾客财产，还包括了外部供方提供给组织使用的财产，组织应充分识别顾客或外部供方的财产，并实施有效控制。审核员在审核时也应关注组织是否考虑并实施了对外部供方财产的控制。

（5）2015 版标准增加了"污染控制"的例子，审核员应关注过程输出可能会产生产品污染、造成产品质量问题。

（6）2015 版的 8.5.5 条款在 2008 版条款 7.5.1f）中，在 2015 版标准的条款 8.5.1h）中也要求组织"实施放行、交付和交付后的活动"。在 8.5.5 条款中重点强调的是在确定交付后活动的程度时，组织应考虑的相关因素。审核员要关注组织在确定所需的交付后活动的程度时，是否充分考虑风险、产品或服务性质、产品或服务的预期寿命、顾客反馈及适用的法律法规要求等因素。

（7）审核时应当关注并证实组织生产和服务提供期间发生的影响符合要求的变更，对其质量管理体系进行的相应修改，对变更进行的识别和控制。

【审核内容示例】

审核内容：

（1）组织是否策划并在受控条件下进行施工和服务提供？

（2）生产及施工现场是否得到相应表明产品特性的信息以确保达到标准规定的质量要求？

（3）生产、施工和服务是否得到必要的作业方案？是否得到技术、安全交底？是否防范人为错误？是否按要求进行了实施？

（4）生产/服务设备机具/设施是否满足生产/服务运行的要求？是否鉴定通过？是否进行了维护和保养？

（5）监视和测量设备是否齐备并满足要求？是否鉴定通过？

（6）是否实施监视和测量活动，收集和检查生产、服务的过程记录？

（7）是否对需要确认的过程进行确认或再确认？

（8）在适当时是否在生产和服务运行的全过程规定了适宜的方法对产品进行标识，并实施？

（9）当有可追溯性要求时，是否控制和记录了产品唯一性标识？

（10）针对产品监视和测量要求，是否有规定并进行识别产品状态的标识？

（11）是否明确了哪些是顾客财产或外部供方的财产，包括知识产权，并做出控制的规定？

（12）如何爱护和保管顾客财产或外部供方的财产（包括识别、验证、保护和维护供其使用或构成产品一部分的顾客财产或外部供方的财产）？

（13）对于出现的问题（如损坏、丢失、不适用等）是否做好记录及报告？

（14）是否针对产品或服务在组织内或到交付预定地点期间对产品符合性提供防护要求和措施？

（15）是否按要求对产品或服务及产品或服务的组成部分标识、搬运、包装、储存和保护已实施适用的防护？

（16）生产和服务是否有变更？

（17）变更实施前是否有验证或确认？

（18）变更是否有批准？

（19）变更是否有保留成文信息？

审核记录：

（1）有生产和服务控制程序，有生产任务单。

（2）有过程产品作业指导书和设备操作规程。

（3）对设备编制保养计划并按计划进行维护保养工作。

（4）生产现场测量设备能满足生产的需要。

（5）对特殊过程进行了确认。

（6）没有提供201×年1月以来对生产任务进行安排的相关证据。

（7）有周转区、半成品区、不合格品区等，通过产品生产批号可进行追溯。

（8）顾客提供的样品和少量图样，由技术部负责验收，营销部保管，如出现损坏等由营销部负责与顾客沟通协商解决。

（9）用木箱包装，上贴产品合格证，搬运过程要求小心轻放，行车、铲车配合运输。

（10）目前没有更改。

审核结果：

8.5.1a）一般不符合。

同步训练 9-5

目标：理解并掌握"生产和服务提供"条款的审核要点

1. 以下不属于"生产和服务提供"条款的审核要点的是（　　　）。

同步训练 9-5

 A. 当有可追溯性要求时，是否控制和记录了产品唯一性标识

 B. 是否明确了哪些是顾客财产或外供方财产

 C. 生产/服务的设备机具/设施是否满足生产/服务运行的要求

 D. 在产品实现过程的适当阶段，产品特性的接收准则是否确定并被遵守

2. "某建筑公司的工程技术部向喷漆工人提供了油漆色标"。此情景符合GB/T 19001—2016标准（　　）条款要求。

 A. 7.1.3　　　　B. 8.1　　　　C. 8.5.1　　　　D. 8.6

3. "现场加工人员领到了要加工零件的图纸"。此情景符合GB/T 19001—2016标准（　　）条款要求。

 A. 7.5.3　　　　B. 8.1　　　　C. 8.3.1　　　　D. 8.5.1

六、产品和服务的放行

【审核要点】

（1）采购产品特性的测量和监控策划结果是否形成文件并被执行？

（2）对生产和服务提供过程中的研发产品特性的测量和监控，策划结果是否形成文件并被执行？

（3）研发产品交付前，对产品特性是否进行测量和监控？交付顾客的产品是否符合下列

255

条件:

1)所有规定的测量或监控项目都已圆满完成。

2)交付前产品测量和监控结果符合接收准则。

3)有关证据齐备并获认可。

(4)在产品实现过程的适当阶段,产品特性的接收准则是否确定并被遵守?产品符合接收准则的证据是否充分、可靠并被保持?测量或监控记录上是否指明有权力放行产品的人员(如签名)?

(5)根据产品特性测量和监控文件的规定,测量和监控活动没有完成之前,需放行产品和交付服务时,是否得到组织有关授权人员批准,或适用时顾客的批准?

【审核关注点】

(1)本条款的要求从 2008 版 8.2.4 条款移至 2015 版标准第 8 章"运行"中予以描述,是强调在生产和服务的全过程的适当阶段都要实施必要的验证活动。

(2)验证的对象由 2008 版的"产品的特性"明确为 2015 版标准的"产品和服务"。

【审核内容示例】

审核内容:

(1)对产品和服务的放行是否有适宜人员的批准,并可追溯?

(2)对放行人员授权是否有文件化信息来确定?

(3)施工及生产工作中是否进行了规定的自检、互检、交接检?对关键过程实施的监视和测量或检验是否符合规定要求?施工日志能否反映过程检验内容?符合验收准则的证据是否形成记录?是否表明经授权负责产品放行的责任者?

(4)在产品已满足了各项要求后,方可放行产品和交付,在完工验收前是否进行内部验收?

(5)是否实行当产品未能圆满完成之前放行时,除非得到有关授权人员的批准及适用时得到顾客的批准,否则在所有策划安排均已圆满完成之前,不得放行产品和交付服务的制度?是否实施了分阶段及竣工验收?

(6)对产品放行是否做出规定并实施?

(7)交付和交付后的服务是否符合规定要求并实施?

审核记录:

(1)提供检验和试验规程,对生产用原材料、过程产品及成品做出相应的规定。

(2)检验员均得到授权。无紧急情况出现。基材符合规定要求。

审核结果:

符合。

七、不合格输出的控制

【审核要点】

(1)组织是否建立、保持了"不合格输出的控制程序"?该程序是否符合标准要求并对组织各个过程、各种情况不合格品评审、处置做出了明确的、合适的规定?程序被实施能防止不合格品的非预期使用或交付吗?

(2)不合格品的评审、处置人员及权限是否明确?不合格品是否在具有资格的人员评审后才进行处置？

（3）所选择的不合格品处置方式是否符合要求？让步时，是否经授权人批准或按顾客要求批准？不合格品纠正后是否重新验证？是否采取措施消除发现的不合格或防止其原预期的使用或应用？

（4）对不合格品的性质、评审、处置（包括让步批准）是否保持记录？

（5）对交付或开始使用后的不合格品，组织是否区分轻重缓急、指定人员迅速确认不合格品，采取补救措施，解决顾客当前的不满意？该措施是否与其所产生的影响（包括潜在的）相适应？

【审核关注点】

（1）2015 版标准用"不合格输出"替代了 2008 版中"不合格品"的提法，更加适合各个行业。

（2）对不合格的处置方式有所变化，明确使用纠正、隔离、限制、退货、暂停对产品和服务的提供、告知顾客等说法，更加具体，适合各个行业的应用。对象是组织运作全过程中任何不符合要求的输出。

（3）明确了保留成文信息的对象，在审核时关注组织所保留的成文信息是否覆盖了四个方面的要求。

【审核内容示例】

审核内容：

（1）是否规定了对不合格产品的识别、评审和处理控制方法，并明确了控制及处置的有关职责和权限？有无分级报告流程？

（2）是否按要求开展控制活动，包括：

1）采取措施消除已发现的不合格。

2）经有关人员批准，适用时经顾客批准让步使用、放行或接收不合格品。

3）采取措施防止其原预期使用或应用。

（3）对不合格的评审方式是否明确？评审结果是否得到实施？不合格是否得到纠正或再次验证？

（4）是否对不合格的性质以及随后所采取的任何措施进行了记录，包括所批准的让步的记录？

（5）对交付或开始使用不合格是否采取措施并实施？是否对处理结果进行检查验收？

（6）是否对让步使用、放行或接收由有关授权人员批准或顾客批准？

（7）公司是否有保留以下不合格输出所形成的文件信息：

1）纠正不符合的措施。

2）为避免重复出现不符合而采取的纠正措施。

（8）公司是否保留与以上内容有关的文件化信息确保过程的改进和优化？

审核记录：

（1）不合格品由质检部负责评审处置。

（2）出示不合格品评审处置记录，符合要求。

（3）对交付后发现的不合格，由营销部会同质检部、技术部一同处理。

257

（4）有检验员授权书，目前未出现让步放行情况。

（5）提供不合格品评审处置记录。

审核结果：

符合。

即问即答 9-10

以下不属于"不合格输出的控制"条款的审核要点的是（　　　）。

A. 让步使用、放行或接收是否有有关授权人员批准或顾客批准

B. 对交付或开始使用不合格是否采取措施并实施

C. 是否规定了对不合格产品的识别、评审和处理控制方法

D. 交付和交付后的服务是否符合规定要求并实施

即问即答 9-10

第七节　绩　效　评　价

一、监视、测量、分析和评价

【审核要点】

（1）组织为确保产品质量管理体系的适宜性、充分性和有效性并实现持续改进，对所需的监控、测量、分析和改进过程如何进行策划？策划是否在产品、过程、体系业绩、顾客满意程度四个方面展开？策划结果是否形成文件？文件中是否确定了适用方法及应用程度？

（2）组织在策划过程中，是否确定统计技术应用需求、场合及要求？对统计技术应用正确性、适用性是否有监控、验证措施？

（3）在产品实现过程中，组织设置了哪些测量或监控点？针对关键过程，组织是否实施了有效的测量或监控活动？

（4）组织对所设置的测量或监控点，是否针对过程要素，特别是过程支配性因素进行测量或监控？这些测量或监控活动能否证实过程实现所策划结果的能力，成为确保产品符合性的基本手段？

（5）当测量或监控发现过程策划结果未满足要求时，是否针对不合格本身采取了可行、有效的措施？是否采取了纠正措施，以防止不合格再次发生？

（6）为监控和测量顾客是否满意，组织获取这些信息的渠道有哪些？采用了哪些方法进行顾客满意程度的测量或监控？

（7）组织使顾客满意的关键因素有哪些？使顾客满意的关键因素是否已成为组织进行测量和监控的依据？

（8）组织是否在顾客不满意的问题点和使顾客满意的关键因素上设置了测量或监控点，并确定了测量或监控方法？

（9）组织对顾客满意程度的评价是否来自顾客的意见感受？是否具有代表性、可信性？

（10）组织为证实质量管理体系的适宜性、有效性并识别持续改进机会，确定、收集、分析了哪些数据？这些数据的统计方法、时间、传递要求是否得到规定和实施？是否包括来

自测量和监控、不合格品控制等的主要数据？

（11）组织是否建立、实施了数据分析规定？通过数据分析，应提供的信息是否包括：

1）顾客满意。

2）与产品要求的符合性。

3）过程和产品的特性及趋势，包括采取预防措施的机会。

4）供方业绩改进与开发。

（12）为提高数据分析的有效性和效率，组织是否采取了适用的统计技术？

【审核关注点】

（1）2015版标准第9章的重点是监视、测量、分析和评价，9.1.1强调的是监视、测量、分析和评价过程的策划，更加明确了策划的具体内容包括对象、方法和时机，明确要求组织应评价质量管理体系的绩效以及保留成文信息的要求。

（2）强调组织应监视顾客的需求和期望已得到满足的感受"程度"。明确了顾客满意的概念，强化了对顾客满意相关信息进行获取、监视、评审的方法确定的要求。

（3）本条款强调的不仅仅是对过程的监视、测量和分析，还强调把分析的结果用于评价本条款（9.1.3）中 a）～g）的七个方面；分析数据不是目的，重要的是要使用分析的结果。

（4）强调了对质量管理体系绩效和有效性的评价，要求组织不仅要注重过程，也要注重结果，审核应充分关注组织是如何监视、测量、分析和评价质量管理体系绩效和有效性的；审核应特别关注组织选择的分析方法是否适宜和有效，组织实施的监视、测量、分析和评价过程是否能确保策划的要求得到有效实施，确保结果的有效性。

【审核内容示例】

审核内容：

（1）组织对产品的特性和接收准则是否进行了规定？

（2）对产品的监视和测量是否进行了策划/计划？在产品实现过程的适当阶段进行了哪些监视和测量，并形成文件（指导文件）？

（3）何时实施监视测量？何时对结果进行分析评价？是否保留成文信息？

（4）公司是否进行了顾客满意度调查或以其他方式获取所需信息？满意度调查是否达到管理目标的要求？

259

（5）公司是否针对获取到的顾客反馈进行分析和评价，并作为管理评审输入？

（6）组织是否确定、收集和分析适当的数据，以证实质量体系的适宜性和有效性？

（7）对数据来源渠道和收集方法、频次是否进行了规定？

（8）组织是否收集了监视测量、顾客满意度调查、产品要求的符合性、过程和产品特性及其趋势等方面的信息？信息收集是否符合规定的要求？

（9）组织是否及时利用这些信息来评价质量体系的适宜性、充分性和有效性？针对风险和机遇所采取措施的有效性，寻找在何处可以进行对质量管理体系持续改进的机会。

（10）公司是否建立和实施改进、纠正措施的管理要求？是否保存质量管理改进与创新记录？

（11）是否调查分析了不合格的原因？

审核记录：

（1）制定了检验与试验规程，配备了相应的作业文件和设施。

（2）提供顾客满意度调查表及统计分析表，目标值为 90%，实际达 96.7%，符合要求。

（3）提供分析评价控制程序。分析评价的数据主要有：生产任务完成率、一次交验合格率、顾客退回率、顾客满意度、风险控制有效性、合同的统计情况、培训的统计情况。

（4）利用监视和测量获得信息，得知产品符合要求。

审核结果：

符合。

即问即答 9-11

以下不属于"监视、测量、分析和评价"条款的审核要点的是（　　）。

A. 组织是否确定、收集和分析适当的数据，以证实质量管理体系的适宜性和有效性

B. 组织是否根据标准要求建立、实施、保持了内部审核程序

C. 对数据来源渠道和收集方法、频次是否进行了规定

D. 公司是否建立和实施改进、纠正措施的管理要求

即问即答 9-11

二、内部审核

【审核要点】

（1）组织是否根据标准要求建立、实施、保持了内部审核程序？

（2）根据规定的时间间隔，组织是否编制审核计划？该计划有没有覆盖质量管理体系所有部门、主要场所、过程？

（3）根据审核计划规定的审核对象，是否编制了检查表？这些检查表是否覆盖了标准要求？是否覆盖了所审核对象的主要职能？是否反映了推进内部管理的需要？是否突出了审核区域的重点？是否可操作？是否根据审核准则（特别是组织质量管理体系文件）编制？

（4）审核员的选择和审核的实施是否确保了审核过程的客观性和公正性？有没有审核员审核自己工作的现象？审核员是否经过专门培训、授权，具备相应资格？

（5）现场审核记录是否已反映检查表内容已经检查？对不合格客观事实描述是否清楚、可证实、可追溯？

（6）对现场审核发现的不符合项是否开具不符合项，并经受审核部门确认？

（7）对审核发现的不合格是否采取措施，确保消除并能防止其再次发生？对措施的有效性是否进行验证，并有验证结果的报告？

（8）组织是否编制内审报告，对质量管理体系的符合性、有效性进行统计分析和评价并实施改进？

（9）内审首、末次会议是否召开？有没有会议记录？与会人员是否符合要求？

（10）审核用工作文件是否齐全、规范、正确，并得到整理、保存？

【审核关注点】

（1）2015 版标准取消了应制定形成文件的内部审核程序的要求。

（2）虽然 2015 版标准不再使用保存记录的说法，审核时应获取相关的形成文件的信息，以证实组织的审核方案在有效实施，证实组织实施审核的结果。

（3）审核方案应考虑的因素中增加了"对组织产生影响的变化"，在审核时要关注组织在策划审核方案时是否考虑了可能对组织有影响的变更、风险和机遇。

【审核内容示例】

审核内容：

（1）公司是否定期进行内审？

（2）内审的频次和结果如何？

（3）结果是否满足企业体系运行要求？

（4）是否根据过程情况确定内审频次？

（5）是否选定适合的内审员进行内审？

（6）是否确定每次内审的准则和范围？

（7）内审结果是否上报相关管理者？

（8）内审中发现的问题是否采取纠正措施？

（9）内审相关文件是否有保留？

审核记录：

（1）按策划的要求在规定时间进行内审，符合标准要求。

（2）每次内审时间间隔不超过 12 个月，公司有内审员 2 名，经北京××培训合格，有内审计划、内审检查记录、内审报告、内审不符合报告等。

审核结果：

符合。

即问即答 9-12

以下不属于"内部审核"条款的审核要点的是（ ）。

A. 是否确定每次内审的准则和范围

B. 公司是否定期进行内部审核

C. 是否根据过程情况确定内审频次

D. 为提高管理评审有效性，信息输入是否符合标准要求

即问即答 9-12

261

三、管理评审

【审核要点】

（1）最高管理者是否按照计划进行管理评审？评审时间间隔是否适宜？

（2）管理评审是否评价组织质量管理体系（包括质量方针、目标）变更的需要？管理评审的结果能够导致质量管理体系的有效性和效率的提高吗？

（3）为提高管理评审有效性，信息输入是否符合标准要求？是否充分、足够？是否反映组织当前的业绩和改进的机会？

（4）管理评审是否形成报告（记录）？报告内容是否符合标准要求，不仅对组织质量管

理体系的适宜性、有效性、充分性做出评价，同时确定了组织质量管理体系及过程改进的机会和措施？

【审核关注点】

（1）9.3.1条款特别提到了管理评审应考虑战略方向，而不仅仅是质量方针和目标。在审核时也应关注组织在实施管理评审时是否充分考虑了组织的战略方向。

（2）9.3.2条款在对管理评审进行策划和实施时需要考虑的因素中，增加了"应对风险和机遇所采取措施的有效性"的内容，审核应关注组织管理评审的输入是否包括此项要求。

（3）对管理评审进行策划和实施时要充分考虑的因素中增加了"有关质量管理体系绩效和有效性的信息"的内容，审核时也应充分关注组织的管理评审输入是否包含。

（4）2015版标准不再使用保存记录的说法，而代之以"应保留成文信息"。

【审核内容示例】

审核内容：

（1）最高管理者是否按照计划进行管理评审？评审时间间隔是否适宜？并在管理评审中确定质量体系的运行是否适宜、充分和有效，并与组织的战略方向一致？

（2）管理评审输入资料是否满足要求？是否包括以前管理评审采取措施的情况、环境目标的实现程度、组织环境绩效方面的信息、资源的充分性、来自相关方的有关信息交流？应对风险和机遇采取的措施是否有效、有无改进的机会等信息？

（3）管理评审输出资料是否满足要求？如体系改进有关的信息、为实现环境目标需要采取的措施、改进管理体系与其他业务过程融合的机遇、任何与组织战略方向相关的结论等，并保留形成文件的信息？

审核记录：

（1）查2019年度的管理评审报告，执行人为×××总经理。

（2）查今年管理评审计划在3月上旬进行，所以管理评审的执行人、时间间隔均符合标准文件的规定。

（3）查2019年度的管理评审报告，评审输入有审核结果、顾客反馈、过程业绩和产品的符合性、纠正措施和预防措施、以往管理评审的跟踪措施等方面的内容；评审输出有管理体系及其过程有效性的改进、与顾客要求有关的产品改进、资源需求三方面的内容，均符合标准文件的规定，符合要求。

审核结果：

符合。

即问即答9-13

以下不属于"管理评审"条款的审核要点的是（　　　　）。

A. 最高管理者是否按照计划进行管理评审

B. 评审时间间隔是否适宜

C. 对审核发现的不合格，是否采取措施，确保消除并能防止其再次发生

D. 管理评审的信息输入是否符合标准要求

即问即答9-13

第八节　改　　进

一、总则

【审核要点】

（1）组织质量管理体系持续改进的机制是否形成？该机制是否创造了一种氛围，使每个员工都有参与改进的意识和机会？

（2）组织是否通过使用质量方针、质量目标、审核结果、数据分析、纠正和预防措施以及管理评审，致力于提高质量管理体系的有效性？

（3）组织持续改进质量管理体系绩效是否明显？是否有充分的、可靠的事实或数据对比予以证明？

【审核关注点】

（1）10.1条款明确指出改进包括质量管理体系的改进、产品和服务改进；不仅指对质量管理体系的有效性的改进，还包括对质量管理体系的绩效的改进。

（2）10.1条款明确"纠正、预防或减少不利影响"也是改进的方法之一。

【审核内容示例】

审核内容：

（1）是否采取措施，对原有产品做了改进和提高？

（2）是否增加了新的服务内容，如服务方式、服务工具？

（3）生产服务和销售的过程中，针对以前出现不合格品，是否采取了针对性的纠正措施？

（4）针对管理评审中出现过的问题，是否进行及时总结，提出了质量管理体系的改进计划和措施？其绩效和有效性如何？

审核记录：

（1）有改进记录，并证明其对提高绩效是有效的。

（2）有不合格品的改进记录。

（3）针对管理评审中出现的问题，提供了总结和改进计划，对其绩效和有效性的影响有具体的记录。

审核结论：

符合。

二、不合格和纠正措施

【审核要点】

（1）组织是否建立并保持了"数据分析和改进控制程序"？该程序是否按照标准要求做出以下方面的规定：

1）评审不合格（包括顾客投诉）。

2）确定不合格的原因。

263

3）评价确保不合格不再发生的措施。

4）确定和实施所需的措施。

5）记录所采取措施的结果。

6）评审所采取的纠正措施。

（2）组织对应采取纠正措施的不合格，是否执行了"不合格品控制程序"？

（3）组织采集纠正措施信息的来源是否正常、充分、可靠、及时？所采取的纠正措施，是否注重过程及有效性，能防止不合格再次发生，并与不合格的影响程度相适应？对纠正措施实施及有效性是否进行记录、评审，实施了闭环管理？

（4）对来自顾客的投诉，是否在采取补救措施后，能分析顾客投诉原因，采取纠正措施，防止再发生类似的顾客投诉？

【审核关注点】

本条款明确要求，当组织发现了不合格时，应确定是否会有其他类似的实际或潜在不合格的存在。增加了必要时对策划时确定的风险和机遇进行更新的要求。在审核时应关注组织是否按本条款的要求保留了有关不合格的性质以及采取的后续措施的成文信息。

【审核内容示例】

审核内容：

（1）是否建立和实施改进、纠正措施的要求？是否保存管理体系改进与创新记录？

（2）是否调查分析了不合格的原因（包括顾客报怨在内），并起到防止不合格再次发生的作用？

（3）是否针对原因提出措施并实施和记录结果？

（4）对于纠正措施的实施，是否验证其效果，并做出评价？重大的纠正措施是否成为管理评审的输入？是否更新风险和机遇以及管理体系？

（5）有无相应的记录来证明不合格的性质、随后采取的措施，以及纠正措施产生的结果？

（6）公司是否按要求保留不合格和纠正措施的成文信息？

审核记录：

（1）提供了纠正措施控制程序及相关控制记录。

（2）对内审发现的不符合项报告和管理评审提出的改进意见采取了纠正预防措施。

（3）对不合格品进行了原因分析，也采取了纠正预防措施。

（4）有控制记录。

审核结果：

符合。

三、持续改进

【审核要点】

（1）持续改进的手段有哪些？

（2）对管理评审的改进机会有否进行跟踪实施？

【审核关注点】

（1）持续改进输入可以来自多个方面，强调组织要持续改进质量管理体系的适宜性、充分性。组织可以结合自身的实际，特别应结合对风险和机遇的识别，考虑持续改进需求的来源。

（2）在持续改进的要求中应考虑管理评审的输出。应注重持续改进活动的结果和效果。关注如何识别和使用适宜的改进方法和工具。

【审核内容示例】

审核内容：

公司是否对质量管理体系的适宜性、充分性和有效性进行适当调整？

审核记录：

公司体系基本有效、适宜。

审核结果：

符合。

即问即答 9-14

以下不属于"不合格和纠正措施"条款的审核要点的是（　　）。

即问即答 9-14

A. 是否保存管理体系改进与创新记录

B. 是否调查分析了不合格的原因（包括顾客报怨在内），并起到防止不合格再次发生的目的

C. 是否建立和实施改进、纠正措施的要求

D. 对管理评审的改进机会是否进行跟踪实施

本章技能项目

项目一　知识竞赛

【竞赛内容范围】

ISO 9001:2015 标准全文

【流程设计】

● 预先告知竞赛内容范围，以便学员课前准备

● 设定竞赛时间

● 根据竞赛结果，激励学生（可采用累计"点赞"，也可适当加分）

【竞赛题目参考】

1. ISO 9001:2015 标准中的 8.3 是针对（　　）的设计和开发。

A. 质量管理体系   B. 产品和服务

C. 过程   D. 产品和过程

2. ISO 9001:2015 标准"8.5.1　生产和服务提供的控制"中"在适当阶段实施监视和测量活动，以验证（　　）"。

A. 是否符合产品生产程序要求

B. 是否符合过程或输出的控制准则以及产品和服务的接收准则

C. 服务提供过程的程序文件

    D．产品工艺试验规范

3．ISO 9001:2015 标准中"7.1.3　基础设施"可以是（　　　）。

    A．设备   B．建筑物和相关设施

    C．信息和通信技术   D．以上都是

4．（　　　）包括按照组织的质量方针和战略方向，对各过程及其相互作用进行系统的规定和管理，从而实现预期结果。（ISO 9001:2015 标准引言 0.3 条款）

    A．PDCA 的方法   B．管理的系统方法

    C．过程方法   D．质量管理方法

5．采用质量管理体系可以（　　　）。（ISO 9001:2015 标准引言 0.1 条款）

    A．帮助组织提高整体绩效

    B．促成增强顾客满意的机会

    C．证实符合规定的质量管理体系要求的能力

    D．以上都是

6．餐馆的炊事员有健康证是（　　　）。

    A．顾客的隐含的要求   B．顾客规定的要求

    C．适用的法律法规要求   D．组织认为必要附加要求

7．交付后活动是指（　　　）。

    A．法律法规要求   B．与产品和服务相关的潜在不良的后果

    C．顾客反馈   D．以上都是

8．电冰箱的以下质量特性中，（　　　）不是固有特性。

    A．容积   B．耗电量   C．制冷效果   D．价格

9．ISO 9001:2015 标准中"7.1.4　过程运行环境"可以包括（　　　）。

    A．工作场所温度、湿度   B．半成品库的通风和防潮条件

    C．工作区的噪声   D．以上都是

10．（　　　）活动对于设计和开发更改是必需的。

    A．评审和验证   B．确认   C．批准   D．以上都是

项目二　审核技能巩固训练

【操作设计】

● 以小组讨论交流的方式进行

● 写出审核思路

● 小组分享

● 教师点评

【案例资料】

1．依据 GB/T 19001 标准，结合具体产品阐述如何审核"防护"？

2．某审核员在某企业审核"能力"的符合情况时，在人力资源部查看了本年度的培训计划，抽查了其中一次培训实施的考核记录，看到考核成绩很好，认为人员能力均符合要求并结束了审核。你认为这种审核是否符合要求？为什么？如果请你去审核，你将用什么方法？审核哪些内容？

3．输出与产品有什么区别，请举例说明。2015 版标准中哪些要素使用"输出"来代替 2008 版的"产品"要求。

4．查设计和开发更改时，审核员在询问设计和开发更改的有关规定后，抽查了 3 个不同专业组在 8—12 月间的更改单，都有授权人员的审批，修改发放手续符合文件控制要求。审核员很满意他们的工作，道谢后就离开了。这样的审核是否符合要求？为什么？如果请你去审核，你会怎么做？

5．以下是审核员在某房地产公司审核时，与公司负责人的一段交谈内容：

审核员：你好，请介绍一下公司的楼房建设及销售过程。

负责人：我们主要是按照国家相关规定建设楼房，并将楼房向社会销售……

审核员：针对楼房的设计管理你们是如何开展的？

负责人：我们对楼房的设计管理要求很严，我们先进行社会调研，提出楼房户型构想。由于公司没有设计资质，因此我们将楼房的设计过程交给具有设计资质的设计院进行，公司对楼房进行最终设计确认。

审核员：所以你们针对标准中 8.3 条款的应用仅保留了 8.3.4 条款，8.3 条款的其他内容都给删减了。

负责人：是这样的……

问题：

（1）作为审核员，你认为该公司对 8.3 条款的删减内容是否正确？为什么？

（2）你将收集哪些审核证据，证实该公司对楼房设计确认和对设计院的外包控制的管理是符合 GB/T 19001 标准要求的？

6．在审核"顾客满意"时，公司销售部部长告诉审核员："自体系运行以来，我们没有收到任何顾客投诉，也没有出现过顾客退货的情况，这说明顾客对我们的产品质量很满意，因此，我们没有有关的记录。"审核员很满意他们的工作，道谢后就离开了。

问题：

（1）你认为这种审核是否符合要求？为什么？

（2）如果你去审核，你将用什么方法？审核哪些内容？

第十章 审核中常见的不符合项

【知识目标】

❑ 理解质量管理体系审核中常见的不符合项

❑ 理解领导作用审核中常见的不符合项

❑ 理解支持审核中常见的不符合项

❑ 理解运行审核中常见的不符合项

❑ 理解绩效评价和改进审核中常见的不符合项

第十章学习引导

【技能目标】

❑ 能够熟练判定质量管理体系审核中常见的不符合项条目

❑ 能够熟练审核质量管理体系、领导作用、支持、运行、绩效评价和改进等存在的不符合项，陈述不符合事实，判定不符合项的性质，判定不符合条款

❑ 能够准确理解并应用典型案例中的具体审核方法和判定技巧

【素质目标】

❑ 培养精益求精的职业精神

❑ 培养良好的持续改进意识

❑ 培养良好的团队合作意识

【本章关键词】

质量管理体系；领导作用；支持；运行；绩效评价；改进

开篇导读

审核员审核采购过程，在采购部首先了解向哪些供方采购，采购部主任提供了合格供方清单。审核员发现供方分为三类，采购部主任解释了分类办法和不同的控制选择办法。审核员抽查了三份采购合同，发现在发出前已得到批准并是向合格供方采购的。然后，结束了对采购部的审核。这样的审核是否符合要求？为什么？正确的审核方法是什么？

审核分析：这样的审核不符合要求。因为对8.4条款要求的内容没有全部审核到，就结束了对采购过程的审核，应该继续审核。正确的审核方法是在他审核的基础上对余下的要求继续审核。主要内容如下：①是否制定选择和再评价供方的准则？有无在供方现场进行验证的情况？如果有，如何控制？②查阅对供方评价的结果及记录和采取的相关措施。③查阅采购计划表述是否具体全面，是否经过批准。④所有采购产品是否经过验证？是如何验证的？⑤查阅供方供货统计情况，有无退货情况相关记录。还可以通过交谈了解生产部门使用采购材料对生产的影响情况，

通过审核质量部门了解采购产品的检验记录，了解其参与对供方评价、执行采购标准的情况等，从侧面验证采购过程控制的有效性，做出较全面的审核结论。

❏ 通过对以上资料的阅读，是否能从具体的审核分析中获取一些有益的做法？

第一节 质量管理体系审核中常见的不符合项

一、质量手册（标准条款：ISO 9001:2015 标准无明确要求需形成质量手册）

（1）各部门执行的文件与手册的规定不一致。

（2）质量手册未包括或引用形成文件的程序。

（3）对标准的删减不合理。

（4）质量手册不是最高管理者签发。

（5）质量手册不能完整反映该组织的性质特点。

（6）程序文件中规定的控制和操作方法与现行的运用不一致。

（7）程序文件与质量手册不协调一致。

（8）质量手册的发布、修改、管理比较混乱，不能保证最新有效版本在现场使用。

即问即答 10-1

以下属于"质量手册"条款审核中常见的不符合项是（　　　）。

A. 程序没涉及失效文件的控制

B. 质量手册的发布、修改、管理比较混乱不能保证最新的有效版本在现场使用

C. 质量手册的发放没有控制，随便复制

D. 外来文件没有办理识别性的手续

即问即答 10-1

二、创建和更新（标准条款 7.5.2）

（1）程序没涉及失效文件的控制。

（2）外来文件、发外文件未列入控制范围。

（3）电子媒体和其他形式的文件未受控。

（4）发布的文件无批准人。

（5）不能识别文件的修订状态。

（6）未标识保存的作废文件。

（7）外来文件没有办理识别性的手续。

（8）未对文件进行定期评审。

（9）文件的发放没有控制，随便复制。

（10）保管不善，不能迅速出示文件。

（11）文件更改记录没有或不适当。

（12）文件被非授权人复制或更改。

（13）现场使用的文件不是有效版本，或有效版本与作废版本并存。

三、成文信息的控制（标准条款 7.5.3）

（1）供方的质量记录未纳入控制范围。

（2）未规定电子媒体形式的质量记录控制方法。

（3）质量记录保存环境不符合要求。

（4）质量记录未规定标识、储存、保护、保存期、处置的方法。

（5）质量记录填写不全，质量记录上无记录者签名。

即问即答 10-2

以下属于"成文信息的控制"条款审核中常见的不符合项是（　　　）。

A．未对文件进行定期评审

B．发布的文件无批准人

C．质量记录未规定标识、储存、保护、保存期、处置的方法

D．文件更改记录没有或不适当

即问即答 10-2

案例 10-1

在试验室，检验员正在进行管道压力试验，压力表显示所用的压力为 130Pa。

审核员问："应该试压多长时间？"

检验员回答："一分半钟。"

审核员在查阅检验规程时看到上面规定的压力应该是 160Pa，便问："为什么不按照规程的规定压力做试验？"

检验员说："规程规定得不合理，上个月厂里开会做了修改，检验科科长电话通知我们按照 130Pa 的压力做试验。"

审核员问："有没有更改规程的文件下发？"

检验员说："大概没来得及发下来吧。"

案例分析 ●————————————————————————————————

检验文件的更改没有按规定的程序进行审批，只用电话通知就进行修改是不正确的。本案违反了标准"7.5.3.1　应控制质量管理体系和本标准要求的成文信息"的"a）在需要的场合和时机，均可获得并适用"的规定。

案例 10-2

审核组在供应科检查 9 月份的进货记录时，发现连续三批进货的包装瓶出现批量不合

格，但是检验科均按规定办理了让步接收。审核员在检验科进一步查看这三批瓶子的进货验证记录时发现，这三批包装瓶均是由于瓶高度较标准要求高了 0.5mm。

检验科科长说："以前这种瓶子从未发生过此类情况。"

这时在一旁的供应科科长突然想起来说："因为这些瓶子在压盖时老是盖不严实，因此生产科要求把瓶高增加了 0.5mm，这事儿我们忘了通知检验科，结果他们仍然按老的标准进行进货验证。"

案例分析

既然检验标准发生了变化，就应按规定用书面文件通知检验科。本案违反了标准"7.5.3.2　为控制成文信息，适用时，组织应进行下列活动"的"c）更改控制（如版本控制）"的规定。

案例 10-3

根据公司规定，门岗保安员应对办公大楼每天进出的外来人员进行登记。内审员想了解 2019 年 5 月 21 日的人员出入登记情况，保安部经理说："前几天是老王值班，老王都记在他个人的本子上了。"

内审员要求查看老王的笔记本，保安部经理递过来的笔记本上面的记录没有具体日期、时间、地点，登记内容也没有一定的格式，有一页上还写有"夏季到避暑山庄去旅游"等字样。

案例分析

本案中查看保安门岗值班记录，发现 2019 年 5 月 21 日办公大楼的出入登记，记在个人笔记本上，并且没有具体日期、时间、地点，登记内容也没有具体格式。违反了标准"7.5.2　创建和更新"中"在创建和更新成文信息时，组织应确保适当的：a）标识和说明（如标题、日期、作者、索引编号）"的规定。

第二节　领导作用审核中常见的不符合项

271

一、领导作用和承诺（标准条款 5.1）

（1）最高管理者不知道对管理承诺应提供哪些证据。

（2）组织成员对质量方针、质量目标各有各的理解。

（3）资源配置不足，检验人员素质差，内审人员未经培训。

二、以顾客为关注焦点（标准条款 5.1.2）

拿不出文件证实顾客的要求已得到确定。

三、方针（标准条款 5.2）

（1）质量方针空洞，体现不出企业特色，与质量目标的关系不明确。
（2）下级人员不清楚质量方针。
（3）拿不出对质量方针的评审证据。
（4）有的部门也制定了质量方针。

四、质量目标及其实现的策划（标准条款 6.2）

（1）质量目标的内容不完全，没有包括产品要求所需的内容。
（2）质量目标与质量方针给定的框架不一致。
（3）质量目标无可测量性。
（4）质量目标的实现不能提供证据。

即问即答 10-3

以下属于"质量方针"条款审核中常见的不合格项是（　　　）。
A. 质量目标与质量方针给定的框架不一致
B. 质量方针空洞，体现不出企业特色，与质量目标的关系不明确
C. 组织成员对质量方针、质量目标各有各的理解
D. 资源配置不足，检验人员素质差，内审人员未经培训

即问即答 10-3

五、总则（标准条款 5.1.1）

（1）对质量管理体系中允许的删减没有详细说明。
（2）更改期间，质量管理体系的完整性得不到保持。

六、组织的岗位、职责和权限（标准条款 5.3）

（1）人员间的接口关系不明确，遇到具体问题常有扯皮现象。
（2）不清楚由谁决定或处理某些事情（如如何处置不合格品等）。
（3）组织图不能清晰地反映相互关系、职级关系等。

七、管理者代表（标准条款：2015 版无管理者代表要求）

（1）没有以文件的形式对管理者代表的职责进行明确。
（2）管理者代表的职责不完整。

八、沟通（标准条款 7.4）

（1）不明确沟通的目的。
（2）沟通的工具不明确。

即问即答 10-4

以下属于"组织的岗位、职责和权限"条款审核中常见的不符合项是（　　　）。

A. 管理评审不是由最高管理者执行

B. 对质量管理体系中允许的剪裁没有详细说明

C. 人员间的接口关系不明确，遇到具体问题常有扯皮现象

D. 没有以文件的形式对管理者代表的职责进行明确

即问即答 10-4

九、管理评审（标准条款 9.3）

（1）管理评审未保存记录。

（2）管理评审内容不符合要求。

（3）管理评审不是由最高管理者执行。

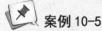

案例 10-4

　　审核员在审核某建筑公司第一项目经理部时，看到技术交底和检验记录填写的笔体非常相似，于是询问项目经理："技术交底和检验记录是由谁填写的？"项目经理说："是资料员填写的。"

　　审核员问："资料员有技术员和检验员的上岗证吗？"

　　项目经理回答："由于工地人手少，只好由资料员代劳了，好在质检站对此也没有提出异议。"

　　当地政府主管部门规定："技术交底应由具有资质的技术员或技术队长负责，检验工作应由具有资质的检验员负责。"

案例分析

　　这种事情在建筑施工企业中常有发生。技术交底应由技术员或技术队长交到施工的班组长，检验记录应该是检验员在施工现场实际检测的结果，而不是事后由别人在屋子里补填记录。

　　填写记录的人员没有相应的资质，违反了标准"5.1.1　总则"的"e）确保质量管理体系所需的资源是可获得的"的规定。

273

案例 10-5

　　在质量管理部，审核员查看 11 月 5 日的管理评审记录时发现，商场没有对公司的质量方针和质量目标进行评审。质量管理部经理说："我们的质量方针这几年没什么变化，质量目标的实现情况也很好，因此就没必要再评审了。"

案例分析

　　管理评审是对质量管理体系的综合性评审，应严格按照标准规定的评审内容进行。本案违

反了标准"9.3.1 总则"的"最高管理者应按照策划的时间间隔对组织的质量管理体系进行评审，以确保其持续的适宜性、充分性和有效性，并与组织的战略方向保持一致"的规定。

第三节 支持审核中常见的不符合项

一、总则（标准条款 7.1.1）

（1）资源提供的途径不明确。
（2）资源配置不充分。

二、资源（标准条款 7.1.2、7.1.5、7.2、7.3、7.4）

（1）能力需求未确定。
（2）未保存教育、培训、技能和经验的记录。
（3）培训后未进行考核。
（4）未进行质量意识方面的培训。
（5）检验人员、内审人员、计量人员未取得培训资格。
（6）以学历代替上岗证。
（7）以培训代替上岗资格认可。

即问即答 10-5

以下属于"资源"标准条款审核中常见的不符合项是（ ）。
A. 未按规定保存设备维护记录
B. 未进行质量意识方面的培训
C. 工作环境不符合规定
D. 资源提供的途径不明确

即问即答 10-5

三、基础设施（标准条款 7.1.3）

（1）设施和设备不充分。
（2）未按规定保存设备维护记录。

四、过程运行环境（标准条款 7.1.4）

工作环境不符合规定。

五、监视和测量资源（标准条款 7.1.5）

（1）测量设备校准状态标识不是唯一的或没有校准状态标识。

（2）对自制的测量设备无校准程序。

（3）测量设备超过校准期。

（4）校准结果未记录或记录不适当。

（5）使用中的设备未进行系统的管理（如维护等规定）。

（6）设备的测量能力与测量要求不一致。

（7）测量软件使用前未经确认。

（8）不对测量设备，而只对设备中的仪表进行校准。

（9）测量人员不按规定调整。

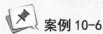 **案例 10-6**

　　某宾馆内审员在客房部现场审核时，发现有客人住的 1808 号客房卫生间的台盆下放有一积水盆。该楼面的客房服务员说："这几天漏得很厉害了，也告诉了维修工，但他们这两天特别忙没有空，过两天再来修理。"

案例分析

　　本案中客人住的 1808 号客房卫生间的台盆漏水，一直没予以修理。违反了标准"7.1.3　基础设施"中"组织应确定、提供并维护所需的基础设施，以运行过程，并获得合格产品和服务"的规定。

 案例 10-7

　　201×年×月×日中午，某食品公司的一位具有食品健康资格的内审员来到公司的第 201 熟食店审核，见熟食店的玻璃柜台内存放着熟食，台面上放满了待销售和部分已切过的熟食。熟食间内两位工人正在忙碌着，一位营业员正在切配顾客已购置的熟食，另一位营业员正在给顾客称量熟食。内审员按清洁消毒规定进行了个人清洁消毒后走进熟食间，发现室内有苍蝇、蚊子，地面上流着污水。

案例分析

　　本案中"第 201 熟食店的玻璃柜台内存放着熟食，台面上放满了待销售和部分已切过的熟食，室内有苍蝇、蚊子，地面上流着污水"，严重违反了标准"7.1.4 过程运行环境"中"组织应确定、提供并维护所需的环境，以运行过程，并获得合格产品和服务"的规定。

第四节　运行审核中常见的不符合项

一、运行的策划和控制（标准条款 8.1）

（1）未针对特定的新产品、项目、过程和合同编制质量计划。

（2）建立和实施质量计划时，忽视了对必要的人员和资源的配备。

（3）没有产品的验收准则。

二、产品和服务的要求（标准条款 8.2）

（1）产品和服务要求不明确，没有形成文件。

（2）没有规定产品要求，对产品要求评审的内容理解有偏离。

（3）没有依据标书检查合同。

（4）评审的结果与跟踪措施未记录或记录含糊。

（5）未对零星、口头的顾客要求（以口头订单、合同形式体现）进行评审。

（6）交货时发现组织没有履行合同的能力。

（7）产品要求发生变更时，未及时通知相关人员。

（8）合同、订单处理过程中，与顾客沟通不够。

（9）对顾客的投诉没有处理记录。

即问即答 10-6

以下属于"产品和服务的要求"条款审核中常见的不符合项是（　　）。

A. 未针对特定的新产品、项目、过程和合同编制质量计划

B. 设计更改未标识，没有形成文件

C. 工作环境不符合规定

D. 没有规定产品要求，对产品要求评审的内容理解有偏离

即问即答 10-6

三、产品和服务的设计和开发（标准条款 8.3）

（1）参与设计的不同组别（设计部门之间、设计部门与其他部门之间）的接口没有规定。

（2）设计输入没有形成文件，未做评审。设计输入中未包括适用的法令和法律。

（3）未编制设计开发计划（策划的结果），计划未随设计的进展而适时修改。

（4）每次设计的人员职责、阶段划分不明确。

（5）设计输出资料不完整，没有满足输入的要求，输出中未包含或引用产品验收准则，重要的产品特性未做出规定。

（6）设计输出文件发放前未批准。

（7）设计未评审/验证/确认，或评审不合格仍投产。

（8）评审、验证、确认后的跟踪措施未记录。

（9）设计更改未标识，没有形成文件。

（10）更改审批人员没有授权依据。

四、外部提供的过程、产品和服务的控制（标准条款 8.4）

（1）对供应商的评价结果，尤其是跟踪措施没有记录。采购单上的供应商为未经批准的

供应商。

（2）采购文件、采购单发出前未经审批。

（3）顾客指定的供应商，组织对其不评审也不验证其产品。

（4）无选择和评价供应商的准则。

（5）采购文件的内容未清楚地表明订购产品的要求（如产品的质量要求、验收要求等）。

（6）对质量差的供应商，没有采取纠正措施并跟踪验证。

（7）没有在规定的时间内复审经批准的供应商。

（8）采购单的修改没有管理规定。

（9）采购产品的验证方法不明确，或虽明确但不执行。

（10）组织或顾客在供方现场实施验证时，未在采购文件中对验证的安排和产品放行的办法做出规定。

（11）对服务供应商（如计量器具检定供应商、委托的检验机关、运输公司等）等未进行评审等控制活动。

即问即答 10-7

以下属于"外部提供的过程、产品和服务的控制"条款审核中常见的不符合项是（　　　）。

A. 采购文件、采购单发出前未经审批

B. 每次设计的人员职责、阶段划分不明确

C. 工作环境没有得到有效控制

D. 设备没有进行正常的维护

即问即答 10-7

五、生产和服务提供（标准条款 8.5）

（1）控制生产和服务过程的信息不全，缺乏作业指导书或作业指导书不够详细、正确而影响产品质量。

（2）作业人员的作业不符合作业指示。

（3）设备没有进行正常的维护。

（4）工作环境没有得到有效控制。

（5）对特殊过程、关键过程、质量控制点没有监控措施。

（6）操作者没有经过培训或培训无记录。

（7）生产过程无计划管制（如投入、在制、产出的日常控制）。

（8）失效的图样、规范等还在使用。

（9）领用的原材料没有规定的标识或检验状态。

（10）未规定产品放行的条件。

（11）发运了型号不正确的产品。

（12）货车运输公司或船舶运输公司未经评审。

（13）对运输中的货物损失没有采取纠正措施。

（14）货物没有正确地进行标识，随货文件不完整。

277

（15）没有规定交付后（售后服务）的管理措施，或规定了但未执行，或没有效果。

（16）合同规定的售后服务未执行或执行后没有记录。

六、生产和服务提供的控制（标准条款 8.5.1）

（1）未对特殊过程进行确认。

（2）未对确认的过程和方法进行规定。

（3）过程更改后未进行必要的再确认。

（4）监视和测量的阶段不明确。

即问即答 10-8

以下属于"生产和服务提供"条款审核中常见的不符合项是（　　　）。

A. 生产中产品无证明其身份的适当标识

B. 控制生产和服务过程的信息不全

C. 没有在规定的时间内复审经批准的供应商

D. 检验状态规定的部位、印鉴、签署、记录不完善

即问即答 10-8

七、标识和可追溯性（标准条款 8.5.2）

（1）生产中产品无证明其身份的适当标识（过程卡、随工单、路线卡等）。相似的物品不易区分。

（2）在有可追溯性的场合，产品标识不具有唯一性，无法追溯。

（3）可追溯性实施中出现"断裂"现象而无法实现可追溯性。

（4）产品标识系统过于简单，或过于繁杂，无法做到"采用适当的方法"标识产品，不具有可操作性。

（5）产品标识在使用中消失而未按规定补加标识。

（6）产品分割、分装时，未按规定将标志转移至每一部分。

（7）当产品有有效期限制时未对产品做出有效期标识。

（8）包装标识不符合要求。

（9）不合格品未加标识。

（10）标识消失、涂改时有发生。

（11）检验状态改变了，其标识没有变化。

（12）检验状态规定的部位、印鉴、签署、记录不完善。

（13）现场产品无检验状态标识或标识错误。

八、顾客或外部供方的财产（标准条款 8.5.3）

（1）未对顾客的产品进行验证。

（2）未对顾客的产品进行明确标识，未做好适当隔离。

（3）顾客产品损坏、丢失或不适用时，未记录并向顾客报告。

（4）未将顾客提供的检测设备、无形产品（软件等）纳入控制对象。

九、防护（标准条款 8.5.4）

（1）未按规定做好包装运输标志、防护标志。

（2）搬运人员未进行技能和安全知识培训。

（3）未按规定（组织自行规定）定期对库存进行检查，库存品出现变质损坏。

（4）未按包装作业指导书进行包装作业。

（5）仓库出入库管理混乱。

（6）仓库账物不符，不同产品不能清楚地界定。

（7）未按仓库规定（如先进先出、隔离存放）进行。

（8）顾客的产品未隔离存放，不能实施追溯。

（9）合同的特殊包装要求未向作业人员详细解释。

（10）包装材料的供应商未经批准。包装材料未经检查。

（11）随发文件不完整。

即问即答 10-9

以下属于"防护"条款审核中常见的不符合项是（　　　）。

A. 未按规定做好包装运输标志、防护标志

B. 不对测量设备，而只对设备中的仪表进行校准

C. 未对顾客的产品进行明确标识，未做好适当隔离

D. 对运输中的货物损失没有采取纠正措施

即问即答 10-9

十、产品和服务的放行（标准条款 8.6）

（1）所有规定的检验未完成，且又未经授权人员批准就放行了。

（2）检验记录不全或保存不妥。

（3）抽样检验不规范。

（4）检验人员不合格。

十一、不合格输出的控制（标准条款 8.7）

（1）没有程序或程序不适用。

（2）出了不合格品不标识。

（3）出了不合格品不进行处理，或处理的权限不清。

（4）返工/返修的产品没有再次验证。

（5）返工或返修两者之间区分模糊不清，让步接收未经顾客或授权人员批准。

（6）组织没有对售后的产品出现不合格时的处理措施。

案例 10-8

审核员在检验科询问检验科科长对生产急需又来不及检验的采购件应采取哪些控制措施？科长说："这种情况我们称为例外转序。按文件规定我们让供方直接把零件运到车间生产线上，由工人立即组装，以保证按期交货，满足顾客需求。"

案例分析 •————————————————————————————————

本案例中"让供方直接把零件运到车间生产线上"，不符合标准的"8.4.2　控制类型和程度"中"确定必要的验证或其他活动，以确保外部提供的过程、产品和服务满足要求"的规定。

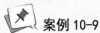

案例 10-9

在机加工车间所有设备都有明确的标识，但是审核员看到其中一台设备的编号规则与其他设备不同，便问车间主任："为什么这台设备的编号方法与其他设备不同？"

车间主任说："这是顾客提供给我们临时使用的设备。"

审核员要求查看这台设备的保养记录。车间主任说："我们的设备都有保养记录，但顾客的这台我们不负责保养，如果有问题我们通知他们来修就行了。"

案例分析 •————————————————————————————————

对于使用顾客提供的设备，应该当作自己的设备一样进行维护保养。本案违反了标准"8.5.3　顾客或外部供方的财产"的"对组织使用的或构成产品和服务一部分的顾客和外部供方财产，组织应予以识别、验证、保护和防护"的规定。

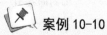

案例 10-10

在多雨的南方某铝型材工厂的露天场地堆放着许多回收的废铝材。生产部部长对审核员说："我们在熔化铝锭时也加入一定比例的废铝材。"

审核员走到露天的铝锭存放场地时，看到整齐地码放着从国外进口的铝锭，每块铝锭上面都用英文标注有"必须避免潮湿"的警告。

审核员问生产部部长："为什么要避免潮湿？"

生产部部长说："因为在化铝炉中一旦有水沉到铝液的下部，会形成过热蒸汽，结果就会像炸弹一样引起爆炸，很危险的。"

审核员在生产车间检查时，随便询问了一位工人："如果化铝炉中进入水，结果会怎样？"

工人说："那非常危险，尤其是废铝材形状五花八门，雨季时里面会积有很多雨水。去年我们就由于在炉中倒入废铝材时有雨水进入炉中，引起爆炸，结果把车间的房顶都炸飞了。幸亏当时几个工人蹲在车间一角聊天，没被伤着。"

审核员问生产部部长："外面露天的铝锭和废铝材的仓库，为什么不加顶棚？"

生产部部长说："没钱。"

案例分析

在涉及生产安全的问题上不能存在丝毫的侥幸心理。如果企业实在没钱安装防雨顶棚，也应该制定相应的安全生产规程。例如，可以规定在将废铝材倒入熔炉前，应将材料倒置多长时间，并在炉口烘烤多长时间等，这样也可以防止发生爆炸事故。

本案违反了标准"8.5.4　防护"的"组织应在生产和服务提供期间对输出进行必要的防护，以确保符合要求"的规定。

案例 10-11

审核组对某企业进行第三次监督审核。在供应科查看合格供方的评价记录，看到企业列入合格供方名录的供方共有 20 家，而对这些供方的评价材料还是两年前做的。

审核组问供应科科长："对这些供方所供物资的合格率是否有统计？"

供应科科长说："我们没有统计。但是如果有什么问题，检验科会告诉我们的。"

审核组请供应科出示对供方再评价的记录，供应科科长答复没有。

案例分析

供应科应该掌握采购物资合格率的情况，以便对供应商的质量保证能力进行再评价。对合格供方的评价，不能只做一次就一劳永逸了，而应该是动态管理的。

本案违反了标准"8.4.1　总则"的"组织应基于外部供方按照要求提供过程、产品和服务的能力，确定并实施对外部供方的评价、选择、绩效监视以及再评价的准则。对这些活动和由评价引发的任何必要的措施，组织应保留成文信息"的规定。

案例 10-12

在印刷厂成品检验组，检验员发现在检验完了的目录中少了一捆目录，于是他在没告诉任何人的情况下，到生产线上拿了一捆刚印完的目录，放到成品组准备送走的目录中就算完事了。

案例分析

因为事情发生在成品检验组，因此这里的主要工作是成品检验。既然检验员拿了一捆刚印完的目录放到成品组准备送走的目录中就算完事了，说明对这捆目录没有进行检验。违反了标准"8.6　产品和服务的放行"的"组织应在适当阶段实施策划的安排，以验证产品和服务的要求已得到满足"的规定。

第五节　绩效评价和改进审核中常见的不符合项

一、**总则**（标准条款 9.1.1）

（1）监视和测量活动不能确保符合性要求的顺利实施。

281

（2）未确定需要进行监视和测量的实现过程。对特殊过程、关键过程未进行监视和测量。

（3）过程监视和测量方法不恰当。

（4）未采用统计技术的需求。

（5）统计技术使用中有错误，可能是缺乏培训，也可能是无相应的作业指导书。

（6）数据收集不规范。

二、顾客满意（标准条款 9.1.2）

（1）没有规定收集分析、利用顾客满意程度信息的方法。

（2）顾客满意程度下降时，未采取改进措施。

三、内部审核（标准条款 9.2）

（1）未进行审核策划或策划的内容不完整。

（2）每次审核时未编制审核计划。

（3）内审员未经培训或资格证实。

（4）内审后纠正措施的跟踪验证缺乏记录，或验证记录未报告相关部门及人员。

（5）内审员与被审核部门有直接责任关系。

（6）审核的内容不充分，流于形式。

即问即答 10-10

以下属于"内部审核"条款审核中常见的不符合项是（　　　　）。

A. 没有规定收集分析、利用顾客满意程度信息的方法

B. 内审后纠正措施的跟踪验证缺乏记录

C. 监视和测量活动不能确保符合性和实施改进

D. 过程监视和测量方法不恰当

即问即答 10-10

四、分析与评价（标准条款 9.1.3）

282

（1）数据收集不规范。

（2）数据分析没有提供以下信息：顾客满意；与产品要求的符合性；过程、产品的特性及其趋势；供应商（供方）。

（3）数据分析发现问题时，未实施改进活动。

五、改进（标准条款 10）

（1）未策划和管理持续改进的过程，对持续改进认识不清。

（2）未编制纠正措施程序。

（3）对顾客投诉不分析、不处理。

（4）改进、纠正措施实施了但未见记录。

（5）采取纠正措施的根据和原因不明。

（6）未对纠正措施的实施进行评审。

（7）未将纠正措施的状况提交管理评审。

 **案例 10-13**

在销售科，审核员问销售科科长如何评价顾客满意，销售科科长犹豫了一下后回答："我们公司目前还没有规定评价顾客满意的方法，但是顾客投诉很少，这表明顾客没有什么意见。"

案例分析

本案例中"公司目前还没有规定评价顾客满意的方法，但是顾客投诉很少，这表明顾客没有什么意见"，不符合标准的"9.1.2 顾客满意"中"组织应监视顾客对其需求和期望已得到满足的程度的感受。组织应确定获取、监视和评审该信息的方法"的规定。

本章技能项目

项目一　知识竞赛

【竞赛内容范围】

ISO 9001:2015 标准全文

【流程设计】

- 预先告知竞赛内容范围，以便学员课前准备
- 设定竞赛时间
- 根据竞赛结果，激励学生（可采用累计"点赞"，也可适当加分）

【竞赛题目参考】

1. 一个组织生产的产品其设计是由外国总部提供的，该组织只是按图向顾客提供成型产品，以下（　　）说法正确。

  A. 手册中可以不包括设计的相关内容

  B. 它可以删减条款 8.3，因为这没有设计能力

  C. 不能删减条款 8.3

  D. 因为总部已获得 GB/T 19001—2016 证书，不审条款 8.3 可以发带具有设计能力的证书

2. 组织在对生产和服务提供的更改进行必要的评审和控制时，应保留（　　）成文信息。

  A. 有关更改评审结果   B. 授权进行更改的人员

  C. 根据评审所采取的必要措施 D. 以上都对

3. 对不合格输出进行纠正之后应验证其是否符合要求，是 GB/T 19001—2016 标准

（　　　）条款提出的要求。

    A．8.3.6　　　　　　　B．8.5.6　　　　　　　C．8.7.1　　　　　　　D．10.2.1

4．为确保产品能够满足规定的使用要求或已知的预期用途要求，应进行（　　　）。

    A．设计和开发的确认　　　　　　　　　B．设计和开发的策划

    C．设计和开发的验证　　　　　　　　　D．设计和开发的评审

5．设计开发输出可以是（　　　）。

    A．设计和开发的确认　　　　　　　　　B．设计和开发的策划

    C．包装规范　　　　　　　　　　　　　D．以上都是

6．以顾客为关注焦点的含义是（　　　）。

    A．顾客需要什么就提供什么

    B．组织依存于顾客，因此组织应理解顾客当前的要求和未来的需求，满足顾客要求并争取超越顾客期望

    C．千方百计地让顾客满意

7．质量管理体系的过程（　　　）。

    A．规定了建立实施改进管理体系的步骤　　B．体现了 PDCA 的思路

    C．体现了管理系统的方法　　　　　　　D．以上都对

8．在策划（　　　）时，组织应考虑所处环境的因素和相关方的要求，并确定需要应对的风险和机遇。

    A．质量目标　　　　　　　　　　　　　B．质量管理体系

    C．产品实现过程　　　　　　　　　　　D．质量方针

9．在策划的安排已圆满完成之前，放行产品和交付服务应（　　　）。

    A．得到有关授权人的批准　　　　　　　B．适用时，经顾客批准

    C．A 或 B　　　　　　　　　　　　　D．A+B

10．根据 GB/T 19001—2016 标准 8.6 条款，组织应在适当阶段实施策划的安排，目的是（　　　）。

    A．确保产品和服务已满足要求　　　　　B．确保产品和服务的结果得到证实

    C．确保产品和服务能持续满足要求　　　D．验证产品和服务的要求已得到满足

11．以下不属于物理因素的有（　　　）。

    A．温度　　　　　　B．减压　　　　　　C．空气流通　　　　D．照明

12．某一设计和开发阶段所安排的评审、验证和确认活动（　　　）（条款 8.3.4 注）。

    A．必须分别进行　　　　　　　　　　　B．可以单独进行，也可以任意组合进行

    C．必须组合进行　　　　　　　　　　　D．按顺序依次进行

13．组织的知识是组织特有的知识，通常从其（　　　）中获得。

    A．经验　　　　　　B．项目　　　　　　C．理论　　　　　　D．学习

14．为确定主题事项达到规定目标的适宜性、充分性和有效性所进行的活动是（　　　）。

    A．确认　　　　　　B．验证　　　　　　C．检验　　　　　　D．评审

15．组织应确定、提供并维护所需的基础设施，以运行过程并获得（　　　）。

    A．过程绩效　　　　B．体系绩效　　　　C．合格产品　　　　D．合格产品和服务

16．设计和开发阶段是指（　　）。

A．策划后确认的某项设计和开发活动的实际活动阶段

B．标准条款 8.3.1～8.3.6 所有活动

C．产品的设计阶段和开发阶段

D．策划前进行的阶段

17．若（　　），应对生产和服务提供过程实现策划结果的能力进行确认，并定期再确认。

A．输出结果不能由后续的监视或测量加以验证

B．过程输出能由后续的监视和测量加以验证

C．输出结果不能满足输入的要求

D．过程输出不能进行监视和测量

项目二　审核技能训练

【操作设计】

● 以小组讨论交流的方式进行

● 按规范的审核语言，写出案例中的不符合事实

● 写出对应的不符合条款号

● 提出改进措施

● 小组分享

● 教师点评

【案例资料】

1．审核员查某机械公司的成品检验记录，抽查了五份记录，发现应该检验有五项内容，记录只检验了四项，结论是合格。询问签名的王××，王××说：“最近检测第五项内容的仪器坏了，送去修理了，平时第五项都是合格的，问题不大。”

2．在连铸车间查见《连铸坯检验规程》（ZY-LG-02）中的第二部分“（二）连铸坯的弯曲度每米应不大于 22mm”，此规范与 YB/T 2011—2014《连续铸钢方坯和矩形坯》中的“连铸坯的弯曲度每米应不大于 20mm”相应规定不一致。

第十一章　企业内部审核实例

第一节　公司介绍

一、公司概况

第十一章学习引导

　　×××有限责任公司是我国大型蜂产品生产企业，主要生产销售蜂蜜、蜂王浆、蜂花粉、蜂胶等系列蜂产品。年生产能力为蜂蜜 5 000t、蜂王浆 30 t、各类蔬菜 150 t、果汁饮料 120 t，产品 88%以上出口国外。公司占地 53 000 多 m^2，厂区设施完备，办公大楼整洁明亮，绿化优美。公司地理条件优越，交通运输便利。公司拥有从国外引进的全套生产设备及完备的检测仪器，并拥有一批专业技术人员。公司严把原料入厂关，并对原料收购、生产、产品出厂、销售等全过程进行全方位监控，已通过 ISO 9001:2015 国际质量管理体系认证。

　　公司始终以质量求生存，以信誉求发展，并愿与国内外客商发展各种形式的业务关系，携手共济，共创人类健康幸福。

二、公司组织结构

　　公司组织结构如图 11-1 所示。

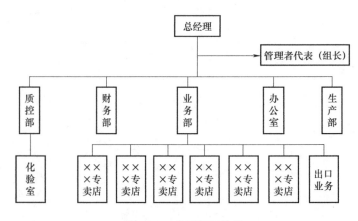

图 11-1　公司组织结构

三、质量管理体系结构

质量管理体系结构如图 11-2 所示。

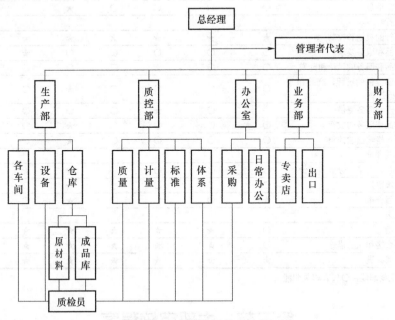

图 11-2　质量管理体系结构

四、质量管理体系过程职责分配表

质量管理体系过程职责分配表示例见表 11-1。

表 11-1　×××有限责任公司质量管理体系过程职责分配表

序　号	ISO 9001:2015	总经理	管理者代表	生产部	财务部	质控部	业务部	办公室
4	组织环境							
4.1	理解组织及其环境	★	○	○	○	○	○	○
4.2	理解相关方的需求和期望	★	○	○	○	○	○	○
4.3	确定质量管理体系的范围	★	○	○	○	○	○	○
4.4	质量管理体系及其过程	★	○	○	○	○	○	○
5	领导作用							
5.1	领导作用和承诺	★	○	○	○	○	○	○
5.2	方针	★	○	○	○	○	○	○
5.3	组织的岗位、职责和权限	★	○	○	○	○	○	○
6	策划							
6.1	应对风险和机遇的措施	★	○	○	○	○	○	○
6.2	质量目标及其实现的策划	★	○	○	○	○	○	○
6.3	变更的策划	★	○	○	○	○	○	○
7	支持							
7.1	资源	★	○	○	○	★	○	★
7.2	能力	○	○	○	○	★	○	★

（续）

序　号	ISO 9001:2015	总经理	管理者代表	生产部	财务部	质控部	业务部	办公室
7.3	意识	○	○	○	○	★	○	★
7.4	沟通	★	★	★	★	★	★	★
7.5	成文信息	○	○	○	○	★	○	★
8	运行							
8.1	运行的策划和控制	★	★	★	★	★	★	○
8.2	产品和服务要求	○	○	○	○	○	★	○
8.3	产品和服务的设计和开发	○	○	★	○	○	○	○
8.4	外部提供的过程、产品和服务的控制	○	○	○	○	★	○	★
8.5	生产和服务提供	○	○	★	○	○	○	○
8.6	产品和服务的放行	○	○	○	○	★	○	○
8.7	不合格输出的控制	○	○	○	○	★	○	○
9	绩效评价							
9.1	监视、测量、分析和评价	○	○	○	○	★	★	○
9.2	内部审核	○	○	○	○	★	○	○
9.3	管理评审	★	○	○	○	★	○	○
10	改进							
10.1	总则	○	★	★	★	★	★	○
10.2	不合格和纠正措施	○	★	★	★	★	★	○
10.3	持续改进	★	★	★	★	★	★	○

注：★代表主要职能，○代表相关职能。

第二节　内部审核程序

内部审核程序见表 11-2。

表 11-2　×××有限责任公司内部审核程序

×××有限责任公司 内部审核程序		版　本　号	3.0
		页　次	1/1

1　目的
为验证质量活动和结果是否符合计划安排和质量管理体系的有效性，建立自我约束、不断完善机制
2　适用范围
适用于内部质量管理体系审核的管理
3　职责与权限
3.1　质控部负责组织内审及管理
3.2　总经理负责
3.2.1　审批《内审实施计划》
3.2.2　对内审员进行授权
3.3　管理者代表负责
3.3.1　审批《内审检查表》
3.3.2　审批《内审不符合项报告》
3.3.3　审批《内审报告》
3.4　其他部门参与
4　程序
4.1　策划
内部质量管理体系审核每年至少进行两次，由质控部制定《内审实施计划》，报总经理批准后实施。特殊情况，由质控部提出，总经理批准，可增加审核频次
4.2　内部审核员
4.2.1　内部审核员均熟悉本公司业务工作情况，参加过内部审核员培训班培训，至少是参加过公司内部培训并考核合格的公司员工
4.2.2　内部审核员来自于不同部门，并保持工作的独立性
4.2.3　由管理者代表负责对符合内部审核员条件的人员进行评定，经总经理授权后方可进行审核工作

（续）

4.3 内部产品质量审核的实施

4.3.1 本公司的产品质量审核采用产品型式检验的方法

4.3.2 按照产品标准规定的周期、抽样方案和项目等要求，从检验合格的成品中抽取样品，自行进行或送国家检测机构进行检测，编制内部《产品质量审核报告》并对审核中发现的问题分析原因，采取纠正和预防措施

4.4 内部质量管理体系审核的实施

4.4.1 准备

4.4.1.1 每次审核前，由管理者代表主持召开审核会议，确定审核组组长，明确审核计划的内容、目的、范围、依据、方法、进度、时间等，明确审核员的任务

4.4.1.2 质控部根据公司实际情况（包括已进行的内、外审情况）制定本次审核的《内审实施计划》，经管理者代表批准后实施。审核计划的主要内容包括：

a. 审核的目的和范围

b. 审核的依据

c. 审核的日期

d. 审核组组长及审核组人员组成

e. 日程安排

4.4.1.3 审核组对质量管理体系文件进行审核，编制《内审检查表》

4.4.1.4 质控部在审核前一个星期将审核计划下发受审核部门

4.4.2 实施审核

4.4.2.1 首次会议

现场审核前，审核组组长主持召开由总经理、副总经理、管理者代表及各部门负责人参加的首次会议，向受审核部门介绍审核安排。质控部指定专人做好会议签到和记录

4.4.2.2 现场审核

审核员按照《内审实施计划》和《内审检查表》进行审核，受审核部门/人员积极配合，对审核中发现的不符合项，由审核员开出《内审不符合项报告》，交受审核部门

4.4.2.3 末次会议

现场审核结束后，审核组组长主持召开由总经理、副总经理、管理者代表及各部门负责人参加的会议，向受审核部门报告审核结果。质控部指定专人做好会议记录

4.4.2.4 内部审核中出现争议时，由管理者代表裁决

4.4.3 审核报告

审核组组长编写《内审报告》，报管理者代表审批后，由质控部发给有关部门

4.4.4 纠正措施

所有不符合项由不符合项的责任部门负责制定纠正措施，并将纠正措施记入《内审不符合项报告》中，经审核员签字确认、报管理者代表批准后实施。质控部指定审核员在规定时间内跟踪审核，对纠正措施的实施及其有效性进行验证，并将审核结果记入《内审不符合项报告》，报质控部

4.4.5 质控部妥善保存内部审核记录

5 相关文件

《纠正和预防措施控制程序》

6 质量记录

《内审实施计划》

《内审不符合项报告》

《内审报告》

《内审检查表》

第三节 内部审核流程

一、确定审核方案

审核方案的目标包括：

（1）满足质量管理体系标准的认证要求。

（2）确保符合合同要求。

办公室编制年度内审计划作为审核方案的输出，见表11-3。

表 11-3 ×××有限责任公司质量管理体系 2019 年度内审计划

编号：

审核目的	审核公司的质量管理体系是否符合 ISO 9001:2015 标准，以及体系运行状况是否符合体系文件要求，做出体系运行的符合性、充分性和有效性判断		
受审核部门	生产部、质控部、业务部、办公室、财务部		
审核范围	蜂蜜系列、蜂王浆系列、蜂花粉系列、蜂胶系列产品的加工、服务与销售		
审核准则	ISO 9001:2015 质量管理体系标准、管理手册、相关程序文件、前提方案、操作性前提方案、法律法规要求、顾客要求		
审核组	审核组组长：×××	审核员：××× ××× ×××	
审核实施项目及要点	时间		负责人
	第一次内审	第二次内审	
编制内审计划表	2019 年 7 月上旬	2019 年 12 月上旬	×××
实施内审	2019 年 7 月中旬	2019 年 12 月中旬	××× ××× ×××
不符合项纠正	2019 年 7 月下旬	2019 年 12 月下旬	各部门负责人
跟踪验证	2019 年 7 月下旬	2019 年 12 月下旬	审核组
管理评审	2019 年 7 月下旬	2019 年 12 月下旬	总经理
编制：	批准：		时间：

二、确定审核组成员

审核方案管理人员应任命审核组成员，包括审核组组长和组内成员。如果只有一名审核员，则该审核员应承担审核组组长适用的全部职责。标准对审核组的要求如下：

1．独立性和公正性

内部审核应由与受审核部门无直接关系的审核员负责，即审核员不能审核自己的工作。审核组应真实、准确、客观、及时、清楚和完整地报告审核发现，给出审核结论和审核报告。

2．审核组应遵循的审核原则

（1）诚实、正直，保守秘密和谨慎。

（2）真实、准确地做出报告。

（3）审核结论和审核报告准确地反映了审核活动。内审员必须报告在审核过程中所遇到的明显的障碍以及在审核组和受审核部门之间没有解决的或有分歧的意见。

（4）审核中内审员应具备勤奋的精神并具有正确判定的能力。

（5）内审员必须审慎对待他们所执行的任务，并且为审核委托方和其他相关方树立信心。

（6）内审员应独立进行审核的活动，不带偏见，与受审核者没有利益上的冲突。内审员应在审核过程中保持客观的评价，以保证审核发现和结论建立在证据的基础上。证据是审核过程中获得可靠审核结论的基础。审核证据是可被验证的。由于审核是在规定的时间内并在有限资源的条件下进行的，因此它是建立在可用信息的取样基础上的。适当地取样与对审核结论的信心是密切相关的。

三、制订内审实施计划

内审实施计划见表 11-4。

表 11-4 ×××有限责任公司质量管理体系 2019 年度内审实施计划

编号：

审核目的：检查本公司的质量管理体系是否符合 ISO 9001:2015 标准，以及运行状况是否符合体系文件要求				
审核范围：蜂蜜系列、蜂王浆系列、蜂花粉系列、蜂胶系列产品的加工、服务与销售				
受审核部门：生产部、质控部、办公室、业务部、财务部				
审核依据：ISO 9001:2015 质量管理体系标准、质量手册、相关程序文件等				
审核组长：×××				
审核员：××× ××× ×××				
审核日期：2019 年 7 月 13 日至 15 日				
审核安排				
日期	时间	受审核部门	审核文件	审核员
2019.7.13	8:45—9:00	首次会议	审核组组长主持	全体
2019.7.13	9:15—17:00	办公室	7.5.2、7.5.3、7.4、7.2、8.4、8.4.1、8.4.2、8.4.3、8.6	×××
2019.7.14	8:45—17:00	生产部	6.2、5.3、7.1.3、7.1.4、8.1、8.5.1、8.5.5、8.5.2、8.5.4、7.1.5、8.7、10.2	×××
2019.7.14	8:45—12:00	业务部	5.2、5.3、7.4、8.2、8.5.3、8.5.4、9.1.2	×××
2019.7.14	13:00—15:00	财务部	5.3、7.4、8.2	×××
2019.7.15	9:15—16:00	质控部	7.5.2、7.5.3、5、8.4.2、8.4.3、8.6、7.1.4、8.5.1、8.5.5、7.1.5、9.2、8.7、10.2、9.1.3	×××
2019.7.15	16:15—16:45	末次会议	审核组组长主持	全体

制表日期：2018 年 7 月 4 日　　　　　　　　　　　审批/日期：

四、编制部门内审检查表

各部门内审检查表见表 11-5 至表 11-9。

表 11-5　办公室内审检查表

编号：

受审核部门：办公室　　　　　审核员：　　　　　日期　　　　共 页 第 页

291

质量体系标准条款要求	审核要点	审核内容/记录	是否符合
7.5.2 创建和更新 7.5.3 成文信息的控制	1. 组织是否按照标准要求建立保持"文件控制程序"？该程序适用范围是否包括组织质量管理体系要求的所有文件（包括内、外部文件；各种类型文件；各种媒体形式的文件） 2. 文件发布前是否组织相关部门评审，以确保文件的适用性、完整性、协调性 3. 组织文件批准权限是否按文件类别、适用范围、所处层次确定相应的批准人？所有文件发布前是否得到批准，以确保文件的适宜性、有效性 4. 文件是否发至使用场所或岗位？执行人员是否能得到所需文件 5. 文件是否得到及时更改？文件更改前是否得到评审和批准？更改的文件是否确保了四个到位（所有同一文件更改到位；所有相关文件更改到位；所有相关部门/岗位通知到位；涉及实物时处置到位） 6. 不同类型、状态（如修改、外来文件）的文件是否按规定进行标识，保持清晰，易于识别和检查 7. 组织有哪些外来文件？这些文件分发是否受控？是否有分发范围规定和记录 8. 组织分发至供方及其他相关方文件是否受控？是否有分发范围规定和记录 9. 作废文件是否已被撤出使用场所？未被撤出时，是否有明显标识，能防止非预期使用 10. 组织文件保管是否指定设施、场所、人员，能确保文件不损坏、不丢失、及时提供 11. 组织是否建立文件档案？文件归档、整理、鉴定/评审、保管、利用是否受控	执行公司编制的"文件控制程序"，编号：××× 查有"公司受控文件清单"，共计 20 份 查有"文件登记发放表"，编号：××× 所有文件均已发放各部门，均有接收人签名 查有"文件更改申请表" 查有"外来文件清单"，26 份 查有"作废文件清单"，未具体标注作废的文件是否收回以及其分布在哪些部门 在业务部审核现场发现"蜂王浆 GB/T 9697—2002"一份，没有适当的标识	否

（续）

质量体系标准条款要求	审核要点	审核内容/记录	是否符合
7.4　沟通	1. 在内部沟通中，最高管理者是否发挥了主动主导作用，以确保在不同的层次和职能之间进行有效、充分的沟通 2. 在自上而下沟通过程中，组织有哪些沟通方式（如例会制度）？在自下而上沟通过程中，组织有哪些沟通方式（如报告制度）？在横向与纵向沟通过程中，组织有何措施防止混乱，避免统一指挥系统被破坏？在内部沟通过程中是否存在主要障碍 3. 在外部沟通中，是否存在合同、外来文件的传递或发放	执行"沟通控制程序"，编号：××× 主要与供应商和政府部门进行外部沟通，进行合同、外来文件的传递、发放等 通过面谈、电子邮件、传真等形式进行传递 查有"外来文件接收登记表" 内部沟通主要进行采购计划的审批、与质量相关信息的收集、传递、处置等 查有"采购审批单"	是
7.2　能力	1. 组织对岗位基本培训要求（应知应会）是否确定？主关键岗位上员工是否达到了岗位应知应会要求 2. 组织是否为满足组织发展、个人成长必须具备的知识、经验和能力提出新的培训要求 3. 组织培训资源（包括师资、教材、场所、设施、经费、工具等）是否充足适宜 4. 根据组织确定的培训需求是否安排计划、组织分层分类培训，确保按需培训、学以致用 5. 组织是否注重能力（如技术能力、管理、交往等能力）培训，是否注重意识（参与意识和质量意识）培训？在实际工作中，员工是否具备要求的知识、意识和能力 6. 组织对所开展培训的有效性是否进行评价？所采取的评价方法（包括考核实例、观察、问卷等）是否有效、适宜 7. 组织员工是否建立保持了教育、培训、技能和经历的记录	执行"培训控制程序"，编号：××× 查有"岗位操作人员任职要求"，编号：××× 有"2019 年培训计划" 有"2019 年培训记录" 查在岗人员档案：锅炉工、化验员、电工、叉车工	是
8.4　外部提供的过程、产品和服务的控制 8.4.1　总则 8.4.2　控制类型和程度	1. 组织采购过程有哪些？这些过程控制的方法是否确定、适宜且有效，能确保采购的产品符合规定要求 2. 组织有哪些供方应选择、评价？供方选择、评价准则是否确定？供方选择、评价准则是否按照组织要求提供产品的能力制定？组织是否按供方选择、评价准则进行供方的选择、评价？供方选择、评价结果是否形成记录并予保持 3. 组织是否建立合格供方目录？目录是否得到批准并分发至有关部门？采购是否依据目录进行 4. 供方供货业绩是否有记录？对供货业绩不良时是否采取措施，以促使供方改进，满足采购要求？对供方供货业绩是否进行统计分析，以便重新评价、选择 5. 组织是否建立实施合格供方重新评价准则？对重新评价结果及跟踪措施是否有记录并予保持 6. 组织是否建立、保持与合格供方的信息反馈渠道，及时沟通、保持协调，有良好的互惠关系 7. 对临时供方是否建立、实施了有效的控制措施 8. 顾客有要求或组织认为必要时，供方更新信息是否向顾客报告或经顾客同意？供方更新条件、措施是否确定并予实施 9. 组织是否针对不同供方的产品、性质及供货业绩，进行分类或分级，规定并实施检验或其他必要的活动，以确保采购产品满足规定的采购要求 10. 组织对供方首样检验情况及要求是否明确规定并执行？组织对供方封样情况及要求是否明确规定并执行？供方样品是否有标识、有首样检验、封样的记录	办公室负责组织各部门评价供方，选择合格的供方 对供方的评价采取现场评价、样品评价、对比评价及检验、试验的方法 负责了解供方的生产能力，质量保证能力和卫生许可条件，必要时索取以上有效证件 对供方进行比较，合格的经总经理批准存档 对重要的原材料供方、包装容器供方存档 每年对合格供方进行一次跟踪复评，有"供方业绩评定表"，根据质量、卫生、交货期、价格、售后服务等进行百分制评分 采购过程 1. 生产部编写采购计划 2. 办公室从合格供方采购原材料 3. 质控部不定期抽查蜂蜜等原材料、包装容器供方的检验报告，以验证质量 4. 办公室按照采购程序对供方进行控制 5. 办公室保存有可追溯性要求的原材料的采购文件 6. 库管员对货物的数量进行验证 7. 质控部对货物的质量情况进行验证，包括规格、外观、内在质量等	是
8.4.3　提供给外部供方的信息	1. 采购依据是否充分、可靠？规定的采购产品的要求是否明确、适宜（包括品名、规格、数量、交付期、价格等） 2. 当供方的产品、程序、过程、设备的变化会导致影响组织产品质量时，组织对这种变化情况是否要求得到批准？这些需批准的情况是否确定并被实施 3. 当供方人员的变化会导致影响产品质量时，组织是否规定人员资格要求并对其鉴定 4. 组织是否按照规定过程实施采购？采购及批准权限是否明确并得到实施 5. 组织是否提供必要的采购计划资料和采购承诺，以便供方能够满足这些期望要求 6. 组织是否对采购产品的验证记录、与供方的沟通以及对不合格品的反应做出规定，以证实其符合规定要求	采购的原材料标准依据国家标准和企业标准 例如：蜂蜜采用 GB 14963—2011 巢蜜采用企业标准 YFM003—2015 主要物品的采购有原材料质量要求标准，办公室依据标准与供方签订合同，规定型号、规格、质量要求、数量及运输、检验、交付方式等。同时索要相关产品的检验报告等 对于有特殊要求的原料，要求供方同时提供相应的资质证明材料	是

（续）

质量体系标准条款要求	审核要点	审核内容/记录	是否符合
8.6 产品和服务的放行	1. 组织对采购产品未实施检验时，是否建立实施了其他有效的控制措施（如签订质保协议或监控制度） 2. 组织是否规定采购产品在供方现场验证的情况并予以实施？顾客是否提出对采购产品在供方现场验证的要求并予实施？如有，组织在采购文件中对拟验证的安排和产品放行的方法是否做出了规定	质控部验证供方的检验报告，以证实其可信性 必要时，质控部要采取检验和试验的方法以进一步验证，从源头控制质量 查有质控部的"原材料验收检验原始记录"，抽其中一份 2019.4.25 来货：洋槐蜂蜜 20075kg 化验：蔗糖<5% 酶值：13.6 结论：合格 办公室保留有可追溯的原材料采购文件，如采购审批单、采购合同、发票等以备追溯 查采购合同8份，查供方业绩评定表5份，均较完善	是

表11-6 生产部内审检查表

编号：

受审核部门：生产部　　　　　审核员：　　　　日期　　　　共 页 第 页

质量体系标准条款要求	审核要点	审核内容/记录	是否符合
6.2 质量目标及其实现的策划	1. 在组织的相关职能和各层次上是否已建立质量目标？所建立质量目标与质量方针和持续改进的承诺是否相一致 2. 所建立质量目标是否可测量，目标之间是否协调一致、相互保证 3. 所建立的质量目标是否包括满足产品要求所需的内容？如设备、工艺水平等目标	本部门的质量目标是： 生产加工不合格率0.1%以下 设备完好率100% 卫生安全管理合格率98%以上 在上一年度这些目标均已达到	是
5.3 组织的岗位、职责和权限	1. 组织各个部门、各级人员职责权限及其相互关系是否确定并予以沟通 2. 组织所有员工是否清楚本职范围并被有效履行	参与与特殊合同有关的生产能力方面的评审 制订生产计划，审核生产全过程的控制和记录 工艺技术文件等的制定 所用生产设备的维护及使用的建设与测量设备的日常维护 产品的标识和追溯 负责生产所用原材料、成品、半成品的防护 不合格品的评审和处置 生产全过程中卫生安全的管理 参加管理评审 对本部门的不合格制定和实施纠正预防措施 寻求持续改进的机会	是

293

（续）

质量体系标准条款要求	审核要点	审核内容/记录	是否符合
7.1.3 基础设施	1. 组织为实现产品符合性，必须具备哪些基础设施？这些基础设施是否得到提供和维护，能够持续满足运行要求 2. 基础设施选址、布置是否适宜？是否有利于确保组织的工作效率和产品质量 3. 对实现产品符合性有重要影响的建筑物、工作场所是否足够（如面积）、适宜（如位置） 4. 组织有哪些过程设备？这些过程设备的技术状态和技术性能是否能够确保实现产品的符合性？组织通过哪些维护方式、手段、过程来确保关键设备的技术状态良好 5. 组织有哪些硬件、软件？这些硬件和软件配置是否充足、适当？是否得到有效维护和控制 6. 组织支持性服务（如运输、通信）是否确定、完整、快捷、准时，且组织为实现产品符合性所需支持性服务得到有效维护	生产车间分投料车间、浓缩车间、大灌装车间、小灌装车间、包装车间、蜂王浆车间、蜂花粉车间、良好操作规范（GMP）车间等 现场查看，有板框过滤机、液体灌装机、膏体灌装机等 查"生产设备台账"，有 59 套设备 有"设备维护保养计划"，2019 年 1 月份制订 有"设备清洗记录"，编号：××× 有"设备维护/检查验收单"，编号：××× 有"车间加工设备清洗一览表"，编号：×××	是
7.1.4 过程运行环境	1. 组织为实现产品的符合性，有哪些重要工作环境因素（包括人和物理的因素）？这些环境因素是否得到识别和管理 2. 组织为保证产品质量所确定的工艺卫生环境要求（如光亮度、温湿度、噪声粉尘等）是否充分、适宜，并得到控制 3. 组织为保护员工身心健康、安全，确保工作质量和效率，是否识别并采取措施消除工作过程中的有害因素、预防伤亡事故、预防错误过程（活动） 4. 工作环境中人、物、场所配置与结合是否满足员工的工作需要？是否满足产品质量控制的需要？是否有利于建立、保持安全和文明的工作现场	厂区位于×××工业园区，环境优雅，周围无污染，厂内设有办公楼、生产楼、餐厅、原料库、成品库、包装库、配电室、锅炉房等，道路硬化、厂区内绿化等都十分健全 查看"操作前提方案"，编号：××× 1. 加工用水的安全，所用水为自来水，每年两次抽检，均合格 2. 食品接触面的清洁 有"车间加工设备卫生清洗一览表"，编号：××× 有"车间每日卫生审查表"，编号：×××，每日检查 2 次 有"工作前后卫生检查表"，编号：×××，每日检查 4 次 3. 防止交叉污染 各车间相对独立，各车间的工作人员不得串岗 进入车间前须经洗手消毒及异常检查 各部物料传递门标识清楚，人在人行通道，物走物料传递口，能够有效地防止交叉污染 4. 手的清洗消毒设施及卫生保持 查看"车间每日卫生审查表"，编号：××× 对每日更衣间的卫生、消毒间卫生、消毒卫生设施的状况进行检查 查看"消毒液配制记录"，编号：××× 手的消毒液浓度为 50ppm，脚的消毒液浓度为 300ppm 5. 防止食品被污染物污染 车间、仓库等场所均安装防爆灯，消毒剂单独上锁存放管理，设备用润滑油为废弃的蜂蜜 6. 有毒化学物品的管理 查有"化学物品领用记录" 现场查看次氯酸钠消毒液存放在洗衣房的消毒柜内，落锁专人管理 7. 人员卫生控制 每日班前检查 查有"2019 年从业人员健康查体记录"，40 人 抽体检证：×××　男　09-2782 　　　　　　发证时间　2019.3.22 发证单位：×××疾病预防控制中心 8. 虫害控制 车间入口处设有塑料软帘、挡鼠板、灭蝇网等，外设有排水沟 查有"防鼠执行记录"，编号：×××，每日检查一次	是

（续）

质量体系标准条款要求	审核要点	审核内容/记录	是否符合
8.1 运作的策划和控制	1. 组织产品的质量目标和要求有哪些？体现在组织哪些文件中 2. 组织是否已编制产品实现工艺、作业流程图？在该流程图中，过程及顺序是否恰当？哪些过程需建立或建立了文件？哪些过程已确定或需确定验证、确认、监控、检验和试验活动 3. 对需确定的验证、确认、检验和试验活动，下列是否明确： （1）要求 （2）所需客观证据 （3）产品接收准则 （4）认定和提供 4. 产品实现有哪些关键过程和特殊过程？如何确保它们处在受控状态，其资源是否充足、适宜 5. 为实现过程及其产品满足要求，确定了哪些提供证据所需的记录 6. 产品实现策划的结果形成了哪些文件？这些文件与组织的质量管理体系其他过程的要求是否一致，并适于组织运作 7. 对特定产品、项目或合同，是否编制质量计划，以规定、指导控制过程和资源使用	产品的策划由生产部来组织 2019 年无新增新产品	是
8.5.1 生产和服务提供的控制 8.5.5 交付后活动	1. 在生产和服务提供前，组织如何进行策划？策划结果形成了哪些可操作的文件 2. 组织生产和服务提供受控条件有哪些？其中关键过程受控条件是否齐备、充分、适宜 3. 为有效地进行生产和服务提供，有关人员是否获得相应的产品特性要求？产品特性的信息以何种形式表述？该表述是否形成文件，且清楚、正确、完整、适用 4. 当没有作业指导书，不能有效进行生产和服务时，有关人员是否获得作业指导书？作业指导书是否清楚、适用、正确、有效 5. 在生产和服务提供过程中使用的设备技术性能和技术状况是否能够确保达到产品质量、工作效率和能源消耗要求？特别是组织主要以设备和顾客接触时（如电信、公路），是否能够确保顾客满意？设备使用人员是否能够正确使用设备？对精大稀设备，为确保正确使用设备，是否规定并实施了有效的控制措施？对使用的设备是否适宜，组织是否规定并实施了有效的检查评价制度？一旦发现不适宜设备，组织是否及时采取措施予以纠正？纠正后是否重新验证评价 6. 为确保生产和服务提供过程受控，在需进行监视与测量的过程或场所，有关人员是否获得并使用了能够满足监视和测量要求的装置 7. 在生产和服务提供过程中，对哪些过程和过程输出必须实施监视或测量？监视或测量的项目、要求及方法是什么？由谁实施监视或测量？实施监视或测量的资源是否适当、充分？实施的监视或测量是否确保过程受控 8. 在生产和服务提供的过程中，对产品的放行（上个过程的输出作为下个过程的输入）是否明确	生产过程中根据库存数量每月由生产部部长制订生产计划，根据生产计划安排每日的生产进度 各种产品均有相应的作业指导书 查有"浓缩蜂蜜操作规程" "瓶装蜜生产操作规程" "蜂王浆生产操作规程" "蜂胶生产操作规程" "蜂花粉生产操作规程"等 针对各种产品有相应的生产过程记录 记录中包括所用原材料、操作人员、包装等 查"瓶装蜂蜜生产记录"1 份：2019.6.12 生产的 2500g 槐花蜜 所用原料为：洋槐蜂蜜 批次：××× 生产数量：1350 瓶 生产日期：2019.6.12 灌装：××× 灯检：××× 封口：××× 贴标：××× ××× 装箱：××× 1. 生产过程中的卫生控制： 在生产过程中有"每日卫生检查表"，对生产过程中的人员、设备、操作台进行检查和控制 化验室定期对设备和管道进行卫生抽检、对操作人员的手部卫生不定时进行化验、对成品定期进行卫生抽检。有卫生检验报告 2. 生产过程中物料的控制： 每日所用原材料有"出库单"来显示	是

（续）

质量体系标准条款要求	审核要点	审核内容/记录	是否符合
8.5.1　生产和服务提供的控制 8.5.5　交付后活动	（1）放行条件并被遵守 （2）放行过程的监视或测量并被实施 （3）放行手续并被执行 9. 产品的交付过程、条件、方式、确认是否规定并被实施？在交付过程中，顾客是否感到可信、方便、快捷、准确？组织是否建立、保存产品交付记录 10. 组织交付后活动及规定有哪些？这些交付后活动是否有助于提高顾客满意率？是否有助于改进开发产品或服务质量	生产完毕的成品有"入库单"，当日的产品当日入库，由生产人员、生产部部长和库管员签字 生产设备均记录在"生产设备台账"中 设备定期进行维护和保养，有"设备维护保养计划"和"设备维修/验收单" 计量设备按照计量要求定期进行计量，有"年度设备计量计划" 3. 从业人员均有相应的资格和证书：有电工、锅炉工、叉车工、电焊工，均持证上岗	是
8.5.2　标识和可追溯性	1. 在产品实现过程中，凡有区分产品、追溯要求的场合，产品标识方式是否确定并被实施？所做产品标识是否能达到区分产品或追溯要求 2. 针对监视和测量要求，产品状态标识是否确定并被实施？在任一测量点，产品待测、已测等状态是否标识，使不同状态产品能够得到有效、清楚识别 3. 产品标识实施、保持、撤除过程是否明确并受控？产品标识涉及内容是否可区分或可追溯 4. 对有追溯性要求的场合、产品标识是否唯一、已受控并有记录 5. 当采用技术状态管理作为保持产品标识和可追溯性的一种方法时，产品是否包括技术状态标识、控制、记录和审核	1. 执行公司规定的"标识和可追溯性控制程序"，编号：××× 通过原材料批号→产品批号→出口标识号 实现追溯 原材料批号标识：×* - √-◆ × 是公司代号 * 是年号 √ 是月份和日期 ◆ 是批次 成品标识表示方法同原材料表示方法，只是在代号上变为：×s 2. "原材料检验单""投料记录单""灌装记录""成品检验记录"中标注原材料批号、成品批号，"发货通知单"上标注成品批号与出口标识号，通过三者可实现追溯	是
8.5.4　防护	1. 组织是否针对产品的符合性，在标识、搬运、包装、储存期间采取防护措施，确保产品不损坏、不变质、不丢失 2. 在顾客有要求时，组织是否按照顾客要求提供防护措施且经验证有效？组织所采取防护措施是否能延伸到产品交付地点 3. 当产品涉及安全、健康特殊要求时，组织所采取防护措施能在产品生命周期内或有效期内保持有效吗	原材料、成品、半成品分别放在相应的库房内 库房执行"库房管理制度" 库房内有相应的通风设施，有挡鼠板、粘鼠板，有防蝇网 蜂蜜一般常温存放，做到了离地、离墙 蜂王浆储存在冷库中，温度为–18℃以下，有相应的"冷库温度记录" 抽查 2019 年 5 月 22 日的温度记录为：–18℃，记录人：×××审核：××× 在审核现场发现冷库中有一袋（3桶）蜂王浆上的标识模糊不清 蜂花粉一般储存在冷风库中，温度控制在 5℃以下 蜂胶原材料也储存在冷风库中，蜂胶成品常温储存 生产部部长每月不定期对库房进行检查，发现问题及时处理和解决	否

（续）

质量体系标准条款要求	审核要点	审核内容/记录	是否符合
7.1.5　监视和测量资源	1. 组织监视和测量装置是否根据质量控制、保证和改进要求配置？所配置的监视和测量装置能力是否满足规定要求 2. 组织已规定了哪些监视和测量活动？组织通过建立哪些过程，确保上述活动可行并以与监视和测量要求相一致的方式实施 3. 组织是否建立了测量设备量值传递系统，可追溯至国际或国家承认的测量基准 4. 组织是否建立了测量设备校准系统？所有测量设备校准均已纳入校准系统，并规定了校准或验证周期？测量设备是否已按规定周期或在使用前得到校准或验证 5. 测量设备校准或验证没有国际或国家承认的测量基准时，组织是否制定用于校准或验证的文件 6. 测量设备校准或验证结果是否建立记录并予保持？是否建立标识，用于确定其校准状态 7. 测量设备调整或再调整情况、方法及要求是否明确？调整过程是否受控？防止调整使测量结果失效的措施有哪些，是否被实施 8. 测量设备不符合要求时，组织对以往测量结果的有效性是否进行评价并记录？组织对该设备和任何受影响的产品是否采取了适当措施 9. 计算机软件满足预期用途的能力在初次使用前是否得到确认和记录？是否验证和保持其适用性的配置管理？对需重新确认的情况是否规定、实施并有记录 10. 对测量设备需重新校准（校准周期以外的）的情况是否确定并予实施 11. 测量设备在搬运、维护和储存期间是否有适宜的防护措施防止损坏或失效	计量设备和压力表等每年定期进行检定 有检定证书 抽车间电子计量称 023 的检定证书号为：YJ0907260054 有效期为 2018.7.26—2019.7.25	是
8.7　不合格输出的控制 10.2　不合格和纠正措施	1. 组织是否建立、保持了"不合格品控制程序"？该程序是否符合标准要求，并对组织各个过程、各种情况不合格品评审、处置做出了明确的、合适的规定？程序被实施能否防止不合格品的非预期使用或交付 2. 不合格品的评审、处置人员及权限是否明确？不合格品是否在具有资格的人员评审后才进行处置 3. 所选择的不合格品处置方式是否符合要求？让步时，是否经授权人员批准或按顾客要求批准？不合格品纠正后是否重新验证？是否采取措施，消除发现的不合格或防止其原预期的使用或应用 4. 对不合格品的性质、评审、处置（包括让步批准）是否保持记录 5. 对交付或开始使用后的不合格品，组织是否区分轻重缓急，指定人员迅速确认不合格品，采取补救措施，解决顾客当前不满意？该措施是否与其所产生的影响（包括潜在的）相适应	1. 对于成品中出现的不合格品有"不合格品记录表" 例如：2019.1.23　　900g 洋槐蜂蜜　1 瓶 来源：×××专卖店 不合格原因：标签损坏　系销售过程中操作不当造成 处置：返工　重换标签 处置人：××× 监察人：××× 处置时间：2019.3.15 2. 对每年的不合格品都进行数据分析，2018 年的生产加工不合格品率为 0.07%，达到了生产部的质量分解目标 3. 对不合格品的处置： 对于一般不合格品生产部自行处理 对于严重不合格品由质控部鉴定，然后再进行处置 对于需要报废处理的，需由质控部和财务部验证签字后再予以处理	是

表 11-7　业务部内审检查表

编号：

受审核部门：业务部　　　　　审核员：　　　　日期　　　　　共　页　第　页

质量体系标准条款要求	审核要点	审核内容/记录	是否符合
5.2　方针	1. 质量方针是否与组织的宗旨相适应，与组织的总方针相一致，体现组织的目标和特点 2. 质量方针是否包含满足相关方（特别是顾客、员工、供方、社会）要求的承诺？是否包含持续改进质量管理体系的承诺？两个承诺是否有实质性内容和方向 3. 质量方针为质量目标制定、评审是否提供了明确的框架，具有较强的方向性和指导性 4. 质量方针及其含义在组织各层次员工中是否得到充分沟通、正确理解，并协调一致，深入人心 5. 质量方针在组织各层次中，是否得到贯彻和坚持？是否进行评审，以确保其持续适宜，得到有效贯彻	询问总店长	是
5.3　组织的岗位、职责和权限	1. 组织各个部门、各级人员职责权限及其相互关系是否确定并予以沟通 2. 组织所有员工是否清楚本职范围并被有效履行	业务部职责主要是： （1）负责公司各专卖店的销售、服务与店面管理维护 （2）负责各卖场、酒店、大客户等营销点的销售与市场维护 （3）负责顾客财产的保护 （4）负责国外市场的开拓与维护 （5）负责国内外货物的运送 （6）参与不合格评审与特殊合同的评审 在公司总的管理方针下，制定了本部门的质量目标：为顾客提供一流的产品和服务，服务质量顾客满意度 80%以上	是
7.4　沟通	1. 在内部沟通中，最高管理者是否发挥了主动主导作用，以确保在不同的层次和职能之间进行有效、充分的沟通 2. 在自上而下沟通过程中，组织有哪些沟通方式（如会议制度）？在自下而上沟通过程中，组织有哪些沟通方式（如报告制度）？在横向与纵向沟通过程中，组织有何措施防止混乱，避免统一指挥系统被破坏，在内部沟通过程中是否存在主要障碍	1. 通过电话、网络、传真、合同、各种单据、口头等形式与部门、销售点进行沟通 （1）查电话记录本：有详细的联系人、电话、事项要点、时间等信息 （2）查销售合同 1 份，有买卖双方信息，合同标的、品名、数量、单价、金额、付款方式、权利义务等内容 （3）查"发货通知单"，有发货目的地（顾客）、品名、规格、数量、日期，一式四联（存根、仓库、送货人、客户） （4）查"出库单"，有顾客名称、日期、品名、规格、数量、单价、金额、备注、制单人等内容，记录完整，一式四联（存根、财务、仓库、客户） （5）查"赊购单"，有客户名称、日期、品名、规格、数量、金额、送货人、客户签字，记录详细 （6）与兄弟部门沟通 2. 通过会议、口头交流、单据传递、电话等方式，充分交流各销售点的情况、需求、特殊要求、反馈等 信息反馈路径：各销售点信息→副店长→店长→各部门或公司管理层 与各销售点的沟通主要通过书面通知、电话、单据、培训（定期）、各点巡视（检查）等方式进行，与超市促销员和酒店通过邮件、对账单等方式定期或不定期进行充分交流沟通 （1）查员工的每日上下班电话签到，汇报 （2）查每个部门每周、每月工作计划和工作总结 （3）查每周销售情况统计（销售量、店面维护情况、顾客反馈等） （4）查店员周工作计划 （5）查培训记录，有时间、地点、培训人、培训内容、考核等内容 （6）查"销售订单"，有时间（约定送货日期）、数量、品种、单价等信息	是

298

（续）

质量体系标准条款要求	审核要点	审核内容/记录	是否符合
8.2　产品和服务的要求	1. 顾客规定的要求（包括性能、交付、价格、包装、运输、服务等方面的要求）组织是否已确定并被充分理解 2. 为满足顾客要求确保组织利益，组织提出了哪些与产品要求有关的附加要求？这些附加要求是否形成文件 3. 常规与非常规产品要求界限标准是否确定？该界限标准考虑因素（包括产品价格、技术质量要求、交付期等付款等）是否全面、必需 4. 组织是否已建立可靠的、有效的与顾客沟通的渠道和方式？在和顾客沟通过程中，组织是否尽力、充分、主动 5. 组织在产品信息问询、合同和订单的处理、顾客反馈（包括顾客投诉）三方面是否已建立有效的沟通方式，并能及时沟通？沟通渠道能否保持畅通 6. 组织如何使顾客反馈简单化，并主动要求反馈 7. 发生顾客投诉后，组织是否立即沟通、处理、解决顾客当前的不满意，并视顾客投诉为改进契机 8. 在与顾客沟通时，是否因人而异，诚恳、实在、尊重顾客	顾客少量购买时，不需合同，直接付款购买，按照产品标签说明，默认售后服务；会员客户持会员卡，享受会员价格与服务；顾客有疑问或需要，由店员当面解答	是
8.5.3　顾客或外部供方的财产	1. 组织是否存在顾客财产？如有，有哪些？这些顾客财产自交付日起，组织采取哪些措施进行识别、验证、保护和维护？这些措施是否有效并被实施 2. 顾客财产中是否含有知识产权？如有，组织是否按照法律和顾客要求采取了保护措施 3. 当顾客财产发生丢失、损坏或发现不适用的情况时，组织是否采取措施防止扩大，并予以记录向顾客报告，在未征得顾客意见之前，不擅自处置	顾客如果对产品或质量有疑义，店员不能答复，由公司专业人员解答。对于有顾客需要化蜜情况，专卖店登记并在包装上标识（专卖店名、顾客姓名），捎回公司处理，处理完毕交顾客领取。对整个环节进行记录、签字、确认，防止顾客财产受到损失 顾客购买的产品临时放在专卖店，标识存放，并留有联系方式，妥善保管。对于顾客购买的蜂王浆，较长时间存放，需要标识清楚，存放在冷柜中，顾客持单据领取 国外客户，每批次货物均有合同，并经合同评审。查出口日本蜂蜜资料（如合同、评审报告、各种单证、顾客满意度调查等）	是
8.5.4　防护	1. 组织是否针对产品的符合性，在标识、搬运、包装、储存期间采取防护措施，确保产品不损坏、不变质、不丢失 2. 在顾客有要求时，组织是否按照顾客要求提供防护措施且经验证有效？组织所采取防护措施是否能延伸到产品交付地点 3. 当产品涉及安全、健康特殊要求时，组织所采取防护措施能在产品生命周期或有效期内保持有效吗	现场发现产品在运输和销售过程中基本能符合要求，但发现专卖店用于销售的蜂王浆所用的冰柜没有温度显示装置，也无温度测量装置，不能证明储存温度是否符合GB 9697要求的−18℃以下的要求	否
9.1.2　顾客满意	1. 为监视和测量顾客是否满意，组织获取这些信息渠道有哪些？采用了哪些方法进行顾客满意程度的测量或监视 2. 组织使顾客满意的关键因素有哪些？使顾客满意的关键因素是否已成为组织进行测量和监视的依据 3. 组织是否在顾客不满意的问题点和使顾客满意的关键因素上设置了测量或监视点，并确定了测量或监视方法 4. 组织对顾客满意程度的评价是否来自顾客的意见感受？是否具有代表性、可信性 5. 对顾客投诉、产品质量问题反馈、流失业务、索赔和经销商报告是否建立了记录并统计分析	查2019年顾客满意度调查表（1—12月份） 产品质量满意度85.3% 服务质量满意度88.5% 包装质量满意度80% 平均满意度为86.6%	是

299

表 11-8 质控部内审检查表

受审核部门：质控部   审核员：   日期   共 页 第 页

质量体系标准条款要求	审核要点	审核内容/记录	是否符合

7.5.2. 创建和更新
 	
7.5.3 成文信息的控制
	1. 组织是否按照标准要求建立、保持"记录控制程序"？该程序适用范围是否包括了组织质量管理体系实施、保持和改进产生的所有记录（包括原始记录、统计报表、分析报告、相关方有关记录和以各种媒体形式存在的记录）
	
	2. 组织是否按照标准要求设置了记录？记录项目是否满足标准要求
	
	3. 组织为确保质量管理体系过程有效运作、控制、证实、改进，是否设置了必要记录
	
	4. 记录是否按规定进行标识？标识是否达到唯一可追溯？文件规定外记录如何标识
	
	5. 记录的填写是否真实、及时、清楚、正确
	
	6. 记录的传递（包括收集、报送、领用、分发、归档、联网等方式）是否确定要求
	
	7. 记录是否确定保存地点、方式、期限？记录保存环境设施是否适宜，能防止损坏、变质或丢失？记录保存期限是否适宜，能满足证实、控制、追溯、改进要求？记录保存检索是否简便
	
	8. 保存的记录是否按照时间要求进行鉴定和整理？对失效的无保存价值的记录及时按照规定进行处置
	
	9. 记录是否进行整理分析，并为改进和管理提供信息
		建立了记录控制文件和记录控制程序
		  质控部负责记录的监督、管理，对记录进行统一的标识、编号，建立记录清单。质控部汇集备案记录的原始样本
		  质控部的质量记录保存期限为 3 年
		
			产品名称	批次号	总糖	色泽	蔗糖	酶值	温度	加温差

---	---	---	---	---	---	---	---
洋槐蜂蜜	×××	77%	b+4.73	4%	>8.3	25℃	+0.45 | 抽样时间：2019.5.15 检测者：××× 查化学药品验收记录一份 | 名称	验收日期	数量	供方	有效证件	感官检验
---	---	---	---	---	---
食用酒精	2019.06.12	264kg	×××分公司	具有	合格	 验收结论：合格 验收人：×××	是
5 领导作用	1. 组织各个部门、各级人员职责权限及其相互关系是否确定并予以沟通 2. 组织所有员工是否清楚本职范围并被有效履行	1. 质控部的职责明确 （1）记录的管理 （2）参与特殊合同的评审 （3）监视与测量设备的日常维护管理 （4）组织内审 （5）过程及产品的监视、测量 （6）参与严重不合格品的评审、处置 （7）数据的分析及应用的管理 （8）纠正、预防措施的管理并对其追踪、检查、验证和评价 （9）协助与管理体系相关事宜的外部联系 （10）解答顾客咨询 2. 沟通 沟通形式：员工大会、例会。内部信息经常交流，外部信息通过文件、制度、法规等形式发放传达。此外还通过简报、媒体等使员工了解相关信息 3. 岗位职责明确，接口清楚	是

（续）

质量体系标准条款要求	审核要点	审核内容/记录	是否符合
8.4.2　控制类型和程度 8.4.3　提供给外部供方的信息 8.6　产品和服务的放行	1. 组织是否针对不同供方的产品、性质及供货业绩，进行分类或分级，规定并实施检验或其他必要的活动，以确保采购产品满足规定的采购要求 2. 组织是否对采购产品的验证记录、与供方的沟通以及对不合格品的反应做出规定，以证实其符合规定要求 3. 组织对供方首样检验情况及要求是否明确规定并执行？组织对供方封样情况及要求是否明确规定并执行？供方样品是否有标识，有首样检验、封样的记录 4. 组织对采购产品未实施检验时，是否建立实施了其他有效的控制措施（如签订质保协议或监控制度） 5. 组织是否规定采购产品在供方现场验证的情况并予以实施？顾客是否提出对采购产品在供方现场验证的要求并予实施？如有，组织在采购文件中是否对拟验证的安排和产品放行的方法做出规定	1. 质量管理人员在上岗前均已经过卫生培训，化验员有检验证 2. 质量检验、控制人员为相关专业专科以上学历 3. 化验室内配有专门的药品室，药品按类分别存放 4. 质控部凭卫生许可证/生产许可证/出厂合格证、包装材料检验结果单对包装材料进行验收。蜂蜜原料均来自于备案的养蜂基地，进厂时质控部按照技术检验规程、标准进行感官、理化、生物检验 5. 质控部根据计量器具周期检定计划，定期组织和联系对仪器、设备进行校准和检定 6. 查蜂蜜检测原始记录表一份 蜂蜜来源：002号基地 采购时间：2019年5月14日 采购人：××× | 产品名称	批次号	总糖	色泽	蔗糖	酶值	温度	加温差
---	---	---	---	---	---	---	---
洋槐蜂蜜	×××	77%	b+4.73	4%	>8.3	25℃	+0.45	 抽样时间：2019.5.12　　　检测者：××× 7. 抽查一电子秤的检定证书： 证号：Z字第××× 型号规格：××× 检定结论：合格 检定日期：2019年6月10日 有效日期：2020年6月9日	是
7.1.4　过程运行环境	1. 组织为实现产品的符合性，有哪些重要工作环境因素（包括人和物理的因素）？这些环境因素是否得到识别和管理 2. 组织为保证产品质量所确定的工艺卫生环境要求（如光亮度、温湿度、噪声粉尘等）是否充分、适宜，并得到控制 3. 组织为保护员工身心健康、安全，确保工作质量和效率，是否识别并采取措施消除工作过程中的有害因素，预防伤亡事故、预防错误过程（活动） 4. 工作环境中人、物、场所配置与结合是否满足员工的工作需要？是否满足产品质量控制的需要？是否有利于建立、保持安全和文明的工作现场	1. 有相关的控制文件 文件包括对水的安全、与食品接触面的卫生控制、防止交叉污染、手的清洗与消毒等方面 2. 有相关的检验记录，如水质的化验（生产车间每两周对水的微生物进行一次化验，余氯每周检测一次，一年内对所有的水龙头都检测到） 3. 对内包装材料进行微生物检测，有包装材料微生物检测记录 4. 各种检验有相关的检验规程	是
8.5.1　生产和服务提供的控制 8.5.5　交付后活动	1. 在生产和服务提供前，组织如何进行策划？策划结果形成了哪些可操作的文件 2. 组织生产和服务提供受控条件有哪些？其中关键过程受控条件是否齐备、充分、适宜	有完整的实验室程序文件，包括质量记录控制程序、产品的监视和测量控制程序、纠正和预防措施控制程序 有实验室作业指导书——检验标准和检验规程编号：××× 有相应的产品监控记录——原料验收监控记录编号：×××；质量检验记录台账 编号：×××；仪器使用记录编号：××× 所用的监视仪器都处于校准和检定状态，需自行校准的有相应的校准方法	是

301

（续）

质量体系标准条款要求	审核要点	审核内容/记录	是否符合
8.5.1　生产和服务提供的控制 8.5.5　交付后活动	3．为有效地进行生产和服务提供，有关人员是否获得相应的产品特性要求？产品特性的信息以何种形式表述？该表述是否形成文件，且清楚、正确、完整、适用 4．当没有作业指导书，不能有效进行生产和服务时，有关人员是否获得作业指导书？作业指导书是否清楚、适用、正确、有效 5．在生产和服务提供过程中使用的设备技术性能和技术状况是否能够确保达到产品质量、工作效率和能源消耗要求？特别是组织主要以设备和顾客接触时（如电信、公路），是否能够确保顾客满意？设备使用人员是否能够正确使用设备？对精大稀设备，组织为确保正确使用设备，是否规定并实施了有效的控制措施？对使用的设备是否适宜？组织是否规定并实施了有效的检查评价制度，一旦发现不适宜设备，组织是否及时采取措施予以纠正？纠正后是否重新验证评价 6．为确保生产和服务提供过程受控，在需进行监视与测量的过程或场所，有关人员是否获得并使用了能够满足监视和测量要求的装置 7．在生产和服务提供过程中，对哪些过程和过程输出必须实施监视或测量？监视或测量的项目、要求及方法是什么？由谁实施监视或测量？实施监视或测量的资源是否适当、充分？实施的监视或测量是否已确保过程受控 8．在生产和服务提供的过程中，对产品的放行（上个过程的输出作为下个过程的输入）是否明确 （1）放行条件并被遵守 （2）放行过程的监视或测量并被实施 （3）放行手续并被执行 9．产品的交付过程、条件、方式、确认是否规定并被实施？在交付过程中，顾客是否感到可信、方便、快捷、准确？组织是否建立、保存产品交付记录 10．组织交付后活动及规定有哪些？这些交付后活动是否有助于提高顾客满意率？是否有助于改进开发产品或服务质量	所用的仪器有：高效液相色谱仪 SPD-10A，×国×地；色彩色差计　CF-310，×国 仪器的监视频次：根据年度校准计划，定期对需检定的设备进行检定 仪器的采购、验收、使用和管理及人员的职责和权限都在《仪器设备及易耗品控制程序》和《化验室人员职责一览表》中有相应的规定	是

（续）

质量体系标准条款要求	审核要点	审核内容/记录	是否符合
7.1.5 监视和测量资源	1. 组织监视和测量装置是否根据质量控制、保证和改进要求配置？所配置的监视和测量装置能力是否满足规定要求 2. 组织已规定了哪些监视和测量活动？组织通过建立哪些过程，确保上述活动可行并以与监视和测量要求相一致的方式实施 3. 组织是否建立了测量设备量值传递系统，可追溯至国际或国家认可的测量基准 4. 组织是否建立了测量设备校准系统？所有测量设备校准均已纳入校准系统，并规定了校准或验证周期？测量设备是否已按规定周期或在使用前得到校准或验证 5. 测量设备校准或验证没有国际或国家承认的测量基准时，组织是否制定用于校准或验证的文件 6. 测量设备校准或验证结果是否建立记录并予保持？是否建立标识，用于确定其校准状态 7. 测量设备调整或再调整情况、方法及要求是否明确？调整过程是否受控，防止调整使测量结果失效的措施有哪些，是否被实施 8. 测量设备不符合要求时，组织对以往测量结果的有效性是否进行评价并记录？组织对该设备和任何受影响的产品是否采取了适当措施 9. 计算机软件满足预期用途的能力在初次使用前是否得到确认和记录？是否验证和保持其适用性的配置管理？对需重新确认的情况是否规定、实施并有记录 10. 对测量设备需重新校准（校准周期以外的）情况是否确定并予实施 11. 测量设备在搬运、维护和储存期间是否有适宜的防护措施防止损坏或失效	按检定和校准计划（依照国家对不同设备的检定和校准规定制订计划，针对的是强制性规定）对监视和测量设备进行检定和校准，有检定证书 在现场发现所用阿贝折射仪的校准标识是 2018.6.22—2019.6.21，无现行有效的校准标识	否
9.2 内部审核	1. 组织是否根据标准要求建立、实施保持了内部审核程序 2. 根据规定的时间间隔，组织是否编制了审核计划？该计划有没有覆盖质量管理体系所有部门、主要场所、过程 3. 根据审核计划规定的审核对象，是否编制了检查表？这些检查表是否覆盖了标准要求？是否覆盖了审核对象的主要职能？是否反映了推进内部管理的需要？是否突出了审核区域的重点？是否可操作？是否根据审核准则（特别是组织质量管理体系文件）编制 4. 审核员的选择和审核的实施是否确保了审核过程的客观性和公正性？有没有审核员审核自己工作的现象？审核员是否经过专门培训、授权，具备相应资格 5. 现场审核记录是否已反映检查表内容已经检查？对不合格客观事实描述是否清楚、可证实、可追溯 6. 对现场审核发现的不符合项是否开具不符合项，并经受审核部门确认 7. 对审核发现的不符合项，是否采取措施，确保消除并能防止其再发生？对措施的有效性是否进行验证，并有验证结果的报告 8. 组织是否编制内审报告对质量管理体系的符合性、有效性进行统计分析和评价并实施改进 9. 内审首末次会议是否召开？有没有会议记录？与会人员是否符合要求 10. 负责受审核区域的管理者针对内部审核提出的不符合项，是否采取纠正和预防措施，并对实施有效性进行验证 11. 审核用工作文件是否齐全、规范、正确，并得到整理、保存	对内审有策划，形成了审核计划 每年进行两次内审，内审人员经过培训，有内审资格，有明文任命 有详细的内审检查表，内审与管理评审相结合 审核活动符合相关要求，审核过程中形成了电子版和书面的材料，记录保持完整	是

（续）

质量体系标准 条款要求	审核要点	审核内容/记录	是否 符合
8.7 不合格 输出的控制	1. 组织是否建立、保持了"不合格品控制程序"？该程序是否符合标准要求，并对组织各个过程各种情况不合格品评审、处置做出了明确的、合适的规定？程序被实施能防止不合格品的非预期使用或交付 2. 不合格品的评审、处置人员及权限是否明确？不合格品是否在具有资格的人员评审后才进行处置 3. 所选择的不合格品处置方式是否符合要求？让步时，是否经授权人员批准或按照顾客要求批准？不合格品纠正后是否重新验证？是否采取措施，消除发现的不合格或防止其原预期的使用或应用 4. 对不合格品的性质、评审、处置（包括让步批准）是否保持记录 5. 对交付或开始使用后的不合格品，组织是否区分轻重缓急，指定人员迅速确认不合格品，采取补救措施，解决顾客当前不满意？该措施是否与其所产生的影响（包括潜在的）相适应	有不合格品控制程序 对于采购的原材料进行抽样检验，蜂蜜是每桶必抽，其他原料按照检验计划中的抽样比例抽样，对不合格的原材料进行了标识、隔离、记录和评审 对于检验不合格的原材料进行退货或拒收 不合格的开具不合格检验报告 例 1：180g 茶色瓶盖检验报告单 样品来源：×× 样品批号：××× 不合格项：盖体上有瑕疵 检验结论：不合格 不合格品处置：拒收 检验者：××× 检验日期：2019.3.19 例 2：洋槐蜂蜜检验报告单 样品来源：×× ××× 样品数量：5 个 样品批号：××× 不合格项：异性化糖呈阳性 检验结论：不合格 不合格处置：退货 检测日期：2019.6.9 检测者：×××	是
9.1.3 分析 与评价	1. 组织为证实质量管理体系的适宜性、有效性并识别持续改进机会，确定、收集、分析了哪些数据？这些数据的统计方法、时间、传递要求是否得到规定和实施？是否包括来自测量和监视、不合格品控制等主要数据 2. 组织是否建立、实施了数据分析规定？通过数据分析，应提供的信息是否包括 （1）顾客满意 （2）与产品要求的符合性 （3）过程和产品的特性及趋势，包括采取预防措施的机会 （4）供方业绩改进与开发 3. 为提高数据分析的有效性和效率，组织是否采用了适用的统计技术	每年进行一次数据分析，针对原材料和成品的质量控制情况进行了分析，包括蜂蜜、花粉、王浆、蜂胶、包装材料等 统计技术和方法适宜 数据分析涉及了产品、过程、顾客和供应商的信息	是
10.2 不合 格和纠正措施	1. 组织是否建立保持了"纠正措施程序"？该程序是否按照标准要求做出以下的规定： （1）评审不合格（包括顾客投诉） （2）确定不合格的原因 （3）评价确保不合格不再发生的措施的需求 （4）确定和实施所需的措施 （5）记录所采取措施的结果 （6）评审所采取的纠正措施 2. 组织对应采取纠正措施的不合格，是否执行了"纠正措施程序" 3. 组织采取纠正措施信息来源是否正常、充分、可靠、及时？所采取的纠正措施，是否注重过程及有效性，能防止不合格再次发生，并与不合格的影响程度相适应？对纠正措施实施及有效性是否进行了记录、评审，实施了闭环管理 4. 对顾客的投诉，是否在采取补救措施后，能分析顾客投诉原因，采取纠正措施，防止顾客类似投诉再次发生	对现有的文件和程序每年进行审查，证实其有效 相关操作人员进行了相应的培训（采取外训和内训的形式） 针对外审的不合格项采取了相应的纠正措施，在检验策划上进行了改进，增加了相应的策划 实施并跟进了纠正措施的有效性	是

表 11-9 财务部内审检查表

编号：

受审核部门：财务部 审核员： 日期 共 页 第 页

质量体系标准条款要求	审核要点	审核内容/记录	是否符合
5.3 组织的岗位、职责和权限	1. 组织各个部门、各级人员职责权限及其相互关系是否确定并予以沟通 2. 组织所有员工是否清楚本职范围并被有效履行？	询问××部长，财务部的主要职责是： （1）合同评审 （2）参与严重不合格品评审	是
7.4 沟通	1. 在内部沟通中，最高管理者是否发挥了主动主导作用，以确保在不同的层次和职能之间进行有效、充分的沟通 2. 在自上而下沟通过程中，组织有哪些沟通方式（如例会制度）？在自下而上沟通过程中，组织有哪些沟通方式（如报告制度）？在横向与斜向沟通过程中，组织有何措施防止混乱，避免统一指挥系统被破坏，在内部沟通过程中是否存在主要障碍	通过例会与各部门之间沟通 部门内部通过内部日常交流、电话、表格等传递信息，接受员工的合理化建议	是
8.2 产品和服务的要求	1. 针对常规与非常规产品要求，组织采取了哪些评审方式？这些评审方式是否有效 2. 评审内容是否包括了顾客的产品要求和组织有关产品的附加要求？评审是否抓住了重点？组织确定的附加要求顾客是否乐意接收，能够达到 3. 组织接收了多少顾客合同或订单？这些合同或订单是否都在接收前得到评审？若顾客提供的要求没有形成文件，组织在提供产品承诺前是否采用了适宜的方式，对顾客要求进行了确认，如有网上销售，组织是否对有关的产品信息，如产品目录、产品广告内容等进行评审 4. 组织通过评审，会得到哪些评审结果，会引发哪些措施？这些评审结果及由评审引发的措施形成哪些记录，并予以保持 5. 抽查交付及交付后活动记录验证组织通过评审，是否确保 （1）产品要求最终确定并被理解 （2）与以前表述不一致的合同或订单的要求已得到妥善解决 （3）组织有能力满足规定的要求 6. 当顾客提出产品要求更改时，组织是否评审、确认？当组织提出产品要求更改时，组织是否得到顾客认可	查合同评审表 编号：×××； 有合同号××× 有顾客及相关信息：国外养蜂（株） 订货日期 2019.1.5 交付日期 2019.2.15 有产品名称：葵花蜂蜜 有包装要求、质量要求 办公室、生产部、质控部、业务部、财务部、总经理分别签字 有评审时间：2019.1.5 查该合同，有签订时间、地点、品名、数量、单价、金额、包装、装船日期、转运港和目的港、码头、付款条件等信息 查该批货物单据，有提单、装箱单、入库单、分析试验成绩表、海运单、检验报告、发货通知、顾客满意度调查表	是

305

五、实施现场审核

1. 内审组长主持首次会议

内审首（末）次会议签到表见表 11-10。

表 11-10　内审首（末）次会议签到表

编号：

首　次　会　议			末　次　会　议		
时　间：			时　间：		
姓　　名	部　　门	职　　务	姓　　名	部　　门	职　　务
	质控部			办公室	
	生产部			生产部	
	办公室			业务部	
	业务部			质控部	
	业务部			生产部	
	业务部			财务部	
	财务部			业务部	
	生产部			业务部	
	业务部			业务部	

2．现场审核具体步骤

内审员依据 PDCA 原则，审核各个部门的质量管理体系过程，依据审核准则以及检查表，采取面谈、观察、查看记录等方式，寻找证据，得出审核结论。现场审核期间，要注意相互的沟通，对审核过程中发现的不符合项，经核实后，填写不符合项报告。

3．现场审核记录说明

（1）审核相关记录应准确、清晰地反映受审核部门的具体活动内容、人员、职责、控制要求和实施效果，根据检查表，全面收集审核证据。

（2）审核记录应该准确地表达公司过程活动的顺序和相互之间的关系。

（3）公司的质量管理体系活动符合法律法规要求、质量管理体系标准、产品标准、顾客要求等内容应准确记录。

（4）审核记录要完整、可追溯、能支持审核结论。

（5）审核记录应清晰，注明受审核部门、标准条款要求，审核员要签字。

4．出具不符合项报告

办公室、生产部、质控部、业务部的不符合项报告见表 11-11 至表 11-14。

表 11-11　办公室不符合项报告

编号：　　　　　　　　　　　　　　　　　　　　　　　　　　　　第　份　共　份

受审核方			受审核部门		办公室
审核准则		☑ISO 9001:2015　☑管理体系文件　☑合同　☑法律法规　□其他			
不符合性质	—　□严重　☑一般		审核员		审核日期
不符合事实描述（列出判定所引用的标准或其他文件名称、具体条款号和要求） 在业务部审核现场发现蜂王浆旧标准 GB/T 9697—2002 一份，文件上未有明显受控标识，没有作废标识 不符合条款：7.5.2　创建和更新 在创新和更新成文信息时，组织应确保适当的： a）标识和说明（如标题、日期、作者、索引编号）					
审核组组长		受审核方代表签字：			

306

（续）

不符合原因分析	
1．对文件控制没有很好地理解	
2．对作废文件记录清单没有很好地利用，没有表明作废文件在哪个部门，以至于不能很好地掌控	
拟采取的纠正及纠正措施/预防措施（请分别说明，附证实材料和企业验证的证据）	
1．立即对所发现的文件加盖作废标识	
2．加强办公室文件记录的检查和核实工作，在各部门认真检查是否有无有效标识的文件	
3．加强办公室文件控制的培训工作	
4．加强各部门对文件的自检工作	
5．在全公司范围内加强文件控制的培训工作	
纠正措施指定人：　　　　　　　　　管代审批签字：	
跟踪验证	验证方式：☑书面验证，并在下次监督审核时进一步验证纠正/预防措施的有效性 ☑现场验证，验证情况记录附页（检查表）
	原因分析是否正确　　☑是　　□否　　指出不正确处
	纠正是否有效：☑是　　□否　　指出不正确处
	纠正措施/预防措施是否有效：☑是　　　□否
	□纠正措施/预防措施计划已制订，下次审核验证措施有效性（必要时）
	审核组组长/验证人签字：　　　　　　　时间：

表 11-12　生产部不符合项报告

编号：　　　　　　　　　　　　　　　　　　　第　份　共　份

受审核方			受审核部门	生产部
审核准则	☑ISO 9001:2015　☑管理体系文件　☑合同　☑法律法规　□其他			
不符合性质	□严重　☑一般	审核员		审核日期	

不符合事实描述（列出判定所引用的标准或其他文件名称、具体条款号和要求）
在冷库发现一袋（3桶）蜂王浆的标识模糊不清
不符合条款：8.5.4　防护
组织应在生产和服务提供期间对输出进行必要的防护，以确保符合要求
审核组组长：　　　　　　　　　　　受审核方代表签字：
不符合原因分析
1．没有认真地执行仓库管理制度
2．未对仓库物资的管理做到认真检查
拟采取的纠正及纠正措施/预防措施（请分别说明，附证实材料和企业验证的证据）
1．将所发现的蜂王浆加贴清楚的标识
2．加强对库管员的培训，使其认真学习仓库物资管理制度
3．加强职工的岗位责任心教育
4．认真自查所有仓库的货物标识工作
5．部门负责人加强日常监督检查工作
纠正措施指定人：　　　　　　　　管代审批签字：

跟踪验证	验证方式：☑书面验证，并在下次监督审核时进一步验证纠正/预防措施的有效性 ☑现场验证，验证情况记录附页（检查表）
	原因分析是否正确　　☑是　□否　　指出不正确处
	纠正是否有效：☑是　　□否　　指出不正确处
	纠正措施/预防措施是否有效：☑是　　　□否
	□纠正措施/预防措施计划已制订，下次审核验证措施有效性（必要时）
	审核组组长/验证人签字：　　　　　　　时间：

307

表 11-13　质控部不符合项报告

编号：　　　　　　　　　　　　　　　　　　　　　　　　　　　第　份　共　份

受审核方		受审核部门	质控部
审核准则	☑ISO 9001:2015　☑管理体系文件　☑合同　☑法律法规　□其他		
不符合性质	□严重　☑一般　　　审核员　　　　　　　　　审核日期		

不符合事实描述（列出判定所引用的标准或其他文件名称、具体条款号和要求）
在理化检验室现场发现阿贝折射仪无有效的校准状态标识
不符合条款：7.1.5.2　测量溯源
当要求测量溯源时，或组织认为测量溯源是信任测量结果有效的基础时，测量设备应：
b）予以识别，以确定其状态

审核组长：　　　　　　　　　　　　　受审核方代表签字：

不符合原因分析
1. 没有对监视和测量设备进行有效的控制
2. 未对日常工作做到认真检查

拟采取的纠正及纠正措施/预防措施（请分别说明，附证实材料和企业验证的证据）
1. 将阿贝折射仪更换有效的标识
2. 加强对化验员的培训，使其认真学习化验管理制度
3. 加强职工的岗位责任心教育
4. 认真自查所有监视和测量装置的标识工作
5. 部门负责人加强日常监督检查工作

纠正措施指定人：　　　　　　　　　　　管代审批签字：

跟踪验证	验证方式：☑书面验证，并在下次监督审核时进一步验证纠正/预防措施的有效性 ☑现场验证，验证情况记录附页（检查表）
	原因分析是否正确　☑是　□否　指出不正确处
	纠正是否有效：☑是　□否　指出不正确处
	纠正措施/预防措施是否有效：☑是　　□否
	□纠正措施/预防措施计划已制订，下次审核验证措施有效性（必要时）
	审核组组长/验证人签字：　　　　　时间：

表 11-14　业务部不符合项报告

编号：　　　　　　　　　　　　　　　　　　　　　　　　　　　第　份　共　份

受审核方		受审核部门	业务部
审核准则	☑ISO 9001:2015　☑管理体系文件　☑合同　☑法律法规　□其他		
不符合性质	□严重　☑一般　　　审核员　　　　　　　　审核日期		

不符合事实描述（列出判定所引用的标准或其他文件名称、具体条款号和要求）
　在专卖店发现用于储存待销售的蜂王浆成品放在冰柜中，无可见的温度显示装置，从而无法证明蜂王浆的储存温度是否达到了 GB 9697 要求的-18℃以下
不符合条款：8.5.4　防护
组织应在生产和服务提供期间对输出进行必要的防护，以确保符合要求

审核组长：　　　　　　　　　　　　　受审核方代表签字：

不符合原因分析
1. 店员对产品的储存要求了解不够
2. 部门负责人对产品的特性要求认识不足

（续）

拟采取的纠正及纠正措施/预防措施（请分别说明，附证实材料和企业验证的证据）
1. 立即购买温度显示仪，给专卖店的冰柜都配上，使冰柜的温度控制在–18℃以下，并每天予以检查和记录
2. 加强对店员的培训，使其认真学习各种产品的特性
3. 加强职工的岗位责任心教育
4. 对所有专卖店的销售储存环境彻底自查
5. 部门负责人加强日常学习、培训和监督检查工作

纠正措施指定人：	管代审批签字：

<table>
<tr><td rowspan="8">跟踪验证</td><td>验证方式：☑书面验证，并在下次监督审核时进一步验证纠正/预防措施的有效性</td></tr>
<tr><td>☑现场验证，验证情况记录附页（检查表）</td></tr>
<tr><td>原因分析是否正确　☑是　□否　指出不正确处</td></tr>
<tr><td>纠正是否有效：☑是　□否　指出不正确处</td></tr>
<tr><td>纠正措施/预防措施是否有效：☑是　□否</td></tr>
<tr><td>□纠正措施/预防措施计划已制订，下次审核验证措施有效性（必要时）</td></tr>
<tr><td>审核组组长/验证人签字：　　　　　时间：</td></tr>
</table>

5. 形成审核结论

内部审核报告见表 11-15。

表 11-15　×××有限责任公司质量管理体系内部审核报告

编号：

审核目的：对公司 ISO 9001:2015 质量管理体系以及运行情况评估审查，确认是否可行，并借此寻找管理体系持续改进的机会
审核范围：覆盖 ISO 9001:2015 的全部要素/部门
审核依据：ISO 9001:2015、体系文件、相关技术标准和合同
受审核部门：生产部、质控部、业务部、办公室、财务部
审核日期：　　　　　　　　　　报告发布日期：
审核组组长：×××
审核组成员：×××　×××　×××
受审核部门人员：×××　×××　×××　×××　×××

审核基本情况

1. 各部门管理体系运行情况及管理方针、管理目标的适宜性和有效性

（1）质控部：

国家抽检合格率100%：自2018年1月至12月，政府质量监督部门对本公司产品进行了7次抽查，抽查结果全部合格，抽查合格率100%

公司内部实验室漏检和误检率为0.055%，比2018年0.2%有所下降

生产用水：卫生防疫部门抽检2次，全部合格

（2）生产部：

文件规定生产加工不合格率0.1%以下：目前不合格率0.026%，比2018年0.058%有所下降，实现了目标。卫生安全管理合格率100%，设备完好率100%，未出现一次重大卫生安全事故

（3）办公室：

文件规定采购入厂合格率90%以上：目前入厂合格率99%，已实现目标

文件到位率95%以上：目前到位率为100%，已实现目标

（4）业务部：

服务质量顾客满意度85%以上：从业务部顾客满意率调查表分析，顾客对产品服务质量满意度为88.5%，产品质量满意度为85.3%，包装质量满意度为80%，平均满意度为86.6%，目标未能实现，需要加强产品质量与包装

（5）财务部：

合同评审过程合格率100%：本年度评审过程合格率100%，目标已实现

（续）

2. 过程业绩及产品符合性状况
（1）文件控制：内外部文件基本发放到位，进行受控登记，做到了有法可依，文件受控状况良好
（2）记录控制：已按 ISO 9001:2015 标准建立了《质量记录控制程序》，规定了记录的标识、储存、保护、检索、保存期限和处置方面的管理控制方法，控制和实施状况良好
（3）培训控制：通过内外部培训，使员工意识到满足法律法规和顾客要求的重要性，同时也具备了满足所从事的岗位要求的能力
（4）合同评审：合同签订之前，对公司的内外销合同进行评审，确保公司准确了解顾客要求，包括顾客明示和隐含要求以及法律法规的要求，同时也确定了公司有能力满足顾客的要求。由于事先对顾客要求进行评审，确保了合同履约率能够达到较高的水平
（5）采购控制：通过对采购过程进行控制，确保了采购产品在质量要求、交付和服务等方面符合规定的采购要求；对公司所有的供方根据其产品对公司最终产品的影响程度确定了评价准则，并予以控制
（6）生产和服务控制：通过对生产和服务过程进行控制，确保了在受控条件下进行生产和服务的提供，受控条件是指 　　A. 生产过程有作业指导书 　　B. 使用了适宜的设备，获得和使用了监视和测量设备 　　C. 实施了检验和实验 　　D. 未经检验合格的产品不得放行或交付 　　E. 规定和实施了产品的售前、售中和售后服务
（7）标识和可追溯性控制：通过对采购产品、半成品和成品的标识，更改了浓缩产品的批次标识，防止了产品的混淆和误用，同时在必要时可实现追溯
（8）产品的监视和测量控制：对采购产品、半成品和最终产品进行了监视和测量，确保了所提供的产品满足要求
（9）不合格品控制：通过对不合格品的控制，防止了不合格品的非预期使用和销售
（10）纠正措施的控制：通过对不合格采取纠正措施，防止了不合格的再次发生，同时，使公司的管理体系不断完善和自我改进
从质控部的监视和测量结果来看，无论是采购产品、最终产品，基本上是符合了国家标准、行业标准和企业标准的规定。在满足顾客要求方面，产品已基本符合
审核发现的不符合项 审核过程共发现了 4 个不符合项 1. 办公室分发到业务部的文件没有有效的受控标识 2. 生产部的冷库内储存的蜂王浆原料标识不清楚 3. 质控部阿贝折射仪没有有效的计量标识 4. 业务部在专卖店销售的蜂王浆储存的冰柜没有温度显示和测量装置，无法对储存条件是否达到标准要求予以验证 以上不符合项均属于一般不符合项
审核结论 公司管理体系运行状况基本良好，各过程控制基本有效，能满足 ISO 9001:2015 标准的要求，是可行的、有效的。产品和服务质量基本满足顾客和法律法规要求
纠正措施要求及审核报告分发对象：生产部、质控部、办公室、业务部、财务部
审核组组长：　　　　　批准：　　　　　日期：

310

不符合项分布表见表 11-16。

表 11-16　不符合项分布表

部　门 要　素	办 公 室	生 产 部	业 务 部	质 控 部	财 务 部	合 计
4.1						
4.2						
4.3						
4.4						
4.4.1						
4.4.2						

（续）

要　素 ＼ 部　门	办 公 室	生 产 部	业 务 部	质 控 部	财 务 部	合　计
5.1						
5.1.1						
5.1.2						
5.2						
5.2.1						
5.2.2						
5.3						
6.1						
6.1.1						
6.1.2						
6.2						
6.2.1						
6.2.2						
6.3						
7.1						
7.1.1						
7.1.2						
7.1.3						
7.1.4						
7.1.5				+		
7.1.6						
7.2						
7.3						
7.4						
7.5						
7.5.1						
7.5.2	+					
7.5.3						
8.1						
8.2						
8.2.1						
8.2.2						
8.2.3						
8.2.4						
8.3						
8.3.1						
8.3.2						
8.3.3						
8.3.4						
8.3.5						
8.3.6						
8.4						
8.4.1						
8.4.2						
8.4.3						

（续）

部门 要素	办公室	生产部	业务部	质控部	财务部	合计
8.5						
8.5.1						
8.5.2						
8.5.3						
8.5.4		+	+			
8.5.5						
8.5.6						
8.6						
8.7						
8.7.1						
8.7.2						
9.1						
9.1.1						
9.1.2						
9.1.3						
9.2						
9.2.1						
9.2.2						
9.3						
9.3.1						
9.3.2						
9.3.3						
10.1						
10.2						
10.2.1						
10.2.2						
10.3						
合计	1	1	1	1		4

注："+"为一般不符合项；"×"为严重不符合项。

报告发放范围见表 11-17。

表 11-17 报告发放范围

部门	职务	姓名	不符合项记录编号
办公室	×××	×××	
生产部	×××	×××	
业务部	×××	×××	
质控部	×××	×××	
财务部	×××	×××	

六、内部审核跟踪

内审员验证各责任部门制订的纠正措施计划的实施情况。

附录 A　ISO 9001:2015 标准的附录 A

附录 A（资料性附录）

新结构、术语和概念说明

A.1　结构和术语

为了更好地与其他管理体系标准保持一致，与此前的版本（GB/T 19001—2008）相比，本标准的章条结构（即章条顺序）和某些术语发生了变更。

本标准未要求在组织质量管理体系的成文信息中应用本标准的结构和术语。

本标准的结构旨在对相关要求进行连贯表述，而不是作为组织的方针、目标和过程的文件结构范例。若涉及组织运行的过程以及出于其他目的而保持信息，则质量管理体系成文信息的结构和内容通常在更大程度上取决于使用者的需要。

无须在规定质量管理体系要求时以本标准中使用的术语代替组织使用的术语。组织可以选择使用适合其运行的术语，（例如：可使用"记录""文件"或"协议"，而不是"成文信息"；或者使用"供应商""伙伴"或"卖方"，而不是"外部供方"）。本标准与此前版本之间的主要术语差异见表 A.1。

表 A.1　GB/T 19001—2008 和 GB/T 19001—2016 之间的主要术语差异

GB/T 19001—2008	GB/T 19001—2016
产品	产品和服务
删减	未使用（见 A.5 对适用性的说明）
管理者代表	未使用（分配类似的职责和权限，但不要求委任一名管理者代表）
文件、质量手册、形成文件的程序、记录	成文信息
工作环境	过程运行环境
监视和测量设备	监视和测量资源
采购产品	外部提供的产品和服务
供方	外部供方

A.2　产品和服务

GB/T 19001—2008 使用的术语"产品"包括所有的输出类别。本标准则使用"产品和服务"。"产品和服务"包括所有的输出类别（硬件、服务、软件和流程性材料）。

特别包含"服务"，旨在强调在某些要求的应用方面，产品和服务之间存在的差异。服务的特性表明，至少有一部分输出是在与顾客的接触面上实现的。这意味着在提供服务之前不一定能够确认其是否符合要求。

在大多数情况下，"产品和服务"一起使用。由组织向顾客提供的或外部供方提供的大多数输出包括产品和服务两方面。例如：有形或无形产品可能涉及相关的服务，而服务也可能涉及相关的有形或无形产品。

A.3 理解相关方的需求和期望

4.2 规定的要求包括了组织确定与质量管理体系有关的相关方，并确定来自这些相关方的要求。然而，4.2 并不意味着因质量管理体系要求的扩展而超出了本标准的范围。正如范围中所述，本标准适用于需要证实其有能力稳定地提供满足顾客要求以及相关法律法规要求的产品和服务，并致力于增强顾客满意的组织。

本标准未要求组织考虑其确定的与质量管理体系无关的相关方。有关相关方的某个特定要求是否与其质量管理体系相关，需要由组织自行判断。

A.4 基于风险的思维

本标准以前的版本中已经隐含基于风险的思维的概念，如：有关策划、评审和改进的要求。本标准要求组织理解其组织环境（见 4.1），并以确定风险作为策划的基础（见 6.1）。这意味着将基于风险的思维应用于策划和实施质量管理体系过程（见 4.4），并有助于确定成文信息的范围和程度。

质量管理体系的主要用途之一是作为预防工具。因此，本标准并未就"预防措施"设置单独条款或子条款，预防措施的概念是通过在质量管理体系要求中融入基于风险的思维来表达的。

由于在本标准中使用基于风险的思维，因而一定程度上减少了规定性要求，并以基于绩效的要求替代。在过程、成文信息和组织职责方面的要求比 GB/T 19001—2008 具有更大的灵活性。

虽然 6.1 规定组织应策划应对风险的措施，但并未要求运用正式的风险管理方法或将风险管理过程形成文件。组织可以决定是否采用超出本标准要求的更多风险管理方法，如：通过应用其他指南或标准。

在组织实现其预期目标的能力方面，并非质量管理体系的全部过程表现出相同的风险等级，并且不确定性的影响对于各组织不尽相同。根据 6.1 的要求，组织有责任应用基于风险的思维，并采取应对风险的措施，包括是否保留成文信息，以作为其确定风险的证据。

A.5 适用性

本标准在其要求对组织质量管理体系的适用性方面不使用"删减"一词。然而，组织可根据其规模和复杂程度、所采用的管理模式、活动领域以及所面临风险和机遇的性质，对相关要求的适用性进行评审。

在 4.3 中有关适用性方面的要求，规定了在什么条件下，组织能确定某项要求不适用于其质量管理体系范围内的过程。只有不实施某项要求不会对提供合格的产品和服务造成不利影响，组织才能决定该要求不适用。

A.6 成文信息

作为与其他管理体系标准相一致的共同内容，本标准有"成文信息"的条款，内容未做显著变更或增加（见 7.5）。本标准的文本尽可能与其要求相适应。因此，"成文信息"适用于所有的文件要求。

在 GB/T 19001—2008 中使用的特定术语如"文件""形成文件的程序""质量手册"或"质量计划"等，在本标准中表述的要求为"保持成文信息"。

在 GB/T 19001—2008 中使用"记录"这一术语表示提供符合要求的证据所需要的文件，现在表述的要求为"保留成文信息"。组织有责任确定需要保留的成文信息及其存储时间和所用载体。

"保持"成文信息的要求并不排除基于特殊目的，组织也可能需要"保留"同一成文信息，如：保留其先前版本。

若本标准使用"信息"一词，而不是"成文信息"（如在 4.1 中"组织应对这些内部和外部因素的相关信息进行监视和评审"），则并未要求将这些信息形成文件。在这种情况下，组织可以决定是否有必要或适合保持成文信息。

A.7 组织的知识

本标准在 7.1.6 中要求组织确定并管理其拥有的知识，以确保其过程的运行，并能够提供合格的产品和服务。

引入组织的知识这一要求，其目的是：

a）避免组织损失其知识，如：
—— 由于员工更替；
—— 未能获取和共享信息。

b）鼓励组织获取知识，如：
—— 总结经验；
—— 专家指导；
—— 标杆比对。

A.8 外部提供过程、产品和服务的控制

在 8.4 中提出了所有形式的外部提供过程、产品和服务，如是否通过：

a）从供方采购；
b）关联公司的安排；
c）将过程分包给外部供方。

外包总是具有服务的基本特征，因为这至少要在供方与组织之间的接触面上实施一项活动。

由于过程、产品和服务的性质，外部提供所需的控制可能存在很大差异。对外部供方以及外部提供的过程、产品和服务，组织可以应用基于风险的思维来确定适当的控制类型和控制程度。

315

附录 B　ISO 9001:2015 标准部分问题解释

国际标准化组织质量管理和质量保证技术委员会（ISO/TC176）是负责 ISO 9000 族标准起草工作的专门机构。ISO/TC176 就 ISO 9001:2015 标准理解方面的一些问题，以问答的方式进行了解释。现在介绍如下。

1．ISO 9001:2015 新标何时发布的？

答：2015 年 9 月 15 日。

2．为什么要修订 ISO 9001 标准？

答：所有的 ISO 标准每五年审查一次，确定是否需要修改以确保它对市场的当前性和相关性。ISO 9001:2015 回应最新发展趋势，并能与其他管理体系兼容。

3．过渡期将是多久？

答：过渡期为 3 年，到 2018 年 9 月 15 日。

4．ISO9001 标准经历了哪几次改版？

答：自 1987 年 ISO 9000 正式诞生以来，标准已历经了四次正式的改版，分别是 1994 年、2000 年、2008 年和 2015 年。

5．ISO 9001:2008 什么时候过期？

答：ISO 9001:2008 标准的有效期将延续至 2018 年 9 月 15 日。ISO 9001:2008 和 ISO 9001:2015 标准将在为期 3 年的转换期中并存。所有的获证组织需要采取相关措施，在 3 年转换期间，将其 ISO 9001:2008 证书转换至 ISO 9001:2015 证书。

6．"风险与机遇"怎样在体系文件中体现？

答：对于质量体系而言，"风险"可以理解为可导致质量不合格的可能性，"机遇"可以理解为改善的机会，它们可在不同的文件（如"外部提供的产品和服务的控制""产品和服务的设计和开发""生产和服务提供"）中注明。

7．管理手册和管理者代表文件要强制取消吗？

答：可以不用取消原来已设定的管理者代表的方式，前提是这种方式是适用的。

8．转版前需要进行新版内审吗？

答：在申请按照 2015 版换证审核之前，应按照依据新版标准改版后的文件进行至少一次完整的内部审核和管理评审。

9．取消管理者代表要求如何理解？

答：组织的最高管理者可以亲自参与体系的策划、实施和改善，可以不任命管理者代表，当然也可以任命管理者代表，代其执行。

10．什么是基于风险的思维？

答：风险的概念一直隐含在 ISO 9001 标准里，新版本使它更明确，并将其扩展到整个管理体系。

基于风险的思维能够保证从开始到结束的风险都得到考虑。

基于风险的思维使预防措施成为战略和业务策划的组成部分。

11．关于设计开发的相关条款合并了，那我们平常做的需要变动吗？

答：应按照新版标准的条款更改原来的文件，可以将你们实际如何做的内容写进文件，继续做，不需要变动。

12．关于设计控制，新版没有删减，对于原设计控制删减的企业，如何处理？

答：可以将生产流程改造、工艺变更、打样、作业指导书的制定、服务项目的策划等作为"设计和开发"管理的对象。

13．能否提示具体哪些文件需要修改？

答：手册、程序文件（凡是新版标准与旧版有变化的条款所对应的，几乎涉及 2008 版所有的程序文件）。作业指导书应该不用变化，可能会增加一些新的作业指导书。

附录 C   ISO 9000:2015 附录 A 中的相关概念图

一、有关组织的定义及相关概念

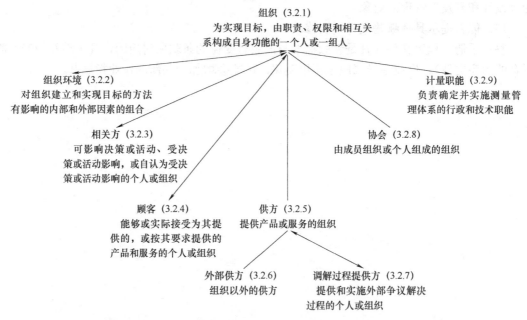

组织 (3.2.1)
为实现目标，由职责、权限和相互关系构成自身功能的一个人或一组人

组织环境 (3.2.2)
对组织建立和实现目标的方法有影响的内部和外部因素的组合

计量职能 (3.2.9)
负责确定并实施测量管理体系的行政和技术职能

相关方 (3.2.3)
可影响决策或活动、受决策或活动影响，或自认为受决策或活动影响的个人或组织

协会 (3.2.8)
由成员组织或个人组成的组织

顾客 (3.2.4)
能够或实际接受为其提供的，或按其要求提供的产品和服务的个人或组织

供方 (3.2.5)
提供产品或服务的组织

外部供方 (3.2.6)
组织以外的供方

调解过程提供方 (3.2.7)
提供和实施外部争议解决过程的个人或组织

二、有关活动的定义及相关概念

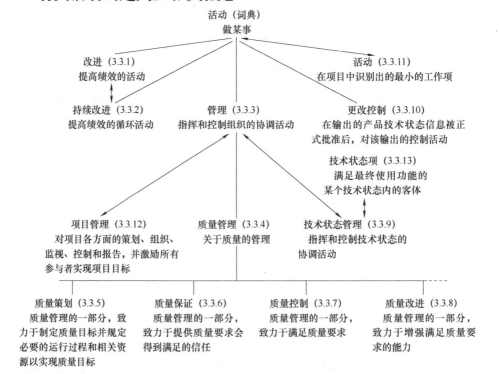

活动（词典）
做某事

改进 (3.3.1)
提高绩效的活动

活动 (3.3.11)
在项目中识别出的最小的工作项

持续改进 (3.3.2)
提高绩效的循环活动

管理 (3.3.3)
指挥和控制组织的协调活动

更改控制 (3.3.10)
在输出的产品技术状态信息被正式批准后，对该输出的控制活动

技术状态项 (3.3.13)
满足最终使用功能的某个技术状态内的客体

项目管理 (3.3.12)
对项目各方面的策划、组织、监视、控制和报告，并激励所有参与者实现项目目标

质量管理 (3.3.4)
关于质量的管理

技术状态管理 (3.3.9)
指挥和控制技术状态的协调活动

质量策划 (3.3.5)
质量管理的一部分，致力于制定质量目标并规定必要的运行过程和相关资源以实现质量目标

质量保证 (3.3.6)
质量管理的一部分，致力于提供质量要求会得到满足的信任

质量控制 (3.3.7)
质量管理的一部分，致力于满足质量要求

质量改进 (3.3.8)
质量管理的一部分，致力于增强满足质量要求的能力

三、有关客体的定义及相关概念

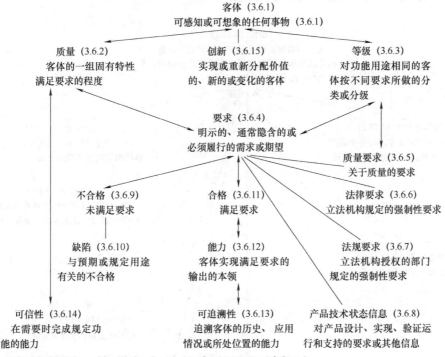

四、有关数据、信息和文件的定义及相关概念

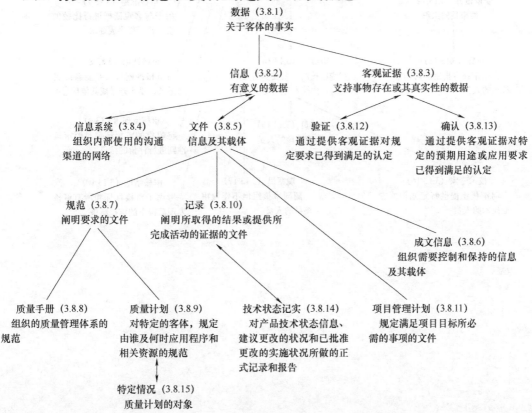

五、有关审核的定义及相关概念

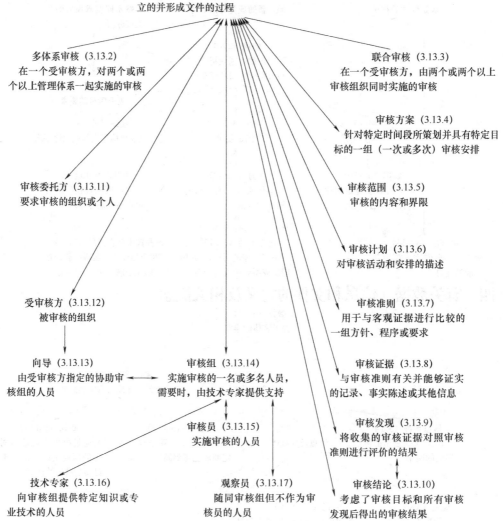

审核 (3.13.1)
为获得客观证据并对其进行客观的评价，以确定满足审核准则的程度所进行的系统的、独立的并形成文件的过程

多体系审核 (3.13.2)
在一个受审核方，对两个或两个以上管理体系一起实施的审核

联合审核 (3.13.3)
在一个受审核方，由两个或两个以上审核组织同时实施的审核

审核方案 (3.13.4)
针对特定时间段所策划并具有特定目标的一组（一次或多次）审核安排

审核委托方 (3.13.11)
要求审核的组织或个人

审核范围 (3.13.5)
审核的内容和界限

审核计划 (3.13.6)
对审核活动和安排的描述

受审核方 (3.13.12)
被审核的组织

审核准则 (3.13.7)
用于与客观证据进行比较的一组方针、程序或要求

向导 (3.13.13)
由受审核方指定的协助审核组的人员

审核组 (3.13.14)
实施审核的一名或多名人员，需要时，由技术专家提供支持

审核证据 (3.13.8)
与审核准则有关并能够证实的记录、事实陈述或其他信息

审核员 (3.13.15)
实施审核的人员

审核发现 (3.13.9)
将收集的审核证据对照审核准则进行评价的结果

技术专家 (3.13.16)
向审核组提供特定知识或专业技术的人员

观察员 (3.13.17)
随同审核组但不作为审核员的人员

审核结论 (3.13.10)
考虑了审核目标和所有审核发现后得出的审核结果

参 考 文 献

[1] 全国质量管理和质量保证标准化技术委员会. 质量管理体系　基础和术语：GB/T 19000—2016[S]. 北京：中国质检出版社，2017.

[2] 全国质量管理和质量保证标准化技术委员会. 质量管理体系　要求：GB/T 19001—2016[S]. 北京：中国质检出版社，2017.

[3] 全国质量管理和质量保证标准化技术委员会，中国合格评定国家认可委员会，中国认证认可协会. 2016版质量管理体系国家标准理解与实施[M]. 北京：中国质检出版社，2017.

[4] 徐平国，张莉，张艳芬. ISO 9000族标准质量管理体系内审员实用教程[M]. 4版. 北京：北京大学出版社，2017.

[5] 中国认证认可协会. 质量管理体系审核员2015版标准转换培训教材 [M]. 北京：中国质检出版社，2015.

[6] 刘谦. 质量体系完善度评价标准：ISO 9001：2015（idt GB/T 19001—2016）实施指南[M]. 北京：中国铁道出版社，2017.

[7] 方圆标志认证集团有限公司. 2015版. ISO 9001质量管理体系内审员培训教程[M]. 北京：中国质检出版社，2016.

[8] 全国质量管理和质量保证标准化技术委员会. 管理体系审核指南：GB/T 19011—2013[S]. 北京：中国质检出版社，2014.